“十三五”江苏省
高等学校重点教材
（编号：2017-2-035）

全国旅游高等院校
精品课程系列教材

Daxuesheng Chuangxin Chuangye Shixun Jiaocheng

大学生创新创业实训教程

主　编◎方法林
副主编◎孙爱民　朱　丽

中国旅游出版社

丛书编委会

序　言

随着全域旅游时代的到来，旅游日益成为当代社会经济发展的重要动力和人类休闲生活的主要方式，旅游业以其强劲的势头成为全球经济产业中最具活力的“朝阳产业”。随着社会生产力不断发展，人们生活水平的迅速提高和带薪假期的增加，旅游业将持续高速度发展，成为世界最重要的经济产业之一。

旅游职业教育是以服务为宗旨，以就业为导向，以促进地方经济发展为重点的教育类型。近年来，旅游业与农业、工业及第三产业中的其他行业深度融合，新业态层出不穷；各种现代新技术、新理念、新模式、新机制的应用，为解决旅游业面临的重大问题注入了新的活力，也为旅游职业教育提出了新的挑战。面对旅游业日新月异的发展，面对产业融合和信息技术快速提升，旅游院校必须加快推动教育综合改革，紧贴行业办学，紧贴需求育人，进一步提升人才培养适用性，更好地适应旅游业深化改革发展的需求。

为了进一步提升旅游专业学生和行业从业人员的人文素养、职业道德、职业技能和可持续发展能力，培养适应旅游产业发展需求的高素质技术技能和管理服务人才，南京旅游职业学院与校企合作单位共同编写了这套旅游职业教育精品系列教材。这套系列教材的编写旨在贯彻落实党中央、国务院的决策部署，服务“四个全面”战略布局，以服务旅游业发展为宗旨，以促进旅游就业创业为导向，具有针对性和实用性，利于学生综合素质与职业能力的提升。这套系列教材由旅游通识教育系列和旅游专业教育系列两部分组成，包括《旅游高职思想政治理论课案例与实践教学指导》《中华经典诵读》《礼仪文化》《民航服务心理学》《形体训练》《烹饪英语》《前厅服务与管理》《调酒与酒吧服务实训》《中国旅游地理》《主题公园经营管理》《酒店工程管理》《酒店信息智能化》《南京景点日语导游实务教程》等教材，是南京旅游职业学院在教学改革方面的最新成果。

本套丛书是集体智慧的结晶，尽管编写过程中我们力图全面反映旅游专业知识和旅游行业发展的最新成果和趋势，使教材既便于教师教学也能促进学生自主学习，但我们的经验和学识有限，教材中难免有瑕疵，敬请读者批评指正。

丛书编委会

2017 年 11 月 20 日

目录
CONTENTS

实训教程一　通晓创新与创业、创新创业教育

实训目的：让学生了解国内外创新创业的发展以及国家对创新创业的政策、教育等知识以便在学校期间能够有意识地培养自己的创新、创业精神，激发自己的创业动机。

实训资料：解读一些文件和国内外创新创业的发展状况和概念。

教学目标：

［知识目标］1. 了解创新创业的由来和创新创业的概念和特点。

2. 了解创新创业的哲学内涵和社会意义。

3. 掌握科学界对创新创业的解读以及创新与相关概念。

4. 掌握创新创业教育及其与素质教育的关系。

5. 了解国内外创新创业教育比较及给我们的启示。

［能力目标］能够清晰地描述创新与创新教育。

［实训目标］能够学习创新在实际工作中的作用和启发。

第一节　解读创新

案例导入

《伊索寓言》：一个暴风雨的日子，有一个穷人到富人家讨饭。“滚开！”仆人说，“不要来打搅我们。”穷人说：“只要让我进去，在你们的火炉上烤干衣服就行了。”仆人以为这不需要花费什么，就让他进去了。这个可怜人，这时请厨娘给他一个小锅，以便他“煮点石头汤喝。”“石头汤？”厨娘说，“我想看看你怎样能用石头做成汤。”于是她就答应了。穷人于是到路上捡了块石头洗净后放在锅里煮。“可是，你总得放点盐吧。”厨娘说。她给他一些盐，后来又给了豌豆、薄荷、香菜。最后，又把能够收拾到的碎肉

末都放在汤里。当然，您也许能猜到，这个可怜人后来把石头捞出来扔回路上，美美地喝了一锅肉汤。如果这穷人对仆人说："行行好吧！请给我一锅肉汤。"会得到什么结果呢？结果是十分明显的，这就是创新思维的力量！因此，伊索在故事结尾处总结道："坚持下去，方法正确，你就能成功。"

案例分析

请结合上面案例思考下列问题：

1. 创新会给您带来什么结果？

2. 创新就一定能成功吗？

一、了解"创新"的由来

1912 年，美国经济学家熊彼特在他的德文著作《经济发展理论》中，首次提出了创新的概念。熊彼特认为，"创新"就是把生产要素和生产条件的新组合引入生产体系，即"建立一种新的生产函数"，其目的是为了获取潜在的利润。熊彼特的理论一开始并没有引起足够的重视，直到 1934 年他的作品用英文出版后，才引起了学界的广泛关注。20 世纪 90 年代，我国把"创新"一词引入了科技界，形成了"知识创新""科技创新"等各种提法，进而发展到社会生活的各个领域，使创新的说法几乎无处不在。

创新到底是什么？创新是以新思维、新发明和新描述为特征的一种概念化过程。起源于拉丁语，它原意有三层含义，第一，更新；第二，创造新的东西；第三，改变。创新是人类特有的认识能力和实践能力，是人类主观能动性的高级表现形式，是推动民族进步和社会发展的不竭动力。一个民族要想走在时代前列，就一刻也不能没有理论思维，一刻也不能停止理论创新。创新在经济、商业、旅游、技术、社会学以及建筑学这些领域的研究中有着举足轻重的分量。在中国大陆，经常用"创新"一词表示改革的结果 。既然改革被视为经济发展的主要推动力，促进创新的因素也被认为至关重要。准确地说，创新是创新思维蓝图的外化、物化。

由于创新的系统性，以及创新系统的复杂性，也使人们越来越注意从社会、政治和科技、文化的角度来理解企业、企业之外的其他机构在创新系统中的行为和作用，这是非常必要的，但如果把企业之外的不同机构或者不同社会角色在创新系统中的作用孤立起来，特别是撇开与企业创新活动的联系，就往往容易把创新这个概念单纯理解为"创造新东西"。创新行为在历史上长期是一种企业家的个人行为，从 20 世纪中叶，特别是六七十年代后，人们越来越认识到创新是一个多主体、多机构参与的系统行为，因此，20 世纪 80 年代，人们提出了国家创新系统的概念和理论。随后，国家之间的竞争转向以经济竞争为主，知识经济的兴起使经济的发展越来越依赖知识和技术的进步，这种形势下，国家创新系统建设成为世界各国普遍关注的重要问题。

二、认识何谓创新

（一）创新的概念

当今我国正在由工业经济社会向知识经济社会过渡。知识经济就是创新经济，创新是知识经济的灵魂和实质，是知识经济发展的不竭动力。什么是创新？从字面上来说，创新就是抛开旧的，创造新的。我国现有的相关词典、字典上也有不同的描述，商务出版社出版的第五版《现代汉语词典》解释“创新”为抛开旧的，创造新的，指创造性，新意汉语“创新”义出《大学》：“苟日新，日日新，又日新。”《新华汉语词典》对“创新”的解释为：创造新的从而抛弃旧的。

从创新的内涵和外延讲：创新不同于自然形成的新东西，它必须是由人创造发明的，过去从来没有的；或是从来不曾有人研究过的，通过研究提出了自己的符合事实的看法；或虽有人研究，但结论不符合事实，通过研究纠正了前人的错误，提出了正确的新见解；或在前人研究的基础上增加了新内容。

关于创新的概念研究者们观点也不同，社会学家认为创新是人们为了发展的需要，运用已知的信息，不断突破常规，发现或产生某种新颖、独特的有社会价值或个人价值的新事物、新思想的活动。其本质是突破，即突破旧的思维定式、旧的常规戒律。创新活动的核心是“新”，它或者是产品的结构、性能和外部特征的变革，或者是造型设计、内容的表现形式和手段的创造，或者是内容的丰富和完善。经济学家认为创新是利用已存在的自然资源或社会要素创造新的矛盾共同体的人类行为，或者可以认为是对旧有的一切所进行的替代、覆盖。创新是以现有的思维模式提出有别于常规或常人思路的见解为导向，利用现有的知识和物质，在特定的环境中，改进或创造新的事物（包括但不限于各种方法、元素、路径、环境等），并能获得一定有益效果的行为。

清华大学科学与社会研究所教授李正风认为，“创新”一词在我国存在着两种理解：一是从经济学角度来理解创新；二是根据日常含义来理解创新。目前，人们经常谈及的创新，简单说来就是“创造和发现新东西”。这里使用的实际上是“创新”的日常概念。从这个广义的概念上看，人类社会的每一次进步都离不开创新。那么，我们通常所说的“科技创新”“自主创新”究竟属于哪个范畴呢？从事创新概念研究的学者普遍认为，很难进行严格的界定。在汉语言中，经济学范畴的创新（innovation）一词，没有严格对应的词汇，现在使用的“创新”很容易和另一个词“discovery”混淆，特别是在基础科学领域。这种概念的泛化或者说是多元化，有它有利的一面也有不利的一面。从有利的方面说，清华大学的另一位学者刘立博士认为，这种多元化有利于社会各阶层、各群体，在社会生活中处于不同角色的人，参与创新行为，也有利于对他们的行为进行非经济学的评估。而不利的一面在于，丧失了统一的标准，使很多行为都能被称为“创新”，而“创新”本身，也容易成为一个简单的“口号”。

综上所述，我们可以将创新定义为：根据既定的目标，充分利用已知信息、已有知识，开展创新思维，创造出某种具有新颖、独特和社会价值的新概念或者新设想、新理论、新技术、新工艺、新产品等新成果的智力活动过程。创新的本质是有目的的、有价值的、以知识为基础的内涵，创新是一个过程。

知识拓展

大众创业，万众创新

在世界经济复苏乏力，中国经济面临转型之困、经济负担下行压力背景下，我国经济发展形势不容乐观，面临一系列困境。再加之由来已久的“made in china”的低端仿造山寨之风，中国一直位处世界经济产业链条和价值链条的最底端，长期扮演世界工厂的“打工者”的角色，攫取的市场份额与付出的高额劳动并不相称。受制于经济发展现实，我国经济发展亟须寻找新型动能，以增强韧性与活力，积攒力量蓄势待发，由此“大众创业，万众创新”便顺势而起。

在2014年夏季达沃斯论坛开幕式上，中国国务院总理李克强发表重要致辞，指出“只要大力破除对个体和企业创新的种种束缚，形成‘人人创新’‘万众创新’的新局面，中国发展就能再上新水平”。继而在2015年两会政府报告中，李克强总理再次提到要“把亿万人民的聪明才智调动起来，就一定能够迎来万众创新的新浪潮”。由此，“大众创业，万众创新”的新浪潮开始引发公众关注，成为新常态下经济发展的“双引擎”之一，也成为2015年热点事件之一。

（二）创新的特点

根据研究者对创新的定义及其描述，创新通常具备以下几个特点：

（1）独创性，这是创新最本质的特征，创新是突破原有的框框和束缚，力求探索新的思路，运用新的思维方法，更深入地揭示事物的本质属性，寻找新事物、新形态与旧事物、旧形态之间的差异，在“异中求同，同中求异”中产生新的质疑，找出新的发现，提出新的创见，实现新的突破，得出不同于以往和他人的、第一次创造的而且具有开拓性的、崭新的结论和抉择。

（2）灵活性，创新所凭借的创新思维不囿于固定不变的思维模式和方法，所产生的创新实践不局限于某种现成的工作程序和方法，其思维框架、实践模式常变常新。创新的灵活性也带来风险性和突变性。创新的机制是突变论，以突变为机制的创新方法，是一切创新行为的基石。有效地运用以灵感思维为主要思维方法的突变，可以增强创新能力。

（3）科学性，任何创新活动都必须遵循客观规律，符合客观实际，经得住实践检验，具有令人信服的科学性。这也是衡量创新是否具有“存在价值”的一条重要依据。创新的科学性，还具体体现在它的现实性、继承性和功利性。

（4）综合性，创新活动是一种综合性极强的创造性、开拓性行为。

（5）普遍性，创新能力有大有小，创新内容和形式可以各不相同，创新层次有高层次、一般层次和较低层次，但每个人都具有创新的潜能。创新潜能并不就是创新能力，创新能力不是生来就有的，要在不断发展的社会实践中，特别是在良好的创新环境中，在理论与实践的结合中才能得到开发。现代科学研究所涉及的对象越是广大和深入，对经验的依赖就越少，对理论思维的依赖就越强。就一般人来说，对事物的认识主要凭敏锐的直观和直觉，所获得的知识往往是整体的而非分析的；是模糊的而非清晰的；是表面的、眼前的，而非深刻的、长远的，不易达到对事物深层本质和发展规律的把握。

因而要提高人的创新能力，就必须重视实践和实验，重视理论的探索，建立起系统实验和理论思维的价值取向，端正认识路线，把握科学的认识方法，在思维方式上来一场革命。

三、掌握创新的哲学内涵和社会意义

（一）创新的哲学内涵

创新从哲学上说是人的实践行为，是人类对于发现的再创造，是对于物质世界的矛盾再创造。人类通过物质世界的再创造，制造新的矛盾关系，形成新的物质形态。创意是创新的特定形态，意识的新发展是人对于自我的创新。发现与创新构成人类对于物质世界的解放，即为人类自我创造及发展的核心发展的矛盾关系。代表两个不同的创造性行为。只有对于发现的否定性再创造才是人类产生及发展的基本点。实践才是创新的根本所在。创新的无限性在于物质世界的无限性。创新包含：

（1）物质的发展。物质形态对于我们来说是具体矛盾。我们认识的宇宙与哲学的宇宙在哲学上代表了实践的范畴与实践的矛盾世界两个不同的含义。创新就是创造对于实践范畴的新事物。任何有限的存在都是可以无限再创造的。

（2）矛盾是创新的核心。矛盾是物质的本质与形式的统一。物质的具体存在者与存在本身都是矛盾的。任何以人的自我内在矛盾创造的新事物都是创新。

（3）人是自我创新的结果。人以创新创造出人对于自然的否定性发展。这是人超越自然达成自觉自我的基本路径。人的内在自觉与外在自发构成规律在物质的总体上形成对立的内在必然与外在必然的差异。创新就是人的自觉自发。

（4）创新是人自我发展的基本路径。创新与积累行为构成一个矛盾发展过程。创新是对于重复、简单的劳动方式的否定，是对于人类实践范畴的超越。新的创造方式创造新的自我。

（5）认识论上看创新是自我意识的发展。自我意识的发展是自我存在的矛盾面，其发展必然推动自我行为的发展，推动自我生命的发展。

从认识的角度来说，就是更有广度、更有深度地观察和思考这个世界；从实践的角度说，就是能将这种认识作为一种日常习惯贯穿于生活、工作与学习的每一个细节中，所以创新是无限的。

从辩证法的角度说，它包括肯定和否定两个方面，从而也就包括肯定之否定与否定之肯定。前者是从认同到批判的暂时过程，而后者是一种自我批判的永恒阶段。所以创新从这个角度来说就是一种“怀疑”，是永无止境的。

知识拓展

矛盾的对立统一关系

矛盾与联系、发展是对立统一的关系。首先，三者是有区别的，不能混为一谈。矛盾就是对立统一；联系是事物之间以及事物内部各要素之间的相互影响、相互制约的关系；而发展则是新事物的产生和旧事物的灭亡。其次，三者是统一的。表现在，矛盾是事物联系的根本内容，矛盾是事物发展的动力；事物的普遍联系和相互作用，构成了事物的运动，引起了事物的变化，推动着事物的发展。任何以人的自我内在矛盾创造的新事物都是创新。

（二）创新的社会意义

创新是一个民族进步的灵魂，是一个国家兴旺发达的不竭动力，也是一个政党永葆生机的源泉，这是从 20 世纪世界各国政党，特别是中国共产党兴衰成败的历史经验和教训中得出的科学结论。

近代以来人类文明进步所取得的丰硕成果，主要得益于科学发现、技术创新和工程技术的不断进步，得益于科学技术应用于生产实践中形成的先进生产力，得益于近代启蒙运动所带来的人们思想观念的巨大解放。可以这样说，人类社会从低级到高级、从简单到复杂、从原始到现代的进化历程，就是一个不断创新的过程。不同民族发展的速度有快有慢，发展的阶段有先有后，发展的水平有高有低，究其原因，民族创新能力的大小是一个主要因素。

中国实现社会主义现代化靠创新。面对特殊的国情，实践要求全体人民在中国共产党的领导下，以创新的精神努力认识和把握现代化的一般规律、社会主义现代化的特殊规律，特别是中国特色社会主义现代化的特殊规律，从而科学地制定和正确地执行反映这些客观规律的路线方针政策。进入 21 世纪，我国的社会主义现代化建设将开始新的发展时期。随着改革开放的不断深化和社会主义市场经济体制的逐步建立，我们的社会生活发生了广泛而深刻的变化，社会经济成分、组织形式、利益分配和就业方式日趋多样化。在社会生产力获得大解放和大发展、综合国力不断增强的同时，我们的改革和发展也遇到了新的矛盾和新的问题，包括可预料的和不可预料的、来自国内的和来自国外的、经济生活中的和社会政治生活中的各种困难和诸多风险。如何妥善处理好这些矛盾和困难，化解这些阻力和风险，为现代化建设创造统一、稳定、和谐的国内环境？这就要求我们不能一味沿用过去的经验和思路，更不能从本本出发，而要勇于探索，努力实践，通过创新找到行之有效的办法。对于经济实力、科技实力、国防实力及由此构成的综合国力都与发达资本主义国家存在较大差距的中国来说，必须重视国际惯例，借鉴国际经验，在观念创新和实践创新中发挥后发优势，积极迎接新经济挑战，大力推动科技创新和科技进步，尽快缩小东部、中部和西部地区之间的差距，在后发式的现代化建设中，牢牢把握经济建设这个中心，避免西方社会已经出现的种种弊病，做到物质文明建设与精神文明建设相互促进、协调发展，最终提升综合国力的整体水平，实现社会主义现代化建设的宏伟目标。

党的十八大明确提出实施创新驱动发展战略，将其作为关系国民经济全局紧迫而重大的战略任务。党的十八届五中全会将创新作为五大发展理念之首，进一步指出，坚持创新发展，必须把创新摆在国家发展全局的核心位置，不断推进理论创新、制度创新、科技创新、文化创新等各方面创新，让创新贯穿党和国家一切工作，让创新在全社会蔚然成风。李克强总理在 2015 年政府工作报告中提出，推动大众创业、万众创新，培育和催生经济社会发展新动力。2015 年 6 月，国务院颁布了《关于大力推进大众创业万众创新若干措施的意见》，明确指出，推进大众创业、万众创新，是培育和催生经济社会发展新动力的必然选择，是扩大就业、实现富民之道的根本举措，是激发全社会创新潜能和创业活力的有效途径。这是认真总结国内外发展实践经验和理论认识的结果，符合当今世界发展实际和创新潮流，具有重要的理论意义和现实意义。

案例分享

室内导流：“淘点点”（布局 iBeacon + 餐饮导购）

背靠阿里巴巴，虽说起步相对较晚，起色迟缓，但淘点点通过联手银泰和高德，基于 iBeacon 技术的 Shopping Mall 餐饮导购项目，也体现出阿里不甘落后的决心，中国餐饮 O2O 网曾对此做过深入报道。淘点点的“微定位 + 室内导航”双重技术结合应用，进一步向商业体渗透，银泰商户成为“手机餐厅”，便于提升用户体验和导流客源的同时，有利于维系老用户关系，提高黏性，并快速获得了大量的新增用户，是多赢的合作模式，中国餐饮 O2O 网曾对此评价。

点评：在移动互联网领域，平台导流不应再仅仅停留在户外或商场餐厅环境、地址、菜品、优惠等信息提供和远距离导航层面。试问，当用户进入商场中，面对诸多的餐厅，如何让用户更快、更精准地找到目标餐厅呢？平常逛商场时，想吃饭，不进店也可以了解商场内不同餐厅最新的菜品或优惠活动？淘点点所推室内微定位更精确地解决诸如商场、机场等大型消费场所内客户就餐的选择问题。

（资料来源：亿欧网，作者：孙彦良）

第二节　解读创业

案例导入

创业具有极大的吸引力

创业是为了什么呢？是为了满足自己赚钱的愿望？是为了自己的自由而不用受人指使？还是为了创造价值、创造更多的就业机会？或者是因为没有前路可走？或者都是？

王志东，北京点击科技有限公司总裁，中国 IT 界著名人士，新浪网创办人，曾领导新浪网成为全球最大中文门户网站并成功上市。2001 年 12 月他创立点击科技，亲自带领研发团队融合软件、网络和通信三大现代信息技术，开发出“竞开”即时通信平台。

他说：“20 年前，我进中关村时还是属于比较另类的群体，尤其在学校，很多同学都在讨论出国，或者进入摩托罗拉、IBM 等大公司。我从大三进入中关村，开始我的梦想。

20 年过去后，再看创业、要不要创业、该不该创业这些问题，已经不成疑问。之前在很多有关创业的场合，我多是给大家泼冷水，希望大家在创业时要做好心理准备，知道创业的艰难与风险。我后来又改变主意了，不再泼冷水，因为，我开始更多地讲为什么要创业。

创业能带来财富，带来成就，对于社会也有积极作用。但假如一个人把财富当作创业目标，往往难以成功。仔细研究会发现，国际上真正成功的企业都有非常明确的愿景和梦想，这个企业的梦想往往就是创业者的梦想。

比如微软为了实现每一张办公桌上都有一台电脑，它发现了在实现这个梦想过程中的一个重要环节——软件，可这个梦想的初衷，并没有说要当首富。一个企业要成功，必须有一个愿景，这就是企业的灵魂。我们为什么要创业？一定要为自己的梦想而创业，你只要有了一个真正的梦想，你克服各种困难去实现梦想的过程，就是你享受人生、追求幸福的过程。

人生最幸福的是什么？显然不是财富，不是名利。很多人追求财富的原因是他当时感觉缺少财富，从人性或者心理学的角度来看，人有一个最基本的特点，就是缺啥想啥。这个缺啥想啥就是希望去追求的一个目标，就是一种人生梦想。

一名企业家创业之初就有很好的创业梦想，而这个创业梦想本身又包含了对社会的一种责任和贡献的话，那么不论是成功还是失败，他都可以理直气壮地说，自己对社会已经尽了责任了。

全社会都在推崇一种创业的精神，大家都在积极地创业。我希望能够和大家分享这一点：创业是一种人生态度、人生过程，创业的目的不是为了财富，而是为了一种成就感、一种幸福感、一种满足感。如果这种幸福感和满足感跟自己的理想、责任完全相符的话，创业的过程就达到了一种完美状态。

如果说创业就是创办一个企业的话，我都数不清楚有多少人在创业。在中关村要开一个公司很容易，自己可以当 CEO，但其实没有意义。我认为所谓的创业，就是去开创一番事业，或者说是用有限的资源去实现无限梦想的过程。”

（资料来源：希财网，http：//www.csai.cn/if/331785.html）

案例分析

请结合上面案例思考下列问题：

1. 请同学们结合实际分析，如果是你去创业，你为了什么。

2. 请分析这段话的现实意义：“创业梦想本身又包含了对社会的一种责任和贡献的话，那么不论是成功还是失败，他都可以理直气壮地说，自己对社会已经尽了责任了。”

一、创业与创业精神

（一）创业的定义与功能

1. 创业的定义

什么是创业？这是我们在本书中首先提到的问题。《现代汉语词典》对“创业”的解释是“创办事业”。美国的荣思戴特提出：“创业是一个创造增长的财富的动态过程。”美国的斯蒂文森认为：“创业是一个人——不管是独立的还是组织内部的——追踪和捕捉机会的过程，这一过程与其当时控制的资源无关。”我国学者罗天虎在主编的《创业学教程》中对“创业”定义为：“创业是指社会上的个人或群体，为了改变现状，造福后人，依靠自己的力量创造财富的艰苦奋斗过程。”郁义鸿、李志能在《创业学》一书中则认为：“创业是一个发现和捕捉机会并由此创造出新颖的产品和服务，实现其潜在价值的过程。”

2. 创业的功能

其实，创业的本质是一种生活方式。创业就是某一个人或团队通过寻求机会、整合资源，来实现创造价值、体现价值的过程。因此创业可以挖掘个人潜力，把自身优势发挥得淋漓尽致，从而体现自身价值。

美国人本主义心理学家马斯洛在1945年提出了一个“人类需求层次理论”，就在这个理论中，他把人的需求分成了5个从低到高的层次（见图1–1）。

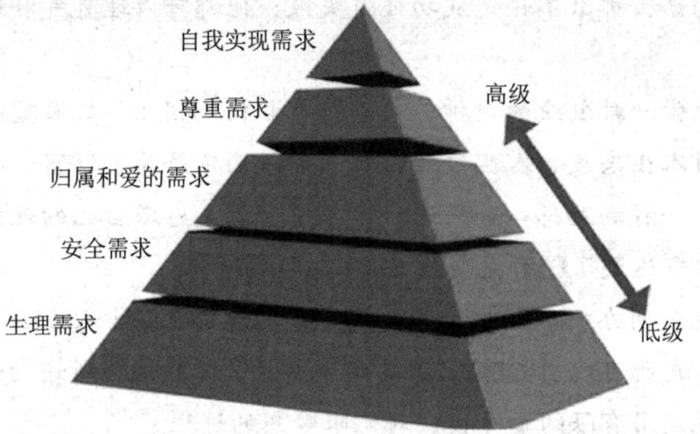

图1–1　人类需求层次理论

在这个理论中，马斯洛把“自我实现需求”看作区别于其他4种需求的最高级别人类需求。自我实现，也可以称为“实现自身价值”，是人类充分利用外在和内在条件，发挥自身潜力的心理需求，是一种要把人的潜力发挥到极致的根本欲望。而人们追求成功的动机，正是来源于“自我实现”的需求。

恰恰是将追求出类拔萃、自我实现的心理需求转变为一种内在的动力，才不断激励创业者战胜困难、超越自我、冲破逆境，进而体现自身的价值。成功是一种心灵的力量。但为什么有人成功有人失败呢？

这是因为失败的人缺乏“目标忠诚”，他们没有把自己的精力专注于某个目标上。很多人不乏目标，但是却常常不能专注于自己确定的目标，三心二意，这山望着那山高，心猿意马，这样下去，目标何时才能实现呢？就算有再多的聪明才智，也会与成功无缘。只有专注、心无旁骛，才能把所有的力量集中在一个目标上。就像马云说过的：“我面前有十只羊，而我只能追其中的一只。如果我想十只都追，那最后的结果就是一只也追不到。”

案例分享

90后大学生创赢未来

小胡和小郑是两个热爱音乐的90后大学生，开了一间迷你音乐室，帮人实现音乐梦想。

十万元张罗起音乐室

谈起创业，小胡说，自己是音乐发烧友，还参加了乐队，业余也会到酒吧里演出。在他的周围，有许多热爱音乐的朋友，而很多朋友都苦恼，没有一个既专业、大家又消费得起的练习室。“为什么我不开一家呢？”小胡表示，随着《中国好声音》的走红，他认为，这个市场拥有不错的前景。

但是投资录音室，要做到专业水准，在装修和设备上高额投入是必不可少的。获得父母支持后，小胡与合伙人小郑开始筹备起来。

选址是个难题，既要与消费人群挂钩，费用又不能太高，还不能开在居民楼附近。几经对比，他们相中了“华师文化街”。周围有华中师范大学、武汉理工大学、武汉大学三所高校，且写字楼云集，对有消费需求的学生以及白领来说，交通方便。

而投资也不小，门面转让费2万元，月租金1000多元，加上装修和设备，这间只有25平方米的迷你音乐工作室的前期投入超过了10万元。

个人CD制作需求量大

在外人看来，玩音乐的人毕竟是少数，能有多大市场空间？小胡称，在国外以及北京、上海，这种提供个人DEMO制作、乐队排练、教学的音乐室非常普遍，在武汉，目前虽然还没有形成铺天盖地的消费，但在高校和年轻白领群体中，消费热情呈现向上发展的趋势。

而随着数码影像设备的普及，个人CD制作的需求将会越来越大，前景值得期待。但是，录音棚准入门槛比较高，一次性投入较大，专业性也很强，音乐和电脑基础都是前提条件，还有就是投资之后转行比较难。

不过，小胡认为，录音棚内可以深入挖掘的商业内容十分充足，比如，在录制个人CD外，可以同步开发制作MTV的业务、广告及影视传媒的编曲配乐等。

一条龙服务扩大消费

实际上，在小胡的Bandage之前，“华师文化街”就已有两间类似的录音棚。一方面，扎堆经营可以带动这片区域的音乐消费；另一方面，竞争也摆在眼前。“所以，我们在服务内容上，尽量做到一条龙。”小胡介绍，音乐室还提供代购服务，因为自己直接找知名的乐器商拿货，中间没有多余的经手环节，只收取代购费，所以比起同城的一般乐器行，拥有价格优势。

此外，小胡的音乐教室还提供专业老师一对一的教学服务。收费方面，综合考虑学生和年轻白领的消费水平，价格定在100元/课时。为了方便顾客，外屋是休息室，里屋是录音棚和练习、教学的空间，还提供订餐服务和饮品。

（资料来源:《楚天金报》，2012-09-06）

案例分析

请结合上面案例思考下列问题：

1. 如何把握市场前景，选择自己的创业方向？

2. 小胡和小郑两位90后创业者值得您学习的方面有哪些？

（二）创业的要素与类型

1. 创业的要素

创业的要素包括创业者、商业机会、技术、资源、资金、人力资本、组织和产品服务等几个方面：

（1）创业者是创业过程中处于核心地位的个人或团队，是创业的主体。创业者在包括识别商业机会、创建企业组织、融资、开发新产品、获取和有效配置资源、开拓新市场等创业过程中，起着关键的推动和领导作用。因而创业者的素质和能力是创业成功的第一要素。

（2）商业机会是创业过程中的核心，创业者从发现和识别商业机会开始创业。商业机会指没有被满足的市场需求，它是市场中现有企业留下的市场空缺。商业机会就是创业机会，它意味着顾客能得到比当前更好的产品和服务的潜力。

（3）技术是一定产品或服务的重要基础。产品与服务当中的技术含量及其所占比例，是企业满足社会和市场需求的支持保障，是企业的核心竞争力。

（4）资源是组织中的各种投入，包括各种人、财、物。资源不仅指有形资产，如厂房、机器设备，也包括无形资产，如专利、品牌；不仅包括个人资源，如个人技能、经营才能，也包括社会网络资源，如信息、权力影响、情感支持、金融资本。

（5）资金对于处在不同发展阶段的企业来说都是非常重要的。在企业快速发展时期，资金的缺口将直接限制企业的发展壮大，而在创业之初，主要是靠自筹资金，对于符合一定条件的创业者，将有可能获得一定的政府扶持资金。

（6）人力资本是创业的重要资源投入。成功的关键在于创业者的识人、留人、用人。形成创业的核心团队、制定有利的政策制度和有效的组织结构、建立良好的企业文化是建立人力资本的核心。

（7）组织是协调创业活动的系统，是创业的载体，是资源整合的平台。创业型组织的显著特征是创业者的强有力领导和缺乏正式的结构和制度。从广义来说，创业型组织是以创业者为核心形成的关系网络，不仅包括新设组织内的人，还包括这个组织之外的人或组织，如顾客、供应商和投资人。

（8）产品服务是创业者为社会创造的价值，它既是创业者成功的必要条件，也是创业者对社会的贡献。正是通过为社会提供更多更好的产品服务，人类社会的财富日益增多，人们的生活变得丰富多彩，借此一代代创业者成为世人追捧的亿万富豪。

美国著名的创业学家蒂蒙斯教授（Timmons，1999）提出了一个被广泛应用的创业模型，如图 1–2 所示。

威廉姆（William，1997）从影响新企业成败因素的视角提出了略有不同的创业模型，包括人（People）、机会（Opportunity）、环境（Environment）、风险与报酬（Risk and Reward）等要素，如图 1–3 所示。

成功创业的 MAIR 模型：MAIR 是动力（Motivation）、能力（Abilities）、想法（Idea）和资源（Resource）四个英文单词开头字母的缩写。

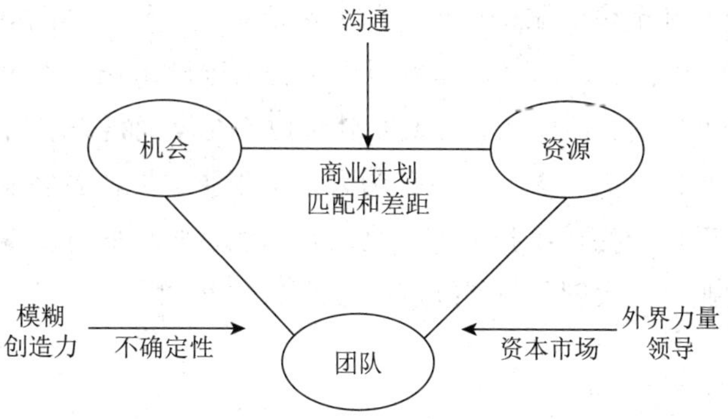

图 1–2　蒂蒙斯创业模型

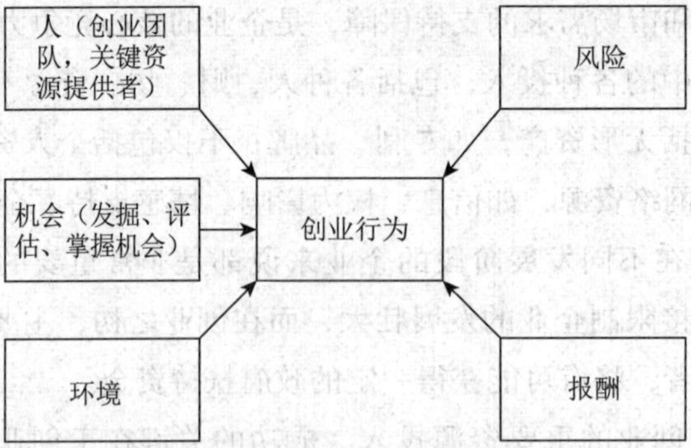

图 1–3 威廉姆创业模型

2. 创业的类型

按照创业的动机可将创业划分为机会型创业与就业型创业。机会型创业的出发点并非谋生，而是为了抓住、利用市场机遇。它以新市场、大市场为目标，因此能创造出新的需要，或满足潜在的需求。生存型创业的目的在于谋生，为了谋生自觉地或被迫地走上创业之路。中国的创业主要以生存性为主，大约占据了现有创业活动的 60%。

按照新企业建立的渠道，可将创业划分为自主型创业和企业内创业。自主型创业是指创业者个人或团队白手起家进行创业。企业内创业是进入成熟期的企业为了获得持续的增长和长久的竞争优势，为了倡导创新并使其研发成果商品化，通过授权和资源保障等支持的企业内创业。

按创业风险分类，大致可以分为依附型、尾随型、独创型和对抗型创业。依附型创业可分为两种情况，一是依附于大企业或产业链而生存，如专门为某个或某类企业生产零配件，或生产、印刷包装材料；二是特许经营权的使用，如麦当劳、肯德基，利用品牌效应和成熟的经营管理模式，减少经营风险。尾随型创业即模仿他人创业，所开办的企业和经营项目均无新意，行业内已经有许多同类企业，新创企业尾随他人之后，“学着别人做”。独创型创业是填补市场需求的空白而新开辟的创业领域。对抗型创业指进入其他企业已形成垄断地位的某个市场，与之对抗较量。希望集团就是对抗型创业的成功典型。20 世纪 90 年代初，面对外国饲料厂商进入中国市场，大量倾销合成饲料，希望集团建立西南最大的饲料研究所，一起步就定位于与洋饲料争市场。

另外，按创业主体分类，创业可以分为大学生创业、失业者创业和兼职者创业。按创业项目分类，大致可分为传统技能型、高新技术型、知识服务型 3 种。按创业周期划分，可分为初始创业、二次创业与连续创业等。

二、创业精神的本质、来源、作用与培育

（一）创业精神的本质

什么是真正的创业精神？对此，理论界和学术界众说纷纭，莫衷一是。哈佛大学商学院对其的定义是："创业精神就是一个人不以当前有限的资源为基础而追求商机的精神。"当今大多数经济学家都认为，创业精神是在各类社会中刺激经济增长和创造就业机会的一个必要因素，成功的小企业是创造就业机会、增加收入和减少贫困的主要动力。可以说，创业精神实质上是创业者对于创业实践的主观反应，这种主观的反应恰是创业成功的重要动力。

（二）创业精神的来源

创业精神，就是在创业过程中激发出来的一种潜能。创业的动机来自于要达到某个目标的愿望，这种强烈的愿望是所有成就的起点。在每个人身上都具备一种成功的潜在品质，只是有些人没有发现和激发这种潜能，因此只能把人生停留在平庸和失败之中。但凡创业成功的人，都是先有创业的动机，而后才慢慢具备了创业的技能。而创业精神将在新时期发挥更大的作用，有利于加快转变经济发展方式，促进经济社会又好又快发展。

（三）创业精神的作用

成功企业家对创业精神有示范作用。

上海第一财经频道主持人崔艳在 2009 年 4 月 5 日采访"德丰杰全球创业投资基金"创始人汤姆 · 威尔斯时，她提问："您认为创业者可以培养吗？"汤姆 · 威尔斯立刻给予肯定的答复："当然。"毋庸置疑，创业是可以学习的。

每一个创业者在创业初期，都应该对已经创业成功或没有创业成功的人做尽可能多的了解，当然，这种学习不要对自己的创业形成束缚。因为人们所学会的每一件事都是实践的结果，而每一个创业者在创业历程中，都不可避免地犯过错误，任何一位企业家都会牢记自己和其他创业者经历了怎样的磨难才取得了今天的成功，其中最典型的例子就是汽车大王亨利 · 福特曾经破产过四次！

但是，创业实践证明：学习别人成功的经验，可以使人更快成功；汲取别人失败的教训，可以使人不复制失败。就像家长从小就告诫孩子不要用手去摸太热的东西一样，实际上如果没有家长的教诲，这个世界上不知要多出多少被烫伤的故事。

（四）创业精神的培育

1. 坚持知识、能力、素质的辩证统一

知行合一、德才兼备是当代创业精神的时代特质。大学生创业者要成为具有独立创业精神的新型人才，真正担负实现“中国梦”的历史使命，必须坚持知识、能力、素质的辩证统一。知识是能力和素质的载体，包括科学文化知识、专业基础与专业知识、相邻学科知识；能力是在掌握了一定知识的基础上经过培养和实践锻炼而形成的，丰富的知识可以促进能力的增强，能力的增强可以促进知识的获取，能力主要包括获取知识的能力、运用知识的能力、创新的能力；素质是指人在先天生理基础上，受后天环境教育影响，通过个体自身的认识和社会实践，养成的比较稳定的身心发展的基本品质，高素质可以使知识和能力更好地发挥作用，促进知识和能力进一步扩展和增强。坚持知识、能力、素质的辩证统一，注重素质教育，重视创新能力的培养，才能适应21世纪经济社会发展对人才的需求。

2. 培养自身创新能力

创新是一个社会实现发展的永恒动力。大学生，特别是大学生创业者，作为国家未来发展的接班人和推动社会进步的生力军，理应自觉担负起改革创新的重担。为此，大学生创业者要自觉培养自身的创新能力。

（1）牢固树立创新理念。大学生创业者要始终坚信：一成不变，注定不会进步；而开拓创新，成功只是早晚的问题。思维的独立性是增强大学生创业者创新能力的必备前提，这就要求大学生创业者要在学习和创业实践中，自觉发展独立思考的能力；在思维实践中不迷信前人，不墨守成规、依赖已有经验，独立发现问题、思考问题，着力培养独立解决问题的能力；对待创业实践中的新问题，要独立思考、独立研究，独辟蹊径找寻解决问题的有效方法。

（2）加强创新学习。坚持用最新、最先进的理论成果武装自己。创新作为创造性思维的活动指向，必须要以丰富的知识占有为前提条件。没有坚实的知识储备，就不可能产生联想，也就不可能引发“头脑风暴”，实现思维创新。

（3）积极借鉴成功经验。坚持扬弃原则，取人之所长，补己之所短，切不可照搬、照抄或全盘否定他人经验，在借鉴中学习、在学习中创新。

3. 提高创业实践能力

理论与实践的脱节、动手能力不强是导致当前大学生创业失利的重要原因。为此，在高等教育中，要充分尊重学生的主体创新地位，要转变长期以来形成的单向传授知识、以考试分数作为衡量教育成果的唯一标准以及过于单一的教育制度。创立、创建学生能进行综合动手试验的外部环境，鼓励学生利用课余时间参加一定的社会实践活

动，增强学生对社会的了解并进而加强对社会的适应能力。21世纪是信息时代，要重视和加强培养学生收集处理信息的能力、获取新知识的能力、分析问题和解决问题的能力。

总之，创业精神的培养既取决于客观条件的许可，又依赖于学生主观的努力，无论社会、学校还是个人，都要积极营造有利于人才脱颖而出的氛围，努力培养学生的独立创业精神，为打造现代社会所需要的人才而努力。

小贴士

中国青年创业国际计划（Youth Business China，YBC）是一个旨在帮助青少年创业的教育性公益项目，通过动员社会各界特别是工商界的资源，为创业青年提供导师辅导以及资金、技术、网络支持，帮助青年成功创业。

2003年11月，YBC由共青团中央、中华全国青年联合会、国家劳动和社会保障部、中华全国工商业联合会等7家机构倡导发起。截至2008年10月，YBC在全国19个城市设立了项目办公室，招募导师志愿者2000多人，战略合作伙伴已有40多家。一个多层次、广覆盖的社会化项目运作和创业支持体系正逐步形成。联合国青年就业网络中心授予YBC“中国项目合作办公室示范项目”称号。

三、创业与职业生涯发展

（一）广义和狭义的创业概念

狭义的创业是指创办新企业的过程。而广义的创业还包括各种企业和其他非营利组织或公共部门内部的创业过程。通常人们多采用狭义的概念。中外学者对创业给出的代表性定义部分列举如下：

（1）创业是不在乎目前资源是否充足而识别机会的能力。

（2）创业是一种思维和行动方式，为机会着魔，全盘规划，具备良好的领导力。

（3）创业是一个创造增长财富的动态过程。财富是这样一些人创造的，他们承担资产价值的时间风险，承诺或提供产品或服务。他们的产品或服务未必是新的或唯一的，但其价值是由企业家通过获得必要的技能与资源并进行配置来注入的。

（4）创业是一个人——不管是独立的还是在一个组织内部的——追踪和捕获机会的过程，这一过程与其当时控制的资源无关。创业可由6个方面的企业经营活动来理解：发现机会、战略导向、致力于机会、资源配置过程、资源控制的概念、管理的概念和回报政策。创业就是察觉机会、追逐机会的意愿及获得成功的信心和可能性。

（5）创业是一种思考推理和行为方式，这种行为方式是机会驱动、注重方法以及与领导相平衡。创业导致价值的产生、增加、实现和更新，不只是为所有者，也为所有的参与者和利益相关者。

（6）创业是一个发现机会和捕捉机会并由此创造出新颖的产品或服务，实现其潜在价值的过程。

（7）创业是创业者通过发现和识别商业机会，组织各种资源提供产品和服务，以创造价值的过程。

（8）创业是依靠个人、团队或一个现有企业，来建立一个新企业的过程，如自我创业、建立一个新的业务组织或一个现有企业的扩张。总之，创业是指承担风险的创业者，通过寻找和把握商业机会，投入已有的技能知识，配置相关资源，创建新企业，为消费者提供产品和服务，为个人和社会创造价值和财富的过程。

（二）创新型人才的素质要求

1. 矢志不渝的创业毅力

"只要功夫深，铁杵磨成针。"大学生要想取得创业成功，必须要具备追求卓越、持之以恒的强烈创业意志。创业成功看似容易，实则是思想上长期准备的结果，而创业成功也必然属于意志坚定、矢志不渝、臻于至善的人。

对于大学生来说，创业领域没有任何捷径可走，只有专心致志和坚持不懈的人，才能克服在通往目标的道路上所遇到的危机和障碍。大学生要有创业必胜的理想信念；要有不怕吃苦、迎难而上、勇于奋起的人生魄力；要有放眼未来的战略眼光，加强对社会需求、经济发展规律的敏锐洞悉和精准把握，做到"运筹帷幄之中，决胜千里之外"；要有"千里之行，始于足下"的实践特质，真抓实干，不达目的誓不罢休，努力将自己储备的一切知识和社会实践有机结合起来，走出一条有自己特色的创业之路，决不做"语言上的巨人，行动上的矮子"。

2. 驾驭风险的创业魄力

成功的创业者总是先对成功的可能性和失败的风险进行分析比较，选择那些成功的可能性大而失败的可能性小的目标。为此，大学生创业者要有创业的魄力，这就要有敢冒风险、驾驭风险的勇气，但魄力不等于鲁莽、草率。在创业的过程中，创业者还要拥有理性的探求欲，要具有评估风险程度的能力和驾驭风险的有效策略。而创业者的魄力还来源于自身的诚信和自信的品质。

（1）勇气。创业需要勇气，很多人总是说想创业但却没有行动，最大的障碍也许不是他们不知道该怎么做，而是没有创业的勇气。他们总是有很多的顾虑，面对未来的许多不确定因素，越想越可怕，而无数的可能性也许就在这些犹豫和等待中化为乌有。阿里巴巴创始人马云的创业经验让我们看到了他在互联网创造的辉煌，如果多年前他只安分地做着外语教师，也就没有创造互联网神话的机会。在创业的道路上，没有付出就没有改变；没有走出来，创业梦想终究是个梦。所以，怀揣着梦想的创业者要勇于跨出创业的第一步。

（2）理性。大学生创业中，往往最迷茫的就是行业的选择，不知道自己到底该投身于何处，哪里更适合自己的发展。那么到底该如何选择呢？激烈的市场竞争宣告“暴利时代”已经结束，取而代之的是“微利时代”。市场经济刚起步时，机会特别多，好像做什么都能赚钱，只要你有足够的胆量和能力。但如今每个行业、每个领域都有人做，因此，创业机会必须靠创业者自己发掘。作为刚刚毕业的大学生，血气方刚、勇于拼搏是其身上特有的精神品格，值得推崇，但也就是这种“初生牛犊不怕虎”的锐气，导致对项目的选择不太科学和理性，总想着只要激情在，成功只是时间问题。因此，大学生创业者可以放手一搏，但必须谨慎求证。

（3）诚信。创业者的魄力与人的诚信是相关的。人无信则不立，诚信作为市场经济的重要内容，日益成为创业者的立足之本与发展源泉。所以对于一个成功的创业者而言，在创业之初，都要经受诚信的考验。诚信是塑造创业者形象和赢得企业信誉的基石，是竞争中克敌制胜的重要砝码，能够支持企业由小变大、由弱变强。

（4）自信。对创业者来说，自信就是创业的动力。有了自信，就能够激起强烈的成功欲望，在战胜困难时，能够表现出果断的勇气和必胜的信心。创业者的自信来源于其正确的自我认知，即对自我的尊重和接纳，能够认识到自己存在的价值，能够发挥自身的优势，能够更好地战胜困难。

3. 扎实强劲的创业内力

大学生创业者要想取得成功，不仅要具备矢志不渝的毅力、驾驭风险的魄力，更要有扎实强劲的内力。

（1）扎实的理论知识。大学生创业者要夯实专业理论知识，广泛涉猎创业领域职业知识；掌握科学、先进的管理方法，提高企业管理水平；掌握创业领域的科学技术知识，增强企业核心竞争力；掌握市场经济知识，自觉形成敏锐精准的市场战略眼光；掌握国家法律法规政策，做到用足、用活政策，依法经营管理，维护自身合法权益；了解世界各地民俗风情、文学艺术等。

（2）善于学习的态度。刚刚踏入社会的大学生，虽有一定的理论基础知识，但社会经验不足却是不争的事实。创业是一种实现自我价值的社会行为，仅靠大学生的理论知识是难以成功的。大学生不要盲目地认为自己是“天之骄子”，如果没有将理论知识与创业实践融会贯通、有机结合的能力，只会让自己成为“井底之创业者”。成功的创业者善于学习经验，善于总结教训，并能将学习成果内化为自己创业成功的源泉和动力。

（三）创业能力对个人职业生涯发展的意义和作用

创业成功是可以规划的，创业能力对个人职业生涯发展起着积极作用。任何一个职场上的成功人士，在成功之前都是普通人，与常人不同的是，他们拥有创业能力。

1. 职业生涯规划的定义

职业生涯规划是指个人和组织相结合，在对一个人职业生涯的主客观条件进行测定、分析、总结、研究的基础上，对自己的兴趣、爱好、能力、特长、经历及不足等各方面进行综合分析与权衡，结合时代特点，根据自己的职业倾向，确定其最佳的职业奋斗目标，并为实现这一目标做出行之有效的安排。

2. 创业能力对个人职业发展的意义

对年轻人而言，职业选择是否适当，将影响其将来事业的成败以及一生的幸福与否；对社会而言，个人择业是否适当，能决定社会人力供需是否平衡。如果每个人都适才适所，那么，不仅每个人都有发展的前途，而且社会亦会欣欣向荣；相反，则导致个人贫困，社会问题丛生。因此，职业选择对一个人及社会都有极其重要的影响。

如今，创业已经成为大学生职业选择的一种。但是，创业是一个实践性很强的过程，要求创业者不仅要拥有创业精神、创新意识，同时还要具备足够的创业能力。创业能力与新创企业成败直接相关，创业能力强，则创业成功率高；反之亦然。

当大学生选择了创业这个没有上司的职业之后，就成为一名真正的创业者，这时就需要自我管理、自我决策、自我规划。因此，在选择创业前，应该进行创业实践训练，向成功的企业家学习，在实践中提升和练就自己发现问题、解决问题的创业能力，然后再去创业，这无疑可以大大提高创业的成功率和成就感。

随堂讨论

放手去拼搏

小文，男，浙江人，2013 年 6 月毕业于江苏某高校。大学期间，小文学习成绩优秀，为人热情开朗，善于交际。

离开家乡开始步入大学生活的小文，怀着满腔的热血与希望，在活力四射的青春里努力做到最好。

从踏入校门那一刻起，小文就对自己的职业生涯进行了详细规划。他认为，人活着，就是要不断地学习与进步。每逢假期，他都去打工，去丰富自己，不论什么工作岗位，他都严格地要求自己，不畏辛苦，朋友们说他傻，可他总是浅浅一笑说："工作苦点不怕，只要能积累经验、积累人脉，为将来自己创业打下基础就够了。"

2012年12月实习结束之后，小文没有像大部分同学那样选择就业，而是凭着自己对园林事业的挚爱和追求，抓住机遇进行了创业。2012年12月底，他的"余姚市文绿蔬菜农场"在余姚市注册成立。

创业之初，他便投入资金200余万元，承包了500亩土地、50亩现代化温室，培育西兰花种苗10000余亩。西兰花成熟后，他以高价回收，还顺利地与慈溪市蔬菜有限公司、上虞永嘉蔬菜有限公司、余姚市银绿蔬菜有限公司签订了合作关系。后来，他的公司渐渐地成了集蔬菜种植、产品研发、生产加工、外贸出口为一体的专业绿色食品深加工型企业。

如今，他的新公司坐落在"东海之滨"的杭州湾地域，东距北仑港60千米，距宁波机场68千米；西依沪杭高速公路，交通非常便利，环境也非常优美。作为新兴的农业龙头企业，他探索并完善了"公司＋科技＋农户"的经营管理模式，运用订单、合约、参股合作等多种形式，联合当地10多个镇和周边5个县的1万户农民，建立了总面积1万余亩的紧密型、半紧密型和松散型蔬菜基地，走出了一条"利益共享、风险共担、物技结合、网络联动"的农业产业化路子，极大地降低了农户的市场风险，调动了广大农户调整产业结构的积极性，较好地解决了分散的农户小生产与大市场的对接问题，使每亩土地的产值和利润比传统单一结构增长2~4倍，基本实现了"投资少、见效快、覆盖广、两头富"的初始目标，成功地使成千上万的农户与消费者进行了高效有序的链接，收到了"兴一个产业，富一方农民"的功效，引起了社会各界的广泛关注。

小文的成功是有目共睹的，他的艰辛也只有他自己知道。他感慨地说："有得到，必然会有失去，理想是不能轻言放弃的。决定后，就要奋力前行，只有翻山越岭、披荆斩棘，才能到达成功的彼岸。"

讨论：

1. 你怎么看待创业活动？

2. 从小文身上你能看到哪些创业精神？

第三节 大学生的创新创业教育

一、认识创新创业教育

（一）创新教育的含义

创新教育就是以培养人们创新精神和创新能力为基本价值取向的教育。其核心是在全面实施素质教育的过程中，为迎接知识经济时代的挑战，着重研究与解决在教育领域如何培养学生的创新意识、创新精神和创新能力的问题。对于创新教育，上海辞书出版社出版的第六版缩印本《辞海》给出的解释是“产生于20世纪90年代的一种教育思想。主张教育以培养创新型人才为目标，着力促进人的创新精神和创新能力的发展。创新教育活动已在我国一些中小学开展”。

（二）创新教育的定位

创新教育的定位可以是多维度的，其中认识定位就是一个十分重要的方面。在创新教育的认识上，教育实践界存在许多误区，澄清这些模糊认识对学校创新教育实践有极为重要的意义。

（1）创新只是少数天才学生的事。许多教师以为创新是人的高级智慧，非一般学生所能拥有。其实，创新是人的本性，人人都具有创新的潜能与倾向；创新是人生存的需要，只要人存活一天就片刻也离不开创新。问题的关键是我们后天的教育是否尊重、保护并培育了这种潜能，激发、促进并满足了这种需要。《学会生存》一书曾指出，“教育既有培养创造精神的力量，也有压抑创造精神的力量”，人的创新精神与能力不完全是由先天因素决定的，后天的教育因素也是重要的决定力量。所以，创新教育应具有全体性，应面向每一个学生。

（2）创新只是自然科学的事。许多人以为创新就是科学发现、技术发明，只有科学教育才能培养人的创新精神与能力。实际上，不仅自然科学需要创新，社会科学与人文科学同样需要创新，特别是在科学技术的负效应日益显现的今天，科技创新与人文创新更应平衡发展，使未来社会既是高智力的，又是高情感的。不仅如此，即使自然科学创新也离不开社会和人文思维方式的支持。所以，创新教育应具有全域性，面向每一门学科。

（3）创新只是课外活动的事。也有许多教师以为，课堂教学的任务就是传授知识，发展知识是课外活动的事。实际上，这种区分是人为地割裂了传承与创新之间的内在联系。创新是整个教育模式、教育制度和教育观念的全局性改变，并不是局部的修改和增减，它应贯穿于课堂教学、课外活动和日常教育生活等方方面面，成为全部现代教育的精神特质，局部性的教育创新不可能是真正意义上的创新教育。其中，课堂教学是创新教育的主渠道，也是学校教育改革的着重点。

（4）创新只是智力活动的事。还有一些人认为，创新是一个人的智力表现，高智力必然会有高创新。这也是一种错误认识。创新不仅是一种智力特征，更重要的还是一种人格特征或个性特征，是一个人综合素质的凝结性表现，是一个人的自我超越和自我发展，是一个人潜能和价值的充分实现。在人的智力水平相当或恒定的情况下，非智力因素往往起着决定性的作用，许多有创新精神的人并非智力超群，而是非智力的人格特征出众。单纯的智力活动只能培养匠人，而不可能培养大师。所以，创新教育还具有综合性，是个体生命质量的全面提升。

（5）创新只有正面的效果。几乎所有的人都认为，创新是“正面的”“好的”事情，人们可以尽情地去追求。殊不知，创新是一把双刃剑，它既可以成为天使，也可以成为魔鬼；既可以为人类造福，也可以使人类致祸。现代社会的高级犯罪有哪一宗不是创新的结果呢？创新只是工具，并不是方向本身，创新还不能单独成为目的，创新教育也不能代替现代教育的全部，它必须与道德教育整合，培养人的同情心和责任感，把人的创新精神与创新能力引到为人类造福的方向上来。所以，创新教育具有双重性，现代教育必须致力于相互整合，兴利去弊。

（三）创新教育的目标定位

基础教育是为个体升入上一级学校、自身素质持续发展以及今后走向社会做准备的教育，基础教育阶段的创新教育也要为学生未来的持续性创新打基础。那么，具有深厚基础性和广泛迁移性的创新品质究竟包括哪些？这也是创新教育定位应予以优先回答的问题。概括地说，为持续的创新打基础主要包括两大方面：一是打创新精神的基础；二是打创新能力的基础。

1. 创新精神

创新精神是创新人格特征，是主体创新的内部态度与心向，它包括创新意识、创新情感和创新意志三大方面。

（1）创新意识。创新意识是个体追求新知的内部心理倾向，这种倾向一旦稳定化，就成为个体的精神与文化。经验性的研究表明，具有创新意识的人常常是不满足于现实，有强烈的批判态度；不满足于自己，有持续的超越精神；不满足于以往，有积极的反思能力；不满足于成绩，有旺盛的开拓进取精神；不怕困难，有冒险献身的精神；不怕变化，有探索求真的精神；不怕挑战，有竞争合作的精神；有强烈的好奇心，旺盛的求知欲，丰富的想象力和广泛的兴趣等。这些品质都是基础教育应重点予以关注的。

案例分享

日本“方便面之父”创新意识贯穿后半生

安藤百富1910年出生在中国台湾嘉义，原名吴百富。1957年，安藤担任理事长的信用社破产，他经营的其他产业都被用来抵债，剩下的只有位于大阪府池田市的私宅。当时，日本经济处于开始腾飞的最初阶段，人们生活节奏明显加快，安藤决定研制快速冲泡后食用的拉面。他在家里专门搭出一间小屋，埋头研制方便面。多次失败后，安藤从妻子炸“天妇罗”（日本传统油炸食品，用蔬菜、虾等裹上面粉下油锅炸成）中得到启发，发明了“瞬间热油干燥法”，用这种方式炸面条，水分能快速挥发，面条上还会出现细孔，用开水一泡，水分能迅速渗入面条，恢复面条的弹性。继而，安藤对调味料进行反复调配。1958年8月25日，世界上第一份方便面“鸡肉拉面”正式上市，定价35日元。从当时日本物价水准看，方便面定价不菲，但在市场宣传、免费品尝等攻势下，方便面很快在日本掀起热潮。

时年已48岁的安藤百富开始了今后一辈子的事业。当年年底，安藤创立日清食品株式会社。方便面很快成为时代的宠儿，效仿者不断出现。安藤很快意识到，必须规范市场，才能维护新产品的名誉。1961年，他注册了“鸡肉拉面”商标。1962年，安藤取得“方便面制作法”专利，并据此向113家同业发出警告。但到1964年，安藤成立日本拉面工业协会，把方便面专利转让给业界。安藤说，此举是为了把行业做大，从而给老百姓提供价廉物美的方便面。

1966年，安藤在美国考察时意识到，欧美饮食中没有碗、筷等东方人普遍利用的餐具。为适应欧美市场，安藤发明了“杯面”和“碗面”。1971年9月，世界首份“杯面”上市。至今已累计卖出200亿份“杯面”。

2005年，安藤又迎来一大快事。当年7月，日清的方便面同日本宇航员野口聪一一道搭上美国“发现”号飞船，成为太空站的宇宙食品。

（2）创新情感。创新情感是个体追求新知的内部心理体验，这种体验的不断强化，就会转化为个体的动机与理想。经验性研究也表明，有创新情感的人常常是情感细腻丰富，外界微小的变化都能引起其强烈的内心体验；人生态度乐观、豁达、宽容，能比较长时间地保持平和、松弛的心态；学习和工作态度认真、严肃，一丝不苟，有强烈的成就感，工作的条理性强；对世间的所有生命都有同情心和责任感，愿意为改善他们的生存状态而尽心尽力等，这些也是基础教育应予以优先关注的。

（3）创新意志。创新意志是个体追求新知的自觉能动状态，这种状态的持久保持，就会成为个体的习惯与性格。经验性的研究表明，有创新意志的人常常是能排除外界的各种干扰，长时间地专注于自己的活动；工作勤奋，行为果断，对自我要求较高，对工作要求较严；善于沟通与协调，组织能力强，有较强的灵活性，为达到目的愿意变换工作的途径和方法；有较强的独立性和自制力，在没有充分的证据和理由之前，不轻易放弃自己的主张，能容忍别人的观点甚至错误等，这些品质在基础教育阶段也应形成。

2. 创新能力

创新能力是创新的智慧特征，是主体创新的活动水平与技巧，它包括创新思维和创新活动两大方面。

（1）创新思维。创新思维是个体在观念层面新颖、独特、灵活的问题解决方式，创新思维是创新实践的前提与基础，如果想不到是不可能做得到的。经验性的研究表明，具有创新思维的人常常感受敏锐，思维灵活，能发现常人视而不见的问题并能多角度地考虑解决办法；理解深刻，认识新颖，能洞察事物本质并能进行开创性的思考；思维辩证，实事求是，能合理运用发散与辐合、逻辑与直觉、正向与逆向等思维方式，不走极端，能把握事物的中间状态等。这些品质是基础教育阶段思维训练的重点。

（2）创新活动。创新活动是个体在实践层面新颖、独特、灵活的问题解决方式，创新活动是创新思维的发展与归宿，经不起实践检验的思维是无价值的。经验性的研究也表明，具有创新活动能力的人常常实践活动经历丰富或人生经历坎坷，经受过大量实践问题的考验；乐于动手设计与制作，有把想法或理论变成现实的强烈愿望；不受现成的框框束缚，不断尝试错误、不断反思、不断纠正；愿意参加形式多样的活动，乐于求新、求奇，乐于创造新鲜事物等。这些也是基础教育应给予考虑的创新素质目标。

能力测试

测试你是否有创新意识

生活中有些人的惰性比较强，而有的人则喜欢求新求变，喜欢不断地去尝试，喜欢创造。看看你的创新意识如何吧！

1. 印在纸上的主意、想法，其价值还不如印它们的纸张。

A. 非常同意　B. 比较同意　C. 稍许同意　D. 不太同意　E. 很不同意　F. 极不同意

2. 世界上有两种人：一种人追求拥护真理；另一种人排斥真理。

A. 非常同意　B. 比较同意　C. 稍许同意　D. 不太同意　E. 很不同意　F. 极不同意

3. 大多数人并不知道什么才是对他有益的。

A. 非常同意　B. 比较同意　C. 稍许同意　D. 不太同意　E. 很不同意　F. 极不同意

4. 人生中的大事就是去做自己认为重要的事。

A. 非常同意　B. 比较同意　C. 稍许同意　D. 不太同意　E. 很不同意　F. 极不同意

5. 在这个复杂的世界里，要了解事情的演变情形，唯一的途径就是我们信任的领导人或专家。

A. 非常同意　B. 比较同意　C. 稍许同意　D. 不太同意　E. 很不同意　F. 极不同意

6. 在当代论点不同的所有哲学家当中，有可能只有一两位才是正确的。

A. 非常同意　B. 比较同意　C. 稍许同意　D. 不太同意　E. 很不同意　F. 极不同意

7. 大多数人根本不会替别人稍微设身处地地想一想。

A. 非常同意　B. 比较同意　C. 稍许同意　D. 不太同意　E. 很不同意　F. 极不同意

8. 最好听取自己所尊敬的人的意见，再做判断和决定。

A. 非常同意　B. 比较同意　C. 稍许同意　D. 不太同意　E. 很不同意　F. 极不同意

9. 唯有投身追求一个理想，才能使生命变得有意义。

A. 非常同意　B. 比较同意　C. 稍许同意　D. 不太同意　E. 很不同意　F. 极不同意

10. 当有人顽固不肯认错时，我就会很急躁。

A. 非常同意　B. 比较同意　C. 稍许同意　D. 不太同意　E. 很不同意　F. 极不同意

计分方法：A 是 1 分　B 是 2 分　C 是 3 分　D 是 4 分　E 是 5 分　F 是 6 分

说明：得分在 0~18 分，创新意识很低；得分在 19~40 分，创新意识中等；得分在 41~60 分，创新意识较高。

二、熟悉创新教育与创业、素质教育的关系

（一）创新教育与创造教育的关系

创新教育与创造教育有相同的一面但也有很多的不同。创新教育是为了迎接即将到来的知识经济时代而提出来的。创新教育不仅是方法的改革或教育内容的增减，还是教育功能的重新定位，是带有全局性、结构性的教育革新和教育发展的价值追求，是新的时代背景下教育发展的方向。尽管我们研究的定位是培养中小学生的创新精神和创新能力，但实际上将来带来的是教育全方位的创新。我们强调，创新教育的重点不仅是在操作层面上搞小发明、小制作，或在学科教学中仅仅培养发散思维能力就可以了。这些在创新教育中仍然要搞，但除了考虑这些操作层面上的问题外，更要考虑适宜创新人才成

长的“土壤”、良好的环境，这比什么都重要。这符合马克思主义的基本原理，环境对人的影响是特别巨大的，尤其是对青少年的影响更是巨大。所以，我们能否接过创造教育的旗帜搞创新教育呢？不行，时代不同了。创新教育与过去的创造教育固然有继承关系，但绝不是沿袭过去的东西。当然两者也并不矛盾，它们在很多方面，尤其在基础方面是相通的。创新教育是创造教育在新的历史条件下的发展和升华。我们不能割裂传统，不过，在这些问题上我们不搞争论、论战，把时间和精力花在名词术语的争论上没有意义。

（二）创新教育与素质教育的关系

这个问题在全国教育工作会议期间颁布的《中共中央国务院关于深化教育改革全面推进素质教育的决定》中已经说得很清楚，不是创新教育离开素质教育另起炉灶，另搞一套，而是素质教育要以培养学生的创新精神和实践能力为重点。有人说，创新教育把素质教育推向了一个新的台阶，创新教育是素质教育的灵魂、核心，创新教育为实施素质教育、深化素质教育找到了一个“抓手”。这几年搞素质教育总感到有点像老虎吃天——不知从哪着手。先是多搞活动，多搞点音、体、美，但又感到光停留在这个层次上也不行。现在感到创新教育抓住了素质教育的一个核心内容，可以成为“抓手”，况且创新精神和创新能力便于细化，可以操作，用它可以带动素质教育的方方面面。1999 年 10 月 20 日的《中国教育报》在头版的位置报道创新教育课题会时提出：创新是实施素质教育的关键。首先，创新是关系国家前途命运的关键问题；其次，素质教育要提高全民族的素质，提高全民族的创新能力，它同创新教育追求的目标是一致的；最后，实施素质教育必须在一系列问题上创新，包括教育观念、教育思想、教育制度、教育内容、教育方法都要创新。如果不创新，还是沿袭旧的那一套，素质教育就很难实施。所以，不管是从时代的发展，现代化的需要，教育改革的需要，党和国家领导人的倡导来看，还是从素质教育追求的目标来看，创新教育是为了使素质教育能够真正得到贯彻实施。正如教育部原副部长吕福源所说的：深化教育改革，全面推行素质教育有很多方面，其中最重要的是创新精神和创新能力。它能保证素质教育的实施，而且使之得到深化。

三、创新教育模式

创新教育模式，在此我们主要讨论的是进行创新教育的模式，不是指创造新的教育模式，也不是教育创新的模式。创新教育模式是使受教育者形成创新意识、发展创新能力，并在未来的人生经历中做出创新性工作的教育过程及教育环境体系。对于创新教育模式而言首先它不是一个固定不变的框架，不是封闭的系统，也不是一个简单的结构，从性质来讲它具有开放性、动态性、发展性和复杂性，从这个意义上来讲，创新教育模式既是要创造新的教育模式，又是要进行教育创新的模式，但现在更多的是对教育模式的历史总结，还远未进入创新教育模式的开发设计，至少我们对创新和创新教育的认识还停留在初等水平。由创新教育的模式性质来看，创新教育有它的结构特征与体系要求。作为创新教育体系有它的历时结构和共时态结构。历时结构有两层含义：其一，创新教育体系的发展过程是进化的；其二，创新教育实践过程有相互关联与相互制约的要素。创新教育的共时态结构也有两个方面，就创新教育体系而言反映创新教育发展的状态，就创新教育实践过程而言反映创新教育要素的组合关系及配合状态。在此我们不关心创新教育体系的结构问题而注重的是创新教育实践活动的结构问题，前者属于创新教育的存在本体问题，后者关心创新教育的实证研究。因为创新教育实践的历时结构反映了创新教育系统中相互作用的要素间动态过程和演变方式，展现各种作用机制促成目标转换的逻辑或非逻辑过程；创新教育实践的共时态结构主要表现为各种作用与目标间的统计关系和经验关系。创新教育实践的共时态结构特点为我们提供了考察创新教育实践体系内部要素间的配合要求、经验说明和教育结构格局的机会；其历时结构特点为我们提供了创新教育体系内部各要素之间的作用方式、传递关系、微观机制和宏观机制的可能。创新教育结构的研究为开发可操作的创新教育模式提供可能性基础。

知识拓展

教育模式

教育模式是人们对教育进行有效实践而采取的一种教育策略的集合体系。其特点主要是体现出一定的程式。

一、普通教育：中国的普通教育分义务教育和高等教育。义务教育主要是指中小学教育；高等教育就是指普通高校教育，不包括艺术院校。

二、职业教育：职业教育是指对受教育者实施可从事某种职业或生产劳动所必需的职业知识、技能和职业道德的教育，包括职业学校教育和职业培训。

三、成人学历教育：指整个有组织的教育过程，不论其内容、水平、方法如何，是正规的或是非正规的，不论是延续或是取代学校和大学进行的初步教育以及在企业的学徒训练。通过这个教育过程，使社会成员中被视为成年的人增长能力、丰富知识、提高技术和专业资格，或使他们转向新的方向，在人的全面发展和参与社会经济、文化的均衡而独立发展两个方面，使他们的态度和行为得到改变。成人教育分为成人高考、高教自考、远程教育。

四、艺术教育：是美育的核心，它的根本目的是培养全面发展的人。艺术教育承担着开启人的感知力、理解力、创造力，使人的内心情感和谐发展的重任。常说的艺术教育是指专门的艺术院校进行的专业艺术教育，教学以艺术启发为主，传授文化知识为辅。

对一个企业而言，到底什么是创新，是不是制造新产品便是创新？那些不能使企业得到净效益的企业创新活动都是浪费。只有很少的专利能给公司带来财富，大部分专利都不能为公司产生价值。创新的确有可能给企业带来好处，但关键不在于谁是始创者，而在于企业是否有能力应用创新来创造最大价值。

在过去的30年里，中国的经济发展一直是以制造业为主要推动力，我们可称之为制造经济。而中国也以“中国制造”（Made in China）而闻名，是全世界各地价值链的上游，也是全世界的工厂。一直以来，中国制造的产品以出口为主，随着中国经济发展，国内市场也随之扩大，但中国大部分的制造业仍然主要是供应国外市场。

现在，“中国制造”面临着几个严重问题。第一，随着工资增加，竞争也越来越激烈。第二，能源消耗大，引起了一些环境问题。如果我们将环保消耗算进成本，可能总利润是负数。中国的制造经济不可能长久地这样不计环境成本。第三，国际上对中国的产品有一些不好的印象，认为中国制造业不负责任，如玩具、奶粉事件。第四，来自国际的压力。有些国家起诉我们倾销，如轮胎事件等。其实我们的出口并没有对其他国家工人就业产生很大的影响，但是很多人觉得我们的出口太多了，因而产生了反感。第五，世界经济萧条。2008年以来的金融危机、欧债危机，使欧美消费市场萎缩，中国很多地区在2008年已经深有感受。第六，规模越大，面临的危机也越大。那么多的厂房与机器在没有生意的时候就是一个很大的负担。2009年，中国很多工厂都因世界金融风暴而倒闭。

事实上，以上提到的不是制造业独有的问题，也不是哪一个单一行业的问题，而是整个行业面临的问题。解决个别企业的眼前困难并不能解决根本问题，而是需要有系统性的措施，才能使大家转危为安。很多学者与专家都认为创新能使中国走出面临的困境，但我们究竟应该如何理解“创新”，尤其是中国的创新呢？欧美的企业创新通常是由个人开展而后带动他人加入，所以一个企业的创新能力大都以其员工的创新能力为基础。欧美人普遍认为，一个人如果要有创新能力，他必须有远见、有热情，敢想他人不敢想的事，不墨守成规，能向传统智慧挑战，有勇气承担风险，有能力说服他人。因为中国企业有员工服从领导的文化，员工有很强的执行能力及模仿能力，却并不习惯向传统智慧挑战，所以很多欧美学者都认为中国企业的员工缺少创新能力，中国企业在现状下也难以进行创新。让我们来认真分析一下“创新”和“创新活动”。在很多人的观念里，创新几乎等同于高科技，认为生产高科技产品便是创新。现有的评价体系也通常以一个企业或一个国家一年内获得专利的数量来衡量它的创新程度。一个新产品可以因为它的特殊设计异于当前产品而获得专利，一项新科技可以因为它异于当前的科技而获得专利，一道新的生产流程可以因为它有一些新的、特殊的程序而获得专利，它们的共同点在于都异于现状，而且可增加价值。因此，很多欧美学者认为创新是开发新产品、发明新科技或建立新生产流程。那么，对一个企业而言，到底什么是创新？是不是制造新产品便是创新？如果一个企业开发了新的产品，但是产品投入生产后发现没有市场，这是不是有意义的创新？一般来说，对一个企业来说，那些不能使企业得到净效益的创新活动都是浪费。

火药是中国人发明的，但中国把火药应用在烟花、鞭炮、传统军火上。而西方国家将其用于开山、建铁路来支持工业革命，用于制造先进军火来加强军队战斗能力，所以西方从火药发明中获得的收益远远超过中国。印刷术也是中国人发明的，当时中国应用这项技术来方便信息的传播。但西方应用该技术来促进商业发展，进而成为工业革命的推动力，所以它们得到的好处也远比中国多。第一台个人电脑是施乐公司做出来的，它只将其看作电脑的新种类。而苹果电脑及很多硅谷的高科技公司利用施乐公司的个人电脑技术推动了个人电脑革命，从而改变了整个计算机行业，并且现在市面上已经看不见施乐公司出品的个人电脑。

创新其实可以分为两类，一类是科学创新，另一类是商业创新。科学创新是指有关自然规律的新发现，包括新科学理论、新产品及新科技，本书称之为“始创新”。这也是很多西方学者所指的创新，或者中国许多人常提到的“自主创新”。而商业创新是指创造新价值。西方学者也有一个类似概念，称为连续性创新（continuous innovation），意思是这类创新会连续性地增加价值。第二类商业创新活动是指通过一种新的理念来推动对人们日常生活或工作有新价值的活动，这种新理念很多时候是被新产品或新科技（始创新）所激发，但也可以是源于生活上的某种欲望，通过新的理念组合现有资源来满足这一欲望，我们称之为“源创新”。这个“源”字是“开源节流”中“开源”一词的延伸，寓意全新的开始，从无至有。

正因如此，源创新活动需要触发、引导其他的经济参与者联合起来，共同提供这种新理念的新价值，同时它也必然会开拓新的市场。

案例导入

马云：中国创新不好是教育的问题

阿里巴巴集团董事长马云昨日在上海市浙江商会第九次会员大会上发表演讲时表示，

中国创新不好，归根到底是教育的问题。马云认为：我也想和大家分享所谓的“创新”。我们经常讲美国、欧洲创新比我们好，中国创新不好，归根到底是教育的问题。其实我觉得，中国的教是没有问题的，育是有问题的。教，中国的学生全世界考试最好，但是育是培养文化、情商。我毕业于杭师大，假如毕业于北大、清华，可能现在每天就在做研究了。因为我是毕业于杭师院，文化是玩出来的，会玩的孩子、能玩的孩子、想玩的孩子一般都很有出息。我们是教，把育的东西拿走了。如果“新常态”下我们重新思考我们的文化，我们的育、我们的玩、我们体育，这些东西才会不断出现。很多画家是玩出来的，很多运动员是玩出来的，很多作品都是玩出来的。所以，我们企业家也要学会玩。

（资料来源：2014-12-08，新浪科技；编辑：朝晖）

第四节　国内外的创新教育比较

随着当前世界进入“互联网 +”、人工智能的时代，创新发展已经成为包括我国在内的许多国家的发展战略。创新能力的开发已经直接关系到一个国家的发展和实力。各国对创新能力的开发越来越关注。美国人提出：“我们正跨入一个新的时代——亟须一种新的创造精神的时代。”日本人也提出“独创是国家兴亡的关键，开发国民的创造力是走向 21 世纪的道路”。由此可见，开发创新能力是未来社会和知识经济发展对人提出的要求，也是当今世界教育改革的潮流。国外发达国家围绕这个“新”字构建创新教育目标。他们把目标定位于培养既有现代知识，又有创新能力、品德高尚、体魄健美、身心发展良好的现代化的新人，即善于适应变化和创新的新人上，如：日本人提出，教育要成为“打开能够发挥每个人的创造力大门的钥匙”，教育要“适应技术新时代而提高学生的价值品位，发展学生的想象力、谋划力和创造性智力以及为创造而进取的不屈不挠的意志”，使受教育者成为“面向世界的日本人”。美国人则强调教育的首要目的就是释放学生的创造力，要培养“骨髓中都充满未来思想和未来意识的人”和“世界一流的创新人才”。英国人在《学校课程框架》中提出了发展创新思维，了解世界群体和个人，养成正确道德观念等教育目标要求。

一、创新教育在美国

世界的进步来源于创新，美国康涅狄格大学教授兰祖利在创新教育大会上指出：“我们的世界变得越来越复杂，我们所有的进步，包括在经济、社会、政治等其他领域，全部来自于创新创意。当前，很多现实领域里出现的问题需要有创意的青年一代来解决，例如埃博拉病毒的爆发，例如交通拥堵、医疗体系改革、经济转型发展，这些都需要有创新能力的人去改变，因此创新教育是非常重要的。”美国以创新和发明著称于世，每年有 50% 左右的诺贝尔奖获得者为美籍科学家，一直遥居各国榜首。这也是其繁荣和发展的根本保证，无论是政府教育部门，还是其他行政部门，以及民间组织、企业、大专院校等都大力提倡并积极创造条件鼓励创新。在全美上下形成了良好的创新环境和氛围。20 世纪 70 年代，美国教育界就明确提出了培养具有创新精神的人才的目标。斯坦福大学在美国硅谷成功过程中发挥了巨大的作用，则更加证明了高等学校知识创新、科技创新和创新人才培养对国家的发展极为重要。

美国的创新教育主要体现在以下几个方面：首先，美国大专院校开展多种形式的创新教育，将创新视为学生发展的重要能力之一，结合创新的相关课程、计划及研究中心不胜枚举，在塑造美国创意文化的过程中扮演了重要角色。其次，企业对高等教育中创新精神的支持和鼓励较大，民间企业不仅本身进行创意产品设计研发，亦能关注社会及教育，将创意的精神融入其中，在高校设立企业实验室、奖学金、捐献项目帮助大学开展各类创新教育。再次，美国创新的开展，有来自民间自发的蓬勃力量，推动相关课程与研究，并与政策相辅相成，使创新遍及个人、社区、教育场所及一般企业实践中。除了上面三个方面外很重要的一个方面是政府的高度重视，美国商务部在 2013 年 7 月就正式发布了《创新与创业型大学：聚焦高等教育创新和创业》报告，促进学生创新和创业，支持大学科技成果转换与校企合作。美国政府没有制定专门的创新教育政策，但在相关教育政策以及教育主管部门颁发的文件中可以发现创新的概念或做法已自然而然地融入其中，美国有很多州都要求学校承担起创新教育的责任，有几个州已经将创新教育纳入州立教育法令当中，要求学校进一步改进和完善。在大多数的评检中创新是必然的指标。目前美国大多数学校都会设有创客空间，培养创新思维模式，应用到课程当中，让学生获得一些探索。

创新教育对学生和老师来说都非常重要，首先老师自身也要成为创客，只有自己了解了这个过程，才能更好地实施这个过程，在面对一项自己完全不了解的事物时，明白有哪些工作要做，该从何处着手，包括背景调查、基础知识等。只有老师自己经历了这些过程，才能更好地帮助学生，建设课程体系。

二、创新教育在日本

日本创新教育始于 1868 年的明治维新，第二次世界大战后又有了长足进展，70 年代达到世界一流水平。第二次世界大战后日本经济的迅猛发展，也与其密不可分，正如日本前首相吉田茂在《激荡的百年史》一书中所说的那样："创新教育在现代化中发挥了主要作用，这大概可以说是日本现代化的最大特点。"进入90年代，随着日本经济和社会的进一步国际化，教育出现的种种问题也亟须解决。面对国际化、信息化、高龄化、少子化以及经济结构的调整等社会变化，日本政府抓紧了面向21世纪的全面教育改革，创新教育取得了一定成果。

90年代，强调"创造性"的日本大学，其创新教育发展也堪称日本历史上的全盛时期。日本教育界认为，面对严峻的社会经济形势，大学如果不加速改革，本国的21世纪将不可能得到发展。1991年，按照大学审议会提出的"高等教育个性化、教育研究高水平化、经营管理活性化"的方针，日本进行了大学设置基准等改革，引入了自由竞争机制，启动了大学创新教育改革。21世纪被称为"知识经济社会"。日本把21世纪看作其教育新生的世纪，高教界人士认为，要使日本的科技也走在世界前列，必须提倡从事创造性的科学研究。培养大学生创造思维能力的创新教育成了高等教育变革的着力点。

三、国外创新的教育观

（一）树立以人为中心和创新精神为核心的主流教育观

创新素质教育、创新能力培养在国外重视较早，起步较快。西方的教育家、经济学家较早地认识到科技创新、知识创新与创新人才培养之间的密切关系，一直把重视人的创新能力培养作为教育的传统。古希腊哲学家亚里士多德主张，最高尚的教育应以发展理性为目标，使人的心理通过教育得到解放和发展，提倡自由教育，这对西方教育产生了深远的影响。美国哈佛大学早在1945年发表的哈佛"红皮书"——《自由社会中的一般教育》中提出了知识和能力协调发展的原则，注重学生创新能力的训练。英国的剑桥和牛津大学一直把"探测、挖掘和开发学生的潜在能力，激励个人的创造精神"作为其办学思想。20世纪70年代，美国教育界就明确提出了培养具有创新精神的人才教育目标。

20世纪末，法国也把改革的重点放在提高国家的创新能力上。1998年5月，法国召开科学与技术创新会议，要求高等学校与科研机构、企业一道为法国的技术创新做出贡献。会后不久，法国又召开大学改革研讨会，并与大学校长签署一份联合声明。声明指出，智慧与创新处于社会发展的中心，大学应鼓励创新、负责与协调精神，一方面通过创新取得研究突破，另一方面在创新和研究活动中培养具有创新精神的人才。1999年7月，法国议会通过《创新与研究法》，将科技创新制度化，力图使法国在21世纪的智力竞争中处于有利地位。

培养创新人才不仅引起各国政府的关注，而且引起联合国教科文组织的关注。联合国教科文组织认为人的开拓新能力是面向未来的"三张教育通行证"之一。1972年，联合国教科文组织国际教育委员会发表了题为《学会生存：教育世界的今天和明天》的研究报告，报告指出："人们不断要求教育把所有人类意识的一切创造潜能都解放出来"，但"教育既有培养创新精神的力量，也有压制创造力的力量。教育在这个范围内有它复杂的任务"。1996年，联合国教科文组织国际21世纪教育委员会的报告《教育——财富蕴藏其中》也指出："教育的任务是毫不例外地使所有人的创造才能和创造潜力都能结出丰硕的成果"，并认为这一目标比其他所有目标更重要。

（二）注重以人为本，以学生为主体的创新精神培养

当今科学的发展是高度分化又高度综合，学科之间的交叉越来越明显，总的趋势是综合。日本教育家提出要培养综合化人才，他们认为没有综合就不会产生伟大的文化。苏联在20世纪70年代进行的高教改革中，提出要培养具有科学的世界观、综合化的知识、多方面的技能和专门化技能相结合的学识宽广的专家。美国和欧洲许多国家提出了要培养创造性人才和跨学科人才的目标。1983年，世界大学校长讨论会上，专家们一致认为，理想的大学毕业生应该具备三条标准，即坚实的学科知识并掌握攻读学科的方法论；将主修的学科知识同实际以及其他学科相结合的能力；不仅要成为一个训练有素的专家，而且乐于听取别人的意见，能运用其知识进行国际交流。

世界各国在高教改革中，都把培养创新能力和创新精神放在重要位置。美国从20世纪70年代起，在一些大学里设立了创新中心，以指导学生的创造发明活动。在许多大学中开设了一系列专门训练和培养大学生创造能力和方法的课程，如学科研究方法论、创造技能、智力与创造力训练等。苏联则在全国建立了100多所创造发明学院，组织大学生和青年技术工作者学习从事发明创造的基本原理和方法，并进行技术革新实验。欧洲共同体创办了"欧洲高等学校研究生院"，接纳共同体各国富有创造力的大学生学习深造，从事科学研究和科学发现工作。针对世界各国把创新教育列入培养目标的实际，联合国教科文组织指出"21世纪是创造教育的世纪"，这也正应了李政道博士所说的"培养人才最重要的是培养创造能力"。

（三）强调改革教学方法，调整授课内容，突出创新精神

以教师为中心、课堂为中心、书本为中心的"三中心"传统教学模式严重束缚了学生创新思维与能力的发展。近10年来，随着科学技术和新教育观念的发展，这种旧的模式受到日益强烈的冲击。当前，世界多数教育家都认为学生应是教学过程中的中心或主体。联合国教科文组织在《学会生存》的报告中指出："科学技术的时代意味着：知识在不断地变革，革新在不断地进行。教育应较少地致力于传递和储存知识，而应该更努

力追求获得知识的方法，即学会如何学习。”面对这种新的趋势，许多国家的大学都进行了改革实践，努力探索注重个性发展、突出创新精神的教学模式。为此，一些国家相应地调整了课程结构。总的趋势是加强基础，开设综合课程，扩大知识面，促进学科交叉，特别是文理渗透、科学与人文的结合。如美国开设“科学、技术与社会”课程，要求学生特别关注科学技术与社会的关系，英国剑桥大学开设建筑和艺术史系、科学史和科学哲学系等。

在教学方法上，国外高校的教师有许多好的经验和做法值得借鉴。第一是活跃课堂教学，教师引导、学生提问、答问结合，运用随机启发式、讨论式教学法，充分调动学生的积极性，使学生成为知识的探索者、创造者，如美国大学采用的“合同教学法”“个性教学法”等，鼓励学生标新立异，强调师生互动，充分调动学生学习的主动性和积极性。第二是引导和组织学生参与科研活动，提高学生的科研能力和创造能力。美国教育部门和学校行政当局都设立专项经费，鼓励教授吸收大学生参加科学研究。第三是重视实践教学环节和课外、校外活动。国外不少高校特别重视大学生的实践锻炼，有些要求学生在企业、公司实习时间累计不少于 6 个月。经常提倡和鼓励学生在课外组织科学性、趣味性和创造性的活动，提高其组织能力、实践能力和创造能力。第四是注重实践，在实践中锻炼和提高学生的创新能力。如日本的“第三次教育改革”始终突出“重视个性”原则，将教学过程延伸到科学研究和社会实践中去。德国颁布“大学生科研津贴制度”，鼓励和支持大学生参加科研活动。英国、加拿大等国家则采用“合作教育”，帮助学生从课堂走向社会，从事科研和发明创造。

四、国外创新教育给我们的启示

（一）更新教育观念，顺应时代要求，突出创新教育，树立知识经济时代的创新人才观

以信息产业迅猛发展为代表的知识经济时代已初见端倪。在知识经济社会，教育的功能、作用及地位都发生了新的变化。过去我们过多强调教育的政治功能、选拔功能，而弱视了教育应有的经济功能和社会功能。在知识经济时代，教育的作用不仅不能克服社会的差异和分化，反而越来越成为全球经济产生差异、非独占性的重要因素，这就决定了知识经济必然是一种全球性经济。在这种时代背景下，综合国力的竞争日益突出，而其基础必然在教育。随着我国加入 WTO 和经济全球化趋势的加深，我国的经济已深深融入全球经济一体化之中。适应时代发展的需要，关键在于培养大批知识技术创新人才，高等学校作为高级人才培养的重要基地，必须实施创新教育。

进入知识经济时代，知识和创新成为国家经济发展的最重要内容，创新素质教育起着至关重要的作用。创新教育是以培养人的创新精神和创新能力为基本价值取向的教育，其核心是在全面推进素质教育的过程中，培养学生的创新意识、创新精神和创新能力。实施创新教育，必须树立创新教育思想。高等教育的根本任务是培养具有创新精神和实践能力的高素质人才。高校要实现其根本任务，最重要的是树立创新教育思想，在教育目标、教学内容、教育管理服务等各个方面体现创新教育的内涵。教育部 1998 年 12 月制定的《面向 21 世纪教育振兴行动计划》明确规定："高等学校要跟踪国际学术发展前沿，成为知识创新和高层次创造性人才培养的基地。"在创新教育提出并付诸实践的今天，尽管各高校都出台了一系列有关创新教育的举措，但一个明显的现象是教师的创新意识不强，这种现象的根本原因就是没有树立创新的教育思想，缺乏创新的教育机制与环境。因此，我国的高等教育必须更新观念，改变传统的教育管理体制、教育观念和教育方法，树立知识经济时代的创新人才观，建立新的人才培养机制，不但要求人才的全面性和综合性，更要体现开放性和创新性，使创新意识、创新精神和创新能力成为衡量人才素质高低的重要标志。

（二）适应形势需要，加大培养力度，造就适应创新教育需要的高素质创新型教师队伍

国外教育界认为，人才创新教育的关键在于高素质、高度责任心的教师，他把对学生各方面能力的培养贯穿于教学的各个环节，并在创造性思维、动手实践能力和适应能力、独立性方面进行严格的训练。盛行世界的"问题教学法"，就是通过让学生从事类似于科学家发现真理的学习活动，使学生掌握学习和发现的方法。如美国哈佛大学的案例教学法，要求学生张扬个性，不迷信权威、书本和已有结论。

对我国来讲，实施创新教育的关键也在教师。教师的素质和能力很大程度上决定着教育质量的高低。没有创新型的教师队伍，就难以培养高素质的创新型人才。我们必须努力造就一支具有强烈创新意识，勇于探索，善于培养学生创新意识和创新能力的师资队伍。一方面，对现有的教师进行创新素质和能力培训，提高他们的创新意识和创新能力，使他们尽快适应当前创新教育的需要；另一方面，改革师范教育和单纯以师范教育为主培养新教师的状况，使新走向教师岗位的教师胜任当前的创新教育。另外，要提高教师待遇，把一大批具有创新意识和创新能力，适于从事创新教育的优秀人才吸引到教师队伍中来。

培养和造就一支适应创新教育需要的高素质教师队伍，其核心是要提高教师的创新意识和创新能力。创新意识薄弱是高校普遍存在的现象。学生创新意识不强的根源在于教师创新意识不强。教师要培养创新意识，推进创新教学，引导学生创新，营造创新

教育的环境，最主要的是教师在教育过程中实施具有创造性的教育行为。要创建真正民主、平等的师生关系，教师对学生，尤其是对于与己不同、与众不同的学生要尊重、宽容、鼓励，而不应强制、苛求和压制。只有这样，才能助燃学生的创新火花，培养赶超先人的优良品质。

（三）勇于实践，不断创新，探索适合我国国情的创新教育

要改革课程体系和教育教学方式与方法、课程体系与教学内容，加强基础与通识课程教育。根据受过高等教育的学生必须具备的素质标准，制定共同的基础课程（又称“核心课程”），在此基础上确定完整的课程体系。课程体系要把通识课程、基础课程、专业课程等细化为若干模块，每个模块又细化为若干课程或教学活动。要求学生必须学到所有模块，但每个模块中的课程允许自由选择。应给学生提供多样的可能性，让学生学会根据自己的情况进行选择。学会选择，是我们教学的重要目标。课程体系要给学生以较大的自由度，不能因课程负担占满学生的所有时间。通过学习，培养学生批判地接收和选择知识的方法，使学生在将来的学术科研和生产活动中具备基本的表现能力。教学最主要的任务是要学生学会学习知识、运用知识和创造新知识。21 世纪是一个终身教育和终身学习的社会。

对学生来讲最重要的基础就是学会学习，有积极学习的愿望和自主获取知识的能力。在教育教学实践中，要特别注重学生学习能力的培养，注重学生基本知识的掌握。如果学生掌握了宽厚的基础知识，就有很强的适应性，才有可能“厚积薄发”。

当前我们要特别提倡激发学生学习科学的兴趣及对未知世界的好奇，从而产生进一步追求的强烈欲望与激情，正如教育部原副部长韦钰所言：“创新是在激情驱动下的直觉思维。”

英国剑桥大学的专家认为要加强文理结合的课程，用科技人文科学来黏合理科和文科的裂缝。要打破按学科授课的模式，让学生在掌握某一学科系统知识的同时，强调课程的设置要有利于学生有关能力的培养，利于学生合理的知识结构和能力结构的确立。要认识到学科综合化的发展趋势，鼓励和引导学生跨学科选课学习，要求学生必修不少于一定门次的人文、艺术和社会科学科目。要选择同现代社会生活紧密结合的重要课题，指导学生从不同学科角度，对同一门课程进行多方面的探讨，使学生理解不同学科间的关联性，培养学生综合运用多学科知识解决问题的能力和跨学科研究的能力。

随着信息时代的到来，国外许多高校建立了教育信息网和资料库，并将计算机运用能力的培养作为基础教育的重要部分。教学中要尽可能采用多媒体计算机辅助教学、网络教学等现代化的信息手段，实现教学手段现代化和个性化教学，促进学生计算机能力的提高。这对学生掌握先进的信息工具和科研手段，自觉养成运用先进手段进行学习和

科研，积极投身学生科技创新活动，激励创新思路，不断培养学生的创新意识和创造能力，将起到积极的作用。

（四）重视实践教学，把教学与研究紧密结合，增强学生科技创新能力

为让学生把所学的理论知识应用于实际生活，提高学生解决实际问题的能力，国外高校在强调课程内容的研究性、理论化和结构化的同时，大大加强实践性教学环节在课程体系中的比重，把“科学研究方法”作为低年级学生必修课开设，为学生将来从事科学研究的实践奠定基础。此外，学校注重“产、学、研”的结合，“学校＋企业”的剑桥模式已成为国外未来大学的发展方向。我国高校在教学中偏重理论知识的传授，忽视实践性教学环节，这严重束缚了学生的创新能力和实际运用能力。要加快教学改革的节奏，下大力气加强实践性教学环节，加强实验课、讨论课、生产实习课在课程体系中的地位，更新课程内容，增加学时数，让学生通过这些实践性教学环节动手动脑，锻炼和提高自己的动手实践能力。

在这方面，我国一些高校已有成功经验。如清华大学创立“清华大学—东方意德实验室”，为学生提供了科技创新的优良环境，促进了学生将科技创新成果向现实生产力转化。上海农行为上海理工大学金融专业捐资建造国内第一个模拟银行教学实验室，缩短了金融理论教学与实践的距离，提高了学生的金融素质和务实能力。

（五）强化整体意识，优化育人环境，营造有利于创新人才培养的良好氛围

创新意识、创新精神和创新能力的培养有赖于环境的熏陶与潜移默化的感受。有意识培养、营造一个整体优化的环境对学生创新精神的养成具有重要意义。这个环境主要包括学校长期发展积淀而形成的优良传统与校风、学风和高品位的校园文化氛围，一个思想活跃、学术自由、兼容并蓄、百家争鸣、百花齐放的局面。在这方面，国外一流大学普遍重视营造民主、宽松的氛围，营造创新思维的文化氛围和心理氛围，营造一个高品位的、激发灵感的、产生想象力的环境，鼓励学生树立创造的自信。

受中国传统文化守成观念的影响，在现有的社会文化环境中仍存在阻碍创新思维生长的因素，缺乏创新人才成长的环境。改革开放以来，国家提出科教兴国战略，开始了知识创新和技术创新体系的建设。特别是在第三次全国教育会议上，提出了全面推进素质教育的要求，而且将高校实施素质教育的重点定位于创新教育。我们要积极贯彻党中央的战略部署，认真吸取国外高校创新的优秀成果，努力创造适宜于创新人才成长的环境。在培养目标上，要促进全体学生发展，培养有社会责任感和道德心并具有独特个性和丰富创造力的人；在课程设置上，要注重那些能显示自然、社会和人类生活的多样性、可变性和多种可能性的内容，要把各种课程教学中创新教育实践活动作为创新教育

的主要途径，使教学具有启发性和引导性；要根据学生不同层次的要求，推行学分制，改同步的班级授课制为异步的班级教学制，实施分级授课，以利于不同层次学生的发展；要从根本上改变以固定、唯一、精确的标准评价所有学生的现行评价体系，建立符合素质教育的科学的学生评价制度。此外，学校应制定完善的创新教育相关制度，如计算机房和实验室开放制度，图书馆管理制度，学生科技活动激励制度，教师、学生创新素质评价制度等，确保创新教育走上科学化、规范化和经常化的道路。

21 世纪是知识经济的时代，是迫切需要创新人才喷涌而出的时代。现代科技以人为本，为国家、民族和社会主义事业培养高质量的创新人才是时代赋予高校责无旁贷的历史使命。我们应适应时代需要，转变培养观念，健全培养机制，完善培养措施，加大培养力度，为现代化建设培养大批具有创新精神的高素质人才。

实训项目一　餐饮经营创新

一、实训项目名称

餐饮经营创新。

二、实训项目任务

通过此项目的实训让学生了解餐饮菜肴创新的重要性，当今社会发展迅速，变化巨大，只有不断创新才能求得生存和发展。

三、实训项目内容

餐饮经营创新

中国的餐饮文化涵盖着深厚的文化底蕴，随着国民整体生活水平的提高，人们的饮食观念也发生了巨大的变化。人们对饮食消费的观念有了一个新的飞跃，在不断满足消费者与日俱增的服务要求的同时，我们的餐饮业也有了长足发展，当今消费者已经由过去的“吃饱求生存”到“吃好求口味”发展到现在的“吃好求健康”，人们的消费也由“感性消费”变成了“理性消费”。餐饮经营人只有转变以往的观念，迎合人们的消费心理，这样才能突破传统的思维方式，才能打破常规，才能创新，最终实现“以顾客为中心”的根本转变。为了迎合市场发展的需求，酒店经营者就要不断地创新菜肴和经营方式才能满足顾客日益变化的需求。下面介绍一个案例：“去中介化：‘觅厨’（即食料理包 + 菜品配送）”。

厨师是餐饮幕后的英雄，貌似与各位食客经常性绝缘，二者之间无法形成直接的关联。觅厨则不拘一格，突破传统，将厨师从幕后推到台前，为厨师提供了展示的平台，将他们烹饪的菜品真空分装，最后以包裹的形式冷链送达用户，并让厨师与食客的互动更多元化。

点评：觅厨敢于打破传统产业链规则，搭建平台，暂且放下评价体系不谈，让深藏不露的厨师们以真实的身份示人，与食客们互动，切实分析其尊重人性的思维模式，不失是一种餐饮界的创新，厨师们不再只是为餐厅“卖艺”，更能将一身的“好厨艺”市场化，开垦了厨师的劳动力，这本身就是一种非常好的创新。

（资料来源：亿欧网，作者：孙彦良）

请同学们思考以下问题：

1. 作为未来的旅游从业人员你是如何看待目前餐饮业的发展的？

2. 产品创新是围着顾客转还是引领顾客的需求，最终引导顾客消费？

3. 请你提出一个餐饮创新的思路为企业开发新的经营思路献策。

实训项目二　餐饮菜肴创新大辩论

一、实训项目名称

餐饮菜肴创新大辩论。

二、实训项目任务

1. 通过分组讨论及调查问卷，完成调研活动，使学生深入了解目前中国餐饮市场的发展变化，然后针对现状进行大辩论。

2. 通过撰写调研报告，培养学生分析问题、解决问题的能力。

三、实训项目内容

1. 对班级同学进行分组，每组 4~6 人为宜。

2. 小组内拟定调查的对象，如宾馆、酒店餐饮、社会餐饮等。

3. 小组成员分头进行资料收集。

4. 对调查结果进行分析，形成报告。

5. 选派一名代表发言汇报，要求主题突出，简明扼要，语言表达清晰流畅。

6. 教师适时指导。

7. 时间：2 周。

四、训项目评价

1. 调查报告，宾馆、酒店和餐饮的异同点，1500 字左右，并制作 PPT。

2. 教师根据学生表现、调研报告及课堂汇报情况计分，纳入平时成绩。

实训项目三　实现你的梦想

一、实训项目名称

实现你的梦想。

二、实训项目任务

通过填写表格，把你的梦想写出来、说出来并付诸行动，推动自己创意、创新、创业。

三、实训项目内容

填写相关表格。

实现你的梦想

1. 训练项目：实现你的梦想（见表 1–1）

表 1–1　如何实现你的梦想

序号	内容	方式	具体方法	备注
1	我的梦想	我想要……	把梦想写出来	
2	开口说	我要告诉……	要把你的梦想告诉别人	
3	问对人	我要去问……	问已经在这方面取得成功的人	
4	问什么	我的问题是：①…… ②……	明确问最重要的环节、步骤	
5	问到底	我要问为什么呢？结果怎样？怎么做的？……	问清每一个环节和细节、构想、结果	
6	先付出	我要为他先做点什么……	要先为你要问的人创造价值	
7	后行动	今天就开始做……	制定策略，马上行动	
8	预期结果	在一周之内一定要实现……	最好给自己一个时间表	

2. 训练内容

在横线上填写你的梦想。可以填任何事物，如和喜欢的人在一起，获得一件东西或一本书。不管是什么，只要是你内心想要的事物、想获得的成果就行。

____

____

3. 训练方法

（1）开口问。不要把梦想放在心上，而是主动大胆地写出来，然后去寻求相关信息：问“百度”或者问相关的人。只留在心底的梦想，有时候仅仅跟做梦一样，过段时间就忘记了。

（2）问对人。问那些已经取得成功的人，只有他们才能给你正确的答案，因为他们亲身经历过。

在选择你要问的人时，先要考虑：他是否比你成功？他是否已经取得了你想要的成果？如果不是，继续想下一个人选。因为在山脚下徘徊的人，永远没法告诉你如何登上顶峰。

成功的关键之一就在于问对人。问错了，他所指的方向就是错的。你如果按他说的去做，就是在重复一个错误的技巧，只会使你错得更离谱，而绝对不会使你成功实现梦想。

（3）问什么。将你需要了解的最重要的环节、具体的实施方案和所发生的问题等做成表格（见表 1–2），并把这个表格复印几份带在身上，想起来什么问题就随时记下来，等找到合适的人问好以后，再随手记下来。

表 1–2　实现梦想的难题

有疑问的地方	谁可以给我帮助	答　案	解答情况

（4）问到底。从开始的动机到最后的结果，问清每一个细节，了解对方的构想、做法和观点、当时的环境和条件、整个事情发展的全过程。

（5）先付出。你需要先为你要问的人做出贡献，对方才会主动想办法来帮助你。

（6）后行动。要成功就马上开始行动。行动之前要想好从哪里开始，应该怎样去做。

（7）预期结果。按照你的策略，制定一个时间表，最好在一周之内可以完成。

四、实训项目评价

教师列出表格，将所有参与评价的同学填写的表格整合成一张表，以百分制为评价基准，同学们不记名地互相评价，最后教师评价。

实训教程二　大学生创新技法训练

实训目的：让学生了解和掌握创新技法的来源、发展以及操作流程、注意事项，以便在日后工作中运用方法指导实践工作。

实训资料：解读一些文件和国内外创新技法发展状况和应用。

教学目标：

［知识目标］1. 了解大学生创新技法的种类。

2. 了解大学生创新技法的适用情况。

3. 了解大学生创新技法的步骤。

4. 了解大学生创新技法的应用要求。

［能力目标］掌握大学生创新技法的应用流程。

［实训目标］把大学生创新技法应用于日常学习、生活中去创新。

第一节　学习和掌握头脑风暴法

案例导入

上海兰生大酒店是一家 1991 年开业的四星级酒店，曾经在开业头 12 年以平均年创利润 24% 以上的盈利能力为同行所羡慕，1996 年，该酒店全年营收 1 亿多元，经营毛利达 4000 多万元，创下当时上海酒店业的历史最高纪录。今天，兰生虽不再是上海东北角最高、最豪华的酒店，但业绩依然让人欣慰：2010 年创收 8000 多万元，2011 年还在高星级酒店餐饮外卖服务上独占鳌头。

饭店服务质量是什么？在加拿大西安大略大学著名服务管理学教授海伍德·法默和简·诺来特的眼中，饭店的服务质量就是住店客的感觉。对此，上海兰生大酒店总经理方志军非常赞同。方志军说："饭店服务的最高境界，就是让客人产生美好的感觉。"

"兰生曾经开展过一个内部的大讨论，探讨像我们这样的老饭店是否存在竞争优势？若将服务做到极致，是否应该讲求服务文化？"方志军说，在这场讨论中，兰生大酒店的全体员工积极参与，热烈讨论，大家都认识到，上海的酒店越来越多，比硬件，兰生肯定比不过，比价格不值为，只有比服务、比创新，兰生才有出路。

经过大讨论，酒店管理层决定，要让服务创新成为集体意志。

1. 公布酒店入住率来牵引大家的视线

我们把每天的入住率通报都贴在员工食堂门口，让全饭店人都关注饭店的营收。

2. "无 No"服务成为准则

那场大讨论后，兰生提出了"无 No"服务文化，并进行全员培训，让每位员工用心擦亮品牌。

2011 年 11 月 18 日，兰生大酒店店庆 20 周年，方志军回顾了酒店 20 年的坎坷与辉煌，深情感谢这支爱店如家的员工队伍，号召大家用创新的思路，寻找企业盈利新的增长点。

思考：兰生集团的内部大讨论是一种创新技法吗？

案例分析：很多时候，我们把事情想成当然，总以一种模式去思考，但很多事情往往会有更好的解决方案或处理办法，这就需要我们多想办法了。

创新技法是创新者在发明创造过程中分析、解决问题，形成新设想、产生新方案的规律、途径、手段和方法，目的在于拓展创造性思维的深度和广度，提高创造活动的成效，缩短创造过程。创新技法应用领域十分广阔，掌握创新技法对提高我们的创造力及创新成功的概率具有重要的作用及普遍的借鉴意义。

中国有句俗话："三个臭皮匠，胜过一个诸葛亮。"它的意思是说，将三个人的智慧集中起来，就能超过被世人称为智慧的象征人物——诸葛亮。

英国大文豪萧伯纳崇尚思想交流，他说："倘若你有一个苹果，我也有一个苹果，而我们彼此交换这些苹果，那么，你和我仍然是只有一个苹果。但是，倘若你有一种思想，我也有一种思想，而我们彼此交流这种思想，那么，我们每个人将有两种思想。"

爱因斯坦与他的同事一直坚持自由的聚会和谈话，交流关于现代物理学的各种想法，他们的讨论没有改变别人观念的意图，也没有激烈的争论，他们自由地提出脑中想到的东西，总是注意倾听他人的观点。这种讨论导致了物理学的突破。

"众人拾柴火焰高。"由此可见，如果我们在工作生活中能够集中、发挥群体智慧的力量，势必将大大提高我们应对困难和解决实际问题的能力。

那么，有没有什么好的方法可以集思广益，发挥群体或团队的智慧与力量做到这一点呢？

答案是肯定的。

创造学中的头脑激励法就能做到这一点，它是一种能发挥每个人才能的群体创造方法。

一、技法起源

头脑风暴法最早是精神病理学的用语，指精神病患者的精神错乱状态。经过发展演变，在现代创造学中，头脑风暴是指一种无限制的自由联想和讨论的创新方法，运用头脑风暴的目的在于产生新观念、解决问题的新方法，激发创新设想。

在群体创新活动中，由于群体成员心理相互作用影响，容易屈服于权威或大多数人意见，形成所谓的“群体思维”。群体思维削弱了群体的批判精神和创造力，损害了创新活动的质量。为了保证群体创新活动的创造性，提高质量，管理学上发展了一系列改善群体创新活动的方法，头脑风暴法是其中比较典型的一个。

二、技法定义

头脑风暴法又称奥斯本智力激励法、BS 法、自由思考法，是由美国创造学家 A.F. 奥斯本于 1939 年首次提出、1953 年正式发表的一种继发性思维的方法。此方法经各国创造学研究者的实践和发展，至今已经形成了一个智力激发群，如奥斯本智力激励法、默写式智力激励法、卡片式智力激励法。

三、技法发展

头脑风暴法还衍生出很多其他方法，其中典型的是“635 法”。

（一）什么是“635 法”

“635 法”又称默写式智力激励法、默写式头脑风暴法，是德国人荷力根据德意志民族习惯于沉思的性格提出来的，该法避免了数人争着发言易使点子遗漏的缺点，对奥斯本智力激励法经过改造而创立。

“635 法”与头脑风暴法原则上相同，其不同点是把设想记在卡上。头脑风暴法虽规定严禁评判，自由提出设想，但有的人对于当众说出见解犹豫不决，有的人不善于口述，有的人见别人已经发表与自己设想相同的意见就不发言了。而“635 法”可弥补这些缺点。

（二）具体做法

每次会议 6 人参加，坐成一圈，要求每人 5 分钟内在各自的卡片上写出 3 个设想（故名 635 法），然后由左向右传递给相邻的人。每个人接到卡片后，在第二个 5 分钟内再写 3 个设想，然后再传递出去。如此传递 6 次，半小时即可进行完毕，可产生 108 个设想。

（三）635 法的优缺点

优点：能弥补与会者因地位、性格的差别而造成的压抑；

缺点：仅是自己看和自己想，思想无法产生碰撞，激励不够充分。

（四）635 法的注意事项

（1）不能说话，思维活动可自由奔放。

（2）由 6 个人同时进行作业，可产生更高密度的设想。

（3）可以参考他人写在传送到自己面前的卡片上的设想，也可改进或加以利用。

（4）不因参加者地位上的差异，以及懦弱的性格而影响意见的提出。

（5）卡片的尺寸相当于 A4 纸张，上面画有横线，每个方案有 3 行，分别加上 1~3 的序号。

四、技法原理

头脑风暴何以能激发创新思维？根据 A.F. 奥斯本本人及其他研究者的看法，主要有以下几点：

（一）联想反应

联想是产生新观念的基本过程。在集体讨论问题的过程中，每提出一个新的观念，都能引发他人的联想。相继产生一连串新的观念，产生连锁反应，再形成新观念，为创造性解决问题提供了更多的可能性。

（二）热情感染

在不受任何限制的情况下，集体讨论能激发人的热情。自由发言相互影响、相互感染，能形成热潮，突破固有观念的束缚，最大限度地发挥创造性的思维能力。

（三）竞争意识

在有竞争意识的情况下，人人争先恐后，竞相发言，不断地开动头脑，力求有独到见解、新奇观念。心理学的原理告诉我们，人类有求胜心理，在良性竞争环境下，人的心理活动效率可提高 50%，甚至更多。

（四）个人表现欲

在集体讨论解决问题过程中，个人的表现欲不受任何干扰和控制是非常重要的。头脑风暴法有一条原则，不得批评仓促的发言，甚至不许有任何怀疑的表情、动作、神色。这就使每个人畅所欲言，提出大量的新观念。

五、实施原则

一次成功的头脑风暴除了在程序上的要求外，更为关键的是探讨方式、心态上的转变。概言之，即充分、非评价性、无偏见的交流。具体而言，可归纳为以下几个实施原则：

（一）延迟评判原则

使与会者思想放松、气氛活跃，这是智力激励法的关键。这样做一方面是为了防止评判约束与会者的积极思维，破坏自然畅谈的有利气氛；另一方面是为了集中精力先开发设想，避免把应该在后阶段做的工作提前进行，影响创造性设想的大量产生。

（二）以量求质原则

这是获得高质量创造性设想的条件。参加会议的每个人都要抓紧时间多思考、多提设想，在某种意义上，设想质量和数量密切相关，产生的设想越多，其中的创新设想就可能越多。

（三）自由畅想原则

突出求异创新，这是智力激励法的宗旨。参加者不应该受任何条条框框限制，放松思想，让思维自由驰骋。从不同角度、不同层次、不同方位大胆地展开想象，尽可能地标新立异、与众不同，提出独创性的想法。

（四）限时限人原则

小组规模以 10~15 人为宜，会议时间一般为 20~60 分钟效果最佳。

（五）综合改善原则

强调相互启发、相互补充和相互完善，这是智力激励法能否成功的标准。

六、实施要求

为使与会者畅所欲言，互相启发和激励，达到较高效率，必须注意以下几点要求：

（1）防止出现一些“扼杀性语句”和“自我扼杀语句”。诸如“这根本行不通”“你这想法太陈旧了”“这是不可能的”“这不符合某某定律”以及“我提一个不成熟的看法”“我有一个不一定行得通的想法”等语句，禁止在会议上出现。

（2）与会人员一律平等，各种设想全部记录下来。与会人员，不论是该方面的专家、员工，还是其他领域的学者，以及该领域的外行，一律平等，要认真将其完整地记录下来。

（3）鼓励巧妙地利用和改善他人的设想。这是激励的关键所在。

（4）独立思考，不允许私下交谈，以免干扰别人的思维。爱因斯坦说：“学会独立思考和独立判断比获得知识更重要。”不下决心培养思考习惯的人，便失去了生活的最大乐趣。应当把发展独立思考和独立判断的能力始终放在首位，而不应当把获得专业知识放在首位。

（5）会议提倡自由奔放。随便思考、任意想象、尽量发挥，想法越新、越怪越好，因为它能启发人推导出好的观念。

（6）不强调个人的成绩，应以小组的整体利益为重，注意和理解别人的贡献。

七、实施步骤

（1）准备阶段。确定要讨论的问题；组建小组；通知会议内容、时间、地点。

（2）准备会场。为使会议活跃，会前准备一些智力游戏道具、准备一些简单的发散思维练习布置等。

（3）组织人员。10~15 人。

（4）宣布主题。向与会者宣布讨论主题。

（5）Brain Storming。坚持头脑风暴法的原则。

（6）会后收集。整理设想、提案。

（7）评价阶段。评价选出最佳设想、方案。

实践经验表明，头脑风暴法可以排除折中方案，对所讨论的问题通过客观、连续地分析，找到一组切实可行的方案，因而头脑风暴法在许多领域中都得到了较广泛的应用。

案例分享

咖啡馆中的旅游头脑风暴

时间：2017年9月11日

地点：北京望京MAAN COFFEE

内容：工程师、营销人与旅游人的头脑风暴

在飘香咖啡气息中，或苦涩或回甘，若梦若实，就如同今天的旅游市场一般。

不同的角色带来了不同的视角，旅游是喜是悲，旅行社是福是祸？

一番毫无遮掩的探讨，对旅行社的今天和明天，对旅游市场的昨天和今日，大家畅所欲言。

曾经经历了海南旅游发展变化的旅游业T君，对旅游发展的变化之快深有感触，从机票的变化、操作模式的变化、客人需求的变化阐述了旅游发展的速度，客人需求从单一的观光到综合体验的变化，以及旅行社应对变化所做的努力。

曾经策划多个品牌产品推广营销的W君，结合市场上营销策略的发展、市场对营销方式的认知，谈到客户体验的重要性，在细节上打磨，在内容上提炼，把握游客心理，创造需求，引导需求，为旅行社的营销把脉。

他提出作为旅游企业，多年以来更多中小旅行社习惯于闷头操作，习惯于在各种群里刷广告，习惯于参加各种年会、盟会，而忽略了自身品牌塑造，尤其是多数地接社，长期用传统思维方式，潜水于市场之中，默默去做供应商，只靠传统的人脉建立关系，创造业务，在市场拓展中，缺乏自身品牌意识，造成认人不认牌，当出现员工因故离职后，会导致业务大量流失。作为中小旅行社，也同样离不开品牌的建设，要学会塑造品牌IP，让市场活跃度不断提高，知名度不断提升，首先要有品牌意识，通过各种媒介进行传播，虽然要花一定精力和成本但相对于自身的业务拓展，还是利大于弊。

许多旅行社重视产品，重视产品的名称却忽视品牌，结果是产品一大把，哪个都没被记住。

从品牌内容上，突出旅游的内涵，这个是要花时间和精力去精心维护打造的，要研究渠道，利用好渠道，使想传递的信息形成一套组合拳，塑品牌不是不要合作社，无论是地接社、供应商还是组团社都应该有自己独立的品牌意识，有了品牌就去珍惜，就会去爱护，也会倒逼自己提高质量和效益。

看到当下许多旅行社的销售、计调，在老板的要求下，拼命刷广告，殊不知这不单单是浪费精力时间，更是事倍功半。看看许多群名片，云遮雾罩，不知所云，以为自己有个性，可是给客人的体验非常不好，根本不知道你是谁，做什么？所以广告只是在眼前一闪而过。在推销过程中，销售人员经常会提出多多合作的愿望和要求，却给不出合作的理由。

没有对客户的理解、对消费需求的把控，对客户群体不分类，胡子眉毛一把抓，这样再多的广告也很难发挥作用。

大家通过对当前旅行社市场操作模式以及多家优秀旅行社操作模式的剖析，得出一个共同的结论，未来旅行社将会向跨界综合体发展，盈利模式也将会随市场的变化而变化，不再仅仅盯着传统操作中的盈利点，而是依托旅行社作为一个社交平台，拓展市场空间，发掘出更多的盈利点。打造场景营销模式，通过对旅游目的地场景再现，将旅游目的地更多更好的衍生产品作为旅游的附加值，这远不是传统意义上购物店的变型，而是一个全新的消费观念的引导，真正能把旅游做成一个发现之旅，发现更多更好的旅游衍生品，从低频的旅游活动转化成高频的消费，这其中产生的利润将会远超过单次旅游的效果。在当前市场上已经有一些旅行社在逐渐实践这样的模式并取得了很好的效益。

一场头脑风暴，一次跨界的交流，让更多旅游同行打开了思路，不再局限于传统思维的模式惯性中，而是产生了新的思路、新的想法，也为自身的发展寻找到了新的方向。

（资料来源：http：//www.sohu.com/a/191859871_698307）

案例分析：从上例可见，所谓头脑风暴会，实际上是一种智力激励法。人们的创造潜力是巨大的，一个优秀的领导者，应该懂得如何发掘和运用这一潜力。

案例启示：智力激励法适合于解决那些比较简单、严格确定的问题，比如研究产品名称、广告口号、销售方法、产品的多样化研究等，以及需要大量的构思、创意的行业，如广告业。

在企业，领导是最主要的决策者，但对领导来说，一个人的智慧和力量，经历和观察问题的视觉都是有限的。因此，领导常常会出现一些困惑。如企业在开展某项活动时，因为思维上形成了一定的定式，在制订方案时始终跳不出固有的模式，这就给员工以厌烦之感，调动不起激情来，活动也因此显得一般化；再如领导在管理工作中，往往遇到一些棘手的事情，常常是冥思苦想也没有好的办法。这时，就可以听听广大员工的意见，试着使用头脑风暴法来帮助解决一些问题，因为这个方法既可集思广益，充分体现民主，又很好地调动起了全体员工管理的积极性，且能从一定程度上减少决策的失误。领导在具体操作时，可以给员工们营造一个机会，在有意无意间提出需要讨论的话题，鼓励大家放开胆子尽情地说，让讨论者的思维大门洞开，让一些新的想法在讨论中迸发出来。我们常常有这样的体验，一个人在一个热烈的环境中，当看到别人发表新奇的意见时，思维受到刺激，情绪受到感染，潜意识被自然地唤醒，巨大的创造智慧自然地迸发了出来，大量的信息不断地充斥着人的大脑，奇思妙想就会喷涌而出；在这时，在场的人就会抑制不住自己内心的激动，争着抢着想把自己要说的话说出来。场面越是热烈，争着发言的人就会越多；发言的人越多，形成的点子就会越多，于是，一个个好的方案就这样形成了。

这种议事形式可以在正式场合中进行，也可在较为自由的非正式场合中进行。非正式场合因为环境宽松，可以少生顾忌，便于畅所欲言，大胆说话。无意识中，一些创意或方案的雏形形成，再经过正式研究或论证，就逐步地形成了一系列经得起检验的成果。

实践证明，在企业管理中，灵活而巧妙地使用“头脑风暴法”，能使领导和员工关系更加融洽，最大限度地使大家智慧的火花得以迸发，进而最终形成一个个好的创意或方案，制定出一些切实可行的工作措施，寻找到一些解决疑难问题的办法来。

头脑风暴法要解决的议题应从大家关注的问题着手，如是平日悬而未决的，参与者们一直期待解决的问题为最佳。这种议事方法特点是：参加者提出的方案说得越离奇越好，以此激发与会者创意及灵感，使要解决的问题思路逐渐明晰起来。在议事中采用头脑风暴法要遵循五大原则：一是禁止评论他人构想的好坏；二是最狂妄的想象是最受欢迎的；三是重量不重质，即为了探求最大量的灵感，任何一种构想都可被接纳；四是鼓励利用别人的灵感加以想象、变化、组合等以激发更多更新的灵感；五是不准参加者私下交流，以免打断别人的思维活动。不断重复以上五大原则进行智力激励法的培训，就可以使参加者渐渐养成弹性思维方式，涌现出更多全新的创意。在众多创意出来后，管理者再进行综合和筛选，最后形成可供实践的最佳方案。

在线思考：请分组进行头脑风暴法，为自选的5A级景区策划一次营销活动。

第二节　了解和分析移植法

案例导入

欧洲迪士尼主要是移植迪士尼公司在美国和日本东京的模式和经验，然而自1992年在巴黎郊外开放后，实际情况与迪士尼高层人士对它的前景十分乐观相反，到1993年，巴黎迪士尼乐园已亏损了近10亿美元，处于奄奄一息的状态。其根本原因就是盲目相信原来模式的有效性，没有结合欧洲的实际情况：一是忽视了社会文化环境的变化，以为欧洲人会像美国人、日本人一样很容易接受远道而来的米老鼠和唐老鸭，忽视了像法国这样的具有悠久历史文化传统的国度，为保持本民族文化的纯洁性对外来文化采取的抵触态度。二是忽视欧洲人的风俗习惯，不是以欧洲人为服务的出发点，而是以美国人的心理去揣摩欧洲人，从早餐的准备到司机休息室的安排，都忽视了不同国度的不同习惯，从而使自己陷入困境。三是不恰当的财务策略，因为在44亿美元总投资中仅有32%是权益性投资，有29亿美元是从60家银行贷款借来的，并且贷款利率高达11%。负债比例过大，导致财务风险激增。四是对市场的过分乐观，导致市场预测错误。在美国的2.5亿人口中，迪士尼乐园每年吸引游客4100万人次，占总人口的16.6%。决策者们把这个比例套用在法国，使得实际需求远小于预测的需求。

为了实现赢利，迪士尼公司可谓想尽了办法，其中包括通过增加开放天数、降低管理费用以及提高效率等经营方式，使游客数量持续增加，酒店入住率明显提高，游客人均消费也不断增长。终于，在经过多年的亏损之后，欧洲士斯尼乐园2007~2008财年的营业额达到13.3亿欧元，比上一财年增长9%，首次实现了收支基本平衡。然而，在经济危机与市场竞争激烈的情况下，欧洲迪士尼的未来发展仍然充满变数。

思考：欧洲迪士尼乐园采用了什么创新技法？

案例分析：移植策划法是指将其他策划对象的特点和功能合理地移植过来，达到创造的目的。比较常见的有创意移植法和项目移植法。

创意移植法是指将他人的构思创意移植到自己的项目中来，结合自己的实际情况，进行新的构思设计。项目移植法也可以称为项目仿效法，其基本思路是直接将别人在其他地方成功的运作方案，移植到自己所策划的地方。由于地区间经济、文化和环境的差异，在一个地方成功的策划换到另一个地方不一定可以成功，因此这种方法具有很大的风险性。移植策划法一般来说比较适合相互之间比较类似的案例。

一、技法起源

移植原义指将植物移动到其他地点种植，后引申为将生命体或生命体的部分转移的器官移植，例如转移一个人的肝脏代替另一个人的肝脏，这叫作肝移植。软件工程中，程序往往被视为有生命的机体，将源代码从一种环境下放到另一种环境下运行也可以称为移植。

后来可以引申比喻引进别处经验、长处、做法等。毛泽东在《论持久战》中写道："大体上，敌人是将东三省的老办法移植于内地。"1982年2月28日，《文汇报》中也写道："随着文艺创作的繁荣，改编和移植工作也取得了可贵的成绩。""移植"一词便被赋予了创造方式的内涵。

二、技法定义

移植是将某个领域的原理、技术、方法，引用或渗透到其他领域，用以变革和创新，即把某一事物的原理、结构、方法、材料转到当前研究对象中，从而产生新成果的方法。一般是把已成熟的成果转移到新的领域，用来解决新问题，因此，它是现有成果在新情景下的延伸、拓展和再创造。从思维角度看，移植法可以说是一种侧向思维方法。英国剑桥大学教授贝弗里奇说："移植是科学发展的一种主要方法。大多数的发现都可以应用于所在领域以外的领域，而应用于新领域时，往往有助于促成进一步的发现。重大的科学成果有时来自移植。"

三、技法发展

移植一般有两种情况：一是将其他领域成熟的技术或技术原理直接移植过来；二是从其他领域事务的特征、属性、机制中得到启示，导致新颖的创新设想。无论哪种情况，都要求研究者跳出固有的专业领域，摆脱习惯性思路，侧视其他方面，以更广阔的视角在大尺度时空中搜索可资利用的东西，以便从中得到启发和借鉴。常见的移植法有以下四种类型。

（一）原理的移植

原理式移植是指将某种行之有效的技术原理，由它最初运用的技术领域移植到其他技术对象上，以创造新的技术产物。众所周知，技术原理本身都带有一定的普遍性和通用性，若能对其进行深入研究和合理移植，就可能产生发明创造成果。

原理移植是指将某种科学技术原理向新的领域类推或外延。原理移植就是将某种科学技术原理转用到新的研究领域。如语音合成技术，根据其原理进行移植，就有不同的应用。

语音合成（text-to-speech，TTS）技术，解决的主要问题就是如何将文本状态的文字信息转化为可听的声音信息。通俗地说，就是让你的电脑"会说话"，或者说，给计算机安装一个"人工嘴巴"。这样，有些只能用眼睛看的文字信息，现在也可以用耳朵来听。语音合成技术是各种政府热线系统的核心技术，一直受到各国科学界的广泛关注，是相对于传统的语音压缩、录音回放方式来实现的系统。

知识拓展

语音合成技术

利用语音合成技术，有人发明了会发声的贺卡；台湾的一位业余的发明家受到贺卡发声原理的启发，将电子语音合成技术移植到汽车上，发明了会说话的倒车提示器，倒车时发出“倒车请注意”的声音。

现在，语音合成技术已经广泛使用在贺年卡上、汽车倒车提示器上、玩具上、婴儿尿布上。

（二）结构的移植

结构移植就是将某事物的结构形式特征转用到另一事物上，以产生新的事物。

结构式移植是指将某种行之有效的技术结构，由它最初运用的技术领域移植到其他技术对象上，以创造新的技术产物。结构是事物存在和实现功能的重要载体。结构是人们设计和制造出来的，体现了人们的设计理念和功能需求。因而每种结构都有自己的特点和长处，从而成为其他领域开展发明创造活动的参照物和借鉴物。

知识拓展

神奇的拉链

拉链，是日常生活中非常平常的用品，在我们的衣服、鞋帽上随处可见。但是这种简单的生活用品却在医学领域发挥了神奇的功效。

美国人将这种拉链移植到外科手术的伤口缝合中去。这种拉链只要“拉一下”便可缝合伤口完全取代用线缝合的传统技术，“手术拉链”比针线缝合快10倍，且不需要拆线，大大减轻了患者的痛苦。

这种手术拉链由两片多层辅助胶布和一条拉链组成，医生只要在手术完成后在手术切口的两边皮肤上贴上这种多层辅助胶布，再轻轻一拉，伤口就会合在一起。根据拉链的长度，47厘米以下的伤口都能够使用。

据了解，这种手术拉链两分钟即可合上伤口，而传统的缝合法则约需要半小时。

（摘自《上海译报》）

（三）方法的移植

方法移植就是将新的方法转用到新的情景中，以产生新的成果。即把某一学科领域中的方法应用于解决其他学科领域中的问题。

案例导入

荷兰“小人国”

香港中旅集团有限公司总经理马志民赴欧洲考察，参观了融入荷兰全国景点的“小人国”，回来后就把荷兰的“小人国”的微缩处理方法移植到深圳，熔华夏的自然风光、人文景观于一炉，集千种风物、万般锦绣于一园，建成了具有中国特色和现代意味的崭新名胜“锦绣中华”，开业以来游人如织，十分红火。

（四）材料移植

材料移植就是将材料转用到新的载体上，以产生新的成果。用纸造房屋，经济耐用；用塑料和玻璃纤维取代钢来制造坦克的外壳，不但减轻了坦克的重量，而且具有避开雷达的隐形功能。

四、技法原理

移植法的实质是借用已有的创造成果进行创新目标下的再创造，使现有成果在新的条件下进一步延伸和拓展，因此可以说，移植法的原理基础是类比推理。类比推理是根据两个或两类对象在某些属性上相同，推断出它们在另外的属性上（这一属性已为类比的一个对象所具有，另一个类比的对象那里尚未发现）也相同的一种推理。类比推理被广泛应用于科学研究中，其中移植法就是基于类比推理的研究方法。例如，已知对象A有属性a、b、c、d，现有对象B有类似属性a、b、c，可推出对象B也可能有属性d。其类比推理公式如下：

已知对象A有属性a b c d，

已知对象B有属性a b c，

所以，对象B也可能具有属性d，

他们之所以能从一个事物与另一事物具有相同或相似的部分属性，推出还有其他部分属性相同或相似，是因为类比推理有其相应的推理形态。在类比推理过程中，结论的可靠程度取决于两点：第一，类比对象相同属性的多少。类比对象的相同属性越多，其结论的可靠程度越高。这是因为两个事物的相同属性越多，意味着它们属于同类的可能性就越大，而同类的事物之间总是有很多相同点的，这样推出的属性d就有较大可能是两个事物所共有的属性。第二，类比对象属性间的联系。类比对象属性间的联系越密切，代表他们在族类关系上越靠近，甚至属于同类，进而结论的可靠程度就越高。正如上述例子所示，在已知 A、B 对象有多个相同属性，并对类比对象属性的联系进行分析的基础上进行类比推理，才能使结论具有说服力。如果 A、B 两对象只有一两个相同或相似属性，那么得出结论的可靠性会相对较差。

五、实施原则

“近朱者赤，近墨者黑”这一成语说的是以什么作为“模板”去学习和模仿，直接关系到自身的成长与价值。所以作为人类与生俱来的技能之一的模仿方法，如果没有找对、找准模板，也是很可能事倍功半甚至事与愿违。这一道理，“东施效颦”早已说清楚了。

国内许多主题公园的建设策划，大型 SHOPPING MALL 的商业规划，乃至节假日终端促销活动的策划，都是近似千篇一律地先找模板再在别人模式上做小的改动，轰然推出，群起而仿之，形成从众效应，同质化竞争。

真正高明的“移植模仿法”的典型如海尔新产品开发战略的 MMC 模式，就为这个世界名牌赢得了可观的市场效益和公众口碑。策划人对“移植模仿法”的运用可以通过对事物相似性的发现，套用某一事物的现成规律的结果，如把成熟的产业流程、模式、方法等作为模板，应用于新的产业设计思路中，也是一种移植方法的策划运用。

因此模仿法就是以某一领域或者地区已经成功的产品、事物、模式、项目为模板，进行本土化、个性化复制，模仿运用到当前的策划对象上。模仿、复制、移植本身也是一种创新策划，尽管或许相对于整个社会没有新颖性，但对于策划人自己当前的策划对象、行业市场、特定时空而言，却是新颖的。

在运用移植创新技法时，一般有以下两种思路：

（一）成果推广型移植

成果推广型移植就是把现有科技成果向其他领域铺展延伸的移植，其关键是在搞清现有成果的原理、功能及使用范围的基础上，利用发散思维方法寻找新载体。

（二）解决问题型移植

就是从研究的问题出发，通过发散思维，找到现有成果，通过移植使问题得到解决。

六、实施要求

运用技术移植法首先要解决移植什么，为什么要移植。这就是移植法的应用条件问题。理论和实践经验表明，要有效应用移植法，必须注意以下 3 个必要条件：

（1）用传统方法难以找到理想的设计方案或解题设想，或者利用本专业领域的技术知识根本就无法找到出路。

（2）其他技术领域存在解决相似或相近问题的方式方法。

（3）对移植结果能否保证系统整体的新颖性、先进性和实用性有定性判断。

以上 3 条是实施技术移植法的基本条件。在创造活动中，只有同时具备这 3 个条件，才有采取移植法的必要性和可能性。

七、实施步骤

（1）准备阶段：明确决策问题。

（2）组织人员：选择成员（项目组成员、相关领域专家等）形成评价小组。

（3）制定评价方法：决策人根据评价准则确定评价项并制定评价表。

（4）设计模型：针对决策课题，选择不同的实现方法模拟原型。

（5）评价阶段：组员对不同的模拟原型进行评价打分；选择集中的方案或分数最高的方案为决策方案。

灵活地运用拓展移植，可以使创造者避开盲目思考和重复研究的弊病，简单而快捷地取得创造成果。

案例分享

“移植法”的本意是：把一种花木的枝条或嫩芽嫁接在另一种花木上。比喻暗中用手段更换人或事物来欺骗别人，常被人称为“移花接木”。

“移花接木”是旅游策划中经常采用的方法之一，是依据某一资源的特性，将很多优势要素整合在一起，通过创意包装和提升，赋予核心资源更多的文化价值，使其转化为更丰富的体验产品，从而让原本不引人注目的资源或产品，产生更高的影响力和吸引力。

在“移花接木”策划法的运用中，常常是小题大做。“小”的资源本身属性是支撑，“大”的创意整合手段是核心。“移花接木”不是纯粹的“无中生有”，而是通过“花”的移植，让“木”优上更优。

案例分析： 根据上例请分析，移植法是不是简单的抄袭？

案例启示： 所谓“移花接木”式策划，就是把某一领域、某一地域或某一时期成功的事物、经验、做法，转移、模仿、照搬、“抄袭”到另外一个领域、地域或时期的一种应用方法。

在进行“移花接木”之前，首先要进行“减法思考”，拎出那些可以产生旅游核心吸引力的资源。抓其重点，围绕重点，再做加法思考，即如何将核心资源通过创意放大，使其产生更高的附加值。“加法思考”最常用的途径，就是“移花接木”，即以核心资源为依托，为其寻找具有文化共性的创意补充，无限放大其文化内涵和体验性，优中择优，优中择精，甚至可以无中生有。

在“移花接木”策划法中，“木”即当地已有的强势资源是基础，缺少了这个支撑，项目策划就缺少了文化根植性和情感依托，移植再惊艳的“花”，也有可能只是无根之木，无源之水，游客不买账。

斥巨资建造的“人工景区”最终惨败收场，就是因为它们是“没有木的花”，新鲜时或许游客如织，一旦“脱水”蔫巴，马上就成为无人问津的烂尾工程。

而那些持续火爆的旅游景区，往往是“木——枝繁叶茂”而“花——常开不败”，根本原因就在于“木”的源远流长，“花”的更新升级，持续绽放，永葆新鲜。

旅游的终极目标是文化体验，旅游策划的终极目标是寻找文化卖点。当单一的走马观花似的游历不再满足游客的需求，任何一个旅游景区，都需要丰富的文化体验来拓展产业空间，提升产业价值。

综合以上分析，我们可以得出，“移花接木”策划法是一个加减混合运算，最终目的是找到文化卖点，构筑文化大产业，即：减法思考＋加法思考＝文化卖点。

在线思考：请分析任意两家以上国际品牌五星级酒店的优点，通过移植法将其优点移植到你小组创建的酒店建设上。

第三节　理解和学会设问类技法

案例导入

设计新颖的编席该从何处着手呢

日本京都有家生产编席的小厂，由于地毯盛行，编席订货逐年减少，正面临着关门的危险。工厂经理经过反复思考，认为只要设计出一种新颖的编席，订货还是会接踵而来的。那么，设计新颖的编席该从何处着手呢？

有一个经理人员提出：用塑料纤维编席子如何？另一个经理人员则提出：把黑席边换成彩色席边如何？后者比较简单。他们就找来各种彩色布包边，果然十分漂亮，但是感到还不够新颖。有人就提出，如果把闪闪发亮的金丝编入席边，会不会更好看？大家对这一方案兴趣极大，结果一种带金丝席边的编席问世了。这种新颖的席子不仅十分畅销，而且还取得了专利。

思考：请问这家公司的经理如何设计出最后的成品的？

案例分析：质疑思维的方法反映在创新技法上就是设问类技法。

一、技法起源

设问类技法中的检核表法又称设想提问法或分项检查法。它是由美国创造学家奥斯本发明的，是创造学界最有名、最受欢迎的创造技法。检核表法是根据需要解决的问题或者进行创造发明的对象列出有关问题，逐个对它们进行分析，从中获得解决问题的方法和创造发明的设想。由于检核表法是先提出问题，再逐个进行分析、检验的做法，所以它不仅利于照顾到思考问题的全面性。而且有利于新思想的产生。因此，检核表法是一种能够大量开发创造性设想的创造技法。检核表法几乎适用于任何类型与场合的创造活动，因此被称为“创造技法之母”。

表 2-1 检核表法

序号	检核项目	新设想名称	新设想概述
1	有无其他用途		
2	能否借用		
3	能否改变		
4	能否扩大		
5	能否缩小		
6	能否代用		
7	能否调整		
8	能否颠倒		
9	能否组合		

二、技法定义

设问技法的含义就是通过多角度提出问题，从问题中寻找思路，进而做出选择并深入开发创造性设想的一类技法。

设问技法实际上就是提供了一张提问的单子，针对所需解决的问题，逐项对照检查，以期从各个角度较为系统周密地进行思考，探求较好的创新方案。

陶行知说："发明千千万，起点是一问；智者问得巧，愚者问得笨。"提出一个好的问题，等于成功的一半。大多数人看见美丽的花时会发出"多美的花"这样的感叹；只有少数人会继续发问，"花为什么会这样红""为什么花会开在这里""这是什么花"，并积极地寻求答案。

"问题"正是创造的源泉和起点，是激发思想火花的导火线。

所以从根本上说，要发明首先要学会设问，善于设问。实践证明，能发现问题并提出问题就等于成功了一半。可见巧妙的设问对于创造是十分必要的。

简单地说，设问法就是对任何事物都多问几个为什么。

三、技法发展

设问法中最为典型的技法是奥斯本检核表法，较常用的引申技法有 5W1H 法、和田十二法、系统提问法。

（一）5W1H 法

案例导入

据说美国华盛顿广场有名的杰弗逊纪念大厦，因年深日久，墙面出现裂纹。为能保护好这幢大厦，有关专家进行了专门研讨。

最初大家认为损害建筑物表面的元凶是侵蚀的酸雨。专家们进一步研究，却发现墙体侵蚀最直接的原因，是每天冲洗墙壁所含的清洁剂对建筑物有酸蚀作用。

问题 1：每天为什么要冲洗墙壁呢？

答案 1：是因为墙壁上每天都有大量的鸟粪。

问题 2：为什么会有那么多鸟粪呢？

答案 2：因为大厦周围有很多燕子。

问题 3：为什么会有那么多燕子呢？

答案 3：因为墙上有很多燕子爱吃的蜘蛛。

问题 4：为什么会有那么多蜘蛛呢？

答案 4：因为大厦四周有蜘蛛喜欢吃的飞虫。

问题 5：为什么有这么多飞虫？

答案 5：因为飞虫在这里繁殖特别快。

问题 6：飞虫在这里繁殖特别快的原因是什么？

答案 6：这里的尘埃最适宜飞虫繁殖，因为开着的窗户阳光充足，大量飞虫生活在此，超常繁殖……

由此发现解决问题的办法很简单，只要关上整幢大厦的窗户。此前专家们设计的一套套复杂而又详尽的维护方案也就成了一纸空文。

我们处理问题，若能透过重重迷雾，系统思考，追本溯源，总揽整体，抓住事物的根源，往往能够收到四两拨千斤的功效。就如杰弗逊大厦出现的裂纹，只要关上窗户就能省去几百万美元的维修费用，这是那些专家始料不及的。在遇到重重问题迷雾的时候，你真的能关上你的窗户吗?

1. 什么是 5W1H 法

5W1H 法是由美国陆军首创的一种创造技法，通过规定的设问来发现问题，从而找出解决问题的方法，是通往创新成功的桥梁。5W1H 是由六个提问组成：为什么（Why）、做什么（What）、何人（Who）、何时（When）、何地（Where）和如何（How）。六个问题形成了解决问题的三部曲：从六个角度对创新对象进行提问，检查其合理性→列出发现的难点疑问→讨论分析，改进措施。如果现行的方法或产品通过了六个问题的审核，并且已无懈可击，那么此方法或产品判为可取；如果六个问题中有一项不能令人满意，那么此方法或产品还需进一步改善；如果哪方面的答复具有独到的优点，应该巧妙地加以灵活运用，将此优点发挥到极致。

针对欲解决的目标不同，这 6 个方面发问的具体内容也不相同。例如：

为什么（why）——为什么需要？为实现什么目标？为达到什么功能？为取得什么样的经济效益？为达到什么样的工作指标？为达到什么样的质量标准？为什么不用机械代替人力？为什么非做不可？为什么制造这种产品要经过这么多环节？为什么做成这个样子（形状、大小、颜色）？为什么要这样生产？

是什么（What）——是什么发现？是什么产品？是什么方法？是什么材料？是什么样的生产方法？是什么样的商标？目的是什么？重点是什么？与什么有关系？功能是什么？规范是什么？

谁（Who）——谁是设计者？谁是生产者？谁是消费者？谁是销售者？谁来办事方便？谁赞成？谁反对？谁来承担？谁被忽视了？

何时（When）——何时研究？何时实施？何时完成？何时安装？何时销售？何时付款？何时交货？何时是期限？何时最佳？何时产量最高？何时最切时宜？

何地（Where）——何地研究？何地试验？何地生产？何地安装？何部门采用？何地有资源？何处推广？何处改进？何处最适宜？何处最优越？何处最节省？何处最昂贵？

怎样（How）——怎样省力？怎样速度快？怎样做最好？怎样做效率最高？怎样改进？怎样实施？怎样最方便？怎样更美观？怎样避免失败？怎样增加销路？

有些时候我们还听说5W2H法、6W2H法和5W2H法，其实就是在原有的5W1H的基础上加上一个新问题“how many”或“how much”，进一步对问题的规模、程度、速度、范围等从量上做进一步的追问，把问题搞得更清楚、更精确。

我国的教育学家陶行知先生提出的就是6W2H法，他把这种提问模式叫作教人聪明的“八大贤人”。为此他写了一首小诗：“我有几位好朋友，曾把万事指导我，你若想问真姓名，名字不同都姓何——何事、何故、何人、何如、何时、何地、何去，还有一个西洋名，姓名点到叫几何。若向八贤常请教，虽是笨人不会错。”翻译过来，在5W1H基础上，加上一个“which”（几何）和“how many”或“how much”。

2. 5W1H法的应用

如何用5W1H法来帮助我们解决问题呢？下面，我们通过学院小吃窗口生意冷淡的问题解决来做探讨：

某学校食堂二楼开设了很多小吃窗口，但门庭冷落，生意惨淡，有很多学生到校外小摊买小吃。

（1）分析问题

why——为什么开小吃窗口？为什么食堂供应小吃的窗口生意冷淡？为了赚钱（更服务于顾客）。因为小卖部的顾客少所以生意冷清。

What——小吃窗口提供些什么？经营些什么品种？还可以经营些什么？目前主要供应小吃，如油炸的、麻辣烫等。

Who——谁来买小吃？是否还有潜在的顾客？学生买小吃的占多数；零星的有教职工来，但很少。

When——食堂供应小吃的窗口什么时候开始营业？早、中、晚以学生一日三餐为主。

Where——食堂供应小吃的窗口在哪儿？在学校食堂二楼。

How——食堂供应小吃的窗口是如何经营的？先把一些常见的食物做好，学生来了卖给学生。

（2）提出改善、解决问题的方案

Why——想办法吸引更多的顾客，才能赚更多的钱，也能真正体现服务顾客的目的。

What——供应的小吃品种太少，没有新颖性。解决办法：增加小吃的品种、翻新小吃的花样，提供丰富多样的食品，满足不同消费者的需要。如学生来自全国各地，可增加地方特色的小吃。

Who——教师们很多中午不回家，如果能吸引过来也是不小的顾客群。偶尔发现有周围的居民来吃。考虑扩大顾客的范围，把老师和周围的居民也吸引过来。

When——营业时间不太人性化，应延长营业时间，改为全天24小时营业。冬天早餐营业时间延长；因为有的顾客有睡懒觉的习惯。夏天晚上营业的时间延长，因为有的顾客有吃夜宵的习惯。这样顾客上门来都有的可吃。而且在一些特别的节日期间，提供特色小吃，如端午的粽子、生日面等。

Where——供应小吃的窗口的地理位置不是很理想。在食堂二楼，有的顾客不知道，或者不愿意爬到二楼来用餐。如何吸引顾客上二楼就餐，把服务场所与顾客距离拉近，在不能改变客观位置的情况下，改善心理位置。具体做法是在食堂一楼做个广告牌，粘贴到醒目的位置，告知顾客二楼有小吃。广告牌颜色清新，上面有各种特色小吃的图片，使人一看就有食欲。

How——可以供应特色小吃，不同地域的小吃。供应的小吃要做到色香味美、干净卫生，小吃的品种要多，样式要新，满足不同人的审美要求。为了吸引、方便顾客还可为顾客提供电话点餐服务，然后送货上门。当然，更重要的是做出一手好吃不贵又有特色的饭菜。

5W1H法在现实生活中的运用也很广泛，如果你能很好地掌握这种方法，不但能培养爱提问的习惯，而且你的认识能力、解决问题的能力都会得到切实的提高。一旦你能圆满地找到六个问题的答案，所有疑难问题都会不攻自破，那时你会发现“踏破铁鞋无觅处，得来全不费功夫”。

（二）和田十二法

我国的创造学者许立言、张福奎等通过研究，并在上海和田路小学试验，提出了创造发明的“和田十二法”——加、减、扩、缩、变、改、联、学、代、搬、反、定，具体内容如下：

（1）加一加。将一件东西加高一点、加厚一些又会怎样呢？增添一些零部件会有什么变化？把这件东西与其他东西组合在一起会有什么结果？

（2）减一减。将一件东西降低一点、减薄一些又会怎样呢？取消一些零部件会有什么变化呢？

（3）扩一扩。将这件东西的尺寸放大一些会怎样呢？它的功能及应用范围能否扩展呢？

（4）缩一缩。将这件东西的尺寸缩小一些会怎样呢？它能否压缩呢？压缩以后会有什么结果呢？

（5）变一变。改变一下这件东西的结构、形状、颜色、声音、味道会怎样呢？改变一下部件的安装位置又会怎样呢？

（6）改一改。这件物品还存在什么缺点？还有什么不足之处需要加以改进？使用时还有什么不方便及麻烦？有解决这些问题的方法吗？

（7）联一联。这一事物与其他事物有何联系？事物的起因与结果有什么联系？把其他事物联系起来考虑，能帮助我们达到目的吗？

（8）学一学。有什么事物可以模仿？模仿它的形状、结构，会有什么结果？有什么知识或技术可以学习吗？掌握了它的原理、技术，会有什么结果？

（9）代一代。这种物品能被其他物品替代吗？所用材料能用其他材料代用吗？解决问题的方法能够替换吗？

（10）搬一搬。把这件东西搬到别的地方，还能有别的用处吗？这个想法、道理、技术搬到别的地方，也能用得上吗？

（11）反一反。把事物或者产品前后、左右、上下、正反、横竖、里外，颠倒过来，会有什么结果？

（12）定一定。为了保证产品质量或者达到预期的目标，需要制定相应的标准、规范或者管理制度吗？

表 2-2　运用和田十二法的具体实例

一件东西	缩小了什么	变成新东西	有了新功能
一般饼干	体积	压缩饼干	携带方便
风景区	景区	微缩风景	世界著名景区集于一处
传统电池	体积	纽扣电池	可以使用在很小的用品内
热水瓶	体积	保温瓶	携带方便
大量书籍	信息占用空间	光盘、U盘、硬盘	节省空间、携带方便

四、技法原理

知识拓展

在古罗马时代，为了行人穿越马路的安全，在交叉路口砌起一块块凸出路面的石头，作为指示行人过街的标志。行人可以踩着这些石头穿过马路。

但马车通过时，则必须减速慢行，使两个轮子恰在石头中间通过，才不会影响其正常运行。

到了19世纪末，能综合体现人类科技与文化能力的汽车亮相了，以前的石头人行横道线成了现代交通的障碍，于是人们用画出来的石条来代替原来的石头，就是现在的“斑马线”。

司机只要看到“斑马线”就会小心慢行或停下来让行人先走，这样适合现代生活的人行横道线时刻为社会服务着。

设问技法的原理如下：

（一）组合创造原理

（二）逆反创造原理

1. 原理逆反。

2. 特性逆反。

3. 方向逆反。

4. 大小逆反。

（三）变性创造原理

五、实施原则

可以说，设问类技法适用于各种类型与场合的创造活动，它能够帮助人们突破思维与心理上的障碍，从多方面、多角度引导创新思路，从而产生大量的创造性设想。但是也有其运用的原则：

（一）适时性原则

所谓适时性原则就是指设问时机的选择要合适，即问题切入点的设计是否合理，这是整个技法运用的关键。

（二）适度性原则

（1）设计问题难易要适度。

（2）问题的挖掘要适度。既要做到重点突出，还要灵活把握，力戒面面俱到。

（3）设问的密度要适度。

（4）设问的速度要适度。

（三）启发性原则

问题的设计要有启发性。

六、实施要求

设问类技法是一种非常实用的技法，但使用时有一些地方值得注意：

（一）不应过分拘泥于这一种方法

如果拘泥于这一种方法，过分依赖它，反而会把它变成束缚自己的条条框框，妨碍自由想象，使本来为防止思考漏洞而采用的检核表变成制造漏洞的根源。

（二）检核的内容可做适当改变

具体使用时应灵活掌握，根据活动的主要目的、检核对象的主要特点、周围环境来设计检核表。

（三）设问法主要提供的是一种思路

由于设问法比较强调创造发明主体的心理素质的改变，借助克服心理障碍产生更多的思路，因而较为忽略对技术对象的客观规律性的认识。所以，在使用本技法解决较复杂的技术发明问题时，仅能提供一个大概的思路，还需进一步与技术方法结合。

七、实施步骤

案例导入

某航空公司在机场二楼设了一个小卖部，生意相当冷清。问题出在哪里？开发部门运用5WIH法分析了原因，提出了改进建议。

（1）按5WIH法分析原因，先检核六个要素。

Who——谁是顾客？

Where——小卖部设在何处？顾客是否经过此处？

When——顾客何时来购物？

What——顾客购买什么？

Why——顾客为何要在此处购物？

How——怎样方便顾客购物？

从中找出关键要素：Who、Where、When。

（2）分析关键要素，找出原因。

Who，究竟谁是顾客？是出入境的顾客？还是接送客人的人？显然，在二楼流连徘徊的接客者并不热衷在此购物，因为他们有的是时间到市内各大商场去挑肥拣瘦。因此，机场小卖部应当把出入境的乘客当主顾才对。

Where，小卖部设在何处才好？出入境者经海关检查后，都从一楼通道离去，根本不需走二楼。因此，应将小卖部设在乘客的必经之路上。

When，出入境的乘客何时购物？他们只有当行李到海关检查交付航空公司之后，才有心情去逛逛小卖部，看看有何纪念品和生活必需品值得购买。原来机场在临上机前才能将行李交付航空公司，自然就挤掉了旅客买东西的时间。

（3）提出改进措施。把乘客当主顾，充实旅行用品和纪念品，以满足乘客的消费需要；将出入境乘客的海关检查路线改为必经小卖部，增加乘客光顾小卖部的机会；让乘客随时可以把行李交给航空公司，使之“无箱一身轻”，便有了购物的时间和心情。机场经理根据开发部门的建议进行了改进，果然取得了很好的效果。

根据以上案例，可以看出设问类技法有四个步骤。

（1）确定对象：即确定使用检核表法研究的对象是什么，在弄清对象的基础上才能明确工作目的。

（2）检核要素：通过提出问题，分析每个要素，列出要素特性。

（3）选择重点：提出的问题往往很多，限于时间和精力，不可能一下子全部解决，就要求从上述多种并列因素中做出选择。

（4）提出建议：通过评价判断选出重点问题之后，则可按照设想处理的方法组织实施或二次开发。经过切实努力后，终能解决问题或获取新的成果。即针对问题，提出改进措施。

爱因斯坦说过：“提出一个问题往往比解决一个问题更重要……而提出新的问题、新的可能性，从新的角度去看旧的问题，都需要有创造性的想象力，而且标志着科学的真正进步。”实践也证明能发现问题与提出问题就等于成功了一半。可见巧妙的设问对于创造是十分必要的。

案例分享

用和田十二法如何改进现有电风扇呢？

（1）加一加：加个电脑，成为带电脑的电扇。

（2）减一减：减去杠杆，成为吸顶电风扇。

（3）扩一扩：扩大送风角度，成为全方位电风扇。

（4）缩一缩：缩小尺寸，成为微型电风扇。

（5）变一变：改变结构，成为球式电风扇。

（6）改一改：改进使人着凉的不足，成为保健电风扇。

（7）联一联：与催眠联系，成为催眠电风扇。

（8）学一学：学会用新技术，成为太阳能风扇。

（9）代一代：用其他材料代替，成为木叶片电风扇。

（10）搬一搬：搬到电视机上，成为电视机用电风扇。

（11）反一反：冬天也用电风扇，成为热风扇。

（12）定一定：规定节能标准，成为节能电风扇。

（资料来源：https：//wenku.baidu.com/view/3edf8bf6f61fb7360b4c6519.html）

案例分析：

1.“创造12技法”实质是一种思维的训练，它起到了“道而弗牵”的作用。

2. 把12技法作为一种知识，简单地记住，那是毫无意义的，技法的学习应在创造实践中进行。

3. 技法的学习与运用，只是一种创造教育的启蒙，12技法的每一个方法侧重于某一个思考的角度，强调某一个思维的方向，不少发明是多种技法的综合运用或在创造过程中几种技法的连续使用。

4. 创造技法的应用同样要以厚实的知识为基础。离开了知识与生活经验，单单那12个字是苍白无力的。所以创造技法的训练，应在日常的学习、生活和活动的实践过程中进行。

案例启示：技法的学习与运用，只是一种创造教育的启蒙，和田创造技法的每一个方法侧重于某一个思考的角度，强调某一个思维的方向。它的内涵、界定并非十分严格。“加、减、扩、缩、联……”通俗易懂，容易接受，不少发明是多种技法的综合运用或在创造过程中几种技法的连续使用。所以用某种技法去套发明实践是大可不必的。

在线思考：请利用设问法分析任意一家5A级景区的主要客源及其特征。

第四节　分析和运用缺点列举法

案例导入

在一堂生活课上，老师采用智力激励会的形式让大家提出目前国内使用的体温表的缺点。

学生纷纷说，容易碎（表体是玻璃）、使用不方便（要解开衣服放置）、不卫生（消毒后轮流使用）、看不清刻度（要转动表体找刻度）、测试时间长（至少五分钟）、存放不方便、水银有毒（破碎后不好清理）、能够弄虚作假、冬天使用时发凉、只能从一面看刻度（其他角度看不见）、夜间无光线时无法使用、重病患者夹持不住、测量精度低、表体太光滑、容易脱落、样式单一、功能单一、易污染环境、使用前要甩动表体（有些人不易掌握该方法）、技术落后（靠液体受热膨胀）、盲人无法使用（无法读数）、测量位置单一、小孩看了害怕等。

老师根据学生们列举出的缺点，继而逐条找出产生缺点的原因，针对产生缺点的原因，让学生继续思考并提出相应的改进设想或改进的具体方法。

有的学生说为改变易碎、不卫生、使用不方便的缺点，应该设计一种一次性高敏测温纸，贴在身上可测温。纸的颜色可随温度发生变化，类似pH试纸，包装可呈卷尺或书本状，用一次撕一条。

还有的说测体温元件与手表或手表带组合在一起，制成柔性体温表。

其他同学也纷纷表达了自己的意见：体温表和退烧药物组合在一起；采用音乐定时；鸣叫式报体温，供盲人使用；电子测温表，数字显示、可报时间、测好后鸣叫；不接触身体的测体温系统。

思考：根据以上案例，请问缺点列举法有几个步骤？

案例分析：缺点列举法的操作程序一般为：针对存在的问题提出缺点；分析产生缺点的各种原因；根据产生缺点的原因，提出各种解决办法；综合各类解决办法，写出最先解决主要缺点的可操作方案。

一、技法起源

世界上最早的创新技法“特性列举法”，经过70多年的完善与发展，已形成一种常用的、成熟的创新技法——列举法。列举法作为一种发明创新技法，是以列举的方式把问题展开，用强制性的分析寻找发明创新的目标和途径。列举法的主要作用是帮助人们克服感知不足的障碍，迫使人们将一个事物的特性细节统统列举出来，迫使人们挖掘事物的各种缺陷，迫使人们思考希望达到的具体目的和指标。这样做，有利于帮助人们抓住问题的主要方面，强制性地进行有的放矢的创新思维。在列举法的运用中，根据所依据的基本原理不同，可以划分为特性列举法、缺点列举法、希望点列举法三类。

二、技法定义

“金无足赤，人无完人。”从哲学上说看待任何事物都要一分为二，任何事物都有各自的优缺点，很多发明创造都是首先从寻找事物的缺点开始的，实现更新换代、优化升级。

缺点列举法就是一种积极地寻找并抓住、有时甚至去挖掘事物的缺点，将其具体缺点（不方便、不舒适、不美观、不适用、不省料、不轻巧、不便宜、不安全、不省力等）一一列举出来，对缺点进行分析定性，或对缺点加以适当有效利用，或对缺点提出改革方案，进行创新的方法。可以说缺点列举法是一种行之有效的发明创造方法。

三、技法发展

事物的缺点有的是必须克服的，而有的缺点在一定情况和条件下，反而会成为可以利用的优点。因此，列举缺点可以有两条途径：其一，睁开双眼找缺点，然后想办法去克服缺点，用改进设计去获得性能更优的新事物；其二，反其道而行之，睁开创造性思维这“第三只眼睛”，看看事物的缺点能否在其他的场合变成优点，进而思考能否开发出满足人们某种需求的新事物。前者为缺点改进法；后者是缺点逆用法，它的思维基础是逆向思维。

（一）缺点改进法

缺点改进法是指通过发现事物的缺点，将其缺点列举出来并加以克服和改进的创新方法。这种方法被广泛地应用于革新某些具体产品，解决属于“物”一类的硬技术问题，而且还可以应用于企业管理中，解决属于“事”一类的软技术问题。

案例分享

美津浓公司的成功启示

日本美津浓有限公司原是生产体育用品的一家小厂，为了使公司产品畅销世界各国，厂里的开发人员到市场上去调查。在调查中，他们发现，初学网球者在打球时不是打不到球，就是打一个“触框球”，把球碰偏了，十分头疼。很多人都想，要是球拍大一点，也许就不会出现上述问题。

国际网联规定，球拍面积必须在710平方厘米之下。美津浓有限公司就专门做了一些比标准球拍大30%的初学者球拍。这种球拍一上市果然畅销极了。后来他们又了解到初学者打网球时，手腕容易患一种皮炎，这种病被人们称之为“网球腕”，患病的原因是，腕力弱的人在打球时发生腕震而造成的。于是，该公司又开始致力于研究减震球拍。他们用发泡聚氨酯作为材料，但是经过试验，发现用这种材料制成的球拍打起球来软塌塌的，耗费体力。于是，又重新进行了试验，终于制成了著名的“减震球拍”，产品打进了欧美各国市场。

案例启示： 在上述案例中，美津浓公司在开发新产品的过程中运用的技法就叫作缺点改进法。缺点改进法就是通过发现、发掘事物的缺陷，然后针对这些缺点，设想各种改革方案，进行创造发明的方法，运用此种方法可以促进事物的不断完善与向前发展。

（二）缺点逆用法

缺点逆用即缺点巧用，是指利用事物的缺点进行创新思考的一种科学方法。事物都具有一定的性质和特征，由于条件不同，既可被认为是缺点，也可以被认为是优点。因此，缺点和优点不是绝对的，而主要取决于人们如何利用。

例如，振动会产生噪声，当噪声超过一分贝时会使人失眠、血压上升、精神烦躁等。但是，发明家利用振动原理制造振动按摩器，对身体按摩，能使肌肉放松，血管舒张，疲劳消除，有利于人体健康。

合成化学纤维中的涤纶优点很多，缺点是不亲水、不吸水，不适宜做内衣。而当今国内外广泛使用的一次性尿布，却利用了涤纶的这一缺点，用在尿布上作为疏导层。

有人说“垃圾是放错了位置的财富”，所以应学会化弊为利、变废为宝。

四、技法原理

缺点列举法的基本原理是：事物客观存在的缺点与人们追求事物完美之间的矛盾，是创新的动力。列举缺点就是提出创新课题。

缺点列举法可以直接从社会需要的功能、审美、经济、实用等角度研究对象的缺点，提出切实有效的改进方案，因而简便易行且见效快。在群众中以及工商企业中最容易普及、最容易出成果的发明创新技法就是缺点列举法。

五、实施原则

缺点列举法的运用基础是发现事物的缺点，挑出事物的毛病。尽管世上万事万物都不是十全十美，都存在着缺点，然而并非人人都能想到、看到或发现这些缺点。主要原因是人都有一种心理惰性，备周则意怠，常见则不疑，对于习以为常看惯的东西，常常会认为历来如此。所以就不肯也不愿意再去寻找或挖掘它们的缺点，从而使人安于现状，失去了有可能取得创新成果的机会。运用缺点列举法，必须克服由习惯性思维所带来的障碍，培养善于寻找缺点、追求完美的创造意识。

而除了发现事物的缺点外，找到可以利用的缺点就更不容易了。因为缺点多是要遭排斥的，人们习惯于思考如何去排斥缺点而很少去利用它。在发现可利用的缺点后，紧接着是分析缺点，认清其本质，即抽象出某种被认定为缺点的现象背后所隐藏着的原理或特性。当找不到缺点的原理或本质时，则要跳出缺点本身，思考与此相关的东西，依靠创造性想象使缺点成为灵感的激发因素。

六、实施要求

在具体实践中应用缺点列举法时，有以下几点要求：

（1）召开缺点列举会时应科学确定与会人员，做到优势互补、互相启发；

（2）列举缺点时应敢于质疑，体现思维的变通性，注意打破定式，将思路打开；

（3）对缺点进行分析后，提改进方案时，应改进调查研究，适当考虑方案的可行性；

（4）做好记录，随时备查。发现缺点，并不能搞出发明，有时要等很久，联想或灵感会使你想出一个发明。因此，做好记录随时备查是很重要的。再者，发明者对物品所列举的缺点不可能全都是成熟的观点、都能演绎成发明命题。只有平时注意积累，多做记录，才能提高发明选题的灵活性及设计方案的成熟性。

七、实施步骤

缺点改进法与缺点逆用法的区别在于它们对待缺点的差别性，前者是设法改进与克服缺点，而后者是尽可能地使缺点为我所用，使其成为优点。但是，二者在实际运用操作中所遵循的基本步骤是一致的。

（一）确定改进对象

缺点列举法的创新根据在于充分利用某个已有的物品，出发点是消费者对物品的求优需求。因此，对已有物品求优需求的调研是确定改进对象的基础。例如，对家用洗衣机改进的确定，首先得了解消费者对洗衣机的求优愿望。

（二）列举改进对象的缺点

运用发散思维找事物或产品存在的缺点，将缺点一一列举出来。列举缺点时，应正确运用检核思维，把重点放在四个方面：

一是列出核心缺点。即现有物品的功能或职能是否能满足消费者的基本愿望，挑出功能性缺点；

二是列出形式缺点。即现有物品的质量水平、设计风格、包装和品牌等方面的不足，挑出形式性缺点；

三是列出延伸缺点。即现有物品进入市场变成商品后，在销售服务等方面存在的问题，挑出影响消费者利益的延伸性缺点；

四是列出隐性缺点。即现有物品不易被人觉察的非显性缺点。在某些情况下，发现隐性缺点比发现显性缺点更有创新价值，因为针对隐性缺点改进设计，所产生的市场价值更大。

（三）分析鉴别缺点，提出改进方案

对列举出的缺点进行分析，将缺点分为两类：一类是可以加以适当利用的缺点；另一类是必须改进和克服的缺点。

比如，日本有一个叫荒井的人，针对长筒雨靴“夏天穿闷脚、易患脚气”这一缺点，提出了改进制造方法的方案，设计制成了前后有透气孔的雨靴；还有一个叫野口文雄的人，针对雨靴“后跟容易磨损”这一缺点，浇模时在后跟部位埋进一种鞋钉，设计出这种新式雨靴，大大提高了耐磨损性能。又如，天津某毛纺厂生产了一种呢料，因其着色不均匀出现白点影响了销路。该厂利用缺点逆用法变消灭白点为扩大白点，从而开发了新产品——雪花呢。

通过分析鉴别缺点，无论是采用克服缺点或将缺点转化为优点，都要落实到改进设计方案上。即将模糊的创意转化为明确的、可以进行评价的新技术方案。运用缺点列举法，列举出缺点只不过是为形成创新课题开了个头，而最关键、最实质性的内容是改进设计方案，实现技术创新。

用缺点列举法进行创造发明的具体做法是：召开一次缺点列举会，会议由5~10人参加，会前先由主管部门针对某项事物，选举一个需要改革的主题，在会上发动与会者围绕这一主题尽量列举各种缺点，并围绕这些缺点制订出切实可行的革新方案，最后在众多方案中以投票的方式选出最优方案。一次会议的时间控制在一两个小时之内，会议讨论的主题宜小不宜大，即使是大的主题，也要分为若干小主题，分次解决，这样，原有的缺点就不致被遗漏。

在寻找和列举事物缺点的时候，可以运用前面我们学习过的头脑风暴法，集思广益，尽可能多地使思维的触角向四面八方扩散，然后再利用收敛思维对各种创新方案的可行性进行论证，从而选出最优方案。

案例分享

对长柄雨伞的改进可以说是缺点列举法的经典案例。

长柄雨伞的缺点列举如下：①伞尖容易刺伤人；②拿伞的手不能再提别的东西；③开收不方便；④伞骨容易折断；⑤伞布透水；⑥一模一样不易识别，容易拿错；⑦伞骨会生锈；⑧乘公共汽车时雨伞上的水会弄湿别人的衣服，等等。

针对这些缺点，可以提出许多改进方案。如：可折叠伸缩的伞；伞布经防水处理，伞就不会透水；伞布有多种图案，既增加美观，又便于识别，不易拿错；伞尖改为圆形，不易伤人；伞顶加装集水器，上车收伞时雨水不会滴在车内；伞骨不用铁制，就不会生锈；开收方便的自动伞；等等。

（资料来源：http：//blog.sina.com.cn/s/blog_dbc807390101jdnz.html）

案例分析：缺点列举法的应用范围很广泛，不仅应用于产品的创新，解决“物”一类的硬技术问题，还可以用于改革管理，解决“事”一类的软技术问题。

防笔屑铅笔刨

1960 年，艾里克·高思和丹尼尔·拉卡米埃在法国成功申请了铅笔刨的专利。铅笔刨是用于削铅笔的工具，它的特征是刨体上设有角度导槽和有开口的斜面，装有可拆卸磨修或调整切削深度的切削刀片。切削刀片可以多次磨修使用，削修铅笔既方便又不易弄断笔芯。铅笔刨寿命长、结构简单、易于制造。同时适用于小型竹、木件的制作。

可是，清理铅笔刨的笔屑是一件比较麻烦的事情。针对铅笔刨的这一缺点，在铅笔刨周围加上一个封闭盒子，就可以把笔屑集中，同时可以设计不同的形态结构，使铅笔刨既方便又美观。

案例分析：这个案例中，原铅笔刨的缺点清理笔屑比较麻烦。这个缺点的发现来自于铅笔刨的使用过程，所以缺点的发现都来自于我们的实践过程。下面我们来感受使用一组常用的生活用具，这些用具同学们一定都用过，但是也许你从来没有去思考过它们的缺点，但是这节课我们必须把它们的缺点找出来。

（资料来源：ttp：//blog.sina.com.cn/s/blog_5f17cfcb01012c7l.html）

案例启示：社会生活中各种不方便、不称心的事物是很多的，只要发现存在不合理、不习惯、不顺手、不科学的地方，经过认真分析研究，就能从中筛选出有益的发明课题。由于这时的选题和改进都有比较明确的目的性，所以就有较高的成功率。

在线思考：请考察你所在城市的 3A 级景区中的一个，通过列举其缺点，提出景区优化建设的建议。

第五节 吃透和使用希望点列举法

案例导入

以风扇为例，看看原始的风扇是如何一步一步发展到现在种类繁多、功能多样的。

表 2-3 运用希望点列举法的具体实例

希望点	产生的效果
希望角度不仅仅限制在一定角度范围	摆头风扇
希望不摆头部就能得到不同的风向	转页式台扇
希望风吹的范围更大	吊扇，扩大了风吹的范围
随意调节风力的强弱，而不用换挡位	无级调速风扇
希望电扇也像电视一样用遥控器控制	遥控风扇
希望风扇能丰富多彩	娇小可爱的卡通风扇，可装点生活
希望风扇像折扇那样方便随身携带	帽檐风扇或微型风扇
希望风扇的转叶不会伤到人	弯曲叶，采用软性材料
希望风扇节约空间	挂壁式风扇，挂在墙壁上
希望只是调节空气流动的功能	塔式气流扇，起到流动空气的效果
希望更关注健康功能	带负离子功能的电风扇
希望风速根据温度的高低而变化	温控电风扇，可自主调节风速大小
希望驱蚊虫	驱蚊风扇
希望在停电时也能享受风扇	带蓄电池电源风扇
希望在电脑前享受舒服的凉风	USB风扇，可以接到电脑的USB插座上
希望结合空调和风扇的优点	空调扇

思考：根据以上案例，请问风扇的功能是怎么被开发出来的呢？

案例分析：从上面的分析，我们看到电风扇从原始的扇风功能到现在五花八门形形色色的功能，很大程度上是通过希望点列举法这种创造性思维实现的，通过实现人们的希望点，开发了一项又一项新的功能。

一、技法起源

希望点列举法是由尼布拉斯加大学的克劳福特（Robert Crawford）发明。这是一种不断地提出“希望”“怎么样才会更好”等的理想和愿望，进而探求解决问题和改善对策的技法。此法是通过提出对该问题和事物的希望或理想，使问题和事物的本来目的聚合成焦点来加以考虑的技法。

二、技法定义

希望人人皆有，“希望点”就是指创造性强且又科学、可行的希望。列举法，是指通过列举希望新的事物具有的属性，以寻找新的发明目标的一种创造方法。如果说缺点逆用法是一种“被动创新”的方法，而希望点列举法则是一种“主动创新”的方法。在具体的应用中，可以将缺点列举法及希望点列举法综合起来加以应用，在列举事物及产品缺点的基础上，提出希望点。

三、技法发展

根据人类的普遍需求，以特殊群体的需求、以现实的需求以及以潜在的需求为立足点进行思考和分析，希望点列举法得以发展至今。

（一）人类需求

“希望实际上是人类需求的反映。因而，利用希望点列举法进行创造发明就必须重视对人类需求的分析。”人类的需求有很多，比如求新心理、求美心理、求奇心理、求快心理等。不仅要注重人类的普遍需求，而且还要分别站在不同层次人的立场上进行分析，如不同年龄、不同性别、不同文化、不同爱好、不同种族、不同区域、不同信仰的人们，他们的需求也各不一样。

（二）特殊群体的需求

因为如盲人、聋哑人、残疾人、孤寡老人、精神病患者、左撇子等这些特殊群体在社会中只占有很少一部分，所以大部分设计忽略了他们的存在。随着经济的发展，社会越来越多地关注这些特殊群体。而这些群体的需求也远远比普通人的需求要迫切，所以针对特殊群体的设计空间就显得格外广阔。

（三）现实的需求

现实需求是摆在眼前的需求，是人们急于实现的需求，是几乎每个人都能感觉到的需求。现实的需求是设计师首要关注的因素，切莫置人们的现实需求于不顾而进行一些不切实际的研究。

（四）潜在的需求

潜在需求是相对于现实需求的一种未来需求。

四、技法原理

希望点列举法始于社会需要，希望和需要是不可分割的。希望点列举法的基本原理是：需要和希望是创新之母，列举有需求价值的希望点可以形成创新课题。根据这一原理，希望点列举法是指从社会需要出发提出各种希望设想，列举希望新的事物具有的属性，以寻找发明目标的创新方法。

市场上许多新产品都是针对人们的希望研制出来的：人们希望洗的衣服容易干，于是发明了甩干机；人们希望伞可以放进提包，于是发明了折叠伞；人们希望旅游物品轻便实用，于是发明了录像手机。

案例分享

新型水泥

自从1878年法国发明天然水泥以来，水泥以它独特的性能独占建筑材料的鳌头。为了适应某些特殊工程和特殊环境的需要，人们对水泥提出了更高的要求，也陆续发明了许多新型水泥：

速凝水泥　　这种水泥能在短时间凝固，可在修复飞机跑道、堤坝及水下建筑物等工程的施工中大显身手。

黏结水泥——用来修补断裂的水泥构件，其牢固程度高于原先未损的部分，施工简便，被誉为“焊接水泥”。

弹性水泥——普通的水泥材料抗拉性能极差，倘若泥浆中添加一些细小的强化纤维，其弹力则增加100倍。这种弹性水泥，特别适用于抗弯曲和振动的地方。目前，有些国家甚至制造出水泥弹簧。

变色水泥——掺入少量二氧化钴的水泥具有变色功能，空气干燥时呈蓝色，空气潮湿时变成紫色，下雨时又变成玫瑰色。用这种水泥盖起的房子，等于耸立起一座天然的“气象台”，美化环境的效果也很好。

可加热的水泥——加入一些金属颗粒和纤维的水泥通上电后，水泥就会变热。这种水泥特别适用于铺设寒冷地区的路面和机场跑道，可防止结霜和积雪。

家具水泥——这种特制的水泥板材的性能几乎跟木材一样，可以锯、刨、钉。用它制作的家具，可与木质家具相媲美，是一种便宜又耐用的替代品。

医用水泥——这种可塑性特强的水泥不是用来盖病房，而是一种新型的补牙填料。

五、实施原则

希望点列举法作为一种积极主动的创造性思维，在工业设计特别是开发新产品的过程中起着重要的作用。准确地发现人们的希望和需求，并及时迅速地推出满足此需求的产品是企业成功的关键。例如，大众公司出产的新甲壳虫，之所以能获得惊人的销售量，就是因为准确地抓住了消费者的一种怀旧的情绪，满足了一部分人的心理需求。

运用希望点列举法的创新性，集中表现在两方面：一是将希望转换为具有开发价值的新课题；二是设计出切实可行的新技术方案。一般的创意只有前一种创新性，而获得过发明创新成果的人，通常是两种创新性兼而有之。

值得注意的是，运用希望点列举法时，虽然只从某个信息基点出发去列举希望，但是这个信息基点的确定不应该孤立地思考，因为创造对象总要受到创造环境的制约和影响。这就是说，在运用该技法确定创造目标时，还应当审时度势，洞察社会希望的发展趋势。在运用希望点列举法进行设计时，一要注重观察联想，二要注重调查研究。要使列举法的希望点尽可能地符合社会的需求，就必须善于观察发现人们在日常生产、生活、学习中所有有意或无意地流露出来的某种希望和要求，充分利用联想构思出满足需求的方案。从征求的意见和调查的结果中选出目前可能实现的若干项进行研究，制订具体的创造方案。

人们的希望是多种多样、无边无际的，但真正有价值能够投入设计开发的也只占少数，所以对这些希望点要加以分析鉴别，而且要特别注意表面希望与内心希望的鉴别以及显示希望与未来希望的鉴别。

（一）洞察希望的宏观趋势

运用希望点列举法时，虽然只从某个信息基点出发去列举希望，但是这个信息基点的确定不应该孤立地思考，因为创造对象总要受到创造环境的制约和影响。这就是说，在运用该技法确定创造目标时，还应当审时度势，洞察社会希望的宏观发展趋势。

（二）掌握有关情报资料

从信息的观点看，希望点就是某种信息。在信息交流中，情报资料具有重要作用。

运用希望点列举法时，能够掌握有关情报资料可以方便准确地找到希望基点或希望点的参考坐标。尤其是一些专题分析情报，对于从事定向创造发明或科学研究具有重要的导向定位作用。

（三）希望的分析与鉴别

由于发散思维的运用，人们可列举出多种希望，为了收敛成少数能形成创造课题的希望点，有必要对人们的希望进行分析与鉴别。

1. 表面希望与内心希望的鉴别

任何一位消费者都有其表面希望与内心希望。我们在分析关于消费希望的情报资料时，若仅以表面希望来构思课题或方案，容易造成失误。因此，我们必须谨慎地进行鉴别，以列举出人们心中真正的希望。

例如，有位在医疗技术部门工作的工程师，为了满足残肢人的希望，构思了一种具有套叠伸缩和连续旋转功能的假臂。他满怀信心地告诉残肢人说，戴上他设计的假臂，可以伸到几米高的地方，还能以优越于天然手臂的方式使用螺丝刀。谁知残肢人看过他那先进的多功能假臂方案后，竟苦笑一声扬长而去。工程师的设计为什么失误？因为他只了解残肢人的表面希望，以为需要“技术先进的假臂”，就得在多功能和超人一筹方面下功夫，殊不知残肢人内心的真正希望是过正常人的生活。他们需要的是看起来与正常人无异的假肢。

2. 现实希望与潜在希望的鉴别

现实希望与未来的潜在希望，二者分别对应现实需求与潜在需求。比如家庭希望安全，对防盗产品便有需求。防盗锁、防盗门窗等产品，已大量进入千家万户，是现实希望的产物。家用保险柜、家用电脑报警系统等创意或新产品，对普通家庭来说还是今后的消费希望，当属潜在希望的对象。

搞创造发明，既可针对现实希望动脑子，也可抓住潜在希望做文章。前者要审时度势、兵贵神速，后者要高瞻远瞩、深谋远虑。

3. 一般希望与特殊希望的鉴别

一般希望是大多数人的希望，特殊希望是少数人的希望。比如提出“四胞胎婴儿多功能床”的设想，显然是对特殊希望的满足，因为对大多数家庭来说，“四小龙”“四小凤”的现象很少见。列举希望搞创造时，应着重考虑一般希望，因为由此形成的创造成果更容易得到社会的认可和接受，相应的市场容量也大一些。当然，对少数人的特殊希望（残肢人、左撇子、特殊生活习惯者等人的专门需要）也应加以考虑，社会决不能遗忘他们的需求与期望。

4. 希望点列举会

列举希望，可以自己去冥思苦想，也可以召开希望点列举会，发动群体多方面捕捉。有条件时尽可能开会列举，因为几个人的脑袋总比一个人的脑袋聪明。

六、实施要求

在具体实践中应用希望点列举法时，应注意以下几点：

（1）由列举希望点获得的发明目标与人们的需要相符，更能适应市场；

（2）希望是由想象而产生的，思维的主动性强，自由度大。所以，列举希望点所得到的发明目标含有较多的创造成分；

（3）列举希望时一定要注意打破思维定式；

（4）对于希望点列举法用得到的一些“荒唐”意见，应用创造学的观点进行评价，不要轻易放弃。

七、实施步骤

希望点列举法的实施主要有三个步骤，即：

（一）激发和收集人们的希望以确定创新目标

希望点列举法的出发点是人们的需要和希望，应以满足社会的某种需要为依据来确定创新目标。比如，钢笔创新、雨伞创新、洗衣机创新、手机创新、空调创新、电脑创新等。

（二）仔细研究人们的希望，以形成“希望点”

为了获得创新目标的希望点，可以召开希望点列举会，每次邀请 5~10 人参加。会前由主持人确定探讨的创新目标，会上围绕既定目标尽可能地思索各种希望。会后分类整理出希望点。对希望点的分类，可以按其特征分为理想型、超前型和幻想型三类。

理想型希望是指希望现有事物尽可能完善，能达到人们心目中的理想化模式。如电灯泡长寿、节能、价格低廉。超前型希望是超越现实的潜在欲望，如工薪阶层对家用轿车、别墅的期待。幻想型希望则钟情于某种大胆的希望与寄托，如开发返老还童的药品、不耗能的机械等。

（三）以“希望点”为依据，创造新产品以满足人们的希望

分析鉴别希望点的作用，主要是形成发明创新的课题。许多希望并不是一种明确的研制任务，只有将它转化成研制课题后，运用希望点列举法实施创新的实质性工作才算

开始。比如，希望有长寿灯泡，这种希望并不是实际课题，将这种希望转化为开发电子灯泡，使其达到长寿的性能要求，希望才成为明确的创新课题。将希望转化为研制课题是运用希望点列举法的实质。理想型希望、超前型希望、幻想型希望都有产生灵感和创意的可能，但获得的结果各有不同。列举理想型希望点，一般形成现实性课题，即对已有事物的改进、完善和优化，实施起来目标明确，借用的信息、资料较多，容易达到预期的目的。列举超前型希望点实际上是瞄准潜在的需要下功夫，它可能是一种客观存在的但人们尚未提到议事日程的潜欲望，也可能是人们已经意识到但可望不可即的企盼。在一定条件和时机下，潜在需要会凸显为现实需要。针对潜在需要进行发明创新，要有远见卓识，风险也较大。企望抢占市场制高点和成为领头羊的人往往对这种方法情有独钟。对于选择幻想型希望冥思苦想，得到的创意也是十分诱人的，但是否发展成现实成果则是个疑问。幻想能帮助人们解放思想，但也常常让人种下只开花不结果的智慧之树。

具体做法是：召开希望点列举会议，每次可有 5~10 人参加。会前由会议主持人选择一件需要革新的事情或者事物作为主题，随后发动与会者围绕这一主题列举出各种改革的希望点。为了激发与会者产生更多的改革希望，可将各人提出的希望用小卡片写出，公布在小黑板上，并在与会者之间传阅，这样可以在与会者中产生连锁反应。会议一般举行 1~2 小时。产生 50~100 个希望点，即可结束。会后再将提出的各种希望进行整理，从中选出目前可能实现的若干项进行研究，制订出具体的革新方案。

所谓希望就是现实中所没有的，它必须由想象产生。这些想象，有些是由人们的需要引起的，还有些是由人们在与其他物品的类比中产生的，但它都反映了人们对新事物及新产品的向往与追求。这种追求正反映了人的原发性创造本能，也正是因为人类的这种追求，世界才得有今日。想象产生了文艺复兴，产生了飞机、火箭、机器人，产生了一切。在几个世纪内，人类依据自己的想象力把客观存在的地球变为一个最引人注目的宝库。但是，美好的想象却经常由于实现的艰难而被放弃，由于它突破了旧的规范而被批判，人们的创造力也随之被扼杀了。列举希望会重新唤起人们丰富的想象力，激发出人们强烈的创造欲望。从这种意义上说，希望点列举法也是一种主动型的创造方法。

案例分享

处处留心有“希望”

郑州七中一年级的温智红想到小孩子倒热水时很不安全，提出了不用倒水能喝到水的发明课题——“自动出水瓶”。他在凉水瓶上装一个软木塞，软木塞上钻两个孔，插入两根玻璃管，一根接近瓶底的为出水管，另一根短的叫进气管。进气管口下头接一根不长的软皮管，从侧面切开一个 10 毫米的口子，下头用圆木棒堵死，这是进气阀。再找一个软塑料玩具，头上钻一个小进气孔，去掉圆哨，插在玻璃管上当作打气的球。当要喝水时，用指头按住小孔，来回地捏玩具，瓶内气压增高，水就会从出水口自动流出。

案例分析：这个发明课题就是温智红观察到小孩子倒水不安全而希望能安全喝水而来的。在提希望点时要注意可能性和科学性，不要像科学幻想那样脱离现实太远。

1. 可能性

提希望点时要瞻前顾后。“瞻前”，是指所想到的希望点是否已有前例。“顾后”，是指所选题目是否与当时的技术水平相适应，自己是否有完成的可能性。著名发明家爱迪生曾运用希望点列举法选定一个崭新课题：声动马达。他设想，声音是能量的一种表现形式，将噪声收集存储起来，通过一个转换系统，将它转变成机械能，使机器运转。这个设想虽然合情合理，但这个选题在当时受到技术水平的限制而无法实现。

2. 科学性

提希望点要符合自然规律。超越自然规律的任何设想，都是要落空的。自古以来有许多人希望自己长生不死，还有些人以“长生不老药”作为发明的研究课题。在很久以前，有人曾研究发明“永动机”，设想在没有温差的情况下，在海水里不断吸取热量，再把这些热量转变成机械能，制成一部发动机。试想，这些违反自然的“发明”能成功吗?

在线思考：请对本校同学进行问卷调研，利用希望点列举法分析并总结他们对校园建设的意见和建议。

第六节　掌握和应用特性列举法

案例导入

西方的“派克思维”

乔治·派克一面零售和修理钢笔，一面研究制作钢笔。为了制作出更精美的钢笔，他将钢笔的特性一一列举出来：外观——圆柱形，部件——笔杆、笔帽、笔尖、墨囊等，功能——写字、画画……然后，针对这些特性提出改进的思路，比如可以改变钢笔的外形吗？能否给钢笔增添新部件？除了墨囊，还可以用什么灌墨水？虽然派克的想法很多，但没有可以实施的好方案。

一天，太太对他说："今天，我看见一辆奇形怪状的汽车，像炸弹鱼一样，车头和车尾都尖尖的，漂亮极了。"

"哈哈，那是流线型汽车！为了减少阻力，飞机和船被设计成那种形态的，不过，汽车是最近才跟上潮流的。"说到这里，派克忽然想到之前一直苦苦思索的问题有了答案，"钢笔也可以设计成流线型的"。

没多久，一种流线型钢笔被制作出来，这种钢笔摘下笔帽，就像一架没有双翼的流线型飞机的侧面。后来，这种流线型钢笔"派克笔"非常畅销，并成为经典款式。

思考：通过上述实例的介绍，你对特性列举法有哪些了解呢？

案例分析：就是因为善于运用特性列举法，派克才能列出特性"清单"，一项项地加以思考，找出最适合的创新方案。如果他对钢笔进行整体思考，或许一时难以在笔的形状上有所创新。

一、技法起源

特性列举法，也称属性列举法，是美国尼布拉斯加大学的克劳福德（Robert Crawford）教授在 1954 年所提倡的一种著名的创意思维策略。此法强调使用者在创造的过程中观察和分析事物或问题的特性或属性，然后针对每项特性提出改良或改变的构想。

二、技法定义

列举法是一种借助对一个具体事物的特定对象（如特点、优缺点等）从逻辑上进行分析并将其本质内容全面地一一罗列出来的手段，再针对列出的项目一一提出改进的方法。

属性列举法是偏向物性、人性的特征来思考，主要强调于创造过程中观察和分析事物的属性，然后针对每一项属性提出可能改进的方法，或改变某些特质（如大小、形状、颜色等），使产品产生新的用途。属性列举法的步骤是罗列出事物的主要想法、装置、产品、系统或问题的重要部分的属性。然后改变或修改所有的属性列举法。其中，我们必须注意一点，不管多么不切实际，只要是能对目标的想法、装置、产品、系统或问题的重要部分提出可能的改进方案，都属于可以接受的范围。

三、技法发展

列举是人们思维活动的表现形式之一。通过列举事物各方面的属性，构成一定数量，便有助于产生新的概念，同时可从所列举出来的事物的性质、特征中归纳出更一般的概念。一般人在处理事物时，对平常熟悉的事物便不太会再去认真仔细地分析观察，这在主观上就有了感知障碍，使之不能全面深入地考察问题。列举法则不然，它要求人们以一丝不苟的态度，将一个熟悉的事物进行重新观察、每个细节都列举出来，从中发现存在的问题，提出改进意见和希望，由此产生新创造。

列举法中最基本的一种是特性列举法，在它的基础上又发展为缺点列举法、希望点列举法、成对列举法等。另外，我们常听到的 SAMM 法、功能目标法等，都是列举法的延伸应用。

四、技法原理

运用该技法首先要把研究对象的主要属性逐一列出，通过进行详细分析，然后探讨能否进行改革或创新。一般来说，要着手解决的问题越小，越容易获得创新的成功。

特性列举法依据的基本原理是：将事物按名词持性、形容词特性、动词特性化整为零，有利于集中精力思考创意。

例如，要改革烧水用的水壶，可以把水壶按名词、形容词、动词特性化整为零。

名词特性——整体：水壶；部分：壶嘴、壶柄、壶盖、壶身、壶底、气孔；材料：铝、铁皮、钢精、铜皮、搪瓷等；制造方法：冲压、焊接。

形容词特性——颜色：黄色、白色、灰色；重量：轻、重；形状：方、圆、椭圆、大小、高低等。

动词特性——装水、烧水、倒水、保温等。

将这些特性分别予以研究，只要革新其中一个或几个部分，就可以导致水壶整体性能的改变。

五、实施原则

（一）要克服感知觉不敏锐的障碍，把思维从僵化、麻木的状态下解放出来

感知不敏锐，是因为感觉处于饱和状态。人们在初次接触某事物时，会有新鲜感或不习惯，容易发现问题，但“少见多怪、见多不怪”，时间长了，便也熟视无睹、习以

为常了。感知觉处于饱和状态，有用的信息就输不进去了。古希腊哲学家柏拉图写道："经验使人失去的东西往往超过给人带来的东西。"有人想创造，但又无从下手，这便是习惯的惰性在阻碍创新思维。列举法的首要贡献就利于克服这些障碍，以全面搜索、不断挑剔、大胆幻想的思路获得创造发明的目标。

（二）要全面感知事物，防止遗漏

每个人的思维方式是不尽相同的，其感知方式也各具特色。在认识事物时，有人注重视觉，有人则擅用听觉或触觉、味觉、嗅觉；有人惯用左脑，有人则偏爱右脑。由此造成的结果是：或者只注意外形，不注意色彩；或者只迷信于广告介绍，不重视实际的适用性。因而，一旦要求对某种产品作改进时，头脑中便无法调动出全面的信息，也就局限了对问题的分析。借助于列举法，可深入到事物的方方面面。如应用特性列举法时，就要求将事物所有属性全部列出，不许遗漏，这样就必然利于全面分析，产生较多的设想。

（三）要克服感情障碍

"与其产生新观念，莫如善于判断。"判断是指在一个问题有几种答案时，从中选择一种答案的方法。判断对于解决问题是必要的，但一般人的通病是善于作判断而不善于产生新观念，这对创造力是个阻碍。与智力激励法的大胆设想、推迟判断原则相类似，列举法首先强调的是尽量全面地列举，避免过早地下评语下结论。

六、实施要求

列举法是通过列举有关项目来促进全面考虑问题，防止遗漏，从而形成多种构想方案的方法。几种列举法各有千秋，但有些共同的实施要求。

（一）强制性地分析

列举法本质上是一种分析方法。分析就是把整体分解为部分，把复杂的事物分解为简单要素，分别加以研究的一种思维方法。客观事物的整体功能是由相互联结的各个部分有机构成的。有时为了改变它的整体功能，需要从部分着手去考虑问题，把被考察的部分与其他部分暂时割裂开，从整体中抽出来，这就是分析方法的基本特点。和一般分析方法不同的是，列举法带有一种强制性，必须分析罗列所有的因素。日常使用分析方法时，一般只抓住主要方面或特殊点，忽略了一些次要因素或普通点，以为后者的作用不大，因而可能抛弃了某些重要的线索或途径。为此，特性列举法突出了思维中的强制性方面，制定规则，要求将事物各个特性所包含的每一个子因素全部列举出来，然后逐个分析，以促使人们全面考虑问题。

（二）一览表式的展开

人们常用一览表帮助记忆、安排工作。为了寻找创新的设想，借助于列举的方式将问题展开，以一览表的形式帮助思考。每个列举法都是一览表，是带有比较性的一览表，从中可以发现问题、明确目标、解决矛盾。特性列举法使用的是特性一览表，对事物特性的逐步分析，潜藏的创新可能性就会显现出来。缺点列举法使用的是缺点一览表，分析缺点，找出改进的方法。希望点列举法是使用希望点一览表，对此判断，发现最可能的希望实现性，并设法实施。成对列举法使用的是物质组合一览表，促使突破传统的新奇设想大量涌现，有力地促进新产品的开发。

七、实施步骤

创新技法成熟的重要标志之一是具有可供操作的程序或步骤。运用特性列举法开展创新活动，一般可按三步进行。

（一）确定研究对象

研究对象应当选择一个比较明确的革新课题，课题宜小不宜大，如果课题较大应将其分解成若干小课题。例如，革新自行车。课题的涉及面就太大，难以把握。如果将自行车分为若干部分：车胎、钢圈、钢丝、轴承、链条、齿轮、车身、车把、刹车、车座、车铃、车灯等予以分别研究，只要革新其中一个或几个部分，就可以导致自行车整体性能的创新。

（二）列举研究对象的特性

列举研究对象的特性，一般包括三个方面：

名词特性——性质、材料、整体、部分、制造方法等；

形容词特性——颜色、形状、大小等；

动词特性——作用、功能等。

（三）分析鉴别特性，提出革新方案

从各个特性出发，分析鉴别本质与非本质特性，通过提问，诱发出革新或完善本质特性的方案。比如，前面提到的要革新烧水用的水壶，根据名词特性可以提出：壶嘴是否太长？壶柄能否改用塑料？壶盖能否用冲膜压制？怎样使焊接处更牢固？是否能用更优良、

更廉价的材料？气孔能否移到别处？根据形容词特性可以提出：怎样使造型更美观？怎样使重量更轻？如果在动词特性上想办法可以提出：怎样倒水更方便？怎样烧水更节能？怎样改进更保温？鸣笛壶就是通过“气孔能否移到别处？”这一思路的革新成果：这种壶的气孔设在壶口，水烧开后产生蒸气会自动鸣笛，而壶盖上无孔，提壶时不会烫手。

列举法易于掌握、应用范围广。列举法对于创造的有效性不只是由于使用了分析列举，还因为运用了组合、替代、综合等方式。成功地使用列举法，需要思维流畅、精确、灵活、独特。特性列举法主要提供改良产品从何入手的着眼点，是改进老产品、开发新产品的非常实用的方法。

案例分享

东方的“庖丁解牛”

成语“庖丁解牛”所体现的思想与派克的思维方式有异曲同工之妙。

庖丁宰牛，动作极其熟练自如。他将屠刀刺入牛身时，皮肉和筋骨剥离的声音与运刀时的动作显得和谐一致，和《经首》乐曲十分合拍。

有人请教其中的奥妙，他答：“那是因为我清楚牛全身的骨骼经络，顺着牛体的肌理结构，劈开筋骨间大的空隙，沿着骨节间的空穴使刀，宽绰而有余地。每当碰上筋骨交错的地方，就小心翼翼，动作放慢，轻轻动下刀子，骨肉分离。”

“庖丁解牛，目无全牛”，我们做发明创造时，也可以向庖丁学习，遇到发明创造客体，先搞清楚其“经络”结构，再下创造性思维之“刀”，就能在捕捉创意的过程中做到“游刃有余”。

1982年，山东省举办“青少年科学小发明创造”竞赛活动，高中生刘国仁运用特性列举法发明的作品“多用圆规”获青少年创造发明奖。

他先对圆规进行分析，列出其性质：整体——圆规，部分——圆规脚、铅笔头、垫片、扭头、螺丝，功能——画画、作图，再逐项分析不足之处，如夹铅笔不方便、功能太少、结构太笨等。

然后，他改进不足，吸取其他圆规的优点，本着价廉、物美、多用途的原则，把刻度尺、三角板、量角器组合到圆规中，发明了多用圆规。

案例分析：在列举特性时，我们尽量要将特性列举得全面、详细，这样更容易找到需要改进和创新的方面。逐一分析特性，进行思考创新，也是一种化整为零、各个击破的创意方法。发明者熟练运用这种方法，也能在发明创造领域像“庖丁解牛”一样“游刃有余”。

在线思考：请任意选择一处我国的世界遗产分析，利用特性列举法，分析其为什么能被评为世界遗产。

第七节　鉴别和区分强制联想法

案例导入

瑞士工程师乔治·德梅斯特拉尔很喜欢打猎。每次打猎回来总发现有一种大蓟花黏在他的衣服上，黏得很紧，不易摘下。他逐渐对这种长有倒刺的野花发生了兴趣。有一次，他摘下一朵花放在显微镜下观察，发现花上长有许多小钩子。原来是这种小钩子紧紧地黏住了布料！由此，他联想到，假如在布上放置一些类似的小钩子，不就能够将两片布牢固地黏合在一起吗？经过反复思索，德梅斯特拉尔认为自己的设想是符合实际的。于是，他采取分析和类比的方法，经过8年的研究实验，终于制造出由两条尼龙带组成的尼龙搭扣。具体结构是：在一条尼龙带上布满小钩，另一条上布满小圈，将二者相对挤压就能牢牢地黏合在一起了。这项发明是在1957年完成的，相继在许多国家获得专利权。

（资料来源：http：//www.360doc.com/content/16/0708/07/686199_573926845.shtml）

思考：通过上述实例的介绍，请问这是什么创造技法？

案例分析：这种创造发明技法叫联想发明法，也叫想象法。它是把与发明对象不同领域中的事物与发明联系起来的思考方法。所谓联想，就是把头脑中不相关的事物重新进行组合。

一、技法起源

强制联想法（compulsory association）由美国学者赫瓦德（C. H. Howard）提出，最早应用于工业设计领域。强制联想法是运用强制性连接方式以产生创造性构想的方法，又称焦点法。

强制进行的联想可称作一种独立的创造发明的构思方法。随机进行的联想只是配合其他发明构思方法的一种辅助手段。因为随机联想不是对发明目标有目的、有步骤地去联想，而是偶然受到某种表象的刺激突然联想到某一重大问题及其解决方案。而强制联想法是对照发明命题在构思其具体结构时，开动自己的思维机器，捕捉一切与本发明结构有关的表象和发明目标的要求或特性联系到一起去联想。我们把这种给出条件或提示而进行的联想称为强制联想，产生强制性联想的方法称为强制联想法。

二、技法定义

强制联想法是指人们运用联想思维，强制激发人的大脑想象力和联想力，迫使人们去联想那些根本想象不到的事物，从而产生思维的大跨越，产生有创造性的设想的方法。其思维理论是先选择欲改善的焦点事物，多方罗列与焦点无关的事物，然后强行将事物属性与焦点对象对应匹配，最后选择最佳方案。

该法又称焦点法，所谓“焦点”是指发明者注目的热点、兴奋点或欲改造的事物。发明的困难有两种：一是易提出司空见惯的设想，缺乏创造性；二是打不开思路，致使发明过程中断。强制联想法的宗旨就是克服发明的这种困难。它围绕焦点事物任意列举出一系列表面上看来与焦点关系甚远或毫不相关的事物，然后使之与焦点事物强行结合，促使打开创新思路，实现超常思考。

三、技法发展

在实际应用中，运用联想的步骤可以得到多种联想的学习方法。一般来说，常见的有以下八种：

（一）故事联想法（story of the association）

故事联想是最简单的联想，就像看电影一样，只要看过电影的剧情，就能回忆电影的细节。的确，电影的情节应该比书本的知识容易记，除了电影有声光画面外（听觉记忆＋视觉记忆），丰富的故事更是快速记忆的关键。

今天如果我需要你帮我买电池、马克杯，同时连贯成一个故事呢？我们这么练习，比如现在我录音机的电池快用完了，未雨绸缪，我就先到商场买些电池，买电池时碰到一个朋友，所以就一起到咖啡厅用马克杯喝咖啡，然后朋友跟我说下星期一定要找机会买票坐火车去桂林看看。在这个过程当中，整个剧情包含为什么要去买电池，碰到朋友的过程中用漂亮的马克杯喝咖啡，然后朋友建议我买火车票去一个风景好的地方旅游。

（二）图像联想法（visualization association）

如果看到一个男孩子，刚好他的相貌有一点像影星汤姆·克鲁斯，起码会记得，和汤姆·克鲁斯差不多，他的个子不高，而且蛮帅的，他笑的时候有酒窝，眉毛是浓浓的，然后总是有个露牙笑容，等等。因为用联想的方法来记这个人的样子，就可以避免弄混这个人，会借由别人的某些特征，提升新的印象，这个就叫作图像联想。

（三）两两图像联想法（2-picture association）

刚才我们已经学会图像联想，现在要练习的是将两个图像连接（这是连锁记忆的基本动作），就是把两个图案设计成一个视觉可以看到的图像连接。这个方法可以让我们回忆一个图案（两个图像的结合）时，自然会连接到下一个图案。例如，看到一幅画，里面有一个老虎爬到石头上，这两个东西放在一起就成为一个联想，将来想到石头会很容易想到老虎。

（四）流程联想法（pattern association）

流程就是一个基础、一个过程，例如我们日常生活都有的流程：起床、刷牙、吃早餐、上学上班等这一方面的流程，这种日常生活的固定模式让我们很容易从起床联想到刷牙，联想到吃早餐，联想到上学上班。所以若是记忆的事物有流程可循，或是我们可以创造出类似流程的联想，就能产生牢而不破的记忆链，可以从头记到尾，自然也能从尾记到头。

（五）声音联想法（sound association）

除了声音本身的特质，如音色、音质、音量可以当作联想的线索外（例如，人的声音低沉，我们可能会联想这人很沉稳；尖高的声音可能联想到紧急、恐惧等情景），谐音或译音也可以成为声音联想的素材。例如，“谐音”，一位老师的名字叫“何景峰”，如果倒过来念就变成“峰景何”（风景河），就像一条有漂亮风景的河，所以头脑很容易联想到名字的发音、谐音等。

（六）韵律联想法（rhythm association）

也叫节拍联想，或是旋律联想（melody association），我们知道节奏感可以帮助我们记忆时获得提示。有些人不赞成读书时听音乐，生怕这样读书会不专心，却不知这些节奏、旋律可以帮助记忆呢！大家都知道一种音乐风格叫作 Rap，这是一种节奏快、动感强的青少年音乐，有人翻译成“饶舌歌”，倒还挺传神。歌曲除了旋律会让人自然联想到歌词，为了顺口起见还多半“押韵”，例如“你问我爱你有多深，我爱你有几分，你去想一想，你去看一看，月亮代表我的心……”另外节拍也能起到提示的作用，除了唱歌外，有人想不起事情时，会习惯性地弹指节或是用手指敲桌面，这些节拍可以帮助人们“唤醒”记忆。

（七）口诀联想法（pithy formula association）

口诀是利用关键词、押韵、节奏、图像等联想的元素组成的“鸡尾酒”联想法，汉字的特色让口诀更能发扬光大。很多口诀是5个字或7个字。例如，G8（八大工业国家高峰会，包括俄罗斯、德国、法国、美国、日本、加拿大、意大利及英国），即“俄德法美日加意英”，然后可以用谐音或是转移来协助我们联想，比如肚子饿的话（俄德法），每（美）日加一（意）只老鹰（英）在饮食里。

（八）自然联想法（natural concept association）

Natural是自然，Concept是概念，就是能自然而然联想到的事物。例如，提到运动你就会想到什么，根据每个人背景的不同，有人会想到健康，有人会想到运动伤害，有人会想到奖牌，等等。说到游戏有人会想到欢乐，有人会想到同伴，有人则会想到没做完的功课。看到一朵花有人想到美丽，有人想到果实，有人则想到花开花谢。无论是正面的、负面的、中立的联想都是自然产生的。

四、技法原理

联想属于一种对物象跳跃式思维的连锁反应，是两种心理现象建立关系的历程，关系建立后，其中之一出现时，将引起另一个的反应。时间上、空间上接近的事物很容易建立起这种联系，如看见黑板自然会想到教室。一些性质上如外形相似的事物，也容易建立起联系，如看见苹果会想起小孩的脸。

但是一些相距很远的事物，如果不采取强制性措施，人们很难在他们之间建立联系。而创造性思考往往需要发现事物之间新的联系，甚至跳跃性地创建新的联系。强制联想法可以迫使人们去联想那些根本想不到的事物，从而产生思维的大跳跃，跨越逻辑思维的屏障而产生更多的新奇怪异的设想，而有价值的创造性设想往往就会孕育其中。这便是强制联想法的创新机制。

五、实施原则

（1）强制联想法能够显著促进观点生成任务的创造性产出，对解决问题任务影响不显著，因而该方法是特殊的。

（2）使用强制联想法进行创造性思维活动时，动机、时间压力、任务难度对创造力影响显著。

（3）时间压力与动机对个体创造力的原创性影响较显著；时间压力与动机有交互作用；时间压力、动机与难度三者存在交互作用。

（4）时间压力与动机对个体创造力的灵活性影响显著。

（5）时间压力与难度对个体创造力流畅性影响显著；时间压力与动机之间存在交互作用，时间压力、动机、难度三者之间存在交互作用。

六、实施要求

（1）根据需要解决的问题准备适当的材料。

（2）适当的材料通常具有三大特色：①范围广泛，主题不偏颇；②有丰富的图片（最好是彩色图片），照片或插图皆可；③在翻阅到的页面上有使主题实现联想的信息。

知识拓展

台湾省少年翟梅发明下雨自动关窗户装置，是通过强制联想法构思成功的。她的发明过程是这样：首先通过窗户自动关闭这一要求联想到弹簧门，即应有一弹性张紧机构，下雨前窗户是开的，得有一控制机构与弹性张紧机构平衡。该控制机构如遇下雨就变湿，结果失去控制，让窗户关上。什么东西干时能承受拉力，下雨时就失去拉力？由此，她联想到卫生纸。于是，她设计出这样一种装置：打开的窗户外侧用一束卫生纸系结，内侧用一束橡皮筋张紧，这就解决了下雨自动关窗的问题。

我们若进行完全没有限制条件的联想时，会感到十分自由，似乎丰富的思路可任意驰骋于广阔空间。但是，我们在实际中的体验却不是这样，当限制条件完全消除时，我们好像漂在漫无边际的大海上，没有支持物，束手无策。对于具体的问题我们往往会感到无从下手，思考的范围那样广阔，以至抓不到思考的线索。当限制条件出现后，思维搜索的范围变小了，思考也会随之变得容易了。

例如，“请你提出一个发明方案”这样一个问题。因为这个问题范围太大，联想不易集中，你便会感到不知如何是好。但如将上面的问题改一下，变为“请你提出一支笔的发明方案”，会变得好思考些。

若再进一步，“请你提出一支儿童使用的自动铅笔的发明方案”，甚至，“请你提出一支儿童用的自动铅笔的外观设计”，这样问题就越来越清楚了，也越来越好解决了。也就是说，限定条件本身也是一个激发条件，它既能起到缩小问题范围的作用，又能达到使问题清楚的目的，同时又启发了你的联想。在这种联想中，思维是被控制的。

七、实施步骤

强制联想法的具体步骤：

（1）选择焦点，即确定需要设计或者是完成的目标；

（2）列举与焦点无关的事物 B 作刺激物；

（3）尽力列举事物 B 的一切属性，包括外形方面、性质方面、功能方面等；

（4）以 A 为焦点，强制性地把 B 的所有属性与 A 联系起来产生强制联想。可整体结合，也可将两者的构件、属性结合；

（5）把得出的一系列相关设想加以组合，进一步利用刺激物 B 的特性诠释。若能产生新奇有效的方案，就得到了一系列有关 A 设计的设想。在此基础上根据现有的约束条件，最终确定方案。

例如，要生产新型椅子，使用强制联想法的具体步骤如下：

（1）选择椅子作为焦点 A；

（2）列举与椅子无关的事物，如灯泡、挂钟、豆腐、橡皮等一切其他可以想到的事物 B；

（3）分别列出 B 的一切属性，如灯泡：玻璃、透明、球形、发光等，挂钟：可挂墙上、指针自动等，豆腐：可食用、软、白色，等等；

（4）将上述 B 的一切属性与 A（椅子）强行结合，如：玻璃 + 椅子、球形 + 椅子、发光 + 椅子、可挂墙上 + 椅子、自动运动 + 椅子……

（5）根据上一步联想，进一步组合出钢化玻璃椅、球形椅、发光椅、透明椅等方案。依此类推，将挂钟、豆腐、橡皮等与椅子结合，又可产生许多新颖设想。

联想是感性形象对思维过程渗透的一种运动形式，由表象而生联想达于想象，并能生动描绘或形容事物。联想在我国古典诗词中有充分的表现。李煜在《虞美人》中写道：“问君能有几多愁，恰似一江春水向东流。”其中就用“一江春水”来联想，喻“愁”的“几多”。曹子建的七步诗：“煮豆燃豆萁，豆在釜中泣。本是同根生，相煎何太急。”寥寥数语，将兄弟之间的争夺残杀，刻画得如此形象逼真，显示了“联想”的魅力。其实，我国古典文学中最常见的“比喻”“对仗”“夸张”等，都是联想思维的必然结果。

联想是创意思维的基础。联想在创意设计过程中起着催化剂和导火索的作用，许多奇妙的新观念和主意，常常由联想的火花首先点燃。事实上，任何创意活动都离不开联想，联想是孕育创意幼芽的温床。建立在联想思维基础上的联想系列创意技法，是其他创意设计技法的基础。因此，掌握联想系列创意设计技法极为重要。

知识拓展

EG从火柴联想到发明打火机；从墨水不小心滴在纸上产生不同形象，发明了“吹画”；一位奥地利医生受到叩桶估酒的启发，发明了听诊器；日本的池田博士有一次喝海带汤时觉得十分鲜美，他想到汤里一定含有某种提鲜的物质，因此对海带进行深入分析，经多次实验，最终得到了谷氨酸这种结晶体，并由此发明了味精。

勒·柯布西耶设计的朗香教堂，让人联想成一位虔诚的信徒向上苍顶礼膜拜的双手；一只善良的鸽子安详地伏卧在大地上；一只鸭子静静地在水面上浮游，也像一艘轮船，修女所戴的帽子或是人的耳朵，柯布西耶自己的讲法是它是一个“声音的容器”，是人与上帝交流的场所。

小沙里宁设计的纽约TWA候机楼，可以比喻为展翅欲飞的大鹏或从天而降的雄鹰，也象征了等待起航的飞机。非常形象地将候机楼的性质——旅客等待起飞，展示在旅客眼前。

伍重设计的悉尼歌剧院，远看既像扬帆起航的游船，又像是沙滩上洁白的贝壳。成为悉尼市的标志性建筑和一大景观。

这些都是联想在行行业业带给人们的智慧火花，加上人们勤劳的双手，就有了我们多彩的世界。

拓展分析：联想是心理活动的基本形式之一，它是联系记忆和想象的纽带，是二者的过渡和中介。联想与回忆密切相关：许多回忆片段常以联想的形式衔接和转换，而积极的联想是促进记忆效果的一种有效方法。美学家王朝闻曾指出：“联想和想象当然与印象或记忆有关，没有印象和记忆，联想或想象都是无源之水、无本之木。但很明显，联想和想象，都不是印象或记忆的如实复现。”实际上，在“联想”一词中代表了两种力的合成：若“想”代表记忆力，则“联”代表想象力。通过“想”从记忆仓库中把两个记忆中的元素提取出来，再通过想象把它们“联”在一起，即形成“联想”。当然，在现实的联想中，“联”和“想”并不分开进行，而是“一气呵成”或转瞬之间完成的。比如，从嫦娥联想到登月飞船，就是由于想象力的作用把它们联系在一起。所以联想并不单纯是回忆，而是有想象力的微妙作用。对于创意而言，重要的是把表面不相关的事物联系起来，而非单纯的回忆、回想。因此，奥斯本称创意活动中的联想是“依靠记忆力进行想象，以便使一个设想导致另外一个设想”。可以认为，联想是想象的最初步、最基本的形式。联想在创意过程中占有重要位置，善于联想，常常可以由已知达到未知，实现各种创意。所以有人说“发明就是联想。”

在线思考：请利用强制联想法，分析任意两道中式菜肴背后的故事，在此基础上设计出一款新的菜肴。

第八节　归纳和阐述逆向创新法

案例导入

大庆油田的发现

在1964年12月召开的第三届全国人民代表大会上，周恩来总理在政府工作报告中铿锵有力地宣布“第一个五年计划建设起来的大庆油田，是根据我国地质学家独创的石油地质理论进行勘探而发现的”。此时人们都不禁向一位满头银丝的老科学家投去尊敬的目光，他就是我国杰出的地质学家李四光。

近代地质学从18世纪末兴起于欧洲，研究者采用化石对比法和将今论古法，使地质学从神学中解放出来，成为一门科学，在此后的100多年，它主要描述地质构造形态和认识构造现象，而未能揭示地质构造的本质、联系和起源。20世纪20年代，李四光着手创建新的地质力学，他认为地质构造现象都是地壳运动的产物，在地壳运动中，由于地应力的作用，使岩石发生形变，因而可以反过来根据地质构造现象来研究力的作用方式，进而探索地壳运动的方向和起源，这种方法被称为“反序法”。由于他运用了这种从现象到本质、从结果追索到原因的反向探求研究方法，取得了重大成果。

李四光认为，地质构造现象虽然错综复杂，但还是有章可循，运用反向探求法，他对地壳构造和运动规律的研究不断产生新的发现。他研究了构造体系的各种类型和等级划分，使人们认识到地质现象的规律性，同时，由于构造体系控制着矿产的形成和分布，对构造体系的研究能够指导地下矿产资源的勘探和开发。

构造体系是地质力学的一个基本概念，在研究构造体系的过程中，李四光将科学观察、科学实验和理论分析紧密结合，以求实现理论和实践的统一。首先，李四光十分重视野外考察工作，他一生都坚持不懈地进行野外考察，即使旅行、疗养中也念念不忘进行考察，发现了大量的地质现象。其次，是理论分析。李四光对各种现象在理论上进行解析，通过力学分析对岩石的力学性质和地应力进行研究，认识地质构造的本质。最后，是模拟实验。通过高度相似性设计模拟实验，检验已有认识是否正确，将模拟实验引入地质学的研究是李四光的一项创举。建立地质力学的基本方法生动地体现了辩证唯物主义认识论的原则。

在建立地质力学的过程中，也表现出了李四光不迷信权威、科学的批判精神和创新勇气。1926年，他首次发表地球自转速率的变化是地球表面形象变化的主要原因的论文，因为和传统认识不同，而中国当时科技相当落后，论文受到了外国权威轻率的否定和嘲讽。在中国有没有石油矿产问题上，美国权威早已得出“陆相无油”“中国贫油”的结论，但李四光一反陈说，对这个问题做出了明确的回答，这些都体现了他敢于创新和科学的求实精神。他认为是否存在油矿，关键不在于“海相”“陆相”，而在于有没有生油和储油条件。他根据地质力学的基本理论分析我国地质构造，指出中国东部新华夏构造体系的三个巨大沉降带具有良好的生油和储油条件，他主持了东北和华北的石油地质勘查工作，通过大庆油田的发现和开采，我国终于摘掉了“贫油”的帽子，极大地振奋了我国人民的民族精神。

随后，我国又相继发现了胜利、大港、华北、江汉大油田，证实了李四光的科学预见的巨大成效，地质力学不仅指导了石油的开发，而且在其他地下矿产资源的勘探、地震预报、水文地质、工程地质、开发地热等方面也发挥了重要作用。地质力学的建立，体现了反向探求可以产生新的发现，建立新的理论。李四光在建立地质力学的过程中，始终坚持辩证唯物主义的认识论，实践—认识—再实践—再认识，发展了地质科学的认识论和方法论。在创新的过程中，还必须坚持科学的批判精神，坚持正确的思想，求真务实，不断探索。大庆油田是我国最大的油田，迄今为止产油量仍占全国石油产量的一半，大庆油田的发现，不仅是我国石油地质工作的一项伟大成就，而且是中华人民共和国成立以来所取得的最重大科学技术成果之一。它体现了科学理论对技术实践的指导，同时通过技术成果反过来验证、完善和发展科学理论。大庆油田的开采充分体现了科学技术是第一生产力。

（资料来源：http: //wiki.mbalib.com/wiki/%E9%80%86%E5%90%91%E5%88%9B%E6%96%B0）

思考：通过上述实例的介绍，请问逆向创新有什么特点?

案例分析：逆向创新是运用逆向推理，将通常思考问题的思路反转过来，针对现象、问题或解法，分析其相反方面，从另一角度探寻新途径的逆向创新方法。逆向创新也称反向探求。

一、技法起源

逆向创新（reverse innovation）一词最早由通用电气集团（GE）首席执行官 Jeffery Immelt 和美国达特茅斯大学塔克商学院的 Vijay Govindarajan 教授于 2009 年在其发表的《通用电气如何颠覆自己》（*How GE Is Disrupting Itself*）一文中提出。他们以 GE 公司在中国研发的便携式成像仪为案例，阐述了逆向创新的过程。该成像仪具有价格低、便携式、可移动等特点，且在中国很受欢迎，随后迅速占领美国市场。这与传统的由发达国家完成创新再顺向推广到发展中国家不同，创新或应用首先在发展中国家或新兴市场出现，然后逆向扩展到发达国家，即为逆向创新。西方跨国公司慢慢发觉，在发展中经济体设计产品和服务，做一些全球化调整后，将之出口到发达国家是个很好的想法。这一过程被称为“逆向创新”，因为它与传统的先在发达经济体设计产品的方法不同，公司能兼顾到两种经济体，并从中获益。

二、技法定义

随着经济全球化进程的加快和新兴国家市场的崛起，全球创新基地逐渐发生改变。中国和印度等新兴发展中国家已成为跨国公司巨大的消费市场及创意来源。一般而言，创新活动首先在发展中国家或新兴国家兴起，然后蔓延到包括发达国家在内的其他国际市场，我们称之为逆向创新。

知识拓展

中国共享单车在海外：用“逆向创新”引领新趋势

2016年年底火爆起来的共享单车并没有因为在国内大获成功而止步不前。

英国多家主流媒体近日报道，中国的共享单车企业——摩拜单车将于6月29日登陆英国。作为在英国开展业务的第一步，摩拜单车将首先向曼彻斯特及其附近的索尔福德两个城市投放1000辆单车。

目前，摩拜单车已经获得曼彻斯特和索尔福德两个城市议会和大曼彻斯特交通局的支持。在首批投放1000辆单车后，摩拜单车有望在英国迅速扩张。

另据《光明日报》报道，摩拜单车将进入日本市场，7月中旬在日本部分地区开始提供服务，年内将扩大至约10个主要城市。使用者可通过智能手机寻找附近的自行车，费用也通过智能手机结算，收费暂定30分钟100日元。

此前，为了缓解交通拥堵、促进汽车尾气减排和居民健康，新加坡和英国也已决定引进摩拜单车，日本将成为摩拜单车拓展的第3个海外市场。

而摩拜单车的竞争对手ofo小黄车也在今年2月抢先进入英国伦敦、剑桥两大城市和新加坡市场。

英国《金融时报》将共享单车海外创新的这一举动称为“逆向创新”（Reverse Innovation）。与从欧洲或北美需求出发进行研发创新并推广至其他市场的“正向研发”相对，“逆向创新”指由新兴市场向欧美市场推广的创新。随着金砖国家的发展和全球化的兴起，新兴市场的需求逐渐压倒欧美。由于资源的聚集和成本的下降，“逆向创新”逐渐成为另一种趋势，而中国的共享单车则是其中的典型。

中国共享单车优势何在

摩拜单车和ofo小黄车并不是中国的独有发明。举例来说，日本早已有自己的公共单车，甚至出现了“升级版”：公共电动车；而英国作为“单车之国”，居民骑车出行也不是一件新鲜事。为什么中国共享单车能够占据海外市场的一席之地？

首先是“轻”。国外的单车必须停在指定停车地点，而固定停车点少，单车笨重难以骑行，这两点饱受诟病。而中国共享单车则克服了这些缺点。对于公司来说，单车自带的GPS系统更加便于单车的管理和定位；对于用户来说，使用手机应用扫描二维码解锁和支付则更加方便。

其次是“大而惠”。国外多是出租单车的小公司，如德国的单车网络系统总共仅有1.3万辆可租用自行车。并且共享单车从前期规划到后期维护需要花掉纳税人高额的费用。而中国提供的共享单车可达到数百万辆，并且不会向所在地市政府收费。

因此，共享单车所带来的巨大经济利益受到了各国多地政府的支持。英国《卫报》更称，中国共享单车具有“重塑很多城市外貌和感觉的潜力”。

虽然存在一些问题，但共享单车依旧被看好。随着法律法规的不断完善，市场竞争的日益激烈和商业模式的不断发展，共享单车市场可能会被重新洗牌。市场很可能被先行者区域性垄断，而后来者随着准入门槛的提高和获取市场份额的难度加大则将处于不利地位。但无论如何，创新是经济增长的引擎，共享单车的海外开拓之路印证了中国发展创新的磅礴力量。在全球共享领域，中国已然走在了世界的前列。

逆向创新要克服思维定式的约束，并对熟悉的事物持陌生的态度，用新的观点、从新的角度去看待事物。

宋代司马光砸缸救小孩就是逆向思维法的典型例子。他不是用将小孩拉出来而是用砸水缸让水流走的办法来救小孩。

又如，法拉第从人们公认的“电流产生磁场”的原理出发，设想“磁能产生电”，提出了电磁感应定律，经过9年时间的实验和探索，终于证实了电磁感应现象，根据这一原理研制出世界上第一台发电机。

三、技法发展

逆向创新主要有以下三种发展模式：

（一）功能性逆向创新

人们在长期从事实践活动的过程中，对解决某类问题过程中的各种功能关系形成了固定的认识，若将某些已被人们普遍接受的功能关系颠倒，有时可以收到意想不到的效果。在适当的条件下，这种新方法能解决常规方法不能解决的问题。

人们用火加热食品时总是将食品放在火的上面，当热源的形式改变以后人们仍然习惯这样安排热源和食品的位置。夏普公司生产的煎鱼锅刚开始也是按照普通加热锅的形式进行设计的，但在使用中却发现当鱼被加热时，鱼体内的油滴落到热源上会产生大量的烟雾而造成污染。设计者运用逆向创新，提出能否改变热源和鱼的相对位置，即把热源放在上面，鱼放在下面。根据这一设计思路，他们把热源放在煎鱼锅的上面，研制出采用上加热方式的无烟煎鱼锅。

（二）结构性逆向创新

运用逆向思维，打破传统的结构设计而得出新结构的产品。

活塞式内燃机的主要结构是曲柄滑块机构，但活塞往复运动中的惯性力却阻碍了内燃机转速的提高。运用结构性逆向创新方法，汪克尔发明了旋转活塞式内燃机，提高了内燃机的转速，但由于这种旋转活塞式内燃机的活塞和气缸都不是圆形的，由于加工误差和工作中的非均匀磨损，将使活塞和汽缸之间产生泄漏而导致内燃机的工作效率很低，在采用多种传统方法来减少磨损仍不奏效时，工程技术人员运用结构性逆向创新方法，提出寻求用较软的耐磨材料做汽缸衬里的新思路。最后，选择石墨材料较好地解决了磨损问题，提高了工作效率，终于使旋转式活塞式内燃机能够投入生产。

又如冲压加工时，由于冲裁力很大，模具容易磨损。为提高模具的耐磨性，人们往往考虑尽量提高模具材料的硬度，但这样又会给模具的加工工艺带来很多新的困难。运用逆向思维，凹模采用较软的特殊材料制造，当凹模在冲裁力作用下发生塑性变形时，可弥补由于磨损而造成模具的材料损失，使模具的磨损自动得到补偿，大大提高了模具的使用寿命，也可降低对模具制造精度的要求，从而降低了生产成本。

（三）因果关系逆向创新

自然界中很多自然现象是有联系的，在某一自然过程中，一种自然现象可以是另一种自然现象的原因，而在另一自然过程中，这种因果关系可能会颠倒。探索这些自然现象之间的联系及其规律是自然科学研究的任务。

例如，声音能产生振动，那么振动能否复现原声呢？爱迪生发明的留声机就是对声音能引起振动现象中的原因和结果的颠倒应用。

知识拓展

1800 年，意大利科学家伏打（A.Volta，1745~1827 年）在酸浸不同金属片时，发明了将化学能转变为电能的“伏打电池”。有些科学家提出能否将电能转化为化学能。后来，英国物理学家、化学家尼科尔森和英国解剖学家卡来尔进行了电解水的试验，发现将连接电池两极的铜线浸入水中并相互靠近时，将会在一根铜线上产生氢气，另一根铜线被氧化。若用黄金线代替铜线，则两根导线上分别析出氢气和氧气。

四、技法原理

创新的原始目的，是要帮助人们做出更成功的东西。所以，创新除了要创得更“新”、创得更“远”、创得更“爆”外，最重要的是还要创得更“准”。在“逆向创新”的想法中，假设每一个成功的背后都有一张“成功地图”，宝藏已经铺设在地图某处，只要知道这张地图，照着走就肯定会成功，问题是这张地图平常完全看不到，我们一边走，它才会一边展开；不过，一方面因为不知未来在哪一个方向、怕误入歧途，另一方面也想缩短到达目的地的时间，所以我们用“跳着走”，直接空降在某一个从来没去过之处，这就是创新。

案例分享

六个核桃

食品饮料无疑是过度竞争性行业，本土饮料品牌有两种主流商业模式：一是娃哈哈、农夫山泉、达利园等极少数企业走的大食品路线，横跨多个品类获得成功；二是更多的企业鉴于谋略或者资源，以单一品类切入市场，建立心智竞争壁垒，形成单品冠军，或隐形冠军。这其中，2011 年养元凭借六个核桃核桃乳跻身 10 亿元俱乐部，它有什么样的独门秘籍呢?

植物蛋白饮料属于大饮料概念的一个重要分支，在植物蛋白饮料这个范畴内又细分了多个“二级抽屉”，在六个核桃成为单品冠军之前，占据这层品类抽屉的有椰树椰汁、露露杏仁露、银鹭花生奶，三者都是各自细分品类的冠军。可以说，在植物蛋白饮料这个大抽屉里，本土品牌占据着最有利的位置。

出品六个核桃的河北养元是一家中小型饮料企业，在找到“核桃饮品”专业定位之前，与国内 99% 的企业一样，采取跟随策略，品项杂乱，产品线宽泛，什么都做，什么都没做好。事实证明，作为处于补充地位的蚂蚁规模型企业，创新品类可能是最佳突围捷径，“喜之郎果冻布丁、香飘飘奶茶、张仲景香菇酱”等莫不如此。

核桃乳 PK 核桃露。品类名称要求通俗、容易理解、具有通用性，“核桃乳”被确定为品类名。为什么不叫“核桃露”?“露”容易让人联想到“露水”，显得水分更多一些;“乳”容易让人联想到“乳汁”，就像牛奶一样嫩白浓郁，似乎更有营养。从字面上消费者的联想可能会是：核桃乳营养成分比例大，干货多，下料足，相反核桃露则显得稀、薄、水。

五、实施原则

逆向创新只强调创新的扩散方向，并不限定发起创新的主体属于发达国家还是发展中国家。因此，不少学者研究了印度塔塔汽车和乡村银行的案例。国内有学者研究了比亚迪汽车及海尔小小神童洗衣机的案例。这些研究均表明，逆向创新并不一定由技术先进、财力雄厚的发达国家跨国企业发起，新兴市场企业也可通过逆向创新跻身竞争激烈的发达国家市场。

案例分享

1901 年，美国一家生产车厢除尘器的厂家在英国伦敦莱斯特广场的帝国音乐厅举行了一次除尘表演。这种除尘器的工作原理就是用压缩空气把尘埃吹入容器内，所以当时许多现场观众都被吹得灰头土脸的，人们乘兴而来败兴而归。参观了这场示范表演的英国土木工程师布斯认为此法并不高明，因为许多尘埃未能被吹入容器，他动起了脑子，他想：“既然吹尘不行，那么能不能换个方法把吹尘改为吸尘呢?”回到家里后，布斯做了个很简单的试验：他用手帕蒙住嘴和鼻子，趴在地上使劲儿吸气，结果灰尘不再到处飞扬，而是被吸附到了手帕上。布斯据此制成了吸尘器，用强力电泵把空气吸入软管，通过布袋将灰尘过滤。

1901 年 8 月，布斯取得专利，并成立真空吸尘公司，但并不出售吸尘器。他把用汽油发动机驱动的真空泵装在马车上，挨家挨户服务，把三四条长长的软管从窗子伸进房间吸尘，公司职工都穿上工作服。这就是吸尘器的前身。

六、实施要求

(一)明确演化路径

逆向创新作为一种崭新的创新管理理论，在发展初期不可避免地会出现概念模糊、混用错用的现象。经过近几年的发展，对逆向创新内涵的争执已得到部分解决。因此，在实施时应在已有文献的基础上进一步探讨逆向创新影响因素及作用机理，并建立一个完整的逆向创新理论分析框架。

（二）获得必要的技术

尽管通常是非关键技术，但对低端起步阶段来说，是可行的。

（三）具备一定的能力

主要是在本土市场和营销的能力，本土市场有较大的空间。在改革开放后，中国企业基本具备这些条件，因此不少企业成功实现了逆向创新。

案例分享

逆向创新是可行的选择

以电视机产业为例，在起步阶段，基本上是自力更生研究开发，早在20世纪70年代就开发生产出黑白电视机，其过程大体可以归结为正向创新。由于技术显著落后于国际水平、产品质量不过关，未能形成真正的产业。改革开放后，获得引进技术的机会，我国电视机产业实际上重新起步。其发展过程不是从引进、消化吸收设计技术开始，即不是从创新链起点开始，而是先引进生产线和整套产品图纸，进行产品生产。在此过程中，企业通过消化吸收，逐渐培养了生产环节的创新能力，如长虹在消化吸收生产线后，模仿、开发出十几条生产线。生产能力的不断扩展，也使我国发展成世界最大的电视机生产国。后来，企业逐渐向创新链上游环节进军，实现了自主开发设计。可见，电视机产业的创新是从创新链的中间环节——生产环节起步，再逆向冲击创新链上游环节的。

逆向创新的优点是可以避开技术壁垒，通常从低端起步，其局限性也是显而易见的：在相当一段时间内不能掌握核心技术，一般只能占领价值链的低端。

七、实施步骤

Vijay研究了美国跨国企业逆向创新的案例，提出了一个包括全球化和逆向创新两种进程、4个连续阶段的线性模型。其中，前两个阶段属于全球化进程，后两个阶段属于逆向创新进程。

第一阶段：受美国跨国企业为其现有产品寻求全球市场驱动，产品在美国完成设计、生产，在新兴市场销售；

第二阶段：创新仍然在美国完成，但对现有产品进行修改，以适应新兴市场需求；

第三阶段：针对新兴市场的产品在当地完成设计、制造、扩散；

第四阶段：创新向发达国家市场扩散。

后金融危机时代，新兴经济体成为全球经济增长的重要引擎。预计在今后数十年里，全球 GDP 增长将有 2/3 源自新兴市场。腾飞的新兴经济与增速放缓的发达经济形成了鲜明反差，经济增长严重不对称导致越来越多的跨国企业将创新重心向更具经济活力的发展中国家偏移。在此背景下，逆向创新应运而生：创新首先在发展中国家完成并推广，随后向发达国家扩散。逆向创新有利于发达国家跨国企业解决可持续增长难题，并为新兴市场跨国企业跻身发达市场提供战略指导。中国是当今最具活力的新兴经济体，随着越来越多优秀本土企业向发达国家市场发起挑战，逆向创新将成为其迈向国际化的重要竞争手段。因此，对逆向创新进行深入研究尤为必要。

案例分享

光纤光缆产业链包括 3 个环节：制棒（芯棒制造和外包层制造，原材料主要为石英玻璃）、拉丝（将预制棒拉成丝，即光纤）和成缆（将光纤制成光缆）。我国于 20 世纪 80 年代初开始在长途通信线路上使用单模光纤，光纤光缆的市场需求迅速增加。为满足不断快速增长的需求，在国家有关部门的主导下，按照从产业链上游取得突破、向下游推进的思路，展开行动。1984~1986 年，支持 7 家企业引进了英国 SGC 公司的预制棒制造设备 34 台，拉丝机 17 台。但遇到几个障碍：第一，受外汇限制，引进的技术是由预制棒设备和拉丝机设备生产商提供的，费用较低，但技术也比较落后。第二，企业的技术基础非常薄弱，对相关工艺技术的消化吸收非常困难。第三，配套困难。由于产业基础薄弱，对石英玻璃的提纯难以满足要求；预制棒的强度合格率较低；拉丝和成缆的下游厂家配套能力跟不上。结果引进设备的 7 家企业先后关闭项目，设备停用或者报废。从上游突破的努力宣告失败。

但是，电信产业通信业务量以高于国民经济增长率 2~3 倍的速度增长，光缆只能依靠进口，出现供不应求、价格上涨局面。一些生产电缆的企业看到了商机，采取从国外进口光纤制成光缆的做法。由于光缆生产和电缆生产工艺接近，买丝成缆获得成功。接着，一批企业陆续跟进，扩产和新投产的光纤生产能力迅速扩张，以至大大超过市场需求，价格战爆发，光缆企业纷纷亏损。为了走出困境，一些企业开始向上游——拉丝环节进军，即进口光纤预制棒，在国内拉成光纤。由于企业在前阶段积累了资金、技术和市场经验，再加上和外企合资合作的实力增强，这一步也获得了成功。接下来，类似前阶段的情景又出现了，产能过剩—价格战—企业亏损的循环再次上演。少数企业开始谋求“突围”，向光纤光缆业最后的堡垒进军——研发制造光纤预制棒，经过不懈努力，

2002 年 4 月，“光纤预制棒产业化技术开发”项目取得重大突破，开发生产的光纤预制棒质量已达到国际同类产品先进水平，这意味着我国光纤光缆业真正掌握了核心技术。

案例分析：从我们对中国产业和企业创新发展的考察和上面的实例中，可以得知逆向创新为什么会发生：

第一，逆向创新是无奈的选择。从光纤光缆业的发展历史可以看出，理想的选择是正向创新，这不仅可以使整个产业取得突破，而且可以掌握核心技术，可以占领价值链高端。在该产业链上的利润大体分布是：光纤预制棒占 70%，光纤占 20%，光缆占 10%。由于能力所限，不得不放弃获得中国本土市场高额利润的机会。

第二，逆向创新是可行的选择。实施逆向创新的主要条件是：可以获得必要的技术，尽管通常是非关键技术，但对低端起步阶段来说，是可行的；具备一定的能力，主要是在本土市场和营销的能力；本土市场有较大的空间。在改革开放后，中国企业基本具备这些条件，因此不少企业成功实现了逆向创新。

第三，在有些情况下，逆向创新还是明智的选择。在以中关村为代表的高技术产业开发区，企业普遍采取“技—工—贸”的发展模式，技术型创业企业开发一项技术，生产一种产品，再推向市场，是按正向创新路径发展的。联想独树一帜，实施“贸—工—技”发展战略，先做代理销售，培养市场营销能力、积累资金；再生产低端产品；等各项能力成长起来以后，才做研究开发，走的是一条逆向创新道路，其成功有目共睹，联想已经成长为国际化的大型电脑厂商。

在线思考：请分析任意一个成功的中国自然景区，总结其成功经验，利用逆向创新法，对美国科罗拉多大峡谷的建设和发展提出建议。

第九节　总结和运用矛盾分析法

案例导入

林肯的用人之道

美国南北战争初期，林肯总统先是选拔没有缺点的人任北军统帅。这些修养甚好、几乎没有任何缺点的统帅，却没有才华，一个个被南军的将领打败，连华盛顿都差点丢掉。林肯受到了极大的震动，他分析了对方的将领，从杰克逊起，几乎个个都有明显的缺点，同时又都有个人的特长。他得出了如下的结论——“李将军能善用其手下的长处，打败了自己任命的看来没有任何缺点，同时也不具有什么长处的北军将领。”为此林肯毅然任命了酒鬼格兰特为北军将领，当时舆论大哗，人们说“昏君”用“庸才”，北军完了。好多人晋见林肯，说格兰特好酒贪杯，难当大任。林肯不为所动坚持任用格兰特。事实证明，正是由于对格兰特的任命，成了美国南北战争的转折点。

思考：上述案例说明了什么？

案例分析：矛盾的主要方面和次要方面的关系是对立统一的。事物的性质主要是由主要矛盾的主要方面决定的。在认识某一矛盾时要着重抓住矛盾的主要方面，要抓住主流。格兰特虽然好酒贪杯，但这只是矛盾的次要方面，所谓瑕不掩瑜，他仍是值得委以重任的将领。

一、技法起源

矛盾分析法是马克思主义社会学的基本方法之一，对研究社会现象具有普遍适用性。它不仅能说明现在，而且能预测未来。尤其对宏观的、复杂的社会现象和社会问题的研究，有它独到的作用。矛盾分析法包括一分为二地看问题，具体问题具体分析，抓住重点和主流，坚持两点论和重点论的统一。矛盾分析方法是唯物辩证法的根本方法。

二、技法定义

矛盾分析法是指观察和分析各种事物的矛盾运动，进而解决矛盾的一种方法。这是人们分析问题、解决问题的一种普遍的方法、根本的方法。

三、技法发展

矛盾分析法作为唯物辩证法认识事物和分析事物的根本方法，在中国的政策分析和政策实践中得到广泛的应用。在建设社会主义和谐社会的过程中，要立足于本国的国情，一切从实际出发，具体问题具体分析。

第一，矛盾普遍性和特殊性的辩证关系原理要求我们坚持普遍性的原则，具体地分析矛盾的特殊性。分析政策问题、制定和执行政策，必须坚持具体问题具体分析，反对“一刀切”，反对把马克思主义当作教条的错误思想和做法。分析问题和制定政策要坚持从特殊到普遍，再由普遍到特殊的认识规律；同时要学会“一般号召和个别指导相结合”“从群众中来，到群众中去”等科学的工作方法。深入基层，调查研究，正确处理中央和地方的关系。毛泽东曾经指出：共性个性、绝对相对的道理，是关于事物矛盾的问题的精髓，不懂得它，就等于抛弃了辩证法。就会犯唯心主义、形而上学的错误。对于中国革命和建设的实践来说，共性与个性结合的原理，是马克思主义普遍真理与具体实践结合这一基本原则的哲学基础。中国革命和建设的成功，以及正在展开的建设有中国特色社会主义的伟大实践，都要求贯彻共性与个性、绝对与相对、普遍性与相对性结合的根本方法。

第二，主要矛盾和次要矛盾的辩证关系原理、矛盾的主要方面和矛盾的次要方面辩证关系的原理要求我们在分析政策问题、制定和执行政策时善于抓住重点，抓住关键，集中主要力量去解决主要矛盾和矛盾的主要方面，同时又要统筹兼顾，恰当地处理好次要矛盾和矛盾的次要方面。既要防止不分主次，“胡子眉毛一把抓”的“均衡论”；又要防止只抓中心，不顾其他，“单打一”的“一点论”。

要求我们在分析政策问题、制定和执行政策时要善于抓住重点，分清事物的主流和支流，坚持两点论和重点论的统一。这样才能抓住事物的本质，才能辨别方向、识大局。如果主次颠倒，就会混淆事物的性质。

第三，矛盾具有同一性和斗争性辩证关系、矛盾的内外因辩证关系的原理要求我们进行公共政策分析时，必须把握好矛盾的同一性和斗争性的关系。公共政策分析中运用矛盾分析法时，必须将同一性与斗争性有机地结合起来，要从多角度、多层次去认识和把握社会问题和国际问题。在公共政策分析中采用矛盾分析法，首先必须认清社会问题的内部矛盾，找出问题的内因，这是合理解决问题的前提与基础，再者，也要重视问题的外因在问题解决中的重要作用，二者不能偏废。

第四，中国共产党在中国革命的具体实践中及一系列中央政策的制定过程中运用了矛盾分析法。以毛泽东为代表的中国共产党人坚持用矛盾分析的方法指导实践，制定出一系列正确的政策，取得了新民主主义革命的胜利；中共十一届三中全会以来，以邓小平为代表的中国共产党人，解放思想，实事求是地制定了一系列适合中国发展的改革开放之路的政策，在这场伟大的革命中，不断地解决新的矛盾，运用矛盾分析法，正确认识和处理社会主义和资本主义、中国和世界的关系，做出了对外开放的重大决策。中共十三届四中全会以来，以江泽民为代表的中国共产党人，加深了对中国进行社会主义现代化建设的认识，提出了我们党立党之本、执政之基、力量之源的“三个代表”重要思想；党的十六大以来，党中央根据新的发展要求，提出了以人为本、全面协调可持续发展的科学发展观。中国共产党人在中国革命发展过程中的一系列正确政策的提出是坚持矛盾分析方法的光辉典范。

四、技法原理

唯物辩证法认为，世界上的一切事物都包含着两个方面，这两个方面既相互对立，又相互统一。矛盾即对立统一。

五、实施原则

（一）要正确对待矛盾

要承认矛盾的普遍性与客观性，敢于承认矛盾，揭露矛盾，这是正确对待矛盾的前提。矛盾普遍性原理的基本内容：

（1）矛盾存在于一切事物中。世界上任何事物都有矛盾，不包括矛盾的事物是不存在的。无论是在自然界、人类社会，还是在人们的思维领域，矛盾都是普遍存在的。这就是说事事有矛盾。

（2）矛盾贯穿于每一事物发展过程的始终。一切事物从它产生到灭亡，时时刻刻都存在着矛盾。在新旧矛盾之间绝不存在哪怕是一刹那的无矛盾的状态。这就是说时时有矛盾。

总之，矛盾存在于一切事物中，并且贯穿于事物发展过程的始终，即矛盾无处不在，矛盾无时不有，这就是矛盾的普遍性。

（二）要善于全面分析矛盾，坚持两分法，防止片面性

两分法是全面地看问题的观点，既看事物的这一面，又看事物的那一面。既要分析两方面之间的对立，又要分析两方面之间的统一。一点论是片面地看问题的观点，即看问题只看一面，而不看另一面，或割裂了对立与统一。坚持两分法、两点论，就能正确地分析矛盾，有效地解决矛盾。

（三）事物都是一分为二的

（1）矛盾既对立又统一。对立统一规律即矛盾规律，是唯物辩证法的实质和核心，是唯物辩证法的最根本的规律。它是矛盾的两种基本属性。

（2）矛盾是对立统一的。所谓的对立，是指矛盾双方互相排斥，互相斗争。所谓的统一有两种情形：第一，矛盾的双方在一定条件下互相依存，一方的存在以另一方的存在为前提，双方共处于一个统一体中。第二，矛盾双方依据一定的条件，各向自己相反的方向转化。

六、实施要求

案例分享

狼与草帽

狼在森林里被猎人追杀，无处可逃之时，发现一顶用绿色枝条编织的草帽，忙将其戴在头上，蹲在草丛中。猎人没有发现戴着草帽的狼，继续向前追去。草帽让狼躲过一劫，于是，狼觉得草帽是救命的法宝，便将它带在身边。狼走出森林，走过草原，来到沙漠。不巧，又遇上了猎人，狼又赶紧戴上草帽，蹲在沙地里，一动也不敢动。正在行走的猎人忽然发现一片黄沙中出现了一个绿色的草堆，十分奇怪，就上前去看个究竟，当猎人看出草堆下藏着一只狼时，便毫不犹豫地举起了手中的猎枪。

案例分析： 矛盾具有特殊性，矛盾着的事物及其每一个侧面各有其特点。矛盾的特殊性要求我们要具体问题具体分析，一切以时间、地点、条件为转移。同一种方法，在有的环境里能救你一命；但换了一个环境，却可能要了你的命。

（一）矛盾分析法是同一性和斗争性的辩证法

矛盾就是对立和统一，矛盾的对立属性就是矛盾的斗争性，矛盾的统一属性就是矛盾的同一性。同一性和斗争性是两种基本属性，二者相互联系，不可分离。一方面，同一性不能脱离斗争性而存在，没有斗争性就没有同一性。另一方面，斗争性也不能脱离同一性而存在，矛盾的斗争性是以矛盾双方具有内在的同一性为前提的。在采用矛盾分析方法进行公共政策分析中，必须把握好矛盾的同一性和斗争性的关系，必须将同一性与斗争性有机地结合起来，要从多角度、多层次去认识和把握社会问题。

（二）矛盾分析方法是内外因分析法

事物发展的根本动力在于矛盾，矛盾推动事物向前发展。事物的内部矛盾就是事物发展的内因，事物的外部矛盾就是事物发展的外因，任何事物的发展都是内外因共同作用的结果。内因是事物发展的根据，是第一位的原因。外因是事物发展的条件，是第二位的原因。它们在事物发展中的地位和作用却是不同的，不能相提并论，事物运动、发展的源泉在于事物内部的矛盾性。对立统一规律认为，事物发展的根本原因是由内因决定的。正因为这样，事物才自我运动、自我发展，把这一原则贯彻到方法论上，就是要坚持内因分析法。内因分析法要求我们在分析事物矛盾时，把立足点放在内因上，内因是事物发展的根本源泉；同时也要充分利用外因的作用，创造良好的外部条件，坚决抵制忽视外因作用的错误思想。

（三）矛盾分析法又是矛盾共性与个性、矛盾普遍性与特殊性相结合的分析方法

矛盾普遍性是矛盾存在于一切事物中，存在于一切事物发展过程的始终。矛盾的特殊性是不同事物的矛盾各有其特点；同一事物的矛盾在不同发展过程和发展阶段各有不同特点；构成事物的诸多矛盾以及每一矛盾的不同方面各有不同的性质、地位和作用。矛盾普遍性与矛盾特殊性是辩证统一的关系。矛盾的普遍性即矛盾的共性，矛盾的特殊性即矛盾的个性。矛盾的共性是无条件的、绝对的，矛盾的个性是有条件的、相对的。

任何现实存在的事物都是共性和个性的有机统一，共性寓于个性之中，没有离开个性的共性，也没有离开共性的个性。矛盾的共性和个性、绝对和相对的道理，是关于事物矛盾问题的精髓，是正确理解矛盾学说的关键，不懂得它，就不能真正掌握唯物辩证法。矛盾的共性和个性相统一的关系，既是客观事物固有的辩证法，也是科学的认识方法。

（四）矛盾分析法是“两点论”和“重点论”的统一

矛盾分析法之所以是认识事物的根本方法，这是由对立统一规律在客观世界中的地位以及在辩证法体系中的地位所决定的。矛盾分析方法是“两点论”与“重点论”相结合的方法。两点论是一种辩证的思维方法。在研究复杂事物矛盾发展过程中，既要研究主要矛盾，又要研究次要矛盾，既要研究矛盾的主要方面，又要研究矛盾的次要方面，二者不可偏废。即是说，要从矛盾双方的对立与统一的关系分析问题，既要在诸多矛盾关系的对立中把握它们的统一、渗透、转化，又要在复杂的矛盾群中把握二者的差异、排斥甚至对立，全面地研究矛盾双方的复杂关系。同时，唯物辩证法的两点论不是均衡的两点论，而是有重点的两点论。它要求把握矛盾的不平衡性并把它贯穿于矛盾的分析之中，不能主次不分、轻重不分，采取折中的、中庸的态度。重点论与两点论是相统一的。在研究主要矛盾和非主要矛盾、矛盾的主要方面和非主要方面之间的辩证关系时，特别要坚持唯物辩证法的两点论和重点论的统一。在坚持两点论的前提下，坚持重点论。这是唯物辩证法必须牢固坚守的一个基本的理论阵地。

七、实施步骤

对社会现象做矛盾分析的具体步骤是：

（1）首先把社会现象看成是运动中多层次、多方面的矛盾统一体，考察影响这种现

象存在的诸多矛盾。

（2）从这诸多矛盾中找出主要矛盾和矛盾的主要方面，主要矛盾和矛盾的主要方面决定社会现象的本质，社会现象是以上诸多矛盾的外部表现。

（3）分析矛盾发生变化的内部条件和外部条件。同时注意矛盾发展量变到质变的临界点，即主要矛盾发展转化的条件与时机。

21 世纪的公共政策分析必须面向社会问题发展的趋势，加强矛盾分析方法在公共政策分析中的研究，只有这样，才有助于把握公共政策分析的价值取向，创新新的公共政策分析研究路径和方法，才能有针对性地、具体地分析公共政策制定、执行、评估等过程中存在的矛盾，提高决策效率；加强这一研究，对建立新型的政府公共决策模式，提高公共决策的理性化、科学化、民主化，建立社会主义和谐社会具有重要指导。

案例分享

阿凡提的故事

有一天，阿訇肩扛一匹白布来到阿凡提的家，想刁难阿凡提让他出一回丑。阿訇对阿凡提说："聪明的阿凡提，我知道您有非凡的才华。我想请你给我染一匹布。染的颜色既不是红色，也不是蓝色；既不是绿色，也不是黄色；既不是紫色，也不是黑色；既不是橙色，也不是世上一切所能见到的颜色。您能办到吗？"阿凡提冷静地思考片刻，就爽快地答应下来。在谈到什么时候取货时，阿凡提说："高贵的阿訇，神明的真主告诉我，请您在一个星期的这一天前来取货，既不是星期一，也不是星期二，既不是星期六，也不是习惯的一个星期七天的任何一天。"阿凡提以他的机智，使阿訇灰溜溜地走了，并损失了一匹白布。

案例分析：矛盾的普遍性寓于特殊性之中，并通过特殊性表现出来，没有特殊性就没有普遍性。"颜色"和"星期"都是矛盾的共性，它存在于矛盾的个性中，即存在于具体的红、蓝、绿、黄、紫、黑、橙等色和星期一至星期日的这些个性之中。没有这些个性的存在，共性就无法体现出来。

在线思考：请分析旅游不文明现状，利用矛盾分析法，对未来旅游文明的发展提出建议。

第十节　阐述和应用综摄法

案例导入

日本南极探险队第一次准备在南极过冬，当时南极越冬队队员正在设法用输送船把汽油运到越冬基地。因为是初次到南极越冬，实地操作时才发现输油管道的长度根本不够，一下子又没有备用的管子了，所有的队员都被难住了，不知如何办才好。

这时，队长西崛荣三郎突然提出了一个很奇特的设想，他说："我们用冰来做管子吧！"

他的这个设想当然不是凭空想象出来的，因为南极非常寒冷，水在遇到外界空气的瞬间就会变成冰。但问题的关键在于怎样使冰形成管状，而且在中途不会断裂？

西崛队长很快又有了灵感："我们不是有医疗用的绷带吗？就把它缠在铁管上，上面再淋上水让他结冰，然后拔出铁管，不就成了冰管子了吗？用这种方法做冰管子，再把它们一节节连接起来，要多长就有多长！"

（资料来源：http：//www.xzbu.com/2/view–374533.htm）

思考：上述案例说明了什么？

案例分析：西崛队长这时运用的解决问题的方法就是综摄法。在西崛队长的整个构想中，首先是找出冰管来代替输油管，其次是将绷带的用途由包扎伤口转为包缠铁管。他通过已知的东西作媒介，将毫无关联的、不同的知识要素结合起来，也就是摄取各种事物的长处，将它们综合起来再创造出新产品。运用这种方法，西崛队长打开了未知世界的门扉，自己潜在的创造力得到了发挥，越冬输油管的难题得到了解决。综摄法由此广泛应用于新产品取长补短，以及制订营销策略等方案中。

一、技法起源

综摄法又名集思法，Synectic 一词来自希腊文，原意是指把表面上互不相关的各种不同事物结合在一起。美国麻省理工学院教授威廉·戈登（W. J. Gordon）于 1944 年提出了这种创造技法，该法通过已知的东西为媒介，将毫无关联、不同的知识要素结合起来，以打开"未知世界的门扉"，激起人们的创造欲，使潜在的创造力发挥出来，产生众多的创造性设想。

事实证明，我们的不少发明创造、不少文学作品都是由日常生活的事物启发而产生的灵感。这种事物，从自然界的高山流水、飞禽走兽，到各种社会现象，甚至各种神话、传说、幻想、电视等，比比皆是，范围极其广泛。戈登由此想到，可以利用外物来启发思考、激发灵感解决问题，这一方法便被称为综摄法。

二、技法定义

综摄法是指以外部事物或已有的发明成果为媒介，并将它们分成若干要素，对其中的元素进行讨论研究，综合利用激发出来的灵感，来发明新事物或解决问题的方法。

综摄法（Synectics Method）又称类比思考法、类比创新法、提喻法、比拟法、分合法、举隅法、集思法、群辩法、强行结合法、科学创造法。

三、技法发展

为了加强发挥创造力的潜能，使人们有意识地活用异质同化、同质异化两大原则，戈登提出了极具实践性、具体性的模拟技巧。

（一）人格性模拟

这是一种情感移入式的思考方式。先假设自己变成该事物以后，再考虑自己会有什么感觉，又如何去行动，然后再去寻找解决问题的方案。

（二）直接性模拟

它是指以作为模拟的事物为范本，直接把研究对象范本联系起来进行思考，提出处理问题的方案。

（三）想象性模拟

它是指充分利用人类的想象能力，通过童话、小说、幻想、谚语等来寻找灵感，以获取解决问题的方案。

（四）象征性模拟

它是指把问题想象成物质性的，即非人格化的，然后借此激励脑力，开发创造潜力，以获取解决问题的方法。

四、技法原理

（一）拟人类比

进行创造活动时，人们常常将创造的对象加以“拟人化”。挖土机可以模拟人体手臂的动作来进行设计。它的主臂如同人的上下臂，可以左右上下弯曲，挖土斗类似人的手掌，可以插入土中，将土挖起。在机械设计中，采用这种“拟人化”的设计，可以从人体某一部分的动作中得到启发，常常会使人收到意想不到的效果。现在，这种拟人类比方法，还被大量应用在科学管理中。

（二）直接类比

从自然界或者已有的成果中找寻与创造对象相类似的东西。例如，设计一种水上汽艇的控制系统，人们可以将它同汽车相类比。汽车上的操纵机构和车灯、喇叭、制动机构等都可经过适当改革，运用到汽艇上去，这样比凭空想象设计一种东西容易获得成功。再如运用仿生学设计飞机、潜艇等，也都是一种直接类比的方法。

（三）象征类比

所谓象征是一种用具体事物来表示某种抽象概念或思想感情的表现手法。在创造性活动中，人们有时也可以赋予创造对象具有一定的象征性，使他们具有独特的风格，这叫象征类比。

象征类比应用较多的是在建筑设计中。例如：设计纪念碑、纪念馆，需要赋予它们“宏伟”“庄严”“典雅”的象征格调。相反，设计咖啡馆、茶楼、音乐厅就需要赋予它们“艺术”“优雅”的象征格调。历史上许多名垂千秋的建筑，就在于它们的格调迥异，具有各自的象征。综摄法作为一种创造技法虽然诞生于美国，但是，早在1921年，中国著名的学者梁启超在《中国历史研究法》一文中，就提出过：“天下古今，从无同铸一型的史迹，读史者与同中观异，异中观同，则往往得新理解焉。”这里讲的“同中观异，异中观同”正是综摄法的精髓，但它要比美国的康顿提出相类似的思想早30年。

（四）想象类比

人类的想象力是无穷的，可以通过童话、小说、谚语等来激发人类的灵感，从中获得处理问题的方案。在科技迅猛发展的时代，人们利用幻想解决问题已成为现实。众所周知，著名科幻小说之父贝尔纳有非凡的想象力，是个幻想类比法的大师。比如，100

多年前还没有收音机，其小说中的人物却看上了电视。

五、实施原则

（一）异质同化

异质同化简单说来是指把看不习惯的事物当成早已习惯的熟悉事物。在发明没有成功前或问题没有解决前，他们对我们来说都是陌生的，异质同化就是要求我们在碰到一个完全陌生的事物或问题时，要用所具有的全部经验、知识来分析、比较，并根据这些结果，做出很容易处理或很老练的态势，然后再思考用什么方法，才能达到这一目的。

人造血的发明就是这种思维的结果。一次偶然的机会，老鼠掉进了氟化碳溶液里，但是它却没被淹死，这奇怪的现象引起了科学家的注意。科学家把人们熟悉的血液中红血球的特点——能够担负输送氧气和运载二氧化碳和出现的不熟悉的怪现象——老鼠掉进氟化碳液里没淹死，进行“接通”，结果得出氟化碳能溶解和释放氧气、二氧化碳的结论，于是利用氟化碳制成了“人造血”。

（二）同质异化

所谓同质异化就是指对某些早已熟悉的事物，根据人们的需要，从新的角度或运用新知识进行观察和研究，以摆脱陈旧固定的看法的桎梏，产生出新的创造构想，即将熟悉的事物化成陌生的事物看待。

澳大利亚曾发生这样一件事，在收获季节里，有人发现一片甘蔗田的甘蔗产量竟提高了 50%，这是怎么回事呢？回想起来，原来在甘蔗栽种前一个月，有一些水泥洒落在这块田里。经过科学家们的研究，发现正是水泥中的硅酸钙，使那片酸性土壤得到了改良，这才提高了甘蔗的产量。于是，可以用来改良酸性土壤的“水泥肥料”就发明出来了。

六、实施要求

（1）讨论时最好先不公布议题，到有人提及时再提出来，以有利于与会者灵感的相互激发；

（2）这种方法不追求设想的数量，它在于设想的质量和可行性；

（3）人格性的模拟一般不易做到，因此必须集中精力。

我们以要改善机器的状况为例，通常我们不但无法将自己完全想成一台机器，更不用说用人的思想去感受机器的状况了，这是由于“人是人，机器是机器”的观念已在我们头脑中根深蒂固了。

那么，我们如何才能真正地将机器人格化呢？首先，必须抛弃“人与机器不一样”的观点，而把机器的外壳想象成人的皮肤，去想象“这样它表面一定很痛”等新的创意。

综摄法的宗旨是以已有的事物为媒介，将它们分成若干元素，并将某些元素构成一个新的设想来解决问题。因此它的最大用处在于利用其他产品取长补短，设计新产品，以及制定营销策略等方向。

实施综摄法要注意：

（1）模拟时要集中注意力。

（2）综摄法的精髓是通过识别事物之间的异同，从而捕捉富有启发性的新思路，产生有用可行的创造性设想，并得出解决问题的方案。

（3）要确定贯彻综摄法的两大原则。

七、实施步骤

综摄法的实施步骤如下：

（一）提出问题，分析问题

创新就是不断提出问题并解决问题，广告的主题就是提出的问题。这个问题可以是外界提出来的，也可以是创意小组自己提出来的。分析问题，就是对问题进行简短的分析，先由专家对问题进行解释和概要的分析，这个过程是将陌生的东西熟悉化（异质同化）。

（二）模糊主题，类比设想

主持人引导小组成员讨论，将与问题本质相似的同质问题在会议上提出，而把原本的问题隐匿起来。将具体问题包含在广义的问题中提出，营造一种可以使构思自发产生的条件，以引起广泛的设想，从而激发创造力，然后使广义的问题逐步清晰和具体化，最终完成创意。

（三）自由联想，无限延展

这一过程可以视为一次远离问题的“假日”，也正是综摄法的关键所在。因为目标十分抽象，与会者可以对问题的讨论进行延展。当某些见解对于揭示广告主题有利时，主持人及时加以归纳、予以引导。这一阶段的目的是使熟悉者陌生。

对上段抽象词汇“引力”与“张力”展开类比联想：

弹簧的伸缩、拉紧的橡皮牵引放飞的风筝；

编织中的毛衣、字符结构的离散；

线团的束缚、伤口的愈合。

上述的类似联想还可以有更多，其目的是让思维的链条松弛。

（四）架构互传，牵强配对

这一步有两种做法，戈登的做法是把类比联想的事物与主题牵强地进行配对，在这种情况下，通常会激发创意产生。而另一种做法是把两种元素牵强地联系在一起，同时展开幻想并与主题联系起来。不管采用哪一种做法，小组成员均需要围绕主题和类比元素展开讨论和研究，直到找出表现主题的创意为止。这一阶段由分而合的目的在于使陌生者熟悉。

针对联想与主题进行链接：拉紧的橡皮筋可比喻为我们与家、与亲人的关系——“拉得越开，弹得越疼”。牵引放飞的风筝可叙述为“放线——父母让你闯世界；归根——你让父母享天伦”。“线团的束缚”延展为电话线缠绕双腿，诉诸“不要让电话线绊住你回家的脚步”。其中许多类比现象，均可发展为广告创新的立足点。

（五）实用配对，制订方案

在此阶段，要结合解决问题的目标，对上一阶段类比联想所得的启示进行艺术、技术、经济方面等可行性研究，将创意构思转化为问题的解决方案，并将方案图形化，拟定具体的广告方案。

具体操作为：

1. 准备阶段

（1）确定会议室和会议时间；

（2）确定参加人员约 10 名，参加者可以为不同专业的研究人员，但须是内行；

（3）指导员应具备使用本方法的一切常识及细节问题，如两大思考原则、四种模拟技巧、实施要点等。

2. 实施阶段

（1）主持人向与会者介绍本方法的大意及实施概要以及四种模拟技巧、两大思考方式等；

（2）主持人先不公开议题，而介绍与研究课题有关的更广泛的资料，引导与会者进行讨论，启发他们的灵感；

（3）当讨论涉及解决问题时，主持人再明确提出来，并要求参加者按两条原则和四种模拟法积极构思解决问题的方案；

（4）整理综合各种方案，寻找出最佳方案。

作为推动设计创意的手段，综摄法最大的价值是在创意过程中，因其具有模糊主题的作用，避免了思维上的狭窄性，任思维在较为抽象的主题中运用类比，使创意的陌生感大增，有利于创意表现的新奇性，从而有效拓展了创意领域的广度和深度。

案例分享

2008第六届国际大学生DAF反皮草设计大赛，不要求作品中出现特定的文案，只需要设计者传达以下理念：穿着皮草服饰是残忍的行为，皮草是非时尚的，它们并非生活的必需品。经过分析，我们知道这是个很具体、明确的主题，是异质同化的过程。

主持人将与广告创意本质相似的问题在会议上提出并讨论，而把创意广告的主体目标和具体要求隐匿。如将“穿皮草是残忍的行为”抽象为“恶行”这样一个没有什么限定且抽象的词汇，这样做的目的就是为了让思维更广阔、更自由，打破思维的恒常性。

对“恶行”这个概念进行类比联想，这是一个同质异化的过程。

“恶行”的类比联想：赌博、抢劫、偷盗、谋杀、精神摧残、歧视等。

与主题强行链接，如动物、屠杀、刀；动物、拆散家庭、剥皮；动物、虐待、针刺等。

形成方案后，这一阶段将链接的一些素材画面化。图形为一把猎刀，猎刀的刀面映射出一只流血动物。用刀、动物、血等画面元素来控诉残忍的行为。图形为两张全家福：第一张为动物的三口之家，第二张是爸爸、妈妈的位置用皮靴和皮包代替，暗示一个家庭中的爸爸、妈妈都被虐杀制成皮制品，深刻地揭示了人类对皮革制品的过分追求是建立在动物的痛苦基础之上的。两个小狐狸在一个商店橱窗前看着被制成大衣领子的妈妈，呼唤着妈妈回家的场景，以拟人化的手法呼唤人们反思残忍的消费行为。使用同构手法，把一个可爱小狐狸的胡须用钢针替换，画面极富冲击性，控诉人类虐待动物的行为。

也有一些广告的主题本身就很抽象，如第三届“东＋西”海报大赛的选题“源”这个主题。这个主题很抽象，具有很大的可塑性，不同的设计师可以从不同的角度加以解读，如文化思想方面：文化之源、爱心之源、知识是资源、人类起源、战乱之源、同根同源、快乐之源、邪恶之源、文字之源、文明之源等。水资源保护方面：污染之源、生命之源、保护水资源、节约水资源等。其他资源：保护海洋资源、保护地球能源、保护绿色资源、保护环境、保护动物资源等。这些都可以作为分主题。

“源”的类比联想：母亲、始祖、开端、发源地、三江源、资源、开始、渊源、黄河、炎黄、开天辟地、创始人、仓颉、受精卵、本身、本原、本来、太阳、水、雨、伞、树木、光合作用、绿色生命、氧气、进化等。

与上述分主题进行强行的链接：生命之源、本身、绿色生命、树木；生命之源、水、母亲；珍惜水资源、水、伞。

提炼成方案：以文字“本”为主要形象，将“本”下部的“一”笔画做不同处理，形成了两个字：“本”“木”，很巧妙地表达了森林是生命的根本的含义。以汉字“母”为视觉形象，将“母”字笔画中的两点和外形做形象化的处理，成为正负阴阳形水滴。用水滴、正负转换、母亲等几个元素表达了水是生命源头的概念。在雨中打伞，雨水经过伞檐洒落地面是常见的景象。但在雨中打着一把反向的伞，雨水收集伞中。这是现实生活中不可能存在的场景，却能很好地表达珍惜水源的主题。

（资料来源：http：//www.xzbu.com/9/view-1020824.htm）

案例分析：作为推动设计创意的手段，综摄法最大的价值是在创意过程中，因其具有模糊主题的作用，避免了思维上的狭窄性，任思维在较为抽象的主题中运用类比，使创意的陌生感大增，有利于创意表现的新奇性，从而有效拓展了创意领域的广度和深度。

在线思考：请分析途牛网的网络营销策略，利用综摄法，分析目前网络营销值得借鉴的途径。

知识拓展

宴会名称：“民媛荟”民国怀旧宴

宴会背景：美丽睿智的女子自古是中华的传奇，无论是“关关雎鸠，在河之洲”的淑女，还是“一顾倾人城，再顾倾人国”的佳人，抑或是“回眸一笑百媚生，六宫粉黛无颜色”的美人，于姿容上都流露出近乎极致的美感。然而女性之美既美在风韵，也美在才德，民国名媛之美不仅在于乌云叠鬓、浅淡青山的美貌，更因其才情而催人落泪。张爱玲的小说、张充和的诗词、周璇的金嗓子、潘玉良的画魂，无不彰显出她们的惊才绝艳。这些名媛集古典与现代美于一身，传递出中华女性美的妙谛。该宴会设计灵感来源于闺蜜好友，相约民国故地，游玩之余，小酌浅吟，互诉衷肠。

宴会文化：古旧的留声机，乐曲悠扬，唱出一派斯文雅致的民国气度。游走在其间的女子或风情万千，或率真坦然。她们贤淑坚忍、蕙质兰心如张幼仪；系出名门、才貌双全如林徽因；风华绝代、妩媚多情如阮玲玉，无不精致优雅，才情出众。现代名媛既是高品位生活的追求者，也是引领都市时尚的精灵，她们与同样既经典又时尚的“民媛荟”这一主题高度契合。通过对宴会中民国时期名媛风范的欣赏与借鉴，催生新生代的名媛们成长为美丽健康、快乐自信、高贵知性、内外兼修的新女性。

设计亮点：宴会设计通盘考虑宴请嘉宾对民国文化的喜爱，细枝末节均使用民国经典元素，如怀旧留声机、优雅旗袍、婀娜女子……展现出“你是人间的四月天，笑响点亮了四面风”温润柔美的风格。以深蓝、银灰、绛红勾勒出复古、浪漫民国韵味，犹如衣着朴雅、谈吐自如的新时代女子，知性优雅。深蓝色的台布，神秘中散发着浪漫气息，以女性旗袍作为椅套造型，与主题相互呼应，也彰显宾客身份及优雅气质。服务员的印染旗袍体现出江南女子的娟秀，与主题契合无痕。

宴会餐具均呼应主题。餐碟选用骨瓷材质，蓝色纹路，银色饰边，优雅大方；考虑到酒店内物品的综合利用，并未在餐具上印制任何徽章。口汤碗、味碟与餐碟配套，着力凸显浪漫内敛的民国风格。筷架选用天鹅造型，柔美自然，提升宴会档次；选用旗袍纽扣造型作为筷套，画龙点睛。宴会三套杯运用水晶高脚杯，线条流畅，宛如女性婀娜的身姿，在点题的基础上，又符合现代人的审美及使用需求。

席间复古的留声机凸显时代风情，飘逸的花朵衬托浪漫情怀，端坐的名媛在这悠扬的琴声中低眉浅笑，尽显女性柔美，整个场景简洁不失韵味，清爽不失涵养，复古而怀旧，优雅而浪漫。

（1）菜单内容

“民媛荟”民国怀旧宴：

金陵共和八味碟

金汤野米鲍鱼羹

锦绣腊香雪花虾

迷你民都佛跳墙

少帅美颜红烧肉

雪山玉米海螺松

小米杂粮狮子头

酒家回味泡腰花

慰亭蹄芋焖野鸭

建康野蔬小炒皇

民国美点双辉映（雨花石汤团、经国菜泡饭）

金陵时令水果拼

（2）成本分析

“民媛荟”为主题宴会，宴席使用的物品和食品原料多选料严谨、制作精细、工艺精湛，成本明显高于普通宴会，因此主题宴会的销售毛利率为65%。

（其中冷菜占20%，热菜占58%，汤占10%，点心、水果占12%）

宴会人均成本＝销售价格×（1– 销售毛利率）＝880元/人×（1–65%）=308元/人

（其中：冷菜：308×20%=61.6 元 / 人；热菜：308×55%=169.4 元 / 人；汤：308×10%=30.8 元 / 人；点心、水果：308×12%=36.96 元 / 人）

（3）营养分析

中国饮食传承数千年，饮食养生理念全球闻名。本桌宴会设计正是从满足人们崇尚自然、返古怀旧、追求养生的心理方面进行精心设计的。宴席菜点紧紧围绕民国主题，选用六朝古都金陵的天然食材，利用食材中的营养成分来促进人们的身体健康。如宴席中安排了张学良最爱的“少帅美颜红烧肉”、袁世凯喜爱的“蹄芋焖野鸭”、蒋经国钟爱的“菜泡饭”等，让人们在享受美食的同时，重新回味古人的精彩人生。从整桌宴席的菜点搭配来看，多种的禽畜水产、山珍野蔬均衡搭配、营养健康，充分展示着大自然给予人类的恩赐。

实训项目　餐饮菜肴主题设计

一、实训项目名称

“民媛荟”主题设计。

二、实训项目任务

运用头脑风暴法对知识拓展“民媛荟”主题设计进行进一步完善。

三、实训项目内容

1. 确定要讨论的问题，安排讨论地点。
2. 根据班级人数进行分组，每组 10~15 人为宜。
3. 教师做好引导，激发学生讨论热情。
4. 整理讨论方案。
5. 小组评出最佳方案。
6. 对讨论结果进行分析，形成总结报告和汇报 PPT。
7. 时间：1 周。

四、实训项目评价

1. PPT 汇报，20 分钟。（酒店管理专业学生形成总结报告，并通过摆台形式展现成果）
2. 组成评审小组，对每组汇报进行评比，然后计分，纳入课程成绩。

实训教程三　激发创业动机与创客空间创建的训练

实训目的：让学生了解国内外创客与创客空间的发展，并通过学习掌握创客的分类，如何建立创客空间、成立创客组织开展创客空间的运作，以便在学校期间能够有意识地培养自己的创新、创意精神，激发自己的创业动机。

实训资料：解读一些文件和国内外创客与创客空间的发展状况和概念。

教学目标：

［知识目标］1. 了解创客与创客空间的由来及其概念和意义。
2. 了解创客的分类及其与创客空间的区别。
3. 掌握创客空间的运作特点和典型特征。
4. 掌握如何成为一名创客和创客组织的成员并掌握其运作方式。
5. 了解国内外创客空间的生存模式。

［能力目标］能够清晰地描述创客与创客空间，并能参与创客空间的各项活动。

［实训目标］能够掌握创客与创客空间在实际工作中的作用和启发。

第一节　了解创客及其生存与发展

案例导入

拿手比萨：做高大上的“煎饼果子”

韩永梅：天津市美术学院雕塑学专业毕业，中国教育电视台艺术设计员，历任金汉斯餐饮连锁公司管理经理、北京乐舵餐饮公司总监。多年前，爱吃爱琢磨的韩永梅一直在寻找着一个问题的答案。名扬全国的“煎饼果子”用极小的经营成本创造了颇高的利润，但在城市和街道随处可见的“摊煎饼”，却在人们心中难登大雅之堂。有什么样的产品既能摆脱煎饼果子的屌丝气质，又能和煎饼摊一样取得利润和市场双丰收呢？最终在2010年，韩永梅创建了拿手比萨，她把目光聚焦于让高大上的比萨用煎饼的方式呈现给食客。韩永梅认为，与众不同才是王道，拿手比萨既能让顾客享受边走边吃的休闲餐，又能享受一道边走边吃的正餐，这是一个极大的空白市场。

“像甜筒冰淇淋，随手可拿、随时可品尝，这是很多食客对拿手比萨的第一印象。”韩永梅告诉《中国经营报》记者，传统的比萨都是饼式的，只有在专门的比萨店里有销售，而拿手比萨便于手握，更符合现代饮食男女的生活节奏，因而迅速风靡。在生活节奏不断变快的今天，拿手比萨通过独具创新的设计，克服了传统比萨只有一个味道、不便携带的缺陷，以甜筒的外形，手握的特色，打造出了一个更受时尚的年轻消费者喜欢的比萨新品类，开创了个性化比萨的时代。这年头新鲜又好玩的东西是永远都不会过时的，拿手比萨从本质上改变了人们头脑中原有的饼状比萨的固有概念，吃比萨就像吃冰淇淋。肯德基此前也曾推出裹饼的概念，便携式餐饮正成为一种潮流，喜欢拿手比萨的消费者并非毫无理由。区别于必胜客等比萨品牌，拿手比萨聚焦于更细分的群体，主要是80后、90后。“80后、90后个性化消费特征显著，他们干什么都讲个性，产品不仅要出‘奇’不意，还要乐在‘奇’中。拿手比萨把比萨做成一种走着吃、拿着吃、玩着吃的美味大餐。”韩永梅说。拿手比萨打造的就是平民的消费模式。在定价上，拿手比萨也让高价的西餐平民化。据韩永梅介绍，拿手比萨的人均消费在15元左右，相比高额利润的比萨店有天壤之别。尽管人均消费低，但在北京南锣鼓巷，有这样一家不到5平方米的拿手比萨门店，日营业额却在1万元左右。在必胜客等传统比萨店，顾客往往在一次消费中只会吃到一种口味，考虑到这一点，韩永梅研发出了不同口味组合的至尊比萨和十一层美味比萨，这样就规避了顾客点比萨一人难以吃多种口味的缺陷。

如今市场上的比萨品牌已经无法满足消费者日益挑剔的味蕾了，而拿手比萨则始终将创新放在第一位。从创业至今，拿手比萨一直都在研发各种新潮的产品，目前研发了至尊比萨、烤肉卷筒比萨、夏威夷比萨、墨西哥辣椒、熏鸡蘑菇、意式香肠、素食卷筒、十一层美味比萨、比萨套餐。“我们所有产品和设备都是自主研发的。”韩永梅告诉记者。

在别人多在设法提高单店销售能力时，拿手比萨则希望把产品从原来的西式做法，延伸到中西结合，让更多的老外也喜欢吃。韩永梅说，她正在研究把外国人最喜欢吃的中国口味的宫保鸡丁、鱼香肉丝等加入到拿手比萨里。在她看来，这样，拿手比萨将会贴合外国人的口味，从而可以直接把市场扩张到国外。正是这种一步步的独特创新，让拿手比萨引领着食客往更享受的方向发展，或许也正在改变着人们的生活态度。

思考题：

1. 创客韩永梅成功的主要因素有哪些？

2. 从产品创新及市场的角度来看拿手比萨改变了什么？

（资料来源：360DOC 个人图书馆）

一、什么是创客

（一）创客的定义

创客是一群喜欢或者享受创新的人，追求自身创意的实现，至于是否实现商业价值、对他人是否有帮助等，不是他们的主要目的，创客空间就是为这些创客们提供实现创意和交流创意思路及产品的线下和线上相结合、创新和交友相结合的社区平台。

"创客"源于英文 Maker，指不以营利为目标，努力把各种创意转变为现实的人，是热衷于创意、设计、制造的个人设计制造群体。创客包括软件开发者、艺术家、设计师等诸多领域的代表创客。指不以营利为目标，把创意转变为现实的人。

创客（Mak-er）"创"指创造，"客"指从事某种活动的人，"创客"本指勇于创新，努力将自己的创意变为现实的人。这个词译自英文单词"Mak-er"，源于美国麻省理工学院微观装配实验室的实验课题，此课题以创新为理念，以客户为中心，以个人设计、个人制造为核心内容，参与实验课题的学生即"创客"。"创客"特指具有创新理念、自主创业的人。

在中国，"创客"与"大众创业，万众创新"联系在了一起，特指具有创新理念、自主创业的人。他们均以用户创新为核心理念。

（二）创客的理念

技术的进步、社会的发展，推动了科技创新模式的嬗变。传统的以技术发展为导向、以科研人员为主体、以实验室为载体的科技创新活动正转向以用户为中心，以社会实践为舞台，以共同创新、开放创新为特点的用户参与的创新 2.0 模式。创客是面向知识社会的创新 2.0 模式在设计与制造领域的典型体现。而 Fab Lab 及其触发的以创客为代表的创新 2.0 模式，基于对从个人通信到个人计算，再到个人制造的社会技术发展脉络，试图构建以用户为中心的，面向应用的，融合从设计、制造到调试、分析及文档管理各个环节的用户创新制造环境。

创客与其说是一种称呼，不如说是一种信仰，科技发展不仅可以改变个人通信，也会改变个人设计、个人制造。一旦创新成为信仰，一切险阻都将化为坦途。创客是用行动做出来的，而不是用语言吹出来的。创新不断帮助人类解决各种社会矛盾，持续提高每一个人的生活水平。

（三）创客的人群

“创客”简单地说就是玩创新的一群人。

“创客”是创新 2.0 模式在设计制造领域的典型表现，作为热衷于创意、设计、制造的个人设计制造群体，最有意愿、活力、热情和能力在创新 2.0 时代为自己，同时也为全体人类去创建一种更美好的生活。

创客运动最重要的标志是掌握自生产工具，他们是一群新人类，坚守创新、持续实践、乐于分享，并且追求美好生活。

创客（Maker）以用户创新为核心理念，体现了一种积极向上的生活态度，同时有一种通过行动和实践去发现问题和需求，并努力找到解决方案的含义在里面。客观上，创客体现的是一种理性思维。

作为人类社会的一分子，分享和传播知识是每个人应尽的义务，把分享作为乐趣则是一种良好的品格和习惯。分享绝不意味着不尊重别人的劳动成果，或鼓励抄袭和盗版；分享必须建立在尊重首创精神的坚实基础上，否则创新会变成建立在流沙上的建筑。

创客鼓励创新各种分享盈利模式，在分享的同时，保护首创者的利益和积极性。

“玩”是一种状态：放松、惬意、自由。“玩”是一种实践：不但要动手，还要动脑。“玩”是一种分享：与他人一起玩，才更有趣、更有意义。“玩”是一种境界：当越来越多的人加入创客一起玩时，世界将因“玩”而改变。

创客的标准定义其实是未经最终确认的，有着多元化的理解，中国创客不仅包含“硬件再发明”的科技达人，还包括软件开发者、艺术家、设计师等诸多领域的优秀代表。

二、创客的起源

（一）创客的兴起

为应对信息通信技术发展以及知识社会来临的机遇与挑战，不少国家和地区都在对以用户参与为中心的创新 2.0 模式进行探索。

中国通过体验、试验、检验这“三验”机制的建设，探索以用户为中心、需求为驱动的应用创新园区（AIP）模式，完善城市管理科技创新体系中应用创新与技术进步的“双螺旋”驱动。

欧盟各国则斥巨资建设 Living Lab，让用户在真实的生活环境中参与共同创新，并将欧洲 Living Lab 网络的建设作为信息社会、知识社会条件下重塑其科技创新能力和全球竞争力的重要举措。

创客最早起源于麻省理工学院（Massachusettes Institute of Technology，MIT）比特和原子研究中心（Center for Bits and Atoms，CBA）发起的 Fab Lab（个人制造实验室）。

2006 年，国际顶级学术期刊 Nature 对 MIT 研究人员围绕 Fab Lab 理念在全球范围内的努力和尝试进行了专题报道和讨论。

发明创造不只发生在拥有昂贵实验设备的大学或研究机构，也不仅仅属于少数专业科研人员，而有机会在任何地方由任何人完成，这就是 Fab Lab 的核心理念。

Fab Lab 是一个快速建立原型的平台，用户通过 Fab Lab 提供的硬件设施以及材料，开放源代码软件和由 MIT 的研究人员开发的程序等电子工具来实现他们想象中产品的创意、设计和制造。

麻省理工学院比特和原子研究中心（Center for Bits and Atoms，CBA）发起 Fab Lab，希望通过用户的参与来缩短从技术研发到应用需求的链条。

Fab Lab 的最初灵感来源于 Gershenfeld 教授于 1998 年在 MIT 开设的一门课程“如何能够创造任何东西”，很快成为他最受欢迎的一门课。没有技术经验的学生们在课堂上创造出很多令人印象深刻的产品，可以实现随心所欲的个性化需求的目标，也逐渐成为 Fab Lab 萌芽的创新研究理念。第一个 Fab Lab 于 2001 年在波士顿建立，第一间 Fab Lab 由美国国家科学基金会（National Science Foundation）拨款建造，旨在提供完成低成本制造实验的所需环境。Gershenfeld 并不仅仅想在美国实践 Fab Lab 的理念，Fab Lab 与不同文化背景、不同技术成熟度下特定需求碰撞出的火花可能更具价值。

截至 2008 年 12 月，全球已经建立 30 余家遵循类似理念和原则的实验室，第一家国际 Fab Lab 建立在哥斯达黎加。挪威、印度、加纳、南非、肯尼亚、冰岛、西班牙和荷兰等国家也陆续建立了 Fab Lab，开始个人创意、设计到制造的实践。

在 Fab Lab 中，创造自己想象中事务的渴望激发着用户。用户也被称为“领导者用户（Lead user）”，领先于用户总体的主流，而且他们为了自己所遇到的需求，期望从一个解决方案中获取相对较高的收益。

创客随着 MIT 的 Fab Lab 网络的逐渐延伸，创新 2.0 时代的个人设计、个人制造的概念越来越深入人心，激发了全球的创客实践。创客空间的延伸则使面向知识社会创新 2.0 的 Fab Lab 探索真正从 MIT 的实验室网络脱胎走向了大众。MIT 的 Neil Gershenfeld 教授指出，前两次数字革命推动了“个人通信”和“个人计算”的发展，而 Fab Lab 通过让普通人实现制造的梦想，预示着第三次数字化革命浪潮——“个人制造”时代的到来，为普通公众参与创新提供了条件。

MIT 比特和原子研究中心的 Gershenfeld 教授也因此在 2005 年被评为全球百名公共知识分子。

（二）创客教育兴起的时代背景

毋庸置疑，创客教育的兴起与科技进步密切相关，但作为一种教育思潮和教育活动，其时代背景更为复杂和多样。

1. 新工业革命为创客教育提供了人才培养需求

新工业革命以德国提出的“工业 4.0”为代表，它描绘了制造业的未来愿景，提出继蒸汽机的应用、规模化生产和电子信息技术三次工业革命后，人类将迎来以信息物理融合系统为基础，以生产高度数字化、网络化、机器自组织（智能化）为标志的第四次工业革命。简言之，工业 4.0 的实质就是主张虚实融合的工业技术革命。显然，这种工业革命的实现需要大量掌握虚实融合技能的人才，创客教育无疑适应了这种需要。

2. 科技创新变革为创客教育提供了新的创新文化基础

科学技术的融合和发展不仅催生了信息社会、知识社会形态，而且也推动了科技创新模式的嬗变，创新 2.0 正受到科学界及社会大众的广泛关注。所谓创新 2.0，是指面向知识社会的第二代创新模式，即从专业科技人员在实验室环境下研发出科技创新成果后由用户被动使用，转变为技术创新成果的最终用户可以直接通过公共创新平台间接参与技术创新成果的研发和推广应用的全过程。换言之，普通大众不再只是科技创新的被动接收者，而是可以在知识社会条件下成为创新者，并按照相应的游戏规则（技术标准）参与创新进程，扮演消费者和创造者的双重角色。如果说创新 1.0 是以技术为出发点，那么创新 2.0 就是以人为本的典型创新模式，即“以用户为中心，以社会实践为舞台，以共同创新、开放创新为特点的用户参与的创新”。这种创新模式是万众创新的基石，也是创客与创客教育的文化基础。

3. 开源运动为创客教育提供了开放精神的引领和技术条件的支持

开源运动是开放源码运动的简称，是计算机科学领域的一种文化现象，源自黑客对智慧成果共享、自由的追求，其意义就在于开放源代码、信息共享和自由使用。开源运动中积极促进人类文明发展的文化已经渗透到信息、教育、健康等领域，甚至融入了哲学范畴，为创客教育提供了丰富的教育资源和教育经验，造就了一大批乐于分享的大小创客。而且，开源运动直接为创客运动和创客教育的普及开展提供了技术条件。如著名的开源硬件 Arduino 提供了创客所需的各种低成本配件，使创客运动从精英阶层走向了大众阶层，也为创客教育提供了可能；数字设计、3D 打印等制作技术能够快速成型，也为各种创意的实现提供了低成本和快捷的手段。

4. 创客运动直接推动了创客教育的发展

创客运动正席卷全球，其之所以受到重视，在于其对整个社会经济的发展均有革命性意义。正如创客运动之父克里斯・安德森所言：创客运动具有三个变革性特点：

（1）人们使用数字桌面工具设计新产品并制作模型样品（“数字 DIY”）。

（2）在开源社区中分享设计成果、开展合作已经成为一种文化规范。

（3）任何人都可以通过通用设计文件标准将设计传给商业制造服务商，以任何数量规模制造所设计的产品，也可以使用桌面工具自行制造，两种途径均大大缩短了从创意到创业的距离，其作用不亚于互联网为软件、信息和内容带来的革新。也正因为此，李克强总理指出：“创客的奇思妙想和丰富成果，充分展示了大众创业、万众创新的活力；这种活力和创造，将会成为中国经济未来增长的不熄引擎。”

基于上述背景，全球范围的教育工作者也敏锐地感受到了新的教育机遇。《新媒体联盟地平线报告：2014 高等教育版》指出，“学生从教学消费者转变为创造者”作为促进教育学习变革的数字策略之一，被列为中期发展趋势；而《新媒体联盟地平线报告：2014 基础教育版》指出，“追求面向真实世界的深度学习”被列入近期趋势——两者均与创客教育密切相关。事实上，在学习与创新技能被视作 21 世纪学生应具备的三大核心技能之一的今天，创客教育契合了国际教育发展的新趋势，已经颇具革新教与学的潜力。一些发达国家非常注重在中小学校中普及创客教育。早在 2009 年，奥巴马在评论“创新教育运动”（Educate to Innovate Campaign）时就提出，政府将“鼓励青少年在创造中学习，成为事物的创造者，而不仅仅是事物的消费者”；2012 年年初，美国政府又推出一个新项目，计划未来四年内在 1000 所美国学校引入创客空间，配备 3D 打印机和激光切割机等数字制造工具；而标志性事件，是美国政府于 2014 年 6 月 18 日举办了首届“白宫创客嘉年华”（White House Maker Faire），奥巴马在活动上宣布了由白宫主导的推动创客运动的整体措施，以期有力推动“美国制造业的复兴”，并宣布 6 月 18 日为“自造日”（National Day of Making）。

（三）创客教育的本质与价值

作为初生之物，人们对创客教育的本质也是众说纷纭。从教育目标的角度，主要有如下几种代表性观点：①“素养或精神说”。狭义上的创客教育是一种以培养学习者特别是青少年学习者的创客素养（利用技术和非技术手段形成创造性制品的能力）为导向的教育模式；广义上的创客教育应是一种以培育大众创客精神为导向的教育形态。还有学者指出，创客教育实则是一个系统的教育理念，其教育目标是培养具有创客精神和素养的全人。②“青少年创客说”。创客教育是在创客空间中开展的以培养青少年创客为目标的一种教育形式，创客空间就是创客（Maker）创作活动的地方，而创客就是热衷于创意、设计、制造的个人或群体。③“创新人才说”。创客教育是一种融合信息技术，秉承“开放创新、探究体验”教育理念，以“创造中学”为主要学习方式和以培养各类创新型人才为目的的新型教育模式。还有学者指出，创客教育是实施一系列关于创新动手技能训练的综合课程。

这些论述尽管在文字表述上有所不同，但基本观点是相同的。本研究认为，创客教育是在创客空间（环境）中开展的培养青少年创客（目的）的一种教育类型，是以造物（手段）的形式培养学生综合实践能力（目标）的一种工程教育（本质）。此外，还可从不同的角度去理解创客教育的本质特征：从教育目标的角度来看，创客教育是培养创新实践能力和创业意识；从教育内容的角度来看，创客教育是跨学科的学习；从教育主体的角度来看，创客教育是主体混合式教育；从学习方式的角度来看，创客教育是玩中学、做中学；从技术支持的角度来看，创客教育是以教育机器人和3D打印等数字制造工具为主要载体的教育。概言之，创客教育作为一种工程教育，它是玩中学的教育、做中学的教育、创业意识的教育、虚实融合的教育、学科整合的教育、主体混合的教育。

1. 玩中学的教育

创客教育的第一基调就是要好玩，学生应在创客空间中快乐地玩耍，这包含三层含义：①让学生接触各种新鲜的“玩具”，在玩的过程中发现问题、解决问题。一个基本的经验就是，儿童在玩的过程中会极其“专注”，并对玩的对象产生各种看法和想法。② DIY（Do It Yourself）自己喜欢的“玩具”，按自己的喜好进行选题和设计，也就是后面所谓做中学的教育。③学会分享。好玩的东西需要分享，有分享才有评价和改进，才能激发进一步的学习和创造。如此，在“玩”的过程中学以致用，感受知识学习的价值，获得创造的成就感和愉悦性，达到乐中学、学中乐的状态。诚如《论语·雍也》所言：“知之者不如好之者，好之者不如乐之者”，知、好、乐是学习的三层境界，创客教育要达到乐学，才能让学生从内心体会到创新与分享的快乐，并促进其健康人格的塑造。从这个意义上说，以正规学科课程实施的、以考试分数或竞赛为导向的“创客教育”违背了创客教育的初衷。遗憾的是，有44.93%的受访者反馈其所在学校的创客空间主要用于必修课程或校本课程的课堂教学，这种现象需要警惕。

2. 做中学的教育

考察国外的创客教育实践，创客教育的学习活动通常都是基于一个项目开展的，且学习成果可视化，帮助学生形成自我激励、规划设计、时间管理、自主学习、小组协作等素养。对此，92.75%的受访者认为创客教育的主要价值在于培养学生做真实的东西。换言之，创客教育不仅要好玩，而且要让学生经历完整的探究、制作一个项目作品的过程，而不是亦步亦趋地跟随教师的讲解边讲边练。因此，创客教育的意义不仅在于帮助学生运用所学知识解决实际问题，也在于在探索、创造和改变的过程中主动发现知识。

3. 创业意识的教育

正如创新2.0所倡导的精神一样，创客教育鼓励青少年把自己喜欢的东西做成可以分享的作品，或者通过实现别人的创意获得成就感，以形成产品制造者角色的意识与自觉。因此，创课教育也是一种面向未来的教育。如温州中学的创客教育造就了一批可以在学校科技节中贩卖自创作品的创客，他们能够根据学生顾客的需求定制个性化作品。当然，就基础教育阶段而言，创业意识的教育并非直接培养创业家，也不是要求学生去开发有具体实用价值的产品，而是要让学生养成一种“市场意识”，以趣味性和新颖性为导向，在创作的过程中能够主动思考自己创作的作品是否具有分享的价值，是否能获得特定人群（父母、老师、同学等）的关注和喜欢，从而获得自我实现的成就感，使学习成为一种持续、主动的过程。

4. 虚实融合的教育

正如第四次工业革命强调以信息物理融合系统为基础一样，创客教育也是一种虚实融合的教育革命。虚实融合主要体现在两个方面：一是在学习环境上，既需要线上的环境提供创客交流社区和学习资源，也需要线下的创客空间以开展创意设计和创作；二是在创作工具与对象上，不仅需要建模、编程等软件，更需要将设计的创意落实为具体的实物模型或产品。

5. 学科整合的教育

创客教育的跨学科特性，究其根本在于创客教育是一种基于真实的工程问题的解决过程。创客教育是以技术为中心，整合各个科目知识的学习；不仅涉及科学与技术，还可涉及人文和艺术，因而创客教育也是实施 STEM/STEAM 教育的一种重要方式，有利于改变课程结构过于强调学科本位和缺乏整合的现状。大量的研究表明，在创客空间中自然地发生着 STEM 教育；创客教育能够有效改变学生在 STEM 和艺术课程（STEAM）中习得的内容和学习的方式；学生创客们努力在 STEM 课程中寻找可以改进他们项目的内容，通过跨学科整合达到项目目标，而不是把自己“封闭”在某一个学科里面。

三、创客的分类与代表

（一）创客分类

创客的共同特质是创新、实践与分享，但这并不意味着他们都是一个模子里铸出来的人，相反的是，他们有着丰富多彩的兴趣爱好，以及各不相同的特长，一旦他们聚到一起，相互协调，发挥自己特长时，就会爆发巨大的创新活力。

1. 创意者

他们是创客中的精灵，他们善于发现问题，并找到改进的办法，将其整理归纳为创意和点子，从而不断创造出新的需求。

2. 设计者

他们是创客中的魔法师，他们可以将一切创意和点子转化为详细可执行的图纸或计划。

3. 实施者

他们是创客中的剑客，没有他们强有力的行动，一切只是虚幻泡影，而他们高超的剑术，往往一击必中，达成目标。

（二）创客代表

创客更大意义上来讲是一种信仰，应当以结果为导向来判断一个人的行为是否符合创客精神。

1. 孔子

孔子开创了中国的平民教育模式，创新了丰富多彩的教学方式，使得教育由少数特权者手中的玩物，变成了普惠大众开蒙启智的工具。

2. 斯蒂夫·沃兹尼亚克

为什么是斯蒂夫·沃兹尼亚克而不是与他一同创建苹果公司的史蒂夫·乔布斯，后者在商业上不是更成功吗？乔布斯在坚守创新，持续实践上做得堪称完美，属于创客中的精灵类，遗憾的是，他在乐于分享上面，落后沃兹尼亚克甚多。

3.Adrian Bowyer 博士

没有英国巴斯大学的机械工程高级讲师 Adrian Bowyer 博士创建的 RepRap 开源项目，就没有方兴未艾的 3D 打印机家庭化运动，英国工程和物理科学研究理事会提供部分起动资金给 RepRap 开源项目。

4.Chris Anderson（克里斯·安德森）

这位可敬的创客辞去了世人瞩目的美国《连线》（*Wired*）杂志总编职务，专注于他的开源项目以及机器人创业公司，他解释道：“对我而言，这是一次追求创业梦想的机会，《连线》的使命是影响和记录数字革命，这种使命将会继续延续和扩展。”

（三）创客与黑客、威客的区别

黑客是一种文化现象，威客是一种商业模式，创客从某种角度上看是一种信仰。

四、创客的发展状况

（一）创客的社会意义

创新 2.0 时代的创客们以好玩为主要目的，恰恰是创客的意义所在。当创意及其实现有成为商业模式的可能的时候，创业就是一件顺理成章的事情。一旦有创业的想法，就要去思考商业模式，搭建创业团队。所以，凡是有创业想法的创客，就要做有心人，并且要坚持。

创客工作从创意到实现创意是一个质的飞跃，从创意产品到形成商业模式，又是一个飞跃，每一个飞跃都不容易，都意味着有失败的危险。同时，这样去做之后，作为纯粹创客的乐趣也许会减少。这是有创业想法的创客们要有心理准备的。

众多创客参与，让知识、创新共享和扩散的“创新 2.0”模式象征着科技也进入了“更新期”。新的环境使得中国创客在世界范围内脱颖而出有了更大可能。无论是电子科技，还是软件科学，或是具有浓郁东方特色的艺术创新实践，都为中国创客展开了无限可能的未来。借助互联网和新工具，创客们实现了产品自设计、自制造，成为创新 2.0 时代的造物者。同时，在用户创新、开放创新精神的指引下，创客们站在彼此的肩膀上，越站越高。人类工业文明、商业文明，当然还有人自身，正在发生巨变。

（二）创客的发展

与其他新鲜的群体一样，创客在国内也正在经历一个“从沉默到爆发”的发展阶段。随着少数硬件发烧友陆续发现国外的开源硬件平台，逐步进入创客圈，创客文化才开始渐渐积累和活跃起来，形成了以北京、上海、深圳为三大中心的创客文化圈。随着创客群体在国内的不断壮大，以及首届联想创客大赛、全球创客马拉松等展示性、促进型活动的举办，让经过“蓄势待发”或“厚积薄发”的中国创客有望在新的一年迎来正式的爆发。其中，联想创客大赛的一名组织者就认为，在未来，创客会成为继互联网革命之后的新的变革力量，将从各个方面改变我们的生活。

从整体来看，过去的 20 年里，我们经历了两次新技术浪潮，这给经济发展和我们的生活带来了革命性变化。

第一次是 20 世纪 90 年代，以个人电脑和桌面软件为主导的信息化浪潮；第二次是 21 世纪头 10 年，以互联网为主导的新技术浪潮。

虽然国内创客文化的形成比国外晚了几年，但随着互联网的发展和开源硬件的兴起，两者的结合为我国创客提供了一个发展的平台，近两年，国内的创客氛围越来越浓，越来越多的人参与到创客产业链条中来。就目前国内创客产业链的发展来看，创客和创客空间是发展最迅速的部分，是最核心的部分，对整个链条的发展起到了带动作用。

中国创客群体不断扩大，水平不断提升，各地创客空间与世界无缝对接更是让中国创客拥有了属于自己的特色文化特征。国内较为正式的、形成一定规模的创客空间大约有 11 家，其中较为出名的是新车间、北京创客空间、柴火创客空间和洋葱胶囊，它们凭借其北上广深等的地缘优势更是形成了自己的特色。

在数量上，越来越多的人投身创客行列，不仅有青春无限、初出茅庐的大学生，还有在科技领域已经风生水起却仍旧敢于追逐“梦想”的科技达人；而数量的提升带动了质量的跨越式发展，国内逐渐转好的创客环境让更多人看到了成功的希望，并从中获益良多，比如说，由一个中国珠海的技术团队研发的一个开源MPC开发板，年产2万台，年销售超过100万美元，利润也有60万美元，5个团队成员平分，每人每年能有几十万元人民币的收入。除此之外，中国创客在硅谷成功融资的例子也是举不胜举。

新的环境使得中国创客在世界范围内脱颖而出有了更大可能。无论是电子科技，还是软件科学，或是具有浓郁东方特色的艺术创新实践，都为中国创客展开了无限可能的未来。借助互联网和新工具，创客们实现了产品自设计、自制造，成为创新2.0时代的造物者。在工业4.0的时代中，“不俗网”陈伟说要让创客的收入超过明星。同时，在用户创新、开放创新精神的指引下，创客们站在彼此的肩膀上，越站越高。人类工业文明、商业文明，当然还有人自身，正在发生巨变。因此，从现在，就今天，中国创客即将迎来真正“璀璨辉煌”的爆发期。

第二节　创客空间及其运作

Fab Lab基于对从个人通信到个人计算，再到个人制造的社会技术发展脉络，试图构建以用户为中心的，面向应用的，融合从创意、设计、制造，到调试、分析及文档管理各个环节的用户创新制造环境。发明创造将不只发生在拥有昂贵实验设备的大学或研究机构，也将不仅仅属于少数专业科研人员，而有机会在任何地方由任何人完成，这就是Fab Lab的核心理念。Fab Lab网络的广泛发展带动了个人设计、个人制造的浪潮，创客空间应运而生。

一、什么是创客空间

（一）创客空间的定义

创客是一群喜欢或者享受创新的人，追求自身创意的实现，至于是否实现商业价值、对他人是否有帮助等，不是他们的主要目的。

而创客空间就是为这些创客们提供实现创意和交流创意思路及产品的线下和线上相结合、创新和交友相结合的社区平台。

国内创客空间属于初创阶段，创意来源也主要来自国外的开源网站，目前还没有形成有显著特色的、可持续发展的模式。除了个别创客空间属于综合性平台之外，今后创客空间的专业化趋势在所难免。创客空间本身的商业模式和运行模式也是值得探讨和摸索的。

创客空间是一个人们能分享兴趣——多数是电脑、技术、科学、数字或者电子艺术（也包括其他更多方面）——合作、动手、创造的地方。创客空间可以被看作开源社区，创客能聚集在一起分享知识，创造新事物的实验室、厂房、工作坊、工作室等。很多创客空间参与自由软件、开源硬件、新媒体的活动。他们经常在大学、社区活动室、成人教育中心，甚至直接在厂房里。

创客空间是人们以工作坊、演讲、讲座等形式分享知识的地方。空间常举办聚会等社会活动。他们为成员提供地点及设备供成员进行个人项目，或者集体项目。创客空间也可以运作物理或虚拟设备租借。创客空间的房间很重要，它提供创客们完成他们的任务的基础设施。作为空间的补充，大多数创客空间提供电脑。设备好一些的创客空间提供机械工具、音箱设备、投影仪、游戏中心、电子设备（如示波器和信号发射器）、电路元件和其他电子制造所需要的设备。一些创客空间提供食物储备，并举办厨艺讲座。

（二）创客与创客空间

创客最初指专注于利用数字技术设计产品原型的具有创新天赋和爱好的群体，后扩展为所有热衷动手实践、以分享技术和交流思想为乐的创新群体。2011 年以来，全球掀起了创客文化浪潮。2014 年，美国总统奥巴马把创客提升到打造新一轮国家创新竞争力的高度，并宣布每年 6 月 18 日为“美国国家创客日”。有人认为，创客运动是新时代颠覆现实世界的助推器，是一轮具有时代意义的新浪潮。我国创客比较活跃的地区是上海、深圳、北京等城市。深圳在每年 6 月专门设立国际创客周，2015 年 3 月 10 日（美国当地时间），还在纽约时代广场打出了“MAKE WITH SHENZHEN”的巨幅广告，打造创客之城。

而创客空间，顾名思义，就是“创客”们一起做东西的地方。这个概念最早可以追溯到发源于欧洲的“黑客空间”（hackerspace），目前在欧美有很多知名的创客空间。国内比较知名的也有新车间、柴火创客空间、北京创客空间等，创客运动和创客空间都在蓬勃发展中。国外创客空间的案例可以为我国创客空间的发展提供较好的借鉴。

二、创客空间的意义

（一）创客空间的作用和意义

不能说对社会发展有什么重要意义，只能说在某方面如经济、科技、生活等方面起到了促进的作用。它是创客们信息交流、分享、开发的平台。在国家的大力支持下，创客空间将会成为更加市场化、专业化、集成化、网络化的“众创空间”，以实现创新与创业、线上与线下、孵化与投资相结合，为小微创新企业成长和个人创业提供低成本、便利化、全要素的开放式综合服务平台。可以说这是一个好的时期，中国的草根“创客”们正在迎来最好的时代。如，人人天使创客空间正是在这样的环境下应运而出，为当地小微企业及投资者提供资源交流、路演及对接的一个平台。

（二）创客空间发挥作用的不同形式

结合当地创客团队及社群的需求，各地创客空间所发挥的功能有所差异，也以不同的形态为创客群体提供服务。其基本形态一般为具有实体加工条件的场地，相关加工工具、设备等。同时，创客的社群性决定了创客空间一般需要具备研讨空间。该空间可大可小，亦可与加工区域共用，但其存在的意义在于，具有相同兴趣的人能够方便地进行分享、交流与讨论，这一过程中获得的社交认同感，是创客群体保持黏着度的重要因素。

1. 兴趣团体

创客文化的核心在于兴趣驱动的个人创意与创造。这就定义了创客空间最基本的活动形态，即兴趣团体。这种形态可以追溯到美国加利福尼亚州硅谷的科技社区。车库是硅谷信息技术产业的摇篮，而家酿电脑俱乐部则是其中的代表。苹果电脑公司联合创始人 Steve Wozniak 曾经常在俱乐部与人交流自己的设计方案。而当时参与这类活动的人都是出于兴趣，是为了造出更好的电脑，而非商业目的，但最终优秀的电脑设计就诞生于这样的一群人中。国内很多创客空间也都起源于兴趣社团，或是长期作为兴趣社团的聚集活动场地。例如，清华大学 i.Center 创客空间自 2010 年前后，为以学生为主体的“创新社”提供产品开发场地，先后诞生了智能家居、图书馆自动还书分拣系统、智能医疗复健器械、板球辅助训练仪等项目；在深圳，几位 Linux 爱好者，创立了线上通过邮件列表和 IRC 交流想法，线下定期聚会协作推进项目的 SZDIY 社区，经过数年积累，沉淀下不少原创项目。此外，高校中的学生兴趣社团也是以类似的形态形成的组织。

兴趣团体依靠特定的一类或几类技术主题来维系运行，往往组织中有若干技术骨干。团体的目标是针对一些技术问题不断探索，寻求更好的解决方案。为了维持正常运转，参与者往往需要自筹经费，共同支持群体所组织的活动，购买必需的材料、工具等。兴趣团体的特点是，新参与者在加入时，往往只了解技术门类，并不针对某一特定技术应用、解决方案、产品项目而来，具体项目则是在成员日常技术研究中诞生的。

2. 项目孵化与加速

一方面，创客社群成员形成团队推进项目日趋成熟，一些项目的目标和定位更加明确，并开始显现市场价值。另一方面，市场需求或实际问题的出现，也为项目提供了进一步发展的可能。对于这类团队，创客空间将提供多方面的支持，包括产品开发场地、原型产品制作条件、工业设计、电子技术、供应链与量产咨询服务等。同时，创客空间通常设立会员机制，成员定期缴纳一定的会费，来获得使用这些资源或服务的权利。会费收集后，则会用于添置设备、邀请技术顾问等。在国内，各地社会化运行的深圳创客空间，大多以这类形态提供日常服务。北京创客空间、深圳 TechSpace、上海新车间等创客空间都提供结合本地资源优势的项目孵化服务。

3. 技能培训

在社会上，有两类人士可能成为创客的潜在人群：一类是年轻人，他们对新工具、新产品具有强烈的好奇心，希望更深入地探索一个产品的原理，甚至是进一步改造；另一类是在生活中常遇到需要通过创造性思维来寻求问题解决方案的人，当他们面临一些工作、生活中的挑战时，往往希望通过自己动手，寻找解决方案并加以实施。这两类人常有一个共同的特点——需要了解、掌握一项或几项需动手操作的技术，却常无处进行学习，例如电路板焊接、木工、钳工、开源电子硬件、快速成型制造等。

面对这样的需求，创客空间往往承担起技能培训平台的角色。常见的模式包括邀请专家进行指导训练，或是成员间进行相互指导。对于成员结构较为多元化的创客群体，第二种模式不仅可以节省外请专家经费，而且是一种很好的成员间社交活动，可以促进相互之间的了解，为组成团队提供更多机会。

另外，创客空间常提供面对全社会包括青少年、大学生、在职人员等不同层次人士的培训活动。例如，深圳柴火空间的会员会将创客产品项目设计成课程方案带到深圳蛇口花园城社区，定期为小朋友开设动手制作的活动；北京创客空间同样开发了名为 Creatica 的系列青少年课程。

4. 专业工艺

创意产业的兴起，推动了很多中小规模的加工企业，开始整合设计师资源，形成具备一定设计能力和定制化能力的工坊。这些工坊具备较为专业的加工工艺，在特定的领域施展特长，结合当地创客社群，提供定制化服务。这些与创客社群对接的工坊，也会举办类似开放日的活动，吸引各界人士了解其资源。例如，在北京近郊许多木工加工车间、金属加工厂等已同 798 社区、草场地社区中的各类工艺美术工作室建立了合作关系。

5. 社交空间

对于创客团队来说，如果选择走向市场，需要面临供应商、投资人、合作伙伴、潜在客户、媒体等各界人士。同时还需随时了解业内合作者、竞争者的情况。近年来，在创客活跃的区域，出现了许多公共社交空间，以咖啡店、餐厅、书店的形式存在，吸引各类人士驻足。创客与创业圈也形成一种“泡”咖啡店的习惯，以期与合适的合作伙伴或独具创意的项目“偶遇”。这些社交空间也常会组织主题活动，邀请投资领域、技术领域的知名人士出席，通过讲座、交流会等形式，为各方提供相互认识的机会。除此之外，一些社交空间还兼具孵化器功能，为初创团队提供私密办公地点，为创业者提供更好地与产业联系的机会。北京的车库咖啡、3W 咖啡等，设立在中关村地区，以互联网项目为特色；清华校友创立的大家咖啡连锁，在北京清华大学校园旁以及深圳前海新区设立分店，吸引在校学生、创业团队、小微企业人士与投资人、校友、企业家等人群进行深入交流，提供办公空间，还为初创项目提供产品展示的平台。这些社交空间由于背后拥有创立者相关的人脉网支撑，往往具有一定的信誉，这也为创业者在选择合作伙伴的时候，提供了一定的参考。

6. 企业家资源导入

创客空间代表了以个人或小型团队为主体的社会化创新群体，而面对产业全球化的挑战，各类企业尤其是接近终端消费市场的家电、消费类电子、科技产品等行业企业，开始越来越重视组织的创新能力培养以及创新项目产业化。企业在发展中所遇到的问题非常具体，而对于产品创新，则更多是开放的态度。因此，一些企业已经建立起面向年轻人的创新专门部门。这些企业内部机构，通过举办创意大赛、校园讲座、提供实习机会等方式，吸引高校及社会创新人才或搜集创意构想，作为企业创新的资源储备。

另外，一些地区的高校和政府部门主动与企业形成合作，将企业中层管理人才尤其是创新型企业的一线管理人才与初创企业甚至创客团队进行对接，将成长企业在发展中曾面临的挑战及相应解决方案分享给后继创业者。这种产业与团队之间的双向互动，正逐渐形成一个产学合作的新生态，也为院校建设创新创业相关课程及活动提供了引入人才与资源的新渠道。

7. 学校支撑的创客空间

广泛分布于各地的中小学、职业学校、高等院校向来是创新实践活动最为集中的环境之一。从人才角度来讲，学校拥有庞大的、多元化的参与者群体；从活动条件来讲，近年来各级院校都在大力建设创新活动实践基地并积累了丰富的资源。结合创客群体的特点，这些创客教育基地通过具有与实践结合、项目为导向、挑战式教学等特点的课程和以学生为主体的创客实践活动，组织具有创意创新构想的学生参与其中。

学校支持创客活动的重要工作是进行资源的开放式管理，这些资源包括场地、设备、材料等实体资源，以及创客导师、设计服务、知识产权咨询等人力、智慧资源。随着现代信息技术的发展，上述资源更多地通过数字化、信息化的手段，通过网络进行分布式管理。例如，清华大学 i.Center 创客空间，在提供实体加工制造资源的同时，还规划建设云桌面服务，在校园局域网中将常用设计工具、计算资源、素材资源等，提供给在校学生。同时通过互联网，引导学生积极获取全球创客资源，包括可共享的产品设计、模型素材、在线知识库、开源软件等。按照规划，跨地域的分布式协作系统，可联络校外资源，经由物联网、互联网支撑的信息化平台，将加工制造、设计咨询等服务带入校园，带到学生的计算机或移动终端，进一步缩短创客产业链，加快项目迭代速度。

第三节　创客空间如何运作

一、创客空间的运作特点

（一）开放与低成本

面向所有公众群体开放，采取部分服务免费、部分收费，或者会员服务的制度，为创业者提供相对较低成本的成长环境。

（二）协同与互助

通过沙龙、训练营、培训、大赛等活动促进创业者之间的交流和圈子的建立，共同的办公环境能够促进创业者之间的互帮互助、相互启发、资源共享，达到协同进步的目的，通过“聚合”产生“聚变”的效应。

（三）四个结合

团队与人才结合，创新与创业结合，线上与线下结合，孵化与投资结合。

（四）便利化

通过提供场地、举办活动，能够方便创业者进行产品展示、观点分享和项目路演等。此外，还能向初创企业提供其在萌芽期和成长期的便利，比如金融服务、工商注册、法律法务、补贴政策申请等，帮助其健康而快速地成长。

（五）全要素

提供创业创新活动所必需的材料、设备和设施。

二、创客空间如何运作

创客空间由“车库”衍变而来，创客在这种带有加工车间和工作室功能的软硬件开放实验室里将创意变成产品原型的场所，换个说法就是“孵化器”。创客空间最早可以追溯到1978年乔布斯（Steve Jobs）和沃兹尼亚克（Steven Wozniak）在他们的

Homebrew Computer Club 展示了 Apple Zero，再往后，比尔·盖茨开始为 Basic 语言到处筹款……国外目前约有 1000 个可以分享硬件和生产设备的创客空间，并且还以惊人的速度增长。目前，国内粗具规模的创客空间近 20 家，其中"北京创客空间"、上海的"新车间"、深圳的"柴火空间"、杭州的"洋葱胶囊"较为著名。

（一）国内知名创客空间

1. 成都创客空间

成都创客空间是一个以知识分享、创意交流以及协同创造为主的非营利组织。创客空间遍布全球，它们都具有实体空间并采用社区化方式运营。在这里，大家可以一同开展有趣的项目。成都创客空间既是西部第一个创客空间，也是全球数百个创客空间之一。

尽管每个创客空间都自主运营，但大家都秉承着相同的理念——在创作中寻求快乐。在创客环境中，大家可以开发新技术，可以与团队一同协作，也可以参与国际竞赛，寻找并创造新的机会。

向软硬件高手、电子艺术家、设计师、DIY 爱好者和所有喜欢自己动手捣鼓各种东西的人提供了一个开放式社区、实验空间和基础设备。在这里，大家不仅可以和兴趣相投的人一起拆拆装装各种电子和物理产品，而且还可以共同实施一些好的设计和想法。

成都创客空间将工作空间提供给人们来实施自己项目，举办包括电子、嵌入式系统、编程和机器人等不同主题的研讨会和培训班。此外，"成都创客空间"也将成为一个融资和管理平台，来支持人们实施自己的作品和项目。

成都创客空间的使命是支持、创建并推广 3D 打印、移动计算、开源硬件和物联网。为了达成这个目标，成都创客空间会积极举办讲座、研讨、项目、初创推广、工坊、竞赛，同时参与国际竞赛。其长期目标是在中国各地传播创客空间的理念以及推广创客的文化。

2. 南京创客空间

南京创客空间是由南京地区一群软、硬件技术人才发起的民间科技公益组织，成立于 2012 年 5 月，现有核心成员数十人，成员专业方向涵盖计算机、电子、电力、建筑、艺术、机械制造、管理、经济等诸多领域，人员来自全国各地各行各业，现有基地工作室 1 间，成员个人工作室 4 处。截至 2013 年 5 月，成员人数超过 200 人，成员里面藏龙卧虎，在校学生、资深工程师、大学教授、艺术家、知名专家等人才济济。南京创客空间和上海新车间、深圳柴火创客空间、成都创客空间、北京创客空间等国内主要创客组织均有互动往来，和南京及周边高校也有良好合作，受到科技局支持和认可，媒体多次报道。

南京创客空间的口号是"分享创意，兑现创意，团结合作，不断进取"，致力于推动南京地区民间科技力量和创新文化的发展，整合人才和资源优势，鼓励发明创造和技术创新，鼓励知识分享，鼓励研发实用型项目，形成知识产权和专利。目前主要开展以下3个方面的活动：（1）各类软硬件、工业设计等实用型项目和底层技术研究。（2）人文艺术创作。（3）知识、思想分享活动。

3. 武汉创客空间试运营计划

武汉创客空间的发起方式：由多家发起单位共同发起，发起单位可以提供设备、场地、资金以及其他资源。武汉创客空间的运营方式：初期武汉创客空间对外采取免费开放的方式，由发起单位、志愿者、会员等义务进行创客空间的日常管理和运营。

前期武汉创客空间将每周三晚上（19: 00~22: 00）和周六下午（13: 00~19: 00）设为开放日，每周三晚上举行沙龙，举办各种专题讲座，由大家宣讲想法，交换新知，讨论各种技术、产品、项目、模式等。以解决大家的问题、分享新知识、寻找新思路为导向。至于讲座的主题内容，由大家共同提出。每周六下午，大家可以在空间使用设备动手操作，共同合作开发产品项目。以动手实际操作为主，让大家能够共同参与做些实际的项目。如果有其他需要可以再多增加开放时间。

项目由有能力的会员发起，通过项目介绍吸引其他会员加盟项目组共同开发，共担项目成本，项目发起人负责控制项目进度，项目组成员有责任和义务积极配合项目的开展。项目组可以由大家自行组队，也可以根据项目的需要，在创客空间讨论，选择合适的人一起合作。

（二）国外知名创客空间

1. Chaos Computer Club

Chaos Computer Club 成立于1984年，是最早的，也是欧洲最大的 hackerspace（黑客空间），由时年32岁的程序员沃·荷兰（Wau Holland）在汉堡成立。其创始人沃·荷兰认为“混沌”这个词是对如今这个世界最好的解释，因此创设了 Chaos Computer Club（混沌电脑俱乐部），以揭露重大的技术安全漏洞而闻名于世，范围从芯片到 PIN，再到智能手机，等等。Chaos Computer Club 有自己的信仰，创客们更多是为了纯粹的乐趣，俱乐部的集会更像是一种朝圣。不过，“黑客空间”并不仅仅破解电脑，在理想状态下会深入到生活的方方面面之中，可以将其看作与人类日常生活并行的另一套“系统”。目前，除了“黑客”外，一些记者、学者等自由工作者人数也占很大比例。

2. Noisebridge

Noisebridge 创立于2008年，创始人 Mitch Altman，有人称其为“创客教父”，他于2007年在德国参加 Chaos Communication Camp 后，想在美国设立同类场所，最终在旧金山建立了 Noisebridge。Noisebridge 崇尚开放、自由、互助，在有些混乱的表面下按照类似开源社区的组织方式保持着井井有条地运作。从视觉风格上看，它面积不大，稍有些陈旧、杂乱，其中甚至有一个车间被命名为“Dirty Room”（肮脏的屋子），但所能想象到的一家创客空间里该有的东西都可以在这里找到，比如各种切割工具、焊接工具、3d 打印机、电脑、桌上足球、自动售货机、小厨房。从运作方式上看，Noisebridge 是个开放的场所，无须缴纳会员费或报名课程就可以直接进入其中，甚至直接开始工作。Noisebridge 课程，以免费为主，听课者无须报名便可以直接前来上课，内容涵盖从传统制造和 3D 打印到编程、设计等。Noisebridge 的全职会员要经过复杂的申请流程，包括要得到至少两位现任会员的推荐。全职会员意味着负责维持、改善和管理 Noisebridge。

在参观 Chaos Communication Camp 后，受其启发成立的创客空间还有 NYC Resistor（2007）、HacDC（2007）等。这些创客空间保持了自由主义的色彩，不过从软件走向了硬件。创客们可以在这里设计及制造电子回路，顺应自身兴趣制作实体原型，开展活动等，动手发明创造替代性的解决方案。

3. Artisan' s Asylum

Artisan' s Asylum 由一位热衷大型机器人制造的创客 Gui Cavalcanti 在 2010 年创建，最初是源于他自己想完成的一个机器人的想法。Artisan' s Asylum 是一个非营利团体，采取会员制方式运作，每月会员从选择时段的 60 美元起价，最高 200 美元即可以获得 24 小时全天候的会员资格和全部公共工具的使用权限。目前，Artisan' s Asylum 每月的会员数量已经达到大约 250 人，长期入驻的工作室约 140 个，珠宝设计制作、机器人制作、电子电路设计、布艺设计、机械加工、焊接、木工，林林总总。会员加入后，可以获得这里提供的各种专业设备、工具的使用，包括切割、焊接设备，激光 3D 打印机等一些昂贵的设备。相互交流激发灵感的创客氛围也是吸引会员加入的一个方面，Artisan' s Asylum 为会员提供了专门的交流空间，甚至还有厨房。总体上说，Artisan' s Asylum 有些类似于研发基地，创客们在这里做产品原型，然后再另找地方批量生产。在筹资方面，创客们常常会与 Kickstarter 等众筹平台合作，募集项目有纯商业类项目，也有非营利的公益项目。此外，Artisan' s Asylum 还定期举行培训，主讲人有很多是其中的创客，创客们借此可以一边完成创作，一边赚取谋生费用。Artisan' s Asylum 的创客有一些是全职，但更多是因兴趣而起，大多另有稳定的工作和收入。

4. TechShop

TechShop 是目前美国规模最大的创客空间。Techshop 是连锁的商业机构，目前已在美国 7 个城市开设了分店，并正计划拓展到其他主要城市。Techshop 通过会员费和收费课程盈利，以公司的形式运营，更加类似于 machine shop。TechShop 每月的会员费是 125 美元，它为会员提供所需的工具、设备、教学以及支持人员，以便创造他们一直想创造的东西。这里的器具包括：铣床、车床、焊接台、离子切割机、金属板材加工设备、钻孔机、锯、工业缝纫机、手工具、塑料加工设备等。会员可以自由使用这些设备以及参加技术分享课程。

5. Metalab

Metalab 成立于 2006 年，现在已经成为维也纳的一个高科技社区聚会场所。Metalab 提供 IT、新媒体、数字艺术、网络艺术和黑客文化等领域的物理空间，为技术创意的爱好者、创客、创始人和数字艺术家之间的合作提供服务。Metalab 是全球创客空间运动的催化剂，是多家互联网创业公司的发源地。

6. Fab Lab

Fab Lab 即微观装配实验室（Fabrication Laboratory），是美国麻省理工学院比特与原子研究中心发起的一个制造产品和工具的小型工厂。Fab Lab 的最初灵感来源于哲申费尔德教授于 1998 年在 MIT 开设的一门课程——“如何能够创造任何东西”，这很快成为他最受欢迎的一门课。没有技术经验的学生们在课堂上创造出很多令人印象深刻的产品，如为鹦鹉制作的网络浏览器、收集尖叫的盒子、保护女性人身安全的配有传感器和防御性毛刺的裙子等。学生们为此而兴奋不已，而这种满足人们自由创造需求的理念，也逐渐成为 Fab Lab 的目标。

7. Makerspace

Makerspace 是一种配备工具的社区中心。它为社区提供了制造设备，并为社区成员进行必要的培训，帮助他们利用现有资源进行设计、建模，并制作出那些无法靠个人力量完成制作的作品。Makerspace 可以是一群有相同兴趣的人们互相分享空间和工具的兴趣团体，也可以是商业公司或非营利公司，还可以是学校或图书馆等的附属组织。所有类型的 Makerspace 都是为了能整合制造设备资源，形成社区，进行相关培训，虽然其组织形式各不相同。

（三）创客空间呈现的典型特征

创客空间运作的基本逻辑是从想法、创意到产品。创客空间为创客们提供实体的物理空间，并配备相应的仪器设备进行创造，参与其中的创客可以进行面对面的实时交流和互动，共同开发。作品完成后，可以筹集资金进行生产；如果投放市场不成功，可以再次在空间中交流创作，循环往复。创客在其中所做的是发挥知识创新精神，把空想转变为现实的实干能力，彰显知识的价值。

“分享和开源”是创客空间的核心理念。创客空间最核心、最基本的元素是硬件开源，究其本质是知识的交流共享。在创客空间里，所有爱好电子、硬件、艺术、工程的人们均可以分享知识、交流看法、共同进行产品研发设计，并且通过线上线下社区加强这种共享交流，从而打造一个开源的硬件创新生态系统。

社区自治是创客空间普遍的运行方式。创客空间的结构是以工作流程为中心而不是依靠职能部门来构建。创客们被鼓励积极建立联系、交流想法，方法包括建立邮件群、维基百科、云存储平台及即时通信。

创客空间更易于把握“长尾市场”需求。3D打印等新技术的出现非常适合小批量、定制化产品的生产，相比直接市场导向的公司更有利于孕育一些小众有趣的设计，适合长尾市场的个性化需求。

资金众筹助推创客空间的快速发展。创客们在空间中利用各种器材创造出新奇的产品原型，有意投放市场的便可通过众筹网站、天使投资或企业赞助等方式进行筹集资金，随后进行生产，最后投放市场。

（四）创客空间的发展

国家对创客空间的支持是很明显的，李克强总理专程访问了深圳的创客空间，同时在国务院常务会议上还指出要在创客空间、创新工厂等孵化模式的基础上，大力发展市场化、专业化、集成化、网络化的“众创空间”，实现创新与创业、线上与线下、孵化与投资相结合，为小微创新企业成长和个人创业提供低成本、便利化、全要素的开放式综合服务平台。另外，由于创客空间的集群性、特殊性以及创新型，收到的政府补助以及社会捐款也会相应地增多。并且因为其能用较少的成本产出极富创意的产品，创客空间发展的后期应该会与各大企业合作批量生产某些产品，借此盈利。所以总体而言，创客空间的发展前景还是相当不错的。

其一，现在社会环境比以前更加宽容，创业氛围更好，创业服务机构也会有越来越多的形态出现。

其二，创业领域的投资会越来越多，会进一步促进创业人员和创业服务机构的增多。

其三，未来政府的“制度红利”比“人口红利”要更大，创业将会成为更多人的选择。

其四，未来的创业服务机构会越来越多，但所有的事情不会像现在这么热，商业最后还是会回归本质，提供的是什么服务，对用户来说是否有价值。

其五，在中国地产界，在毛大庆等明星效应的带动下，可能会在短期内有大量的人和资本涌入这一领域，争做中国版WeWork，甚至吹起一个泡沫。

创客需要自己的载体，创客空间就是为这些创客们提供实现创意、交流创意思路及产品的线下和线上相结合、创新和交友相结合的社区平台，具有服务创新创业的功能。

1. 利用存量资源打造众创空间

在寸土寸金的上海，如何构建一批低成本、便利化、全要素、开放式的众创空间呢？

2010年，来自台湾的李大维在上海创办了国内第一家创客空间——新车间。从最初只有几个人的兴趣小组开始，如今新车间人气爆棚。许多创客在这个100平方米左右的空间工作、穿梭，通过会员缴纳的会员费，新空间盈亏已经不是问题。

李大维调研发现，在上海打造更多创客空间，还有很多现成资源可以利用。比如，分布在各个区县的少科站都配备了比较齐全的创客工具，可惜利用率不高，“只要稍加改造，就能把少科站的一个区域变成创客空间”。

复旦大学国际关系与公共事务学院教授朱春奎则认为，大学图书馆是创客空间的理想平台。创客入驻图书馆后，图书馆的社会价值被深度挖掘，图书馆成为思想和创意的孵化器。图书馆空间得以充分利用，产生新的社会效益和经济效益。当然，图书馆想要成功构建创客空间，必须具备一些最基本的资源，主要涉及基础工具、入门项目、成功经验、创客目录等内容。

2. 创客走向创业需要生态圈

创客走向创业，最需要什么？复旦大学管理学院企业管理系创新专家孙金云在发言中，反复提到了“生态圈”的概念。在创业过程中会涉及各方面的问题，包括人事、社保、法务、投融资对接、云服务、项目资源、产品销售、创投圈活动等，需要整个创业生态环境的资源协同，才能推动科技创新成果的成功孵化。

他提醒，创业有很大风险，且有一定门槛，创业者需要具有长期的积累和对行业的洞见。从美国对创业的调查来看，年龄在30~35岁，学历本科以上的创业者成功概率更高。因为企业创建、市场开拓、产品推介等工作，都需要调动社会资源，一般的创客或者大学生在这方面会非常吃力。创业时如果缺乏前期市场调研和论证，只是凭自己的兴趣和想象来决定投资方向，一定会碰得头破血流。

随着草根创业的兴起，创客空间如雨后春笋般崛起。上海众创联盟成立正当时，然而也有业内人士指出，创客空间不能只重名称和概念，不能翻个牌子就变成“创客空间”，也不能成为盲目的扩张运动。众创空间联盟，本身可以作为类似行业协会的组织，发挥其营造环境、规范行业的作用，为创客们提供更肥沃的成长土壤。

从发展趋势看，创客空间必将成为技术创新活动开展和交流的场所，也是技术积累的场所，也必将成为创意产生和实现以及交易的场所，从而成为创业集散地。创客们以好玩为主要目的，恰恰是创客的意义所在。当创意及其实现有成为商业模式的可能的时候，创业就是一件顺理成章的事情。一旦有创业的想法，就要去思考商业模式，搭建创业团队。所以，凡是有创业想法的创客，就要做有心人，并且要坚持。

从创意到实现创意是一个质的飞跃，从创意产品到形成商业模式，又是一个飞跃，每一个飞跃都不容易，都意味着有失败的危险。同时，这样去做之后，作为纯粹创客的乐趣也许会减少。

国内创客空间属于初创阶段，创意来源也主要来自国外的开源网站，目前还没有形成有显著特色的、可持续发展的模式。除了个别创客空间属于综合性平台之外，今后创客空间的专业化趋势在所难免。创客空间本身的商业模式和运行模式也是值得探讨和摸索的。

三、如何加入创客空间

创客不是由谁批准或施舍给你的名号，它是一种信仰，持续实践，乐于分享并且追求美好生活。

（一）创客的优势

学生们会逐渐意识到：创客不是独行侠，做创造性的事情需要团队合作。学生在团队中快速成长，同时也学会分享。学生们的角色也由参与者，转变为主导者、组织者、设计者。学生们在活动过程中意识到创客行动要有规范和责任意识。

提高学生研究能力，力求通过活动类科学课程激发学生的研究兴趣，培养学生的科学素养，让每一个学生都从中受益。并不要求学生们的科研课题要多高精尖，只要他们在这个过程中得到锻炼，思维能力有所提升，我们的目的就达到了。

为学生创客提供一个工作、网络、社交和资源共享的空间，打造一个“孵化器＋加速器”的创业生态体系。

（二）如何加入创客组织

创客空间是兴趣相投的创客们的聚集平台，是创客们最基本的组织单位，由创客们志愿发起组建。

作为小白创客，要想实践和分享，最好先找到一个感兴趣的创客空间并加入他们，才能体验到团队合作的乐趣，并碰撞出创新的火花。如果有足够的时间、精力与金钱（有些创客空间是靠会员费维持运作的），也可以加入多个不同种类、不同城市甚至不同国家的创客空间。

如果找不到自己感兴趣的创客空间，可以自己找上几个志趣相同的伙伴创办一个。创办后与其他创客空间联系并请求帮助，到就近的创客公会登记，方便推广及与其他城市和国家的创客们沟通、合作。

创客的创新和力量源泉来自于所有创客的相互分享、帮助与合作。

（三）如何成为一个创客

创客正在兴起，但到底什么是创客？如何成为一个创客呢？创客其实就是将自己的

idea 变为现实的一群人。相信你身边也有很多这样的人，那个接下来我们就可以告诉你如何成为一个创客。

首先，你得有很多新奇古怪的想法。如石头上作画，或是将打火机变成一个摩托车模型等。

其次，你要懂得就地取材，其实我们身边有很多废弃的物品，如易拉罐、塑料瓶、杂志、不能穿的衣服等，这些都可以变废为宝。如果你实在找不到材料可以去网上购买。

接着，就是动手做了，将你的想法慢慢变成现实，当然其中一定会包含很多次失败。

当然，现在已经有一些比较成熟的创客网站，如等等，在搜索引擎输入创客就可以看到，在这些网站里，你可以结识一些和你一样喜欢创客这个身份的人，可以和他们好好交流经验。

最后，如果你有觉得还不错的作品可以放到自己的社交平台炫耀一下，说不定能找到你的知音。同时，你也可以开个网店，出售一下自己的作品。在坚持自己的爱好的同时，还可以赚点收入。

（四）学校怎样进行创客教育

2015 年 5 月 16 日，中国教育学会青少年创新思维教育研究中心成立暨“青少年创客成长计划研讨会”在北京召开。会议由中国教育学会主办，首都师范大学数学科学研究院协办。中国教育学会会长钟斌林、首都师范大学校长宫辉力、中央电视台新影集团副总裁赵捷，中国科学院网络中心网络科普教育中心主任肖云等领导参加会议。

我国长期存在青少年创新思维乏力、创新成果转化困难的状况。这就要求我国各级教育行政部门和中小学校进一步深化基础教育综合改革，创新人才培养模式，充分利用社会资源开展各种课外、校外活动，广泛、深入地开展青少年创新思维教育和创新成果转化服务，形成各类人才辈出、拔尖创新人才不断涌现的局面。

针对这一要求，中国教育学会于 2014 年 8 月批准设立中国教育学会创新思维教育研究中心。中心成立的宗旨是：团结和组织全国从事青少年创新思维研究与实践的教育工作者，研究青少年创新思维教育的理论和实际问题，为提高我国青少年服务国家人民的社会责任感、勇于探索的创新精神和善于解决问题的实践能力做出贡献。北京师范大学科学传播与教育研究中心李亦菲博士被推选为第一届理事长。我国著名数学家、华罗庚数学奖得主王元院士，国际博协科技馆委员会副主席、联合国教科文组织“卡林加奖”获得者李象益教授受聘担任中心学术顾问。

中心的业务范围主要包括：

（1）围绕青少年创新思维教育的理论和实际问题，组织开展群众性教育科学研究、教育教学改革实验和学术交流活动。

（2）编辑和出版青少年创新思维教育书刊和数字媒体，普及相关知识，介绍国内外研究动向、优秀成果和教育教学改革经验。

（3）研究、开发实施青少年创新思维教育的教学资源，组织教育教学改革实验成果的评价与推广。

（4）开展青少年创新思维教育的业务咨询和培训，为各级政府部门、企事业单位和社会组织的相关决策提供科学分析、信息反馈和咨询意见。

（5）在主管部门授权内，制定青少年创新思维教育的相关专业标准。

（6）开展与我国香港、澳门和台湾地区及其他国家的相关组织的学术交流与合作。

为有效促进我国青少年发展创新思维、产生创新成果，中国教育学会青少年创新思维教育研究中心与中央电视台新科动漫频道、中国科学院计算机网络中心联合发起“青少年创客成长计划”。该计划以 STEAM 教育理念和 TRIZ 创新理论为指导，引导和支持广大中小学校及各类校外教育机构提供工作场地，配备各种支持创意产品开发与制作的硬、软件资源，帮助那些热衷于创新的青少年综合运用各学科知识进行技术创新，把创意的想法变成原型，进而转化成具有特定功能的产品，最终实现市场化。

“青少年创客成长计划”2015 年的主要工作包括：

（1）组织专业团队开发“青少年创客课程”，拟开发益智创客课程、模型创客课程、电子创客课程。

（2）在全国各地级市广泛开展 500 场“中国青少年创客成长计划”体验活动。

（3）举办第一届“中国青少年创客节”，采用网络征集、现场展示、电视宣传等形式，为各地和全国的青少年创客提供展示作品、扩展视野的交流平台。

（4）组织科研院所、高等院校、高新企业等机构的专业科技人员，初步建立创客导师团队。

（5）研究开发青少年创客教育的评价标准，为创客教育的规范化开展提供方法和工具支持。

（五）全国首个创客空间的学校是如何做创客教育的

2008 年，温州中学创立科技制作社成为全国公认的第一个校园创客空间。

在 2015 年全国高考成绩中呈现上线录取分数稳中有升、拔尖人才走在前列、素质教育成绩喜人的三大特色（其中，自主招生高校入围 146 人，人数居全省第一）。

通过自身的努力，温州中学在创客空间建设方面取得了不错的成绩，是国内中小学创客空间中的佼佼者，应可成为后来者的榜样，其建设经验无疑值得总结和梳理。

温州是我国的创客热土，温州中学是国内较早参与创客教育的学校之一，该校“课程、空间、活动”三位一体的创客教育实践研究因此获得了2016年省基础教育教学成果一等奖。

为了调动全校教师参与的热情，学校先后开发了一系列具备“跨界”特点的选修课，形成了完整的创客课程群，包括“物联网和大数据实验”“指尖上的生物”“基于数字传感器的物理实验”等省市精品课程。据了解，该校的创客课程占了选修课程的1/4，平均每位学生都能学到其中一门。

谢作如是温州中学信息技术教师，也是该校创客教育的带头人。谈起学校创客空间的成立，他说道：“学校在2013年成立了创客空间，在周一至周五的课余时间向所有学生开放，是学生在参与创客选修课学习后的动手实践基地。我们鼓励不同年级、不同班级的学生观察生活、发现问题，研究跨学科的综合性项目，并在学校的创客空间中得以实践来提升学生动手能力。”

创客空间投入不到数万元，但“麻雀虽小，五脏俱全”，小型激光雕刻机、胸章制作机等一应俱全。小小的创客空间，承载了一批又一批小“创客”的科技创新之梦。这几年，在谢作如的指导下，学生们发明了很多作品，有睡眠质量监测仪，也有基于物联网平台的小鸡孵化实验室等，仅专利发明一项，学校每年就有数十项得到授权。这些时常出现在创客空间里的小“创客”们在一次次的创新实践中，激发了对科学探究的欲望，有的还因此形成了未来的职业规划。

这几年，温州中学的创客活动丰富多彩，社团活动日、科技节，校外的创客嘉年华等，为学校的创客迷们提供了交流展示的机会。

在2016年5月的社团活动日上，从智能手机的九宫格解锁中得到启发，高三学生陈盛和高二学生黄文豪合作，共同设计改进的手势门禁一经展出，同学们纷纷点赞。当天，学生们租用了美术教室玩起了年轻人喜爱的密室逃脱游戏，手势门禁作为密室通往成功之路的门锁，学生们用手轻轻触摸就能解锁开门，他们觉得新鲜又好奇。

教育部教育装备研究与发展中心信息化教育装备处副处长梁森山曾评价说：“该校的创客教育，激发了学生的创造潜能，解决了传统教育的课程内容陈旧、与社会脱节及授课方式单一等诸多问题，更带动了整个学校课程体系的变革，值得在全国推广。”

1. 温州中学创客空间简介

根据中学生的特点，他们的创客空间装备了空间资源。其中，Arduino作为创客课程的主要实施平台，配制的Arduino的数量可以适合大班学习；Raspberry Pi、Banana Pi、pcDuino等硬件平台，用于小组学习或教师演示；小型化、安全的木材、金属、塑料加工机械，方便学生从电子世界步入物理世界；两台3D打印机和一台激光雕刻机满足了学生们的“造物”意愿，不间断地打印他们的精彩设计；两类工作台，一类具有稳定、坚固、防火的特点，用于焊接和放置3D打印机这类需防止震动的设备，另一类具有轻便、容易移动和拆卸的特点，便于改变创客空间的格局或者释放空间；另外，各种创客视频、书籍提供了一个自学的环境。

目前，温州中学创客空间有多位教师轮流值班，并安排了创客空间的骨干成员为志愿者，协助教师管理创客空间。创客空间平时仅对学生会员和 Arduino 相关选修课程的学生开放，以项目学习方式开展创作活动；此外，一周组织一次小规模的会员交流活动，一个月组织一次面向全校学生开放的展示活动，活动由各种讲演或 WorkShop 组成。

2. 创客空间建设经验

（1）师资：由不同来源和专业背景的教师共同指导学生。创客教育是一种典型的跨学科教育，无对口专业师资的培养，而依赖单一的学科教师（如信息技术教师）必然力有不逮，因此，做好师资来源的组合工作是办好创客空间的要件之一。

温州中学的做法是：

一是大学研究力量的加入。高校教育信息工程研究所的 3 位研究生正式加盟创客空间建设，执行校本课程的开发与教学、创客空间的管理与指导等工作，改变了初创时期仅有校内一位信息技术教师支撑的局面，使各项创客活动进入正轨；2014 年 9 月，又有某高校科学教育专业（且具有科技馆实习的经验）的 2 位研究生加盟，同时新增 2 位年轻教师参与创客空间的建设，同一时期师资力量达 7 位之多。

二是企业力量的加入。幸运地得到了国内经营开源硬件的某知名创客类公司的支持，在参与一些大型创客活动时派遣专业创客来校做演讲和 WorkShop，并邀请创客空间成员参加每年一度的上海创客嘉年华展示活动，接受专业创客的现场指导。

三是学生家长的参与。只要用心挖掘，总会有在计算机、电子、工程制造等相关专业工作的学生家长，这些具有丰富一线工作经验的家长，如果能参与到学校创客空间的建设中来，无疑是师资力量的有效补充。温州中学创客空间便幸运地找到了一位“最佳第六人”，这位家长在电子电焊方面特别有经验，因此成为创客空间的编外导师。这样的家长，恰是前文 Harvey Singh 指出的“有经验的劳动者 / 导师”。

（2）学习内容：多学科混合。如《Flaperon 远程实验平台》是一个远程控制的跨学科实验系统，以其中的宠物饲养实验为例，除技术、工程、数学知识和技能的运用外，还特别涉及水的 pH 等化学指标和水温等物理指标的测量和应用；又如《基于物联网技术的小鸡孵化实验》涉及鸡蛋的生物特性和孵化装置的物理性能（如热量计算）。

温州中学如下几种项目来源具有启示意义：

一是源于某学科课程教师布置的任务，学生在创客空间里面将其转化为一种创作任务。例如，某生物课老师布置作业，要求用实物模拟细胞分裂图。学生创客们很快发现，这个作业可以在创客空间里面利用草图大师和画图软件建立实物模型，再采用激光雕刻机把细胞分裂图刻在木板上，甚至做成别具一格的工艺品。

二是参与“模拟经营”，化学生需求为创作项目。这是目前最具特色的一种拓展创客项目的渠道。在温州中学有学校官方组织的校园“模拟经营”活动，该活动每个学年举办一次，主要场地为食堂和教学楼的走廊，班级、社团、个人都可以公开售卖各种小件物品。创客空间的学生“主顾们”正是利用这种机会，将自己设计的一些小制作拿到“模拟经营”的活动场所中叫卖，如3D打印的书签等作品、用激光雕刻机雕刻的小件艺术品（如写有座右铭的铅笔等）、利用胸章机手工制作的胸章等。一开始他们只是售卖预先制作好的物件，品种比较单一，但很快发现，由于所有这些物品都可以根据学生的个性需要定制，且成本低廉，通过同学圈和朋友圈的传播，越来越多的学生找到创客空间要求定制他们想要的个性化物品，品种也就越发丰富了。这样，对于创客空间的学生们来说，一学期一次的“模拟经营”被拓展为一种“新常态”，“主顾们”有了源源不断的源自真实需求的创作项目单子，发现了自己创造的价值，更加激发了创作热情，不断开发出新的创意和想法供学生“顾客”选择参考。

三是源自某些“集团用户”的需求。学校社团之间或者班级活动的时候，因为活动的需要可能会产生一些创作需求，这种需求所转化的创作项目要相对“模拟经营”中的项目复杂一些。例如，舞蹈社团在迎新晚会上要表演节目，就和创客空间定制了一个作品，使用舵机带动一个大大的纸盒子左右摇摆，纸盒子上面用LED灯带摆出特定的造型；又如某个班级的节日晚会，需要设计一个新颖别致的抽奖机，于是有了趣味抽奖机。

（3）学生混编，没有建制班级的概念。必须意识到，创客教育的活动形式与传统课堂教学的一个重要差别在于没有建制班级的概念，试图采用传统建制班级的方式实施创客教育有违开放共享的创客精神。因此，以课外兴趣小组的方式集中学生是一种比较好的方式。但是，创客教育的实践创新特质又使其超越了传统兴趣小组的学习方式。

温州中学的这种超越主要体现在两个方面：

一是以项目形式开展学习，每个进入创客空间的学生都要主持或参与某个制作项目，有明确的目的和任务。

二是学生来源的混合性特征非常明显，即同时在创客空间里面活动的学生成员可能是跨班级和跨年级的。不同班级和不同年级的学生可以在创客空间里独立从事各自的项目，但更多的时候是相互观摩、头脑风暴和提供技术支持，如一个项目可能需要用到3D打印，那么擅长3D打印的学生就会临时加到这个组里提供支持。而且，相当一部分的项目成员本身就具有混合性。这种形式的混合，正是过往社团活动和课外兴趣小组所缺少的。

当然，这种跨年级和跨班级的混合实践，其实现过程并非无本之木、天然产生的，而是有着先期工作的影响和支持。有两项前期工作不容忽视：

一是自2011年开始陆续开设了《S4A互动媒体技术》《Arduino创意机器人》《物联网和大数据实验》《App inventor手机游戏编程》等选修课程（走班制），这几门课程与创客教育所需的技术基础直接相关，起到了很好的启蒙作用，先期培养了一批创意制作的爱好者，成为创客空间的主要成员来源；而这些课程均以选修课的方式开设，因而一开始就为跨班级的学生组合创造了基础。

另外一个就是温州中学拥有百年的社团文化，其中的科技制作社是影响力较大的学生社团之一，会集了数十位爱科技、"爱折腾"的学生，他们同时也是创客空间的主力；他们所从事的创作项目一开始都统一由科技社负责组织申请，减少了创客空间初创时人手不够的压力，之后随着创客空间各项工作进入正轨，项目组织的工作自然水到渠成转移到创客空间负责；但是，由于科技社的存在，在学生组织方面依然发挥着重要的作用，如果说选修课实现了跨班级的混合，那么科技社则很好地实现了跨班级和跨年级的双重混合，这种混合也是创客空间学生混合的重要基础。

（4）教育经费：多源。创客教育经费是影响学校建设创客空间的重要因素，是众多创客空间起步艰难的主要原因之一。温州中学创客空间之所以能够在短时间内快速发展，一个很重要的原因就在于领头人没有坐等学校的支持，而是积极行动，努力做到了建设经费来源的多样化。具体而言，除本校的场地和经费支持外，还主要得到了如下方面直接或间接提供的经费或设备支持：

一是如前所述，得到了国内经营开源硬件的某知名创客类公司的支持，该公司不仅捐赠了3D打印机和一些学习套件，还邀请创客空间成员参加每年一度的上海创客嘉年华展示活动并承担相关费用。

二是与高校的教育信息工程研究所开展合作研究，聘请空间领导者为客座研究员，不仅派送研究生到空间承担教育辅导工作，而且在起步阶段为空间购置设备提供了直接经费支持。

三是创客空间成立之后，根据创作活动的需要，在得到学生家长认可的前提下，家长积极主动地为自己的孩子采购创作作品所需要的部分零配件，减轻了空间运转所需的经常性经费支出压力。

四是能够获得周边学校的硬件支持。与温州中学同地区的另一所中学建设了创客空间，虽起步较晚，但部分设备比温州中学要更加精良，如他们拥有比温州中学更大型的雕刻机，可以雕刻体积更大的作品。由于两校创客空间建立了良好的互动关系，在温州中学设备出现故障或不能满足特定需要的情况下，可以到另一所中学借用相关器材。

第四节　创客空间的生存模式

一、中国的创客空间类型

（1）社区型创客空间：更接近于西方的“创客空间”，让愿意共享制造创意与工具的人，为着相同的兴趣爱好聚集在一起。

（2）硬件加速器和孵化器：更像是愿意贴上“创客空间”标签的硬件孵化器，因为能吸引中国各界更高的关注度。

（3）儿童的教育俱乐部：由学校或由独立的机构经营，孩子可以在俱乐部内运用3D 打印机、开源硬件 Arduino 等，学习简单的数字化制造。这些俱乐部的出现，显示了中国社会渴望将创造力、动手能力、基于项目的学习能力引入整个教育体系。

（4）开放的大学实验室：中国许多大学，尤其是专注电子与工程类专业的高校，正在成立创客空间，为所有在校生提供数字化制造的工具。其目的是推动创新，也希望能帮助孵化硬件类的初创企业。

（5）企业自创的创客空间：从富士康到国有企业，很多都自行成立了创客空间，鼓励员工在其中测试新的产品。多数情况下，社区型创客空间由自组织的模式管理，通过收取会员费和捐款来维持场地运营。也有一些创客空间由科技企业高管创办，基本出于公益和兴趣。目前美国规模最大的创客空间 Techshop 是以公司的形式运营，更加类似于 machine shop。每月的会员费是 125 美元。会员可以自由使用空间里 rapid prototyping 设备以及参加技术分享课程。国外创客空间的作品主要由 Kickstarter 等众筹网站募集资金。目前国内的几大创客空间运营模式各不相同，上海的新车间沿袭国外社区实验室的 NGO 运作模式，以会员费维持运营。北京创客空间作为“新型创业孵化器”由海淀区和北京市政府提供部分支持。深圳柴火空间背后有开源硬件最大电商 seeed studio 和 HAXLR8R 加速器支持。创客社区的开源分享机制吸引了各种不同身份的创新者和爱好者，并且形成一个跨界的文化，相比直接市场导向的公司更有利于孕育一些小众有趣的设计，适合长尾市场。创客空间之间也形成了一个全球性的创新网络，分享资源和人才，目前也受到了越来越多投资人的关注。

二、创客空间背后的地产游戏

很多地产商和创客空间有了紧密联系。比如，原万科高级副总裁毛大庆推出类似于美国 WeWork 的联合办公场所“优客工场”，2014 年 8 月刘洋说服雷军拿到顺为基金领投的 1 亿元人民币投资创办了“办公、创业、生活、娱乐”一体的 YOU+ 创业社区，还有北京中关村创业大街的众多咖啡厅、奶茶店。

这些场所里面或许偶有创意作品深受大众喜爱而踏入创业路的创客朋友，但是这并不意味着所有有特殊功能的办公场所或者交流场就是创客空间了。比较奇怪的一点是很多媒体报道的是“地产商打造创客空间”，而地产商也没有专门澄清。

据业内人士透露，今年深圳举办的创客活动周背后，其实也上演了一场地产商之间斡旋的好戏，去年深圳 MakerFaire 的场地提供方是万科，今年由于种种原因，被一家名为深投控的公司夺标，导致在活动开始前仅一个月内，要求参与场地的孵化器、创业咖啡馆等装修开业，最后十分仓促。

同时我们也听到，在西安、南京等地，在生存模式难以为继、运营难以维持的情况下，最后因为地产商的“出手”，提供场地、资金重新活跃起来。目前看，地产商、地方政府已经成为各地创客空间的真正推手，但背后的驱动力也许是招商引资、政绩工程的目的在作祟。

或许，把这些场所称为政府报告提出的“众创空间”更为合适些。众创空间，是创新与创业相结合、线上与线下相结合、孵化与投资相结合，为创业者提供工作空间、网络空间、社交空间和资源共享空间的场所。

三、创客空间里的那些门道

虽然创客空间这个词现在貌似比之前接受度更高了，但是国内普通大众可能极少有人知道，创客空间还有很多种，并不是我们通常所理解的“Maker Space”这么简单。比较明显的一点是，创客空间因为自己的背景和创建者的目的有了不同的属性。

在美国，很多与创新创业相关的场所都有着鲜明的特性，我们可以称之为“创新创业体系”。比如联合办公场所 WeWork，孵化器 YCombinator、500Startups，创客空间 Noisebridge、Makerspace。创客空间是其中的一类，但并不一定具有创业属性。同时，由于创客空间内的主要活动人群“创客”的属性不同，也决定了几个主要类型的创客空间。

1. 最原始的 DIY 爱好者聚集场所“Hackerspace”

典型的是国外的 NYCResistor（2007）、HacDC（2007）和 Noisebridge（2008）等，国内的 SZDIYHackerspace、Hackerspace 的概念始于欧洲程式设计师的聚会，德国的

c-base 是最先为民众敞开的独立性创客空间。

其实这里的人开始并不会自称“创客”，对于他们来说，如何把一个想法变成一个现实，才是重中之重。

2. 创新 2.0 模式的创客空间“Fab Lab”

Fab Lab，即微观装配实验室，是美国 MIT 比特与原子研究中心发起的一项新颖的实验——一个拥有几乎可以制造任何产品和工具的小型的工厂。

按照建立理念，Fab Lab 基于对从个人通信到个人计算，再到个人制造的社会技术发展脉络，试图构建以用户为中心的，面向应用的，融合从设计、制造，到调试、分析及文档管理各个环节的用户创新制造环境。是不是听起来很厉害的样子？这是很多人希望和需要的创客空间。国内也建立了类似的场所，比如 Fablab Shanghai。

3. 营利性空间“Tech Shop”

Tech Shop 是 2006 年创立于加利福尼亚州门洛帕克的营利用空间。他们自称为“美国第一间全国性的开放式公共工作坊”。当 Makerspace 与 Hackerspace 的名称传得人人皆知前，Tech Shop 就开放付费会员使用高级的制造设备。Tech Shop 不断致力于提供大众各种工作区域，设备齐全，包括木工、机械加工、焊接、切割与 CNC 加工等机器。

4. 人人皆可用来设计和工作的地方“Maker Space”

Makerspace 这个词在 2005 年《MAKE》杂志创刊前几乎没人听过。直到 2011 年年初，《MAKE》杂志开始使用 makerspace.com 当网址名，这个词才流传开来。Makerspace 指的是人人皆可用来设计和工作的地方（亦指孩童专用的工作空间）。

虽然也有人认为 Makerspace 就只有跟《MAKE》有关的空间才这样叫，但由于 Maker 一词相当古老而普遍，因此 Makerspace 传播的范围远远大于《MAKE》。

四、创客空间的生存模式

正如上面所说，有一些创客空间仅仅基于兴趣驱动创建，很可能是一群人自掏腰包组建并维持的。实际上很多创客空间被定义为“服务组织”，并不追求盈利，仅仅只要求“生存”。那么如何生存呢？这些创客空间大致通过以下方式生存甚至盈利：

（1）会员费和赞助。尤其是会员费是很多创客空间维持生计的一种手段。

（2）系列培训课程的收入。某些创客空间通常会做一些课程培训，帮助外行快速入门或者让创客快速获取某方面技能。

（3）代售收入。这是指给会员或者一些来空间参观的人销售一些工具或者创客制作的创新作品。

（4）活动和工作坊收入。通常情况下，对外开放度较高的创客空间都会有一些有趣的创客嘉年华活动或者快速制作一个创意产品的工作坊。

（5）可以孵化一些项目，从项目分红中获得收入。北京创客空间现在就在做智能硬件的一些孵化项目。

目前国内的几大创客空间运营模式各不相同，上海的新车间沿袭国外社区实验室的NGO运作模式，以会员费维持运营。北京创客空间作为“新型创业孵化器”由海淀区和北京市政府提供部分支持，并孵化智能硬件项目。深圳柴火空间背后有开源硬件电商Seeed Studio在支持。

这是一些常规的生存模式和套路，但是任何事情都有一个比较不同的“中国玩法”，在大众创业的号召下，各地的政府机构开始大力支持此类创客空间，因此政府目前也开始成为为各类创客空间买单的金主。

五、中美创客空间的差距

1. 美国的创客空间性质更纯粹

有朋友称，美国的创客空间还是比较反政府、反商业的。当然，这里的纯粹是指整体的纯粹，毕竟国外也有公司形式运营的创客空间，国内也有纯粹的爱好聚集地。举一些美国创客空间的典型Noisebridge以及Techshop。

Noisebridge无须缴纳会员费或报名课程就可以直接进入其中。在这里，几乎没有规则、没有项目，有的只是数不清的工具以及他人的无私帮助。“创客教父”Mitch Altman曾称，尽管自己走遍世界各地的创客空间，但Noisebridge是他的最爱。美国号称规模最大的创客空间Techshop是以公司的形式运营，每月的会员费是125美元。会员可以自由使用空间里的设备以及参加技术分享课程。

2. 美国创客空间拥有较为完善的创客生态

这种完善指的是硬件、软件、工具、上下游的完善。深圳虽有着完整的制造生态链，但对创客的支持并未成体系。除了国内个别的著名创客空间，我们身边的很多创客空间并不能提供我们想要的工具。

有创客朋友称，比较重要的开源软件都要通过GitHub这样的网站提供，但是英语以及获取路径都在影响着他的创作速度，他很希望国内有类似的网站。而且比较重要的一点，创客创作本身并不是一件省钱的事情，如何维持自身创作？国外创客空间的作品主要由Kickstarter等众筹网站募集资金。国内的众筹网站当然也可以，比如2014年6月前后一位创客朋友曾在追梦网众筹的开源3D打印机Kossel800筹得了37万元人民币。但是在这之前，这款3D打印机被多家众筹网站拒绝。一些拒绝的理由比较奇特，大致是说不接受这种创客制作的开源产品。

3. 国外创客的产品更“放肆”

放肆源于国外的一些创客做产品更趋向于“实现创意”。他们创造的产品中处处体现了创意。我们可以从日本的明和电机乐队以及美国创客大聚会 MakerFaire 看出，他们想给我们展现的并不是一个具体的产品，而是把产品作为载体，表达他们的创意。国内能相提并论的创客作品很少。

4. 美国创客空间没有被政府洗涮，更像是一个娱乐场所

在美国，很多创客朋友仅仅想把很棒的创意实现，而非商业化这个创意。但在国内，创客空间被创业、孵化之类的概念束缚了。不是说这样不好：如果一个好的产品能够创造很大价值、能大卖，那为什么不呢？但创意不应该被创业束缚，衡量一个创意的标准，绝不应该是能不能大卖。一个国内的创客朋友曾做了一个产品在 MakerFaire 上广受好评，但是他并不打算量产。“谁说好的东西一定要量产的？我就喜欢全世界独一无二。”

在科技领域，对于很多高大上的概念中国并没有落后，比如 VR、机器人、3D 打印、大数据和现在所说的创客空间。不过，他们几乎都被所谓“本土化”了——有些，被改造得接地气从而革命了一些旧事物；而有些，则沦为了攫取利润、抬高估值的噱头。

不过话说回来，中国的创客们也需要回答一个问题：最最需要的，是纯粹的、不被利益和绩效驱动的真的创客空间？还是能够尽快推向市场、能够变现的强力孵化器？

六、国外创客空间发展借鉴

第一，创客空间虽然各有特色，但是“自由”“开源”“共享”是其比较一致的价值观。创客空间的自由精神，开源、共享机制，使得有着不同经验和技能的爱好者之间，可以更好地交流、碰撞、合作，创造出想要的东西。尤其对于一些小众、有趣的设计和创造，这样一种文化，相比于市场导向的公司，更容易实现。

第二，创客空间的项目覆盖范围广泛。创客们的创造主要集中在以工程化为导向的研发主题上，例如电子、机械、机器人、3D 打印等，但也包括传统的金属加工、木工及艺术创作。创客们善于挖掘新技术，善于“跨界”创新。

第三，创客空间的属性多样，可以是非营利组织，也可以是纯商业化机构。非营利的创客空间常由自组织的模式管理，通过收取会员费和捐款来维持运营。纯商业化机构一般会实行更加严格的会员制管理。

第四，国外创客空间的作品，许多由 Kickstarter 等众筹网站募集资金。这也与国外众筹的发展水平更高有关。随着我国众筹监管制度的突破和行业的发展，创客空间的产品经由众筹渠道募集资金的情况可能越来越多。

第五，创客不等于创业，但创客空间却是很好的创业集散地。创客文化是糅合了技

术元素的DIY文化的延伸。创客们更多是出于兴趣与爱好，而努力把头脑中的想法转变为现实，至于是否实现商业价值，不一定是他们的目的。但是，创客空间作为技术创新活动开展和交流的场所，是技术积累的场所，也是创意实现以及交易的场所，是很好的创业集散地。

实训项目一　创新创意再创业

一、实训项目名称

“一招绝，做大业”的产品创新。

二、实训项目任务

通过对案例的分析，让学生了解大学生创业的过程，了解创客们开始创业的艰难，作为大学生应怎样培养自己的创业动机，寻找创业机会，施展创业技能？

三、实训项目内容

自古以来，烧烤的食物烹饪方式就广受人们欢迎，但随着近年来人们生活水平的提高，对食品安全、营养健康等认识逐渐上升，很多人开始寻求传统烧烤形式的变革。疯狂烤兔创建人袁磊就是其中之一，袁磊2009年毕业于中南财经政法大学管理科学专业，此后进入比亚迪，历任北京区域经理、河北区域经理、全国渠道管理专员，后辞职进入餐饮行业创业并创建疯狂烤兔项目。在仔细研究国内众多烧烤品牌以及深入的市场调查后，他认为尽管中国是养兔大国，却并没有一家专注于兔子烧烤的品牌。于是，袁磊与其创始团队开始没日没夜把所有的心思都花在烤兔这一单一品类上，进行深入研发。疯狂烤兔团队在花费长时间全面了解全国各地人们的口味以及各类烤兔的卖点后，将传统烧烤千篇一律的口味做得别具一格。疯狂烤兔，就是采用单品突出的“爆款”模式，聚焦于一点，改变原来烧烤店里什么品类都有的模式，把兔肉的烧烤推到极致。“和猪、鸡、牛、羊肉相比，兔肉具有低脂肪、低胆固醇、低热量的特点。疯狂烤兔专注特色、专注创新，兔子不仅营养好，而且健康。此外，食后极易被消化吸收，这是其他肉类所无法比拟的，这也是疯狂烤兔团队当初力推烤兔的缘由，意在为顾客设身处地地着想。”疯狂烤兔正是用精准的行业细分、优质的顾客体验、与众不同的产品特色造就了烧烤领域的“小而美”项目。好品牌、好味道、好环境，自然受到许多人的追捧。疯狂烤兔的门店绝对称得上疯狂，有时候食客下午4点多去门店还要排队等候，门店所开之处也引起食客的热捧。

四、实训项目评价

将学生分成四组，各组进行分析并派代表发言，其他小组评价发言小组。

实训项目二　建设和运作创客空间训练

一、实训项目名称

校内创办创客空间的实施思路。

二、实训项目任务

让学生了解校内创客空间的组织和程序，能够在校内创客空间碰撞创新创业的内容，并积极地推进开展工作。

三、实训项目内容

下面是某高职院校创客空间创建的方案。

1. 建设创客空间场所

创客空间场所由交流创意空间和生产制作空间两部分组成：交流创意空间的建设由教务处牵头，总务处、设备处配合，拟将 9 栋学生宿舍楼下架空层进行装修改造，设计三个研讨室，配备触摸一体机、少量电脑、打印机、会议桌椅等，便于师生进行头脑风暴。具体建设方案见“创客空间建设方案”。生产制作空间可依托现有的实训场所进行改建，由各系部负责申报，增加必备的设施设备，便于师生现场制作创意作品。

2. 设立创意主题

创意主题可以是产品的设计与制作，也可以是相关项目的创意方案。专业系结合专业特色与优势，选定 1~2 个创意主题，并成立相应的创意主题指导团队，指导团队可以由 1 人负责，也可以由不同专业的老师共同负责，可以相对固定，也可以根据主题的需要临时聘请，随时更换人员，但需将更换情况及时在教务处备案。创意主题要求尽可能面向各个专业，或集合几个专业的知识，在全院范围内实施跨专业交叉培养创新人才。创意主题指导团队组成后，将主题名称、内容、活动方案、所需设备等具体内容填报创意主题申报表，经专业系初步审核后报教务处，经批准后开展创意活动。

3. 创建创客空间 QQ 群和微信公众号，并发布创意

由学院教务处创建创客空间 QQ 群和微信公众号，教务处具体负责 QQ 群和微信公众号的信息发布与管理。创意主题指导团队申报主题成功后，由教务处根据指导团队申报的活动方案在 QQ 群和微信公众号里发布创意活动的时间和内容，在全院范围内召集对创意主题感兴趣的学生参与创意活动。除发布创意外，教务处还负责定期在 QQ 群和微信公众号中发布创客宣传报道、创新指南、创客指导等信息，做好创客空间的文化宣传工作。各系部负责配合鼓励和引导专业教师和学生加入创客空间 QQ 群和关注微信公众号。

4. 创客空间创意活动的开展

教务处发布创意后，由创意主题指导团队负责组织创客空间创意活动的开展，召集对主题感兴趣的师生在交流创意空间进行宣讲、研讨、构想，在生产制作空间现场制作创意产品，并不断进行完善修改，最后形成产品或实施方案。根据不同主题的不同情况，每个创意主题可以开展一次或多次创意主题活动。

5. 创意产品公开展示

每个创意主题完成创意活动后，由创意主题指导团队负责将创意产品或实施方案进行全院公开展示，展示形式可以为现场制作产品、解说实施方案、播放创意过程视频等多种方式。

6. 创意产品立项申请

创客空间形成的产品或实施方案，经过全院公开展示，认为切实可行的、需要学院支持的，可以由创意主题指导团队填报创意产品立项申请书，报学院审批后立项。学院根据项目的具体情况，在资金、场地、人员等方面予以支持，如果形成成熟产品，则向企业推荐，实际投入生产，实现创新创意成果落地。

7. 创意产品项目成果验收

创意产品立项获得学院支持后，创意主题指导团队定期向教务处汇报项目实施情况，并对项目实施过程中的各项工作进行宣传和推广。在学院支持、企业帮助下完成产品的制作或方案的实施后，创意主题指导团队负责填写创意产品项目成果验收表，经学院审核验收后，给予创意主题指导团队相应奖励。

四、实训项目评价

将学生分成四组，各组进行分析并提出创意方案然后派代表发言，其他小组评价创意方案。

实训教程四　识别创业机会与创业风险的训练

实训目的：让学生了解创业机会的概念和创业风险的相关内容，通过训练使学生在校可以根据所学知识寻找创业机会并能够增长识别创业风险的能力。

实训资料：解读一些文件和国内外创新创业的发展状况和创业的风险案例。

学习目标：

[知识目标] 1. 了解识别创业机会的方法，掌握抓住创业机会的方法。

2. 了解创业风险的来源，了解防范风险的方法。

3. 了解商业模式内涵，掌握商业模式创新的逻辑与方法。

[能力目标] 能够学会创业机会的方法和商业模式。

[实训目标] 能够设计一个商业模式，并顺利执行。

第一节　如何识别创业机会

案例导入

许丽能做老板吗

许丽一门心思想做老板。经过 7 年的努力工作和省吃俭用积蓄了一笔资金，其中 10 万元做了注册资金，5 万元用于流动资金。她认为，个人创业必须有丰富的工作经验。所以在过去的工作中，她总是分内分外的事全都抢着干，从不计报酬。尤其是经营方面的事，她更是竖着耳朵听，目的就是为了多学点本事，为自己开公司做准备。另外，她认为个人创业必须有一个好的项目。她选择了一个当时的朝阳项目——房地产租赁咨询。

在办齐所有手续后，她勤勤恳恳努力工作，但她怎么也没想到，最初的 3 个月几乎没有生意，直到第 6 个月才稍有收入，可生意很不稳定，半年来，她赔了 3 万元。她开始动摇了，觉得自己是在靠天吃饭，靠运气吃饭。她认为做生意不应该是赌博，肯定是哪儿弄错了。她不想再这样干下去了，她认为不能等到这 15 万元都赔光的时候才行动。她要去弄明白问题到底出在哪里。第 7 个月她关掉了公司。

导致许丽失败的原因很复杂，但其中一条重要原因就在于没有一个完整的创业计划，小企业抗风险能力很低，不考虑成熟，一厢情愿，自然危机重重。要想创业成功，还要学会怎样避免“打水漂”。

（资料来源：28 商机网）

思考题：

1. 通过此案例思考创业如何选择一个适合你的项目？

2. 你认为许丽失败的原因在哪里？

一、掌握机会与创意的概念

（一）机会的概念

机会是无时无刻不在的，机会就在你身边。但未必是你能够发现的。就和大家经常说的一样，遍地是“黄金”。的确如此，也真的遍地是“黄金”，问题在于，你有没有努力去发现。当然，世界上不是所有的黄金都属于你，同样，也不是所有的机会都属于你。这也是为什么世界有 360 行，而不是每个行业都适合你的道理。

机会是什么？其实机会就是客观存在的事实，时时刻刻地就在你的身边。关于机会，各自理解不同，各自的感悟也不同，因此，引导各自成功的道路也不同。

（二）创意概念

创意是传统的叛逆，是打破常规的哲学，是破旧立新的创造与毁灭的循环，是思维碰撞、智慧对接，是具有新颖性和创造性的想法。

创意是逻辑思维、形象思维、逆向思维、发散思维、系统思维、模糊思维和直觉、灵感等多种认知方式综合运用的结果。要重视直觉和灵感，许多创意都来源于直觉和灵感。

有价值潜力的创意应具有以下基本特征：

（1）独特、新颖，难于模仿。创业的本质是创新，其创业指向和想法首先应该具有新颖性。这里的新颖性既可以是新的技术和新的解决方案，也可以是差异化的解决方案和更好的措施。此外，新颖性还意味着一定程度的领先性，不少创业者在选择创业机会时关注国家政策优先支持的领域，就是在寻找领先性的项目。不具有新颖性的想法不仅不会吸引投资者和消费者，对创业者本人也不会具有激励作用。

（2）客观、真实，可以操作。有价值的创意绝对不应该是空想，还要有现实意义，有实用价值。创意要可实现，实现的判断标准是能够开发出可以把握市场机会的产品或服务，而且市场上存在对产品或服务的真实需求，或可以找到让潜在消费者接受产品或服务的方法。

（3）具有价值性，即具备对用户的价值与对创业者的价值。好的创意要能给消费者带来真正的价值。创意的价值要靠市场检验，好的创意需要进行市场测试。同时，好的创意必须给创业者带来价值，这是创业动机产生的前提。

二、掌握创业机会与商业机会概念

（一）创业机会的概念

创业机会有几种不同的定义方式：

（1）可以为购买者或使用者创造或增加价值的产品或服务，它具有吸引力、持久性和适时性。

（2）是一种新的“目的手段”关系，可以为经济活动引入新产品、新服务、新原材料、新市场或新组织方式，并能以高于成本价出售。

（3）主要是指具有较强吸引力的、较为持久的、有利于创业的商业机会，创业者据此可以为客户提供有价值的产品或服务，并同时使创业者自身获益。

综上所叙，我们可以得出较为全面的概念：创业机会，是指在市场经济条件下，社会的经济活动过程中形成和产生的一种有利于企业经营成功的因素，是一种带有偶然性并能被经营者认识和利用的契机。

（二）商业机会的概念

所谓商业机会，指的就是市场上存在的尚未满足或尚未完全满足的显性或隐性的需求。商业机会存在于社会生活的各个方面，是多种多样的。但对某一个企业来说，众多的商业机会中仅有很少一部分才具有实际意义。为了搞好商业机会的发现和分析工作，有效地抓住和利用某些有利的商业机会，企业的市场营销人员就需要了解商业机会的类型和特性。

商业机会分为两类：一类是昙花一现的商机，这是一般性商机；另一类是会持续一段时间，且不需要较多起始投入的商机，这才是适于创业的商业机会即创业机会。创业机会有三个重要特征：一是会持续一段时间；二是市场会成长；三是创业者有资源（人、财、物、信息、时间）和技能才能等条件利用。所以，商业机会不一定就是创业机会。

三、分析创业机会的特征与类型

（一）了解创业机会特点

1. 隐蔽性

“机会”是一种观念，并没有具体的形象可以供创业者观察、触摸和聆听，它只是现象背后的抽象存在，而抽象事物总是隐藏在现象背后的。创业机会总是隐藏在社会经济现象深处，难以察觉。创业机会的隐蔽性是由消费者需求的潜在性决定的，潜在需求并未表现在消费者的日常购买行为中，而是存在于消费者的心里，甚至是无意识世界里。正是机会的隐蔽性造就了其珍贵性，“人人都能发现的永远不是机会”，机会只留给“有心人”。培养对机会的直觉把握能力是创业者的一项核心修炼。

2. 时效性

“机不可失，时不再来”，机会总是稍纵即逝的。因为消费需求总是不断演变的，持久的消费形态已经变少了，人们总是在不断地追逐新的消费对象和消费方式。生活节奏越来越快，热潮、时尚、风格的周期不断缩短，产品与服务的生命周期也随着消费者的需求变化而不断变短。手机的出现就终结了寻呼机10年左右的短暂生命，可见留给寻呼机企业的机会是如此短暂。

蒂蒙斯提供的“机会之窗”模型（见图4–1）很好地表述了行业或产品周期演化中的创业机会，只有在机会之窗的时间段进入相关行业开展创业，取得成功的可能性才更大。

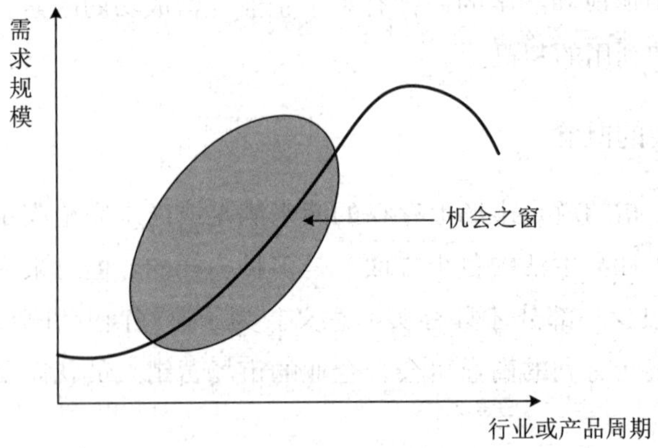

图4–1　机会之窗模型

3. 偶然性与必然性

创业机会的出现是必然的，同时也是偶然的。创业机会的偶然性体现在机会出现的具体时间与空间上的不确定性，以及具体需求形态的变化和发现主体的不同上。必然性体现在机会带来的需求类型的确定性上，某类需求必然会出现，只是出现的时间、地点以及表现形式是不确定的。比如，自然灾害引发的对救灾物资的需求机会，就由于发生灾害的时间、地点、灾害种类，以及捕捉到这种机会的人具有不确定性，造成了机会的偶然性。但自然灾害是必然会发生的，由此带来的商业机会是必然存在的。可见，只要随时、随地，处处留心，就一定会发现商机，"永远不缺少商机，缺少的是发现商机的眼睛"道出了创业机会偶然性与必然性统一的道理。

（二）识别创业机会类型

创业是建立在市场机会基础上的。对创业者而言，迅速发现市场机会，评估市场机会存在的商业潜力的能力是至关重要的。创业者可以开发商业创意以便利用由技术、政治与管制、社会与人口变化带来的 5 种机会：新产品和服务、新市场、新的生产方法、新的组织方式以及新的原材料。

新财务软件以及新外科器械，就是创业者利用新产品这种机会的商业创意实例；亚马逊就是创业者杰夫·彼若斯利用新组织方式——不通过实际书店来销售书籍——的商业创意的例子；而将海藻味的快餐脆饼引入美国市场，是试图利用新市场的例子，因为这个商业创意已经在日本存在了，但在美国却没有；用原油生产汽油就是试图利用新原材料的例子；最后，新建的生物技术公司通过计算机辅助药物发现的方法来发明新治癌药物，表明该商业创意来源于使用新生产方法的机会。

机会来源与机会表现形式之间的关系（以一个机会来源——技术变革为例）如表 4-1 所示。

表 4-1 技术变革产生的商业机会

机会形式	技术变革	商业机会实例	理由
新产品或服务	内燃机	汽车	内燃机被用来驱动汽车
新的组织方式	因特网	在线书籍销售	因特网使人们能够脱离零售店来销售产品
新市场	制冷	冷藏船	冷藏船使一国的农场主可以将肉类卖给另一个国家
新的生产方法	计算机	计算机辅助设计	计算机使设计者不需要建立实物原型就可以生产产品
新的原材料	石油	生产汽油	石油被提炼成汽油以驱动车辆

尽管机会以 5 种形式存在，但是产生新创意的创业者通常主要关注新产品和服务与新市场两种形式。大多数时候，创业者引入新产品或服务或进入新市场，而不是开发新材料、提出新的组织方式或建立新的生产方法。因为新的生产过程和新的组织方式通常要求拥有该行业的经营经验。

创业活动的成功，要求创业者开发那些能够对它进行保护以免竞争的商业创意。一般来讲，进入新市场是一种非常危险的机会开发形式，因为创业者根本不可能保护这种开发形式以免于竞争。另外，与开发新产品的商业创意相比，开发新生产方法的商业创意通常是更好的机会开发形式，因为新的生产方法可以被秘密保护起来。由于创业者将新产品销售给顾客，因而其他人能够了解到新产品的所有特性。竞争者可以购买创业者的新产品，并将其拆开看它如何工作，然后竞争者就能够复制该产品。相反，创业者不必向其他人展示所使用的生产过程。所以，对竞争者来说，与以新产品和服务形式存在的商业创意相比，复制以新生产过程形式存在的商业创意需要更长时间、更加困难而且花费更多。

市场机会还可以从其他角度区分为不同的类型。英国的爱德华·狄波诺把机会分为 7 类。

（1）寻找机会

机会是一个隐秘的空间与园地，创业者为了进入该园地，必须费心去寻找入口。

（2）明显的机会与隐蔽的机会

明显的机会对创业者而言一般比较容易发现和把握，但对其他人而言也是比较容易发现和把握的；隐蔽的机会则要创业者通过个人长期观察和生活体验才能发现，隐蔽的机会一般价值较大，也较难发现。

（3）拥挤的机会空间

在某一产品市场中，现有企业共同努力开发市场空间，但因竞争者的加入，使机会空间变得拥挤。这种拥挤状况是由于在有限的市场空间有太多的竞争者而造成的。

（4）利基的机会空间

由于市场潜力或市场容量太小，没有太大的利润空间，使得一些大企业不愿意进入该市场，这样就使得创业者有机会占领该市场。由此而形成的大企业不愿进入的小容量的市场空间就是利基市场。

（5）假机会

创业者在创业之初会形成很多创意，但许多创意经过深入调查和研究之后，被发现没有市场存在，这种看上去好像存在大市场机会而实际不存在市场机会的机会就是假机会。

（6）察觉机会

在机会被发觉之前，人们常常感觉机会就在眼前，但就是很难抓住。所以创业者必须认识到抓住机会的途径不止一条，要不断地尝试新的途径，可能经过多次失败后，才能把握住机会，取得成功。

（7）迟来的报偿

创业者在没有把握住实际机会之前千万不要轻易放弃，要坚持到底，要有不达目的誓不罢休的追求精神。只要坚持不懈，最终必将获得丰厚的回报。

除上述分类之外，国内学者王国红根据不同的标准把机会分为不同的类型，具体分类如下：

（1）环境机会与企业机会

环境机会是指由于环境变化而产生的机会，如由于中国老龄人口比例不断上升，而形成针对银发市场的许多机会。企业机会是指根据企业能力及其发展战略而把握的市场机会。

（2）表面市场机会和潜在市场机会

表面市场机会是指明显没有被满足的市场机会；潜在市场机会是指隐藏在某种需求之后的、没有被满足的和暂时没有被发现的市场机会。

（3）行业市场机会与边缘市场机会

行业市场机会是指企业所在行业出现的市场机会，一般而言，企业根据自身的经验比较容易把握行业市场机会，因为企业在行业内长期经营，不但了解行业目前的状况，也能基本把握行业未来的发展趋势，容易发现和识别出机会。边缘市场机会是指在不同行业之间的交叉与结合部分出现的市场机会，对企业而言，比较难发现边缘市场机会，但一旦企业发现并抓住了边缘市场机会，企业的发展潜力将会很大。

（4）目前市场机会与未来市场机会

目前市场机会是指在目前环境变化中出现的市场机会。未来市场机会是指在未来某个时期可能出现的市场机会。一般而言，创业者比较容易发现目前市场机会，而较难发现未来市场机会，因为未来市场机会存在许多不可预测的因素。

（5）全面市场机会与局部市场机会

全面市场机会是在整个行业出现的市场机会；而局部市场机会是指行业某个环节上出现的市场机会。全面市场机会是该行业内所有企业都可以获得的共有机会，而局部市场机会是指行业某个或几个环节上出现的机会，只有较少企业才能识别和把握。

从不同的角度可以区分出不同的创业机会类型。在每个人身边都可能隐藏着许多创业机会，要看我们有没有智慧、信心、耐心和能力识别出来并抓住它。

案例分享

“不安分者”眼中的商机

高中毕业后干起家电维修的小胡和小姜，每天都以修收录机、电视机为生，但前者是一个经营上的“不安分者”，后者则是一个循规蹈矩的“老实人”。不久前，小胡又突发奇想，寻找到新的商机：他发现当地的农民用上了自来水后，将来就有可能使用洗衣机，有洗衣机便会有维修洗衣机的业务。于是，他买回本地市场上常见品牌的洗衣机供周围的人使用，目的之一是让人们尝尝洗衣机的甜头，目的之二是学习洗衣机的结构、保养和维修。果不其然，一年后，一台台洗衣机进入农村，维修业务几乎全被小胡包揽了，而小姜只能眼睁睁看着自己失去一次扩大维修范围的机会。

一般人总是等机会从天降，而不是通过努力工作来创造机会。殊不知，人们遇到的问题和未满足的需要总是不断提供新的商机。优秀创业者的一个基本素质，就是善于从他人的问题中发现机会，主动把握机会。对照一下你自己，又做何感想？

（资料来源：28 商机网）

思考题：

1. 如何理解经营上的“不安分者”和一个循规蹈矩的“老实人”？
2. 你觉得通过努力工作来创造机会对吗？

四、认识创业机会的来源

对创业机会产生的解释，比较典型的观点有两种，即信息不对称说和环境变化说。

（一）信息不对称说

纽约大学的经济学家伊斯威尔·柯兹纳解释说，创业机会之所以存在，是因为人们拥有不同的信息。人们拥有不同信息，使得有些人比其他人更善于就一个具体的商业创意做出决策。由于拥有劣质信息的人做出了较差的决策，因而市场上的不足、多余和失误一直存在，以便让那些拥有优质信息的人做出更准确的决策。如你或许比一位本地商人能更好地知道，你宿舍里的人在星期六晚上愿意做什么。结果，本地商人可能在校园附近开了一家比萨饼店，而你却开了一家网吧，因而赚取比饼店老板更大的利润。你拥有的关于“宿舍里的人愿意做什么（到网吧）”的更准确信息，使你能够利用以前他人决策的失误（建立一家比萨饼店），这个失误意外创造了新的商业机会。

（二）环境变化说

曾在哈佛大学执教的经济学家约瑟夫·熊彼特认为，真正有价值的创业机会来源于外部变化：技术变革、政治与管制变革以及社会与人口变化等。这些变化使人们可以做以前没有做过的事情，或使人们能够以更有价值的方式做事。如激光的发明使人们开发出一种新产品——超市扫描仪，用来扫描食物上的条形码。如果缺乏外部变化——激光的发明，这种机会就不会存在。

管理大师德鲁克认为通过系统的研究可以发掘创业机会，创业机会来自 7 个方面。

1. 意料之外的事件

意料之外的事件包括意外的成功、意外的失败、意外的变化。这都是一些特殊事件，创业者对这些特殊事件的分析可以发现创业机会。意外的成功是一种偶然的成功，它与企业一贯的做法不同，也与原有的判断不一样，是在非常规的做法中取得的成功，完全在意料之外。意外的失败有两种：一种是由于决策失误而造成的失败；另一种是经过认真计划、执行后，仍然出现的失败。第二种失败可能存在创业机会，要认真对其失败的原因进行分析，找出失败的原因，在找失败原因过程中机会就可能会出现。意外的变化是指出现人们意料之外的各种变化，这些变化可能带来意想不到的创业机会。

2. 不一致的状况

不一致的状况是指实际情况与预期情况的不一致。如经济现象的不一致，当某种产品的设计并不先进，但产品的成本较低和质量较好；产品的产量增加了，但利润却下降了。如果对经济现象的不一致进行研究，找到原因，都有可能成为机会。又如一般的生产者都认为自己的产品对消费者是有价值的，但实际上可能不是如此，其原因主要是生产者对市场的把握不准确造成的，这样就存在机会。

3. 基于程序的欠缺

对作业程序进行认真分析，从中找到存在的缺陷，然后从技术上找到切实可行的解决方案。如果能找到切实可行的解决方法，那么这种解决方法本身就是一种机会。

4. 基于行业与市场结构的变化

当某个行业经历导入期、成长期、成熟期和衰退期 4 个阶段时，市场结构也随之变化，这必然会创造许多创业机会。例如，当在某个行业内，对不同的技术进行改进或整合时，可能会导致市场结构的变化，这样就会形成新的市场机会。

5. 人口统计特性

对人口统计资料进行分析，发现人口发展变化的具体情况及其变化趋势，就能发现许多潜在的市场机会。如我国单亲家庭的快速增长、老龄化社会现象、国民受教育程度的普遍提高、由于农民工而产生的人口转移、妇女就业的风潮、留守老人和儿童等人口变化趋势都蕴藏着市场机会。

6. 基于价值观与认识的改变

人们由于价值观或认识的不同，对同一事物的认识和看法就会不同，得出的结论也不一样。当人们的价值观与认识发生了改变，就意味着，人们对某些产品或服务的需求也产生了变化，这些变化了的需求中就潜藏着许多市场机会。

7. 新知识

新知识包括科学的和非科学的。由于新知识或新技术的出现，会产生许多市场机会。例如，计算机技术的出现，就迅速形成了一个巨大的 IT 产业，也产生了如计算机硬件、计算机软件、计算机网络等许多市场机会。

（1）电信和航空业的管制解除滋生了成千上万的新公司，包括第一细胞公司和联邦快递。

（2）许多机会存在于分散的传统行业，这些行业普遍存在一种手艺或夫妻店式的特征，却不重视营销和财务。很多行业都存在这种可能性：从钓鱼小屋、小旅馆、宾馆到干洗店 / 洗衣店、五金店、药店、垃圾处理厂、花店、托儿所、帐篷店和汽车修理店。

（3）在服务主导型经济中（目前，70% 的企业是服务型企业，而在 25 年前只有 30%），顾客服务而非产品本身已成为成功的关键因素。研究显示，70% 的顾客因为低劣的服务而离去，仅有 15% 是因为价格或质量问题而离去的。

（4）有时，现存的竞争者不能或不愿意追随市场步调提高生产能力。如在 20 世纪 70 年代末，由于价格有待确定，美国一些钢铁企业交货延迟了 90 周，其他国家的竞争者利用了这个机会。

（5）劳动密集型制造业和规模运输产品大规模转移到亚洲、东欧和墨西哥地区生产，如计算机的相关产品和微处理器驱动的消费品等。

（6）在门类繁多的产业中，创业者有时发现他们是唯一能有所作为的人。在诸如咨询、软件设计、金融服务、流程再造以及技术和医疗产品与服务业中，技术诀窍垄断的例子不胜枚举。有时候，一个管理团队就是行业中最好的，并且在短期内是难以替代的，就像我们总是把夺冠纪录和优秀教练挂钩一样。

五、了解影响机会识别的关键因素

在影响机会识别和开发的各项因素中，一般可分为两个方面，即机会的自然属性和创业者的个人特性。

（一）机会的自然属性

创业者选择某项机会是因为其能够产生足够的价值来弥补投入的成本。创业机会的自然属性很大程度上决定了创业者对其未来价值的预期，因而对创业者的机会评价产生重大影响。市场需求、市场结构和规模以及市场利润是用来筛选商机的重要指标。

（二）创业者的个人特征

对机会识别来说，更重要的因素应是创业者的个人因素。从本质上说，创业机会识别是一种主观色彩相当浓厚的行为。即使某一机会已经表现出较好的预期价值，但是并非每个人都能从事这一机会的开发，并且坚持到最后的成功。因此创业者的个人特征对于机会识别来说更为重要。一些与创业机会识别相关的个人因素包括：警觉性、个人特质、已有的知识、社会网络、偶然发现与系统调查等。这些个人因素并非彼此独立存在，在某种程度上，它们彼此之间也存在一定的相关性。

1. 警觉性

对信息高度警觉先于任何一种机会识别，这一状态称之为“创业意识”——“对有关事物、时间、环境内行为模式信息的关注和警觉倾向”。拥有在某个领域更多专业知识的人，会比其他人对该领域内的机会更具警觉性与敏感性。警觉在很大程度上是一种习得性的技能。

案例分享

大学生如何寻找创业机会

白凯明的大学专业是电子商务，2011 年毕业时国内外经济环境不佳，面对惨淡严峻的毕业生就业前景，白凯明立志靠自己成就事业，在商海中闯出自己的天地，不去打工，最好能结合专业自己做老板。考虑到农村老家口罩制造小有规模，从事者也都实现了发家致富，白凯明决定加入其中。白凯明用 8 万元启动资金，开始了“如雪”牌口罩的生产经营。他购置了 4 台机器，花费 12000 元；生产的场地就是自家的厢房；雇用的 6 名工人就是当地的农村妇女。经过 4 个月的摸索，白凯明渐渐摸出了门路，再加之近几年变异流感的持续，市场对口罩的需求激增，白凯明接到的订单越来越多，工人们开始加班加点。到 2011 年年底，白凯明获得 7 万元的净利润。经过将近一年的历练，他发现利润最高的是最新流行款式，而跟不上潮流的样式则低价难销。于是 2012 年白凯明将生产的重心放在了新式样口罩上，聘请了一名学习服装设计的在校大学生设计口罩的款式。2012 年，白凯明不仅保持了上一年度的高销售额，并且由于样式新颖的口罩利润丰厚，他净收入 15 万元。2013 年年初，白凯明将口罩事业发展到了电子商务领域，进驻某网上商城，将所学专业知识发挥作用。利用网络的便捷优势，白凯明已经成为西北和东北地区多家大型口罩批发商的供货商。考虑到生产扩张，白凯明打算租一处厂房，成立凯明口罩制造有限公司，让自己的口罩事业再上一个台阶。

分析：创业是建立在机会基础上的。能等来的机会远远少于主动寻找到的机会，对于机会把握的警觉性十分重要。有了警惕性，就要会寻找、发现机会，大学生创业机会寻找的最基本的方法是把握经济社会发展命脉，选择正确的创业领域。

思考题：

1. 大学生如何提高市场机会的警觉性？
2. 大学生创业机会寻找的最基本的方法有哪些？

2. 个人特质

首先，许多研究已注意到创业者的乐观精神与机会识别有较强的关系。其次是创新，成功的创业者可以发现其他人看不到的机会。从某种意义上讲，创新和企业家精神等同。创新在创业决策时扮演了重要角色。

案例分享

与其追随潮流，不如另辟蹊径

19 世纪末，美国加利福尼亚州发现了黄金，出现了淘金热。有一位 17 岁的少年来到加州，也想加入淘金者的队伍，可看到金子没那么好淘，淘金的人很野蛮，他很害怕。这时，他看到淘金人在炎热的天气下干活口渴难熬，就挖了一条沟，将远处的河水引来，经过三次过滤变成清水，然后卖给淘金人喝。金子不一定能淘到，而且有一定危险，卖水却十分保险。他很快就赚到了 6000 美元，回到家乡办起了罐头厂。这个人就是后来被称为美国食品大王的亚尔默。

成功者往往都是有独到见解的人，他们总是从不同的角度看问题，从而能不断产生创意，发现新的需求。不仅要看到市场需求什么，还要注意事物间的联系。

（资料来源：28 商机网）

思考题：

1. 如何成功地做到有独到的见解？
2. 提高自己的创新精神应该从哪些方面着手？

3. 已有的知识

人们倾向于注意与他们已知信息相关的信息，因此，创业者更加关注与他们已经拥有的信息、知识相关的机会。任何给定的创业机会并不是对所有企业家都是显而易见的，每一个个体异质性的先前知识建立了一种“知识走廊”。先前的 3 个知识对创业机会的发现极为重要：先前市场知识、先前服务市场方式知识、先前顾客问题知识。斯格特在她的定性研究中使用了创业机会感知过程的概念图式。她假定有两类与这一感知相关的先前知识。第一类是企业家特殊兴趣领域的知识（领域 1）。第二类是多年从事某一特定工作所积累的知识（领域 2），通常与兴趣爱好无关。企业家在某一行业或领域内工作多年之后会将这两种知识合二为一。两个领域知识的综合会导致企业家识别新机会、新市场或解决顾客问题的新途径。

4. 社会网络

个人社会关系网络的深度和广度影响着机会识别。建立了大量社会与专家联系网络的人，比那些拥有少量关系网络的人容易得到更多的机会和创意。在社会关系网络中，按照关系的亲疏远近，大致将各种关系划分为强关系与弱关系。强关系以频繁相互作用为特色，形成于亲戚、密友和配偶之间；弱关系以不频繁相互作用为特色，形成于同事、同学和一般朋友之间。研究显示，创业者通过弱关系比通过强关系更可能获得新的商业创意，因为强关系主要形成于具有相似意识的个人之间，从而倾向于强化个人已有的见识与观念。而在弱关系中，个人之间的意识往往存在着较大的差异，因此某个人可能会对其他人说一些激发其全新创意的事情。

5. 偶然发现与系统调查

以前大部分创业研究隐含一个假定：创业机会的识别来源于系统的调查。近年来，一些研究者向这个假设提出了质疑，认为创业者并非通过系统的调查识别创业机会，是偶然地发现了蕴含价值的新信息。偶然发现与系统调查的区别在于前者往往是发现被其他人忽略的客观存在物。大量创业者都是感知创业机会而不是寻求机会，基于偶然发现机会的新创企业往往比那些源于系统调查后的新创企业表现出更快的成长速度。

六、识别创业机会的一般过程

创业过程开始于创业者对创业机会的把握。创业者从成千上万的创意中选择他心目中最佳的创业机会，随之持续开发这一机会，直至最终获得成功。简单地说，识别创业机会是思考与探索反复互动，并将创意进行转变的过程。

创业者在与外部环境（机会来源）互动的过程中，利用各种渠道和方式掌握并获取有关环境变化的信息，从而发现在现实世界中产品、服务、原材料和组织方式等方面存在的差距，找出改进或创造的可能性，最终识别出可能带来新产品、新服务、新原料和新组织方式的创业机会。因此获取信息以及相应的信息处理能力是识别创业机会的关键所在。

（一）搜寻创业机会

这一阶段创业者对整个经济系统中可能的创意展开搜索，如果创业者意识到某一创意可能是潜在的商业机会，具有潜在的发展价值，就将进入机会识别的下一阶段。

（二）识别创业机会

相对整体意义上的机会识别过程，这里的机会识别应当是狭义上的识别，即从创意中筛选合适的机会。这一过程包括两个步骤：首先是通过对整体的市场环境，以及一般的行业分析来判断该机会是否在广泛意义上属于有利的商业机会，称之为机会的标准化识别阶段；其次是考察对于特定的创业者和投资者来说，这一机会是否有价值，也就是个性化的机会识别阶段。

一般认为，有 8 个要素与机会识别过程相关：①正式计划；②正式评价；③市场与技术驱动；④细致调查；⑤意外发现；⑥先前职业；⑦创新与改进；⑧信息调查。

（三）评价创业机会

这里的机会评价已经带有部分“尽职调查”的含义，相对比较正式，考察的内容主要是各项财务指标，以及创业团队的构成等。通过机会的评价，创业者决定是否正式组建企业，吸引投资。在一些研究中，机会识别和机会评价是共同存在的，创业者在对创业机会识别时也有意无意地进行评价活动。机会识别和机会评价并非完全割裂的两个概念，创业者在机会开发中的每一步，都需要进行评估，也就是说机会评价伴随于机会识别的整个过程。在机会识别的初始阶段，创业者可以非正式地调查市场的需求和所需的资源，直到断定这个机会值得考虑或进一步深入开发；在机会开发的后期，这种评价变得较为规范，并且主要集中于考虑这些资源的特定组合是否能够创造出足够的商业价值。

案例分享

联邦快递创业之路

联邦快递（Federal Express）公司成立于 1973 年，全球总部设在美国的田纳西州孟菲斯，另在中国香港、加拿大安大略、多伦多和比利时布鲁塞尔设有区域总部。

目前，联邦快递在全球拥有148000名员工，拥有大约1200个服务中心，超过7800个授权寄件中心，435000个投递地点，45000辆货运车，662架货机，服务机场覆盖全球365座大小机场，服务范围遍及全世界210多个国家，日平均处理的货件量多达330万份。

联邦快递以其无可比拟的航空路线权以及完善的信息技术基础设施，在小件包裹速递、普通递送、非整车运输、集成化调运系统等领域占据了大量的市场份额，成为全球快递运输业泰斗，并跃入世界500强企业。

联邦快递公司的创立者、总裁弗雷德·史密斯的父亲是位企业家，创立了一家经营得很好的巴士公司。20世纪60年代，弗雷德在耶鲁大学读书，他撰写过一篇论文，提出一个超越传统上通过轮船和定期的客运航班运送包裹，建立一个纯粹的货运航班，用以从事全国范围内的包裹邮递的设想。这是一个开创性的创业设想。

弗雷德在论文中提出，在小件包裹运输上采纳“轴心概念”理念，并利用寂静的夜晚通过飞机运送包裹和邮件。

可是老师并未认可这个创新理念，这篇论文只得了个C。

毕业后弗雷德曾在越战中当过飞行员。回国后他在可行性研究基础上，把从父亲那里继承的1000万美元和自己筹措的7200万美元作为资本金，建立了联邦快递公司。

实践证明，弗雷德的“轴心概念”的确能为小件包裹运输提供独一无二、有效的、辐射状配送系统。

弗雷德的出奇之处不仅在于小件包裹运输采纳“轴心概念”的营销模式创新，更在于他能够把人们忽略的时间运用起来，把本来是低谷的时段变成一种生意的高峰期。

田纳西州的孟菲斯之所以被选择作为公司的运输中央轴心所在地，首先，孟菲斯为联邦快递公司提供了一个不拥挤、快速畅通的机场，它坐落在美国中部地区；其次，孟菲斯气候条件优越，机场很少关闭。正是由于摆脱了气候对于飞行的限制，联邦的快递竞争潜力才得以充分发挥。

每到夜晚，就有330万包裹从世界各地的210多个国家和地区起运，飞往田纳西州的孟菲斯。

成功的选址也许对其安全记录有着重大贡献，在过去的30多年里，联邦快递从来没有发生过空中事故。联邦快递的飞机每天晚上将世界各地的包裹运往孟菲斯，然后再运往联邦快递没有直接国际航班的各大城市。虽然这个“中央轴心”的位置只能容纳少量飞机，但它能够为之服务的航空网点要比传统的A城到B城的航空系统多得多。另外，这种轴心安排使得联邦快递每天晚上飞机航次与包裹一致，并且可以应航线容量的要求而随时改道飞行，这就节省了一笔巨大的费用。此外，联邦快递相信：“中央轴心”系统也有助于减少运输上的误导或延误，因为从起点开始，包裹的整个运输过程都有一个总体控制的配送系统。

弗雷德专门用于包裹邮递的货运航班，为全国以及后来为全世界客户提供了方便、快捷、准时、可靠的服务，创新的营销模式为其提供了低成本、高效、安全和全天候的物流系统，因而联邦快递迅速发展，从创业到成长为世界500强企业只用了短短20多年时间。

思考题：

1. 创办企业如何成功地选址？
2. 如何创造自己的营销模式？

七、识别创业机会的行为技巧

在对创业机会进行评估、识别后，要能够及时把握创业机会并果敢行动，将机会变成现实的结果。创业机会的把握可以借鉴以下行为技巧：

（一）着眼于问题把握创业机会

创业机会并不意味着无须代价就能获得，许多成功的企业都是从解决问题起步的。所谓问题，就是现实与理想的差距。如顾客需求在得到满足之前就是已经存在的问题，而设法满足这一需求，就抓住了市场机会。

（二）利用变化把握机会

变化中常常蕴藏着无限商机，许多创业机会产生于不断变化的市场环境。环境变化将带来产业结构的调整、消费结构的升级、思想观念的转变、政府政策的变化、居民收入水平的提高等，人们透过这些变化，就会发现新的机会。

（三）跟踪技术创新把握机会

世界产业发展的历史告诉我们，几乎每一个新兴产业的形成和发展，都是技术创新的结果。产业的变更或产品的替代，既满足了顾客需求，同时也带来了前所未有的创业机会。任何产品的市场都有其生命周期，产品会不断趋于饱和达到成熟直至走向衰退，最终被新产品所替代，创业者如果能够跟踪产业发展和产品替代的步伐，通过技术创新则能够不断寻求新的发展机会。

（四）在市场夹缝中把握机会

创业机会存在于为顾客创造价值的产品或服务中，而顾客的需求是有差异的。创业者要善于找出顾客的特殊需要，盯住顾客的个性需要并认真研究其需求特征，这样就可能发现和把握商机。有为数不少的创业者追求向行业内的最佳企业看齐，试图通过模仿快速取得成功，结果使得产品和服务没有差异，众多企业为争夺现有的客户和资源展开激烈竞争，企业面临困境。所以，创业者要克服从众心理和传统习惯思维的束缚，寻找市场空白点或市场缝隙，从行业或市场在矛盾发展中形成的空白地带把握机会。

（五）捕捉政策变化把握机会

中国市场受政策影响很大，新政策出台往往引发新商机，如果创业者善于研究和利用政策，就能抓住商机站在潮头。事实上，从政策中寻找商机并不仅仅表现在政策条文所规定的表面，随着社会分工的不断细化和专业化，政策变化所提供的商机还可以延伸，创业者可以从产业链在上下游的延伸中寻找商机。

（六）弥补对手缺陷把握机会

很多创业机会是源于竞争对手的失误而“意外”获得的，如果能及时抓住竞争对手策略中的漏洞而大做文章，或者能比竞争对手更快、更可靠、更便宜地提供产品或服务，也许就找到了机会。为此，创业者应追踪、分析和评价竞争对手的产品和服务，找出现有产品存在的缺陷，有针对性地提出改进生产方法，形成创意，并开发具有潜力的新产品或新功能，就能够出其不意，成功创业。

第二节　创业机会评价

一、有价值创业机会的基本特征

尽管发现了创业机会，但这并不意味着要创业，更不意味着成功就在眼前。有价值创业机会的基本特征如下：

（1）有吸引力。需求旺盛的市场和丰富的利润回报最能吸引人，这也是好机会的特点。

（2）持久性。一个创业机会如果没有可持久的开发潜力，就不能为企业带来长期、持续的竞争力，导致企业的生命力不强。

（3）及时性。这些机会能很快产出满足某种重大的需求或愿望，能尽快及时地帮助人们解决问题。

（4）依附于为顾客或终端用户创造或增加价值的产品、服务或业务。创意价值的最直接体现是能为顾客带来价值和利益。

二、个人与创业机会的匹配

中国有句古话，“人贵有自知之明”。在创业的道路上，创业者要知道什么适合自己，什么是在自己能力范围内的。对所有人而言，有些创业机会你虽然能看到，却不是你能把握的。即使这个创业机会价值很大、潜力很高，如果自己缺乏相应的要求和条件，盲目行动，最后会碰得头破血流。看个人与创业机会是否匹配，至少要从以下 3 个方面考虑：

（一）个人阅历和经验

要考虑到自身以前所从事的工作、生活中的经验是否能够支撑起想要去创业所必需的知识和技能。一个人，如果既没从事过营销工作，也不懂财务知识，也没在酒店行业工作过，也没从事过人事管理工作，就想立马开一家大酒店，难度还是很大的。

（二）社会关系网络

要考虑自己身边认识、熟悉、能够给予你帮助的人是否能支撑后续开发机会所需的资源和其他因素。社会关系网络大、社会活动能力强的人，越容易发现创业机会，越容易把握住机会并在创业中成功。

（三）经济状况是否允许

创业者是否有充足的资金用于创业，同时需要考虑，创业机会的价值潜力能否在长期内弥补因放弃工作而承担的损失。

创业本身就是一项高风险的活动，几乎没有一个创业机会是一帆风顺的，不管考虑得如何完美，条件如何适合创业者，评价创业机会是否决定投入创业，仍然是一个非常主观的决策。

三、创业机会评价的特殊性

尽管在整个创业过程中，评价创业机会非常短暂，但它非常重要，是创业者发现创业机会之后做出是否创业决策的重要依据。

时间对创业者来说，既可以是朋友，也可以是敌人。如果想要通过深刻细致的方法来评价创业机会，1 个季度可能不够，1 年不一定够，甚至 10 年都不一定够，这就是残酷的事实。除了大公司可以有条件这样操作，个人更是没有这个能力和时间。而在这个现实中最困难的一点就是：创业者必须找到能把好的思路付诸实施的最佳时机，并准确把握住这个时机。

四、创业机会评价的技巧和策略

创业机会评估包含市场评估和效益评估两个方面。

（一）市场评估

市场评估准则包括以下 6 个方面：

1. 市场定位

可由市场定位是否明确、顾客需求分析是否清晰、顾客接触通道是否顺畅、产品是否持续衍生等，来判断创业机会可能创造的市场价值。

2. 市场结构

对创业机会的市场结构进行以下分析：进入障碍，供货商、顾客和经销商的谈判力量，替代性产品的威胁，以及市场内部竞争的激烈程度等。由此可以知道企业在未来市场中的地位，以及可能遭遇竞争对手反击的激励程度。

3. 市场规模

市场规模大者，进入障碍相对较低，市场竞争激烈程度也会略为下降。若要进入的是一个十分成熟的市场，那么利润空间会很小，不值得再进入；若是一个成长中的市场，只要时机正确，必然会有获利的空间。

4. 市场渗透力

对于一个具有巨大市场潜力的创业机会，市场渗透力评估是非常重要的。应该选择在最佳的时机进入市场，也就是市场需求正要大幅增长之际。

5. 市场占有率

一般而言，低于 5% 的市场占有率，则表示这个新企业的市场竞争能力不高，尤其是处在具有赢家通吃特点的高科技产业，新企业必须拥有成为市场前几名的潜质，才比较有投资价值。

6. 产品的成本结构

从物料与人工成本所占比重之高低、变动成本与固定成本的比重，以及经济规模的产量大小，可以判断企业创造附加价值的幅度以及未来可能的获利空间。

（二）效益评估

效益评估准则包括以下 4 个方面：

1. 合理的税后净利

一般而言，具有吸引力的创业机会，至少需要能够创造 15% 以上税后净利。如果创业预期的税后净利是在 5% 之下，那么这就不是个很好的投资机会。

2. 达到损益平衡所需的时间

合理的损益平衡时间应该在两年之内达到，如果三年还达不到，恐怕就不是个值得投入的创业机会了。当然，有的创业机会确实需要经过比较长的耕耘时间，通过前期投入，创造进入障碍，保证后期的持续获利，这样的情况可将前期投入视为投资，才能容忍较长时间的损益平衡时间。

3. 投资回报率

考虑到创业面临的各种风险，合理的投资回报率应该在 25% 以上，而 15% 以下的投资回报率是不值得考虑的创业机会。

4. 资本需求

资本需求量较低的创业机会，投资者一般会比较欢迎，资本额过高并不利于创业成功，甚至还会带来稀释投资回报率的负面效果。通常，知识越密集的创业机会，对资金的需求量越低，投资回报反而会越高。因此在创业开始的时候，不要募集太多资金，最好通过盈余积累的方式来创造资金，而比较低的资本额，将有利于提高每股盈余，并且还可以进一步提高未来上市的价格。

（三）创业机会评价的技巧

1. 确定评价目标

确定评价目标是评估的第一步，评价目标直接影响评价指标体系、评价方法等后续步骤的实现。在评价开始的时候，要对评价目标的特性进行充分分析，以更好地确定创业机会的影响因素，从而确定创业机会评价的基本框架。

2. 创业机会影响因素分析

影响创业机会的因素很多，既有内部创业团队的因素，也有外部创业环境的因素；既有社会因素，也有经济因素；既有市场因素，也有社会网络因素。从各种影响创业机会的因素中抽象出关键性的因素，便构成了创业机会评价指标体系。

3. 构建评价指标体系

创业机会评价指标体系是在对创业机会影响因素分析的基础上构建的。学者 Timmons 提出了 8 个一级指标、55 个二级指标的评价指标体系，包括了其他理论涉及的指标体系，是当前比较全面的创业机会评价指标体系之一，可以作为创业机会评价的属性库。

4. 评价方法的应用

评价方法是对评价指标的排序和量化。创业机会评价涉及众多指标，有些指标可以量化，如潜在市场规模、预期市场增长率等；而有些指标不易量化，如产品结构等。单纯的定性方法难以对创业机会的优劣进行排序，单纯的定量方法难以对决定创业机会的关键要素进行选择，因此，应该选择定性与定量结合的方法进行评价。

5. 评价实施

创业机会评价实施是实际操作阶段对定量指标和定性指标进行处理，引入需要的数据和相关专家的评定，并结合相关模型，最终得到评价结果。

6. 评价反馈

创业机会评价是一个动态过程，创业机会评价本质上是一个主观的、理论上的分析过程，商业概念能否真正成为一个成熟商业模式，是否可以在现实中开发，需要进一步从实践中证明，依据创业实践活动，可以从风险规避和价值创造两个方面对创业机会评价结果进一步修正。

（四）创业机会评价的策略

创业机会评价可以简单地分为定量分析和定性分析。定量分析和定性分析角度不同，前者是针对比较客观、容易量化的因素，后者主要分析的是难以用数字衡量或者没有绝对的衡量标准的因素。

1. 定量分析

（1）标准打分矩阵。通过选择对创业机会成功有重要影响的因素，并由专家小组对每一个因素进行极好（3 分）、好（2 分）、一般（1 分）三个等级打分，求出每个因素在各个创业机会下的加权平均分，从而可以对不同的创业机会进行比较，如表 4–2 所示。

表 4–2　标准打分矩阵

专家评分 标准	极好（3分）	好（2分）	一般（1分）	加权平均分
易操作性				
质量和易维护性				
市场接受度				
增加资本的能力				
投资回报				
专利权状况				
市场的大小				
制造的简单性				
广告潜力				
成长的潜力				

（2）Hanan Potentionmeter 法。这种方法可以通过让创业者填写针对不同因素的不同情况，预先设定好权值的选项式问卷（见表 4–3），来快捷地得到特定创业机会的成功潜力指标。对于每个因素来说，不同选项的得分可以是 –2~2 分，通过对所有因素得分的加总得到最后的总分，总分越高说明特定创业机会成功的潜力越高，只有那些最后得分高于 15 分的创业机会才值得创业者进行下一步的策划，低于 15 分的都应被淘汰。

表 4–3　Hanan Potentionmeter 法

序号	因素	分值
1	对于税前投资回报的贡献	
2	预计的年销售额	
3	生命周期中预期的成长阶段	
4	投资回收期	
5	占有领先者地位的潜力	
6	商业周期的影响	
7	为产品制订高价的潜力	
8	进入市场的容易程度	
9	市场试验的时间范围	
10	销售人员的要求	
11	从创业到销售额高速增长的预期时间	

2. 定性分析

（1）Baty 的选择因素法。在这种方法中，通过 11 个选择因素的设定来对创业机会进行判断。如果某个创业机会只符合其中的 6 个或者更少的因素，这个创业机会就很可能不可取；相反，如果某个创业机会符合其中的 7 个或 7 个以上的因素，那么这个创业机会将大有希望，如表 4–4 所示。

表 4–4　Baty 的选择因素法

序号	选择因素	符合的因素（打√号）
1	这个创业机会在现阶段是否只有你一个人发现	
2	初始产品生产成本是否可以承受	
3	初始的市场开发成本是否可以承受	
4	产品是否具有高利润回报的潜力	
5	是否可以预期产品投放市场和达到盈亏平衡点的时间	
6	潜在的市场是否巨大	

续表

序号	选择因素	符合的因素（打√号）
7	你的产品是否是一个高速成长的产品家族中的第一个产品	
8	你是否拥有一些现成的初始客户	
9	你是否可预期产品的开发成本和开发周期	
10	是否处于一个成长中的行业	
11	金融界是否能理解你的产品和顾客对它的需求	

Thomas W. Zimmerer 和 Norman M. Scarborough 把创业机会的识别分为如下 5 大步骤：

①判断新产品或服务将如何为购买者创造价值，判断新产品或服务应用的潜在障碍，根据对产品或服务应用的潜在障碍以及市场认可度的分析，得出新产品的潜在需求、早期使用者的行为特征以及产品达到创造收益的预期时间。

②分析产品在目标市场投放的技术风险、财务风险，并进行机会分析。

③在产品的制造过程中是否能保证足够的生产批量和可以接受的产品质量。

④估算新产品项目的初始投资额，决定使用何种融资渠道。

⑤在更大范围内考虑风险程度以及如何控制和管理那些风险因素。

（2）Timmons 的机会评价法。Timmons 提出了包括 8 个大类 53 项指标的评价框架（见表 4–5），这是现在应用最广泛，也是公认的比较容易应用的框架，针对不同指标做权衡打分，总体来说是比较科学的一种方法。

表 4–5　Timmons 机会评价框架

经济因素	1.达到盈亏平衡点所需要的时间在2年以下
	2.盈亏平衡点不会逐渐提高
	3.投资回报率在25%以上
	4.项目对资金的要求很大，能够获得融资
	5.销售额的年增长率高于15%
	6.有良好的现金流量，能占到销售额的20%甚至30%以上
	7.能获得持久的毛利，毛利率达到40%以上
	8.能获得持久的税后利润，税后利润率超过10%
	9.资产集中程度低
	10.运营资金不多，需求量是逐渐增加的
	11.研究开发工作对资金的要求不高

续表

行业和市场	1.市场容易识别，可以带来持续收入
	2.顾客可以接受产品或服务，愿意为此付费
	3.产品的附加价值高
	4.产品对市场的影响力高
	5.将要开发的产品生命长久
	6.项目所在的行业是新兴行业，竞争不完善
	7.市场规模大，销售潜力达到1000万至10亿元
	8.市场成长率在30%~50%
	9.现有厂商的生产能力几乎完全饱和
	10.在5年内能占据市场的领导地位，市场占有率达到20%以上
	11.拥有低成本的工艺功能，具有成本优势
收获条件	1.项目带来的附加价值具有较高的战略意义
	2.存在现有的或可预料的退出方式
	3.资本市场环境有利，可以实现资本的流动
竞争优势	1.固定成本和可变成本低
	2.对成本、价格和销售的控制较高
	3.已经获得或可以获得专利所有权的保护
	4.竞争对手尚未觉醒，竞争较弱
	5.拥有专利或具有某种独占性
	6.拥有发展良好的网络关系，容易获得合同
	7.拥有杰出的关键人员和管理团队
管理团队	1.创业者团队是一个优秀管理者的组合
	2.行业和技术经验达到本行业内的最高水平
	3.管理团队的正直廉洁程度能达到最高水准
	4.管理团队知道自己缺乏哪方面的知识
致命缺陷	不存在任何致命缺陷
创业家的个人标准	1.个人目标与创业活动相符合
	2.创业家可以在有限风险下实现成功
	3.创业家可以接受薪水减少等风险
	4.所创办的事业顺应时代潮流
	5.创业家渴望进行创业这种生活方式，而不只是为了赚大钱
	6.创业家在压力状态下状态依旧良好

续表

理想与现实的战略性差异	1.理想与现实情况相吻合
	2.管理团队是最好的
	3.在客户服务管理方面有很好的服务理念
	4.所创办的事业顺应时代潮流
	5.所采取的技术具有突破性，不存在许多替代品或竞争对手
	6.具备灵活的适应能力，能快速地进行取舍
	7.始终在寻找新的机会
	8.定价与市场领先者几乎持平
	9.能够获得销售渠道，或已经拥有现成的网络
	10.能够允许失败

第三节　如何识别创业风险

一、了解创业风险的构成与分类

创业风险是指在创业者创业过程中存在的风险，是指由于创业环境的不确定性，创业机会与创业企业的复杂性，创业者、创业团队与创业投资者的能力与实力的有限性而导致创业活动偏离预期目标的可能性及其后果。

（一）创业风险的构成

（1）风险因素。创业风险因素从形态上可以分为人的因素和物的因素两个方面：技术的不确定性，经济条件恶化；道德风险和心理风险因素等。

（2）风险事件。创业风险事件是导致创业风险的可能性变成现实，以致引起损失后果的事件。

（3）风险损失。创业风险损失是指由于风险事件的出现、给创业者或创业企业带来的能够用货币计量的经济损失。

（二）创业风险的分类

1. 按风险来源的主客观性划分

创业风险可分为主观风险和客观风险。主观风险指在创业阶段，由于创业者自身的心理、身体等主观方面的因素导致创业失败的可能性；反之，客观风险则指在创业阶段，由于市场变动、政策变化、竞争对手、资金问题等客观因素导致创业失败的可能性。

2. 按风险影响程度的范围划分

创业风险可分为系统风险与非系统风险。系统风险是创业者和创业团队之外的风险，如创业环境变化、资本市场风险、商品市场风险、政治制度变化等。

3. 按风险的可控程度划分

创业风险分为可控风险和不可控风险。

4. 按风险在创业过程中出现的环节划分

创业风险可分为机会的识别与评估风险、团队组建风险、确定并获取创业资源风险、准备与撰写创业计划风险和创业企业管理风险。

机会的识别与评估风险是由于信息不完善、推断失误、方法不当等主观因素导致创业决策失误的风险；团队组建风险是指团队成员选择不当或找不到合适的团队成员导致的风险；确定并获取创业资源风险是指由于无法获得所需资源或获取资源的成本太高导致的创业活动的风险；准备与撰写创业计划风险是指创业计划的准备与撰写过程中各种不确定因素，或计划人自身能力不足导致的创业风险；创业企业管理风险是指由于管理方式、企业文化的选取与创立，发展战略制定、组织、技术、营销等各方面管理中存在的风险。

5. 按创业风险内容的表现形式划分

可将机会风险分为机会选择风险、环境风险、人力资源风险、技术风险、市场风险、管理风险和财务风险等。

机会选择风险是指创业者由于选择创业而放弃原有的职业，所丧失的金钱或晋升空间或潜在资源的风险；环境风险是指创业活动所处的外围大环境发生变化，如社会、政治、经济、法律等方面，而给创业带来损失的风险；人力资源风险是指人的因素对创业活动产生的风险，如创业者自身的素质和能力有限，创业团队成员的知识、技术水平不高，用人不当等；技术风险是指由于技术方面的因素对创业活动的开展带来的风险；市场风险是指由于市场情况的不确定性导致创业者蒙受损失的可能性如市场供需变化、市场价格的波动、市场战略制定的失误等；管理风险是由于管理过程中的误判、信息不对称、失误导致的风险；财务风险是指创业者或企业在财务管理活动中存在的风险，如创业资金超过预算、筹资渠道不畅、企业财务结构不合理、融资不当、资金流动管理不力等导致的风险。

二、掌握系统风险防范的可能途径

系统风险是由某种全局性的共同因素导致创业者或企业蒙受损失，这种风险是创业者或企业本身无法控制、决定不了的，难以通过有效措施去消除的风险。所以，系统风险也被称为“不可分散风险”。如环境风险、市场风险等就属于系统风险，其一般防范途径如下：

（一）严谨思考、充分分析

创业者要对其所处的创业环境进行深入了解、充分分析潜在的问题。采用分层次的分析方法，对创业环境进行合理评估，要逐级分析、细化，确保熟悉创业的宏观环境、行业环境、地区环境等，才能有效规避风险。

（二）提前预测风险

虽然系统风险不是全部都可以预测的，但创业者应尽可能运用一切所能掌握的知识和资源，来规避风险，如通过和团队成员一起来探讨，请教专家等方法来预测创业环境的可能变化，以及变化可能带来的对企业的影响，尽可能地制定相应的策略应对。

三、了解非系统风险防范的可能途径

非系统风险是由特定创业者或创业企业自身因素引起的，只对该创业者或创业企业产生影响的风险，因此，在一定程度上，非系统风险是可控的，可以通过一定的手段予以预防和分散。

常见非系统风险的防范包括以下 3 种：

（一）人力资源风险的防范

防范降低人员风险的对策有：建立完善的雇员选择标准，综合考虑技术能力和合作能力两个因素；建立合理的信息沟通及汇报制度，使创业者能充分掌握员工及企业动态；制定有效的投资力度，从长计议，加强员工内部凝聚力。无论人员来源，寻找最胜任工作的人选；记录并跟踪新雇员情况，熟悉各个职员素质及发展，做到人尽其才；友好对待并鼓励新雇员，使其早日适应新环境，进入工作角色。

（二）财务风险的防范

防范降低财务风险的措施有：为了应付财务风险，领导班子要有适当分工，密切监控和防范财务风险；请专家和银行咨询，选择最佳的资金来源以及最合适时机和方式筹措资金。

（三）技术风险的防范

防范降低技术风险的对策主要有：综合考虑企业自身技术能力、资金量和所需时间，选择技术获得途径；若选择引进技术，则要在引进技术前对所引进技术的先进性、经济性和适用性进行评价；加强对职工的技术培训，提高员工对高科技设备的操作熟练度，减少不必要的风险损失。

四、学会创业者风险承担能力的估计

学会规避风险是创业者应该掌握的技能，学会承担风险是创业者应该具有的品质。

（一）重视风险，树立意识

创业者要充分重视风险的识别和防范，但也不要过于恐惧风险的发生，任何一个企业在经营过程当中出现风险都是必然的，发生一定损失也是不可避免的，关键是如何识别这些风险，将风险的发生控制在一定范围之内，尽量降低损失。识别风险是管理风险、控制风险的第一步。

（二）收集信息，系统分析

要想较好地识别企业经营过程中有哪些风险，风险发生的概率有多大，这些风险发生后企业会有哪些损失，并且全面收集这些信息，进行横向、纵向的比较十分重要。此外，风险的发生不是孤立的，应该用系统的眼光去看待，将风险与成本、收益、市场等因素放在一起综合比较，才会得出较为全面的结论。

（三）慎重决策，规避风险

决策的时候切忌凭借个人经验、人云亦云、优柔寡断、想当然，而应该建立在充分了解情况、综合分析权衡各种备选方案的基础之上。另外，在达成目的的前提下最小化风险，决不承担额外的风险。

（四）勤于规划，善于总结

在方案实施之前进行细致的规划十分重要，这将增强项目的可靠性，减少不确定因素，从而降低风险发生的概率。在项目实施完毕，或一个阶段结束，或实施一段时间之后，无论成败与否，都应及时总结成功经验，汲取失败教训，为项目下一个阶段，或下一个项目的实施规避风险，为成功打下基础。

（五）勇于承担，适当放权

对于创业者而言，要富有冒险精神、勇于创新、不墨守成规、具有强烈的责任感和自信心，这些品质也有助于创业者取得成功。一味害怕风险，畏首畏尾很难成就大的事业。在企业经营过程中，创业者也应学会适当放权，让其他人承担一部分风险，不要把所有的担子都压在自己的肩膀上。

（六）合理使用商业保险

合理使用商业保险也是创业企业规避风险的一种可取的方法。譬如防盗险、灾害险等，一旦有类似风险出现，保险公司将帮助企业分担，这将大大降低企业的损失。投保也有成本，哪些方面该投，哪些不该投，需要创业者自己斟酌。此外，在创业者面临的风险当中，能够投保的只占很小的一部分，大部分的风险无法投保，仍需要创业者自己承担。

知识拓展

1. 选择创业项目阶段，由于不熟悉相关政策、法律、法规，将有一定风险。

案例：魏先生欲在医院设立大屏幕药品广告播放系统，合作医院已经找到，药品生产厂家也十分愿意投放产品广告，正在紧锣密鼓地实施过程中，遭遇了相关执法部门的制止。

分析：不熟悉新修订的《药品管理法》，是该项目失败的直接原因。

规避办法：不管从事哪一行业，必须先了解相关的政策、法律、法规，这是项目可行性分析首先要研究的问题，如果遭禁，只有另行选择。

2. 创业阶段，如果对产品技术的成熟度了解不深入，将有一定风险。

案例：张先生与开发出计算机远程控制全色护栏灯的朋友合作，注册了一家公司，拟进行产品的推广。刚刚做出样机，就有客户找上门来，看到计算机模拟演示效果后，便签订了一个很大的工程订单。由于工期较紧，公司便直接开始大批量生产，投入工程安装。由于产品抗干扰性能不过关，导致客户退货，造成了巨大的经济损失。

分析：没有进行充分的产品可靠性试验，尤其是缺乏模拟现场工况的试验，是该项目失败的主要原因。

规避办法：凡是在创业选项中选择新发明、应用新技术或投资高科技新产品的时候，产品的可靠性、技术的成熟度是必须进行重点考核的可行性指标；在产品投入市场之前必须进行产品质量的相关测试，做出产品质量检测报告，如有条件应提供给部分客户试用，做出客户使用报告，使客户的使用情况全面、客观地反映出来，也使创业者能够正确地做出是否可以投入市场的决定，有效地规避贸然进入市场的经济风险和信用风险。

3. 在创业项目实施阶段，易出现经营风险。

案例：孙先生开发出一种新型节电装置，找到一位颇有营销经验的李先生合作，创办了公司。李先生市场拓展能力很强，很快打开了市场，订单源源不断，却因为产品质量不稳定而遭遇客户大量退货，不久，公司倒闭。

分析：营销队伍与研发、生产队伍不平衡，是创业失败的直接原因。

规避办法：对于生产、研发型企业创业者来说，组建一个研发、生产与市场营销相平衡的团队，是创业者必须思考的问题。否则，轻则会使企业的发展速度受到影响，重则会导致创业的失败。

综上所述，创业的过程实际就是不断挑战风险的过程，只要不断学习，勤于研究，就可以战胜风险，取得创业的成功。

五、掌握风险估计的创业收益预测

风险报酬均衡的原则表明：创业者所冒的风险越大、其所获得的收益就越高。创业者不仅要按照上述步骤对系统风险和非系统风险的规避和防范有所安排和考虑，对自己的风险承担能力有所了解，还应该能够合理地对创业的收益进行预测，从而使其与所冒的风险相匹配，进行创业的风险收益决策。如果预计的创业收益能够弥补创业风险，并给创业者带来一定的报酬，则可以开始创业活动，通过建立适当的商业模式，将创业机会变成盈利的创业项目；否则，放弃创业。

基于风险估计的创业收益预测可采用以下步骤：

（一）预测不同情况下的收入和成本状况

创业者首先要根据各种风险发生的概率情况对预期可能形成的收入和成本状况进行估计，然后分析其对收益的影响来估计不同情况下的收益状况，从而确定收益变化的范围及其概率。如可以根据对未来宏观经济的变化的预期，从经济繁荣、一般、衰退 3 种情况来预测其对创业过程中产品或服务的销售数量、单价、单位成本等的影响，进一步预测可能的销售收入及总成本的情况。创业者如果有能力的话，不仅限于以上 3 种情况，而是对未来经济环境的变化做出更多可能的预测。

（二）计算风险收益的预期值

创业者需要按照第一步中估计的各种收益发生的概率及对应的收益情况，计算收益的预期值。

$$预期值=预期收入-预期成本$$

其中：预期收入$=\sum_{i=1}^{n}V_iP_i$，V_i 是不同情况下产品或服务的销售量，P_i 是不同情况下的销售单价。$\sum_{i=1}^{n}V_iC_i+F$，V_i 的含义同上，C_i 是不同情况下的单位变动成本，F 是固定成本总额。

（三）计算影响收益变化的各个因素的临界值

影响收益变化的各个因素的临界值是假定其他因素不变的情况下令预期收入等于零，计算各个因素的极大值或极小值。如可以计算预期收益为零时的最低单价、最小销售量、最大单位变动成本或最大固定成本总额。一般来说，与收益同向变化的销售量、单价等因素要计算其极小值，成本因素则计算其极大值。

（四）分析最大风险的收益和创业者风险承担能力的匹配性

通过对影响收益的各因素临界值的计算，创业者可对各种因素不利变化的极端情况进行充分的了解，合理估计其可能面临的最大风险，并将其和自己可以接受的最大风险程度以及风险承担能力相权衡，进行科学决策。

知识链接

规避风险有 9 招

规避风险有如下 9 招：

1. 以变制胜。所谓“适者生存”，强调的就是“变”，经营者要适应外部环境的变化，随时做出调整。

2. 出其不意，攻其不备。核心是一个“奇”字，用出奇的产品、出奇的经营理念、出奇的经营方式和服务方式去战胜竞争对手。

3. 以快制胜。机不可失，失不再来，比对手快一分就能多一分机会。对什么都慢慢来、四平八稳、左顾右盼的人必然被市场淘汰，胜者属于那些争分夺秒、当机立断者。

4. 后发制人。从制胜策略看，后发制人比先发制人更好，可以更多地吸收别人的经验，时机抓得更准，制胜把握更大。

5. 集中优势重点突破。这一策略特别适用于小企业，因为小企业人力、物力、财力比较弱，如果不把有限的力量集中起来很难取胜。

6. 趋利避害，扬长避短。经营什么产品、选择什么样的市场，都要仔细掂量，发挥自己的优势。干应该干的，干可以干的，有所为，有所不为。

7. 迂回取胜。小企业与人竞争不能搞正面战、阵地战，而应当搞迂回战，干别人不敢干的，干别人不愿干的。

8. 积少成多，积微制胜。“积少成多”是一种谋略，一个有作为的经营者要用“滴水穿石”“聚石成山”的精神去争取每一个胜利，轻微利、追暴利的经营者未必一定成功。

9. 以廉制胜。“薄利多销”是不少经营者善于采用的一种经营策略。“薄利多销”前提是能多销，“薄利少销”则是不可取的。

（资料来源：http：//www.oh100.com/ahsrst/a/201701/225971.html）

第四节　学会开发商业模式

一、了解商业模式的定义和本质

商业模式是指一个企业的盈利模式，是企业围绕如何盈利这个核心来配置企业资源和组织企业所有内外部活动的系统。通过企业商业模式的设计，企业可以明确如何盈利，简单地说，商业模式就是关于企业“做什么，如何做，怎样赚钱”的问题。例如，饮料公司通过卖饮料来赚钱、快递公司通过送快递来赚钱、网络公司通过点击率来赚钱、通信公司通过收话费赚钱、超市通过平台和仓储来赚钱等。

商业模式的内容十分广泛，我们常常听到的电子商务模式、B2B 模式、B2C 模式、拍卖模式、反向拍卖模式、广告收益模式、会员费模式、佣金模式、社区模式等都是常见的企业商业模式。有了一个好的 Business Model，成功就有了一半的保证。商业模式通常包括以下 9 个方面的要素：

（1）价值主张（Value Proposition）：即公司通过其产品和服务所能向消费者提供的价值。价值主张确认了公司对消费者的实用意义。

（2）消费者目标群体（Target Customer Segments）：即公司所瞄准的消费者群体。这些群体具有某些共性，从而使公司能够针对这些共性创造价值。

（3）分销渠道（Distribution Channels）：即公司用来接触消费者的各种途径。这里阐述了公司如何开拓市场，它涉及公司的市场和分销策略。

（4）客户关系（Customer Relationships）：即公司同其消费者群体之间所建立的联系。

（5）价值配置（Value Configurations）：即资源和活动的配置。

（6）核心能力（Core Capabilities）：即公司执行其商业模式所需的能力和资格。

（7）合作伙伴网络（Partner Network）：即公司同其他公司之间为有效地提供价值并实现其商业化而形成的合作关系网络。

（8）成本结构（Cost Structure）：即所使用的工具和方法的货币描述。

（9）收入模型（Revenue Model）：即公司通过各种收入流来创造财富的途径。

商业模式通常包括8个方面的特征——客户价值最大化、整合、高效率、系统、赢利、实现形式、核心竞争力、整体解决。这8个关键词也就构成了成功商业模式的8个基本特征，缺一不可。其中“整合”“高效率”“系统”是基础或先决条件，“核心竞争力”是手段，“客户价值最大化”是主观追求目标，“持续赢利”是客观结果。

二、识别商业模式和商业战略的关系

商业模式侧重于创造顾客价值的基础架构和系统，本质上在于回应“企业提供什么”以及“如何提供”这两个基本问题；而战略则侧重于回应环境变化和竞争，进而通过恰当的企业行为选择来赢得优势。

对于创业企业而言，商业模式在很大程度上决定了其成长潜能，战略则是将潜能转变为现实的重要手段，商业模式和战略之间是互补关系而不是相互替代的。在既定商业模式基础上选择恰当战略更有助于发挥其商业模式所蕴含的成长潜能；商业模式是衔接战略制定与实施的中介平台，具体而言，战略制定是以商业模式为基础来进行的，而战略的实施则是建立在商业模式的运行和改进的基础上。创业团队的首要任务就是设计与在位企业不同的商业模式，在此基础上制定恰当的战略选择可能会更加有效。

商业模式以价值创造为核心，而战略则是对所创造价值的保护机制，主要关注外部环境或竞争。商业模式是企业创造价值的基础架构和体系，而战略则是在此基础上，在环境和竞争约束条件下以效率最大化为目标的行为与活动选择，两者是互补的。

三、学会分解商业模式因果关系链条

价值链是指产品如何从原材料阶段，经过制造和分销活动，直至到达最终用户手中的一系列转移活动链条。

价值链主要由基础活动和辅助活动构成。基础活动包括产品制造、销售及售后服务，辅助活动包括企业基础管理工作、人力资源管理、技术开发、采购。辅助活动提供对基础活动的支持。价值链上每项活动的合理性和有效性取决于其对产品价值的贡献。在管理成本与价值、控制辅助性活动成本以及企业差异化竞争战略的诸多方面，价值链分析被广泛应用。如用于管理成本和价值分析的情况：管理者在通过对比每项活动所耗费的费用与其创造的顾客价值后，能够识别出价值链上哪一项活动存在进一步改善的空间，以及改善空间有多大；与此同时，管理者也会发现某项活动能在企业内完成只是由于历史原因造成的，如果分包，则可削减成本、提高质量、为高峰期储备额外的生产能力，或者使管理者集中精力于具有高附加值的活动。

价值链分析同样有助于识别机会以进行商业模式的开发。由于市场竞争越来越激烈，现在大多数产品和服务是在包含了很多企业而非单一企业的复杂供应链中被生产出来的。这样，价值链分析不再局限于单一企业内供应链的活动，而是用来描述产品和服务在“价值网络”和“价值体系”中的生产过程，因此，价值链更多地按照产品或者服务来加以识别，而不是特定的企业。

创业者可以通过审视一个产品或服务的价值链，来发现价值链的哪个阶段能够以其他更有意义的方式增加价值。这种分析可集中于：价值链的某项基础活动（如营销）；价值链某个部分与其他部分的结合处（如运营和外部后勤之间）；某项辅助活动（如人力资源管理）。在价值链中的任何一个活动中，创业者都要确定自己在整个价值链中的地位和角色，从而进一步明确合作伙伴并给新企业提供支持。

四、掌握设计商业模式的思路和方法

如何为具有可行性的技术创意设计一套既切实可行又具有独特竞争优势的商业模式，是所有创业者在建立企业前都必须做的一项工作。关于商业模式的组成要素和设计问题，目前有不少观点和体系，比较起来，《商业模式新生代》一书所提供的框架简洁且具有可操作性，在该书中，作者提出商业模式设计主要有 9 个方面，每个方面的核心问题如下：

（一）客户细分

我们正在为谁创造价值？谁是我们最重要的客户？

（二）价值主张

我们该向客户传递什么样的价值？我们正在帮助我们的客户解决哪一类难题？我们正在满足客户哪些需求？我们正在提供给客户细分群体哪些系列的产品和服务？

（三）渠道通路

通过哪些渠道可以接触到我们的客户细分群体？我们现在如何接触他们？我们的渠道如何整合？哪些渠道最有效？哪些渠道成本效益最好？如何把我们的渠道与客户的例行程序进行整合？

（四）客户关系

我们每个客户细分群体希望我们与之建立何种关系？哪些关系我们已经建立了？这

些关系成本如何？如何把他们与商业模式的其他部分进行整合？

（五）收入来源

什么样的价值能让客户愿意付费？他们现在付费买什么？他们是如何支付费用的？他们更愿意如何支付费用？每个收入来源占总收入的比例是多少？

（六）核心资源

我们的价值主张需要什么样的核心资源？我们的渠道通路需要什么样的核心资源？

（七）关键业务

我们的价值主张需要什么样的关键业务？我们的渠道通路需要什么样的关键业务？

（八）关键合作

谁是我们的重要伙伴？谁是我们的重要供应商？我们正在从伙伴那里获得哪些重要核心资源？合作伙伴都执行哪些关键业务？

（九）成本结构

什么是我们商业模式中最重要的固有成本？哪些核心资源花费最多？哪些关键业务花费最多？

五、掌握商业模式创新的逻辑与方法

（一）商业模式创新的逻辑

商业模式创新应该主要围绕怎样更好地创造顾客价值来展开。因此，产品或服务的创新、顾客界面的创新等，都要以顾客价值的创造为目标。战略创新领域经典的价值网络分析方法，可以帮助我们较为清楚地梳理出商业模式创新的逻辑。企业的价值网络主要包括企业、客户、竞争者、供应商、互补者 5 种角色。

围绕对企业价值网络的分析，商业模式创新可以通过多种途径来实现。

（1）开发互补产品。从寻求已有产品互补者的角度来实现商业模式的创新，如现在的智能云电视将原来的电视机和电脑网络结合在一起。

（2）开发替代产品。相互替代的产品可以满足同一群顾客的同一种需求，因此从顾客的基本需求出发，可以找到跨过市场的门槛。如电动车和自行车之间的相互替代。

（3）关注销售过程中的价值。如果能够解决购买产品的顾客在转移价值过程中存在的问题，也可以帮助企业占领更多的市场。例如：TIME 是法国自行车制造商，他们生产的公路车架系统和自锁系统是世界一流的，随后，该公司也相应推出了该品牌的自行车骑行服、头盔、码表等，增加了企业的盈利点。

（二）商业模式创新的方法

奥斯特瓦德（Osterwald）提出的商业模式创新循环包含 4 个阶段：环境分析、商业模式创新、组织设计、商业模式执行。

1. 环境分析

商业模式的创新首先要建立一个包含不同知识结构的商业模式创新团队，这个团队的成员由业务、流程、技术、客户关系、设计、研发、人力资源等部门组成。通过各部门讨论，让团队成员就商业模式的环境达成共识，然后规划商业模式的框架。

2. 商业模式创新

在既定的商业模式框架下，设计团队可以开始设计商业模式的原型。与此同时，可以借鉴其他领域的成功模式，或者将某些成功模式移植到自己的产业领域，甚至尝试发明或创造全新的商业模式。如数码卡片机是一种技术发明，而当今许多智能手机借鉴数码卡片机有许多移植成分；还有高铁借助网络销售车票等。

3. 组织设计

在确定合适的商业模式组合的基础上，企业将商业模式分解为业务单元和具体流程，即完成组织设计的工作。规划用于支持商业模式执行的基础信息系统，然后选择合适的人来执行。

4. 商业模式执行

最后就是将设计好的模式开始实践的阶段，在有了外部和内部保证之后，商业模式就可以具体实施了。实施阶段不仅极具挑战性，也经常容易被忽视。最后需要指出的是，商业模式创新是个不断循环的过程，即使这个商业模式已经取得成功，在对商业模式进行评估以后，也还需重新开始对环境进行分析。

实训项目一　豪威公司的创业机会的识别

一、实训项目名称

豪威公司的创业机会的识别。

二、实训项目任务

通过下面的材料分析让学生学会识别创业机会，从而有意识地寻找创业机会。

三、实训项目内容

豪威公司的创业机会的来源是怎样的？豪威公司的创始人寻找创业机会的关键因素有哪些？豪威公司是采用什么方法来识别创业机会的？豪威公司创业机会的识别包括了哪些过程？

镇江豪威文教橱柜设备有限公司（以下简称“豪威公司”）是一家专门从事高档橱柜、浴柜和文教设备的民营科技企业。豪威公司秉承“因专业而领先”的发展理念，致力于厨房生活的现代化、环保化和艺术化，把先进的厨房用具生产技术引进镇江，并与多家知名企业结成战略合作伙伴关系。其中，与上海雅洁公司的合作已使豪威整体厨房用具能够与上海、南京等先进大城市同步。豪威公司拥有近5000平方米的现代化生产厂房，采用优质原材料和进口配件，这保证了豪威橱柜的工艺和质量能够向欧洲整体橱柜看齐。

豪威公司的创始人杨玲坤女士一直以“眼界开阔、思维敏锐、敢于尝试”的品质在业内享有良好的个人声誉。杨玲坤成功的最大原因就在于她凡事勤学好问的个性。她也是个很自信的人，做什么事情都力求做到最好。她坦言说，自己就是个做企业的人，能取得今天的成就是因为国家大环境的改变为她创造了一个良好的契机。

1996年，杨玲坤决定创业时，正赶上国有大中型企业改革。在许多人看来，这种改制使他们丢掉了铁饭碗；但对她而言，这种改革则意味着商机，意味着创业机会。2003年，杨玲坤和其他民营企业家等33人向丹阳市后巷镇捐资40万元，兴建了镇江市飞达光彩学校。

目前，她最关心的问题就是如何解决民营企业发展的瓶颈问题。豪威公司在发展过程中经历了两次飞跃：第一次飞跃是由做装潢材料供应变更为做橱柜；第二次飞跃是由单纯做橱柜发展为做宅配。这两次重大的飞跃都是杨玲坤在分析国家有关政策的基础上发现商机的。

第一次飞跃

从年轻时代起，杨玲坤先后任职于工艺美术厂和装潢公司。多年任职于这两家公司的经验使杨玲坤意识到装潢行业是一个高利润的行业，要是能在这个行业做大做好，其发展前景不可小觑。在经过慎重考虑后，1996年杨玲坤毅然从令人羡慕的国有企业管理层请辞，下海创办了一家装潢材料店，从事装潢材料的批发和零售，从而掘到了第一桶金。但是初始的创业之路都是艰难的，尽管赚了25万元，但经过一年的经营使杨玲坤认识到只卖装潢材料没有什么前途。1997年，在一次去南京的考察中，一个橱柜展览又使杨玲坤陷入深思：经营橱柜的商机有多大呢？回到镇江之后，杨玲坤向很多人讲了自己的想法，但是包括自己的老领导在内的许多人都对她做橱柜生意的前景不看好。但是杨玲坤却看到了商机，在冷静地分析了周围环境和市场后，她有足够的信心相信自己会成功。在不到一个月的时间中，她招兵买马，开始了橱柜的经营之路，并创建了豪威公司。

第二次飞跃

豪威公司的第二大变革就是从只做橱柜到做宅配的飞跃。杨玲坤考虑到多元化：方太、帅康也是做橱柜，但他们还做电器，那我们如何赚电器的钱呢？如何利用橱柜拉动电器的消费？由于公司不具备电器生产的条件，杨玲坤就考虑到给品牌做代理，利用给客户做宅配的机会向他们销售电器、水槽等，也就是说，一套毛坯房，只需通过豪威一家公司，就可以将精装修一步到位，以满足顾客全方位的要求。豪威公司发展中的技术瓶颈问题，杨玲坤通过与高校合作来解决：主要是接收大学实习生，让他们在实际的工作氛围中将课本上的知识应用于实际；而且，还派遣工作人员到大学去进修，提高他们的文化素质，总而言之，缺什么补什么。

近年来，豪威公司致力于推进家装产业化建设进程，在镇江率先提出了“橱柜、卫浴、家具、装修一体化”口号，并引用了“豪威宅配”的新理念。豪威公司在镇江、扬州、丹阳都拥有连锁店，已经成为镇江装饰界的一大品牌。

四、实训项目评价

学生分组讨论，将学生分成四个小组，每个小组做出的分析交给对方，然后互相分析评价。

实训项目二　大学生如何找寻商机

一、实训项目名称

大学生如何找寻商机。

二、实训项目任务

通过训练，挖掘和调动学生用创新思维方式发现商机的潜力、培养学生的拓展式思维方法。

三、实训项目内容

经过了几千次的失败，爱迪生终于在1879年第一次展现出了电的光亮，而爱迪生发明电灯的初衷，只是为了解决光线不足的问题，用途也仅限于为了人们的工作和生活照明之用。

又经过了几百上千人持续100多年的不断创新——改变形状造型，改变颜色、亮度，改变连接方式、结构等，现在的灯泡用途之广，恐怕是爱迪生所始料不及的。

在我们的生活中，到处可见五彩缤纷、琳琅满目的灯泡，除了照明之外，人们那丰富的想象力，可谓叫人叹为观止。

例如：

应用在装饰上——霓虹灯、景观灯、背景灯等。应用在管理上——红绿灯、警灯、指示灯等。应用在通信上——信号灯、转向灯等。应用在医学上——理疗、消毒等。应用在加热上——浴霸、红外取暖器等。应用在武器上——探照灯、强光灯等。应用在工程上——测距、准直、找平、找缝等。应用在养殖上——孵化箱、改变动物生物钟的调光灯等。

通过阅读上面的案例，根据现实中的一则新闻，要求每人用发散式或拓展式思维方法，认真思考这个信息里是否存在商机，并列出一份商业计划书。

四、实训项目评价

学生分组讨论，将学生分成四个小组，每个小组做出的分析交给对方，然后互相分析评价。

五、实训项目链接

学习德鲁克提出机会的 7 种来源。

1. 意外之事

意外的成功。没有哪一种来源比意外的成功提供更多的创新机遇。而且，它所提供的创新机遇风险最小，求索的过程也最不艰辛。但意外的成功几乎完全受到忽视，更糟糕的是，管理人员往往将其拒之门外。

意外的失败。与成功不同的是，失败不能够被拒绝，而且几乎不可能不受注意。但是它们很少被看作机遇的征兆。当然，许多失败都是失误，是贪婪、愚昧，是盲目追求或是设计、执行不得力的结果。但如果经过精心设计、规划及小心执行后仍然失败，那么这种失败往往反映了隐藏的变化，以及随变化而来的机遇。

2. 不协调

所谓“不协调”（Incongruity），是指事物的状态与事物“应该有”的状态之间，或者事物的状态与人们假想的状态之间的不一致、不合拍。也许我们并不了解其中的原因，事实上，我们也经常说不出个所以然，但不协调是创新机遇的一个征兆。引用地质学的术语来说，它表示下面有一个“断层”。这样的断层提供了创新的机遇，它产生了一种不稳定性，四两可拨千斤，稍作努力即可促成经济或社会形态的重构。

3. 程序需要

与意外之事或不协调一样，它也存在于一个企业、一个产业或一个服务领域的程序之中。程序需要与其他创新来源不同，它并不始于环境中（无论内部还是外部）的某一件事，而是始于需要完成的某项工作。它是以任务为中心，而不是以状况为中心的。它是完善一个已存在的程序，替换薄弱的环节，用新知识重新设计一个旧程序等。

4. 市场和产业结构

产业和市场结构有时可持续很多年，从表面上看非常稳定。实际上，市场和产业结构相当脆弱，受到一点点冲击，它们就会瓦解，而且速度很快。市场和产业结构的变化同样也是一个重要的创新机遇。

5. 人口变化

在所有外部变化中，人口变化被定义为人口规模、年龄结构、人口组合、就业情况、教育情况以及收入的变化等，最为一目了然。它们毫不含混，并且能够得出最可预测的结果。

6. 认知、意义和情绪上的变化

从数学上说，“杯子是半满的”和“杯子是半空的”没有任何区别。但这两句话的意义在商业上却完全不同，造成的结果也不一样。如果一般的认知从看见杯子是“半满”的改变为看见杯子是“半空”的，那么这里就可能存在着重大的创新机遇。

7. 新知识

基于知识的创新是企业家精神的“超级巨星”。它可以得到关注，获得钱财，它是人们通常所指的创新。当然，并不是所有基于知识的创新都非常重要，有些的确微不足道。但是在创造历史的创新中，基于知识的创新占有很重要的分量。然而，知识并不一定是科技方面的，基于知识的社会创新也同样甚至更重要。

（资料来源：彼得·德鲁克．创新与企业家精神［M］．蔡文燕，译．上海：上海人民出版社、上海社会科学院出版社，2005.）

实训教程五　拥有创业资源，寻找融资渠道的训练

实训目的：培养大学生在创业过程中如何通过融资来实现创业梦，利用很少的资金来撬动创业过程，并学会如何管理资金。

实训资料：解读一些文件和各类创业资源。

教学目标：

［知识目标］1. 了解创业资源的内涵与种类。

2. 了解创业融资的基本含义、掌握各类创业的融资渠道。

3. 熟悉创业资源的管理。

［能力目标］能够学会创业融资的方法和渠道。

［实训目标］能够选择一个渠道进行融资，并顺利进行。

案例导入

广东联邦家私集团董事局主席兼总裁杜泽桦的创业故事

30 多年前，在广东南海，有个年轻人跟他的 5 个创业伙伴，开始了漫长的家具创业之路。如今的他，已经到了中年，原来的小作坊在他的苦心经营下，成为国内高档家具品牌的第一个加盟企业。他就是广东联邦家私集团董事局主席兼总裁杜泽桦，他领导的团队创造了一系列奇迹：从草创之初的籍籍无名，到一张联邦椅风靡全国，今天联邦已成为中国家具业的一面旗帜；20 年稳步发展，一年一个新台阶，成为中国民企的一棵"常青树"；昔日的 6 位创始人风雨同舟、不离不弃，成为家居美容业内的一段佳话；原来资产不过万元的小作坊，现在有了很大的规模，净资产过亿元。

1. 从 9000 元到数亿元的资本积累

30 多年前，包括杜泽桦在内的 6 个广东南海人，集资 9000 元，开始了他们的创业历程。南海是中国传统的"藤乡"，6 个人中有一半原先在当地藤厂工作过，生产藤家

具显然是其最合适的选择。于是，凭借着几个烤藤用的烤灯，他们制作出了创业历程中的第一件产品——一把藤椅。1984 年，中国刚刚改革开放不久，市场上物资非常匮乏。“尽管没有资金，没有背景，但只要够胆大，生产出来，就有人买，有人买就可以赚钱，而赚了钱就有了积累。”在这个背景下，杜泽桦的藤椅卖得不错。

但是，两年后，一次偶然改变了他们的设计方向，促成了后来的“联邦”。1986 年，杜泽桦一位去过欧洲的姑姑告诉他，在欧洲，木家具才是家具主角，因为它看上去很高档，并要他们替自己做一套木家具。杜泽桦和伙伴们花了两个多月时间设计了 30 多款木家具。出乎意料的是，被选中的那款家具在路边竟引来路人围观。从此，杜泽桦便开始专门生产木家具。之后杜泽桦别出心裁，联合广州东山百货大楼搞了个“90 年代家私展望”，“联邦”在广州一举成名。杜泽桦逐渐领悟到：做家具，想经营领先，首先要设计领先。在联邦集团，杜泽桦一贯倡导这种原创性。1992 年的“联邦椅”可以说是一个极致。

“联邦椅”是一款硬木沙发，由于造型符合人体曲线、久坐无疲劳感，面世以后，一个月最多时卖出过 1300 套，为公司创造了 500 多万元的收入，创造了中国家具史上罕见的单一产品覆盖全国市场、经久畅销的奇迹。而据不完全统计，包含仿冒品在内，“联邦椅”至今已销售了 1 亿多套。

1992 年，时逢邓小平南方讲话，杜泽桦和他的团队趁热打铁，创建了联邦“营销共同体”，在全国建立了经销网络，产值和利润每年成倍增长。同时，联邦还很早就在新加坡、中国香港地区率先成立了分公司，其销售业绩同样以每年 100% 的速度递增。

2. 6 位不离不弃的合作者

中国人都知道“合”字难写，尤其是合伙做生意，一次两次容易，长期合作，兄弟父子都不容易。但是在 30 多年中，杜泽桦和 5 个没有血缘关系的合伙人始终不离不弃，堪称一个奇迹。“我们 6 个人性格差异很大，家庭背景、教育情况、年龄阅历都不尽相同，但互相之间确实很少红脸，有过几次也只是针对具体的工作。”作为 6 个人的“班长”，杜泽桦对伙伴们的默契配合心存感激，“大家当初都是为了生计出来干事，没什么野心，后来公司发展大了，大家还能抱着，拧成一股劲儿做事业，在利益上不斤斤计较，实在难能可贵。”“有一句话也许不该说。如果明天一觉醒来，什么都没有了，也没有关系。因为本来我们 6 个人就一无所有，我们拥有的只是顽强的生命力。”杜泽桦指的这种生命力，来源于他 60 多年来对人生的理解和体验，他自己曾总结，创业者所需要的第一个条件就是心态好，要相信自己的人生会美好，不管面对怎样的挫折或者失败，都要怀揣平和的心态。

3. 联邦的管理

联邦的 6 个创始人 30 多年间不离不弃有一个很大原因——联邦的制度。联邦一开始就不是家族式的企业，而是采用了股份制的架构。他们明白，想要真正实现现代企业制度，还有一个制度安排的问题。“创业初期，股东、厂长、工人、卖场业务员，几种身份一体化。但在企业进入高速扩张时期后，股东担任管理职务，个人的能力、精力、水平从局部开始感到力不从心。怎么办？这就要让优秀的职业经理人进入管理高层，让部分股东接受职业经理人领导。”

杜泽桦谈起了他在20世纪90年代初为联邦家私进行的“管理老板”的改革，简单说就是，在引进许多优秀的经理人之后，股东在职位上要接受职业经理人的领导。现在，有的职业经理人已经获得了联邦的股份而成为股东。制度上的保证和30多年来的默契，使这6位合作者创造了一个长寿企业。如今的联邦，已经成为中国中高档家具招商市场的领军企业，员工已达到2000多人，在全国建立了1000多家连锁专卖店，而海外市场已经覆盖五大洲90多个国家和地区，共350多个城市。

案例分析

请结合商户案例思考下列问题：

1. 创业资源重要吗？

2. 杜泽桦是如何获得创业资源的？

第一节　寻找和拥有创业资源训练

一、认识创业资源的内涵与种类

（一）创业资源的内涵

创业资源是指创业者所拥有的社会资源，包括知识资源、技术资源、管理资源、政府资源、人脉资源、商业资源、货币资源、项目资源、市场资源等有形物质要素和无形要素的总和。它涵盖了货币、生理、心理等范畴，是更广泛的、动态的、可再生且长期使用的“本钱”。创业者对这些资源的掌控程度的大小，决定着可用社会资源的范围大小和可利用的程度。如果创业者善于整合这些资源，并且善于培养和呵护、挖掘和开发来不断扩大这种资源，其创业本钱就不只局限于货币形态了，有时在某种情况下其“价值”会超过货币形态的价值，发挥事半功倍的作用，甚至帮助创业者少走弯路直入“佳境”。创业资源能为创业带来强劲的外部推动力，为创业成功保驾护航。所以对于创业者来说，永远需要整合资源，永远需要构建人际网络。一个人的实力不是看他拥有多少钱，更重要的是看他可以支配多少资源。

创业者在企业成长的各个阶段都会努力争取用尽量多的资源来推进企业的发展，他们需要的不是拥有资源，而是要控制这些资源。

（二）创业资源的种类

资源是生产资料和生活资料的天然来源。社会学意义上的资源，是任何社会生存和发展都无法离开的物质基础。经济学意义上的资源，是能够产生新的价值和使用价值的客观存在物——物质资源和人力资源。

（1）根据资源性质可分为：人力资源、社会资源、财务资源、物质资源、技术资源和组织资源。

（2）按照资源对企业成长的作用可分为：要素资源（场地资源、资金资源、人才资源、管理资源、科技资源）和环境资源（政策资源、信息资源、文化资源、品牌资源）两大类。

（3）按照其他分类法可分为：有形资源、无形资源；离散资源、系统资源；简单资源、复杂资源；战略性资源、有价值资源；稀缺性资源、难以模仿资源、不可替代资源。

二、辨别创业资源与一般商业资源的异同

创业资源作为商业资源的组成部分之一，它与一般商业资源的关系，其实也就是哲学中矛盾的普遍性与特殊性的关系。一方面，创业资源与一般商业资源在本质上都属于商业资源的范畴，因此二者必然具有一定的共同点；另一方面，二者作为商业资源的不同分支，也必然具有各自不同的一些属性。

（一）创业资源与一般商业资源的相同点

创业资源作为商业资源的一部分，具有商业资源所具有的共同特性。

首先，二者都具有稀缺性。资源相对于创业需求是稀缺的，这里所说的创业资源的稀缺性，既不是说这种资源不可再生或可以耗尽，也与这种资源的绝对量大小无关，而是指出这样一个事实，与成熟企业相比，新企业缺少时空上的资源积累，即在给定的时间内，与创业资源的需求相比，其供给量相对不足。

其次，二者包含的内容相同。创业资源和商业资源从包含内容上讲，都涵盖了厂房、场地、设备等有形资源，以及企业名称、商标、专利、营销能力、管理制度、信息资料、企业文化等无形资源。

（二）创业资源与一般商业资源的不同点

创业资源作为一种特殊的资源有其典型的特点。

首先，创业资源多为外部资源。新企业创业资源短缺，意味着企业直接控制的内部资源不足，创业者选择的途径是使外部资源内化（股权安排、专业化协作等）。利用外部资源来解决创业资源的短缺问题，能大大减少公司的风险与固定成本，加上创业公司本身的市场地位和市场空间都并不稳固，所以利用外部资源可以避免将来废弃这些资源的风险。

其次，创业者在创业资源中的作用举足轻重。创业者开创事业的意图与开创事业前的决定都是新企业以后的目标、策略与结构的成型因素，并且对日后新企业的存活与成长都有所影响，所以创业者是创业过程中最重要的创业资源。当然，雇员的素质也是一种特别重要的人力资源，创业者可以利用市场的力量（金钱、竞争等）和个人人格的力量（如承诺、经验、品格等）影响雇员的投入。

最后，专有化程度高的知识在创业资源中至关重要。创业所需要的资源中，知识是非常重要的一项，它为企业实施差异化战略提供了基础，一般是企业核心竞争力的根源所在，可为新企业在某些方面建立一定的竞争优势。这种竞争优势一方面取决于这种资源本身的价值，也和企业对于这项资源的运用方式和其他相关资源的配合密切相关；另一方面，专有知识不容易交易，比显性知识更容易建立起竞争优势。

三、了解社会资本、资金、技术及专业人才在创业中的作用

（一）社会资本在创业中的作用

社会资本是以信任为基础且作用于社会关系网络所获得的社会结构资源。

1. 社会资本具有的特征

第一，公共物品。具有双向性或属于群体财产，它一旦形成，只能存储于两个以上的人之间。而经济资本可以是公共物品，也可以是私人物品。

第二，嵌入社会网络之中。其作用的发挥不仅体现在生产价值上，而且也体现在对共同体的维持和促进上。因此，虽然社会资本有其所有者，但是其利用的效果往往更具有社会性，收益更具有扩散性。

第三，外部性。社会资本量的大小取决于外部结构资源的构建。

第四，使用中的互惠性。社会资本的有效使用，可以使社会资本关系网络中的相关环节共同受益，达到互惠互利。

第五，具有可再生性，是非短缺的。社会资本不具有经济资本的短缺性，它可以通过社会资本再生产来有效避免资源的短缺。而社会资本的这些特征与大学生创业的内在需求在很多方面不谋而合。

2. 社会资本在创业中的作用

第一，社会资本可以促进创业资源的合理利用。创业所需要的资源，一种是无形的资源，如社会关系网络、信息、人气、文化、政策、制度等；另一种是有形的资源，如土地、资金、设施设备、人力等。社会资本的公共特性和互惠特性则告诉我们，当我们使用有形的物质资源的同时，可以创造性地开发并使用一种新资源，即社会关系网络资源，这部分资源是可以共生和再生的，可以成为公共资源。

第二，社会资本可以帮助创业者实现创业资源的整合。创业的组成因素包括创业主体、创业客体与中介，创业条件的形成正是三者互动的结果。创业的主体是创业者，创业的客体是所提供的产品或服务，创业的中介是学校、政府、市场、信息、技术或社会支持等。不同组合中的任何一个环节对创业的影响可能都是至关重要的。所以，一个人或一个组织，要想在竞争中获得、保持和发展优势，就必须与相互无关的个人和团体发生广泛的联系，以争取信息和控制优势。

第三，社会资本能够为大学生创业带来正外部性。创业的外部性主要是指创业主体在创业过程中，同时会对其他个体或组织产生影响。创业活动在影响创业环境变迁的过程中，同样会影响其他创业个体的创业环境支付成本，具体包括创业的适应成本、使用成本、维护成本、转换成本等。当创业主体能够遵守游戏规则、开展有序的创业活动时，创业过程具有正外部性。比如，当创业主体能够做到自觉上缴税收、鼓励自主创新、吸收高水平人才时，创业环境的良性发展必然会产生宣传效应，同时引发政府的鼓励和扶持、外商（资）以及人才的大量涌入、创业集群效应的日益凸显等。相反，当创业主体发生对创业环境的破坏性使用或者过度消耗，则可能会导致其他创业主体在创业中的利益受到损害，也导致非创业者的利益受到损害。

第四，社会资本帮助降低创业的风险性。创业本身就存在风险，如何帮助创业者规避创业风险，需要创业者、学校、社会、市场通力合作，社会资本理论对此提供了一些有益的借鉴。科尔曼在研究学校的辍学率时发现，公立学校的辍学率是天主教学校的两倍，他认为天主教学校的成功不是由于学生的特殊品质，而是围绕在学校周围的社会资本：学生家长之间、家长与教师之间相互联系，他们既是学生的父母，也是当地教堂的一员，这些家长统统为孩子提供社会资源，并减少学校的压力。科尔曼认为学校是嵌于它周围的共同体中，这些共同体被称为“功能共同体”，它们对学生的学业成就和学校本身的发展具有重要影响。这一研究结果可以为大学生降低创业风险提供启示，社会资本的“功能共同体”思想要求创业团体中的个体有意识地融入“人工创建的社会组织”

之中，另外，社会资本的互惠特性也要求共同体成员在风险上共担。

第五，帮助识别创业机会。创业伊始，首先要寻找创业机会。而感知创业机会则以社会关系网络资源的动用为前提。而且，在机会感知过程中，大学生社会资本的作用并非仅局限于向其提供有关创业项目的雏形信息，更为重要的是，它能通过提供相关参考信息来帮助大学生评价创业机会，提高决策的科学性。

第六，帮助获取创业的资金资源。资金是创业者资源整合行为的重要环节。有调查表明，基于家庭关系的社会资本是创业资金的主要来源，占 51%。基于关系网络的社会资本，占 38%。大学生利用其以社会关系网络形式存在的社会资本来获取创业资金，一方面跨越了难以获得借贷资本与风险资本的障碍，另一方面，简化了融资手续，缩短了融资时间，降低了融资交易费用，保证大学生在最短的时间内聚集必要的资金资源。

第七，帮助增强人脉支持和市场认可。大学生创业者在创业过程中不可能独自撑起一个企业，他需要有企业生产经营和管理方面的专业人才的帮助，社会资本有助于大学生创业者获得企业运转所需的关键性人力资源。绝大多数时候，这些重要的人员都与创业者自身或者社会关系网络里面的某个成员有着密切的联系。因为这些联系的存在，这些人才会以创业者为核心聚集在一起，为新创的企业付出努力。

（二）资金在创业中的作用

资金是流通中价值的一种货币表现，用于创造新价值，并增加社会剩余产品价值的媒介价值。

具体作用体现为：

（1）创立企业的必备条件。

（2）创设企业的抗风险能力的体现。

（3）保证企业资产保值增值的首要条件。

（4）衡量企业社会贡献度大小的尺度。

（三）技术在创业中的作用

科学技术是第一生产力。技术可以指物质（如机器、硬件或器皿），也可以包含更广的架构（如系统、组织方法和技巧）。它是知识进化的主体。

具体作用体现为：

（1）新设企业进入市场的主要依据（市场细分）。

（2）企业生产经营的重要支撑。

（3）企业发展的必然动力。

（四）专业人才在创业中的作用

专业人才指通过学习接受某方面技术知识，具备该专业技术能力的人员。其中较为突出的，熟悉相关技术，并具有自主创新能力的，称为专业技术人才。区别于专业技能人才，技术人才需要借助自身以外的载体来完成任务，即需要掌握一定的专业工具适用能力；而专业技能人才通过语言和行动就可以表达其专业技能，完成任务。

具体作用体现为：

（1）企业生产经营的第一要素。

（2）为企业组织管理提供必备条件。

（3）企业发展的潜在动力。

四、分析影响创业资源获取的因素

初创企业需要获取广泛的外部资源，帮助企业走出初始阶段。影响资源获取的因素包括创业者拥有的初始资源，网络（社会网络、商业网络、支持性网络、政府网络），关系（关系强度），企业的特点（企业规模、企业所属行业、企业所处阶段）以及创业者特质（性别、学历）。

五、掌握创业资源获取的途径与技能

为了及时足额并以较低的成本获得创业所需的资源，创业者需要掌握一定的创业资源获取的途径与技能。

（一）充分重视人力资源的获取

人力资源在创业资源中的决定性作用要求创业者必须充分重视人力资源的获取。创业者一方面应努力增强自身能力的培养；另一方面应充分重视创业团队的建设。一个知己知彼、才华各异、能力互补、目标一致和彼此信任的团队是创业资源中重要的资源，也是创业成功必不可少的保证。

（二）以能用和够用为原则

不是所有的宝贝都是企业的资源，创业者在筹集资源时应坚持能用的原则。满足自己需求的，自己可以支配并使其充分发挥作用的资源，才是需要筹集的资源。

另外，资源的使用是有代价的，因此，在筹集创业资源时应该本着够用的原则，而不是多多益善。一方面，资源的有限性使创业者难以筹集过多的资源；另一方面，当使用资源的收益不能弥补其成本时，资源的使用并不能给企业带来效益。

（三）尽可能筹集多用途资源和杠杆资源

资源自身的特性决定了其用途的不同，有的资源可能在不同场合具有不同的用途，筹集具有多种用途的资源可以帮助创业者应付创业过程中出现的意外；在知识社会，具有独特创造性的知识是现代社会的高杠杆资源，对于杠杆资源的合理利用，有助于创业者取得一定的杠杆收益，达到事半功倍的效果。

小贴士

整合资源的能力远胜于拥有所有创业资源

不管资源准备得如何充分，我们也不可能预见创业后所有的问题。任何一个创业者都不可能在想出了所有问题的答案后再创业。讨论资源重要性的目的不是给立志创业者泼冷水，也不是建议大家坐等“万事俱备”。

创业者与创业之初所控制的资源多少关系不大。很多人在初次创业的时候，资源都是十分欠缺的。大量例证也表明，创业之初创业者可支配的资源几乎是微不足道的。对于创办一个小企业来说，并不需要多少资本。在企业家把企业做到一定规模之后，与之相比企业的初创资本可以忽略不计。这一规律不仅在知识经济时代，即使是资源经济时代也可举出许多例证。例如，1946 年井深大与和盛田昭夫创立东京通信工业公司（索尼公司前身）时，初创资本仅为 500 美元；松下幸之助不是有钱才创业，而是年轻时身体不好不能上班，不得不在家里做电器开关；惠普公司的创始人休立特（William Hewlett）和帕卡德（David Packard）创业之初身无分文，是用特曼（Fred Terman）教授所借的 538 美元租用汽车房创立惠普公司的；苹果电脑公司是沃茨尼亚克（Steve Wozniak）和乔布斯（Steve Jobs）于 1976 年在自家的汽车房创立的；沃尔玛的创始人山姆·沃尔顿 1962 年由一个小店起家，现在全球已拥有 4000 多家连锁店；中国刘氏家族创办的希望集团仅以 1000 元起家，现已发展成为中国最大的民营企业之一；香港上市公司金利来的创始人创业之初仅有 6000 港元的资本。《美利坚合众国演义》讲了 100 家企业的发家史：摩根、洛克菲勒、福特、通用电气等，个个都是白手起家。

当年中关村小军电脑公司的雷虹，精选了 12 名学软件的大学生，每人给了 30 万元，让他们自由选项、自主创业，结果无一成功。有创业者十年中做了 5 个项目，死掉的不是缺少资金，活下来的也不是因为资金充裕。普遍的事实证明：决定项目死活、创业成败的不是资金。

可以说，创业成功并不需要100%拥有所有资源，整合资源的能力远胜于拥有所有创业资源。阿里巴巴的马云先生，他本人并不完全具备创业所需的一切资源，但是他能通过自身的能力，将一些适用的资源（人力、物力）整合在一起并合理地运用，形成了一个强有力的多资源团队，因此他获得了成功，使自己的企业得以不断地壮大和持续发展。

实际上，所有成功创业者在新创企业成长的各个阶段，都会做到用尽可能少的资源推进企业往前发展。同时，对他们而言，资源的所有权并不是关键，关键的是对其他人资源的控制、影响程度。这种态度的好处在于能够减少创业者创业所需的资本量；在选择经营企业还是放弃企业时处于更有利的地位；以放弃资源所有权为代价而提高了灵活性；降低了沉没成本、固定成本，并以丰富的利润抵销变动成本的上升，进而大大降低了创业者把握商机过程中的风险。

第二节　整合与管理创业资源训练

一、学会不同类型资源的开发

（一）人力资源的开发

1. 在职开发方法

（1）工作轮换。通过工作岗位和角色的转换，不断熟悉企业的业务流程，在提高自身能力的基础上加强企业生产经营和组织管理能力。

（2）指导 / 实习。让将要被取代的人与被开发人员一起工作，并对其进行指导。这种方法的优点是学习内容的实效性最强；对被开发人员的能力提升有直接的效果。其缺点是将要被取代的人往往不愿意倾囊相授；即使愿意也不一定是较好的教练或教师。

（3）初级董事会。是指让经过选拔的中级管理人员组成一个初级董事会，使其面对目前公司所存在的问题，并要求其对整个公司的政策提出建议的一种开发方法。初级董事会一般由10~12位中级管理人员组成，他们通过分析高层次问题从而积累决策经验。这种方法为被开发者提供了全局视角，能够从战略高度审视问题，能够积累决策经验，为以后工作打下坚实的基础。

（4）行动学习。人力资源开发中的行动学习是指让被开发者将全部时间用于分析和解决企业内部实际问题或其他组织机构问题的开发方法，其解决问题的对象扩展到企业外部。被开发者一般 4~5 人一组，承担企业内外组织的某个具体任务或项目，定期开会并就各自的研究成果展开讨论。

2. 脱岗开发方法

（1）正规教育。正规教育包括专门为公司雇员设计的公司外教育计划和公司内教育计划，由大学及咨询公司开设的短期课程。如高级经理人员的工商管理硕士培训计划、大学课程教育计划等。

（2）研讨会或大型学者会议。这种方法既进行思想、政策和程序等的交流，也对一些没有定论或答案的问题展开讨论，包括对某些未来趋势进行探讨。研讨会通常与大学或咨询公司合办。该方法既能借鉴其他公司或学者的一些最新实践模式或研究成果，也能捕捉到一些有关未来走向的敏感信息。

（3）周期性休假。现在，企业开始借鉴学术界的通行做法，给员工提供 6 个月甚至更长的带薪休假时间，以参加社会公益项目，开发自身并重获活力。带薪休假在西方国家较为流行，一般是某种形式的志愿者计划。该方法在招募和留住人才方面起到了一定的作用，它能增进员工士气，人们因回报而愿意承担更重的工作重担。其缺点是随意性较强、公司有成本负担。

（4）企业内部开发中心。企业内部开发中心是让有发展前途的管理人员到企业自己建立的基地去做实际练习，从而进一步开发其管理技能的方法。该方法将课堂教学、评价中心、实践练习和角色扮演等方法结合在一起进行管理人员开发。

（5）文件筐技术。文件筐技术是指在被开发人员的桌面上摆放有需要处理的各种各样的文件，参加者要阅读这些文件，并提出相应的解决办法，如分派任务、书面或电话回复、安排会议时间表或置之不理等。此方法与人力资源甄选中的公文测验类似，只是目的不同，用于人力资源开发的目的是练习应对日常事务。

（二）社会资源的开发

社会资源包括有形资源，如人力、物力、财力、场地空间等；无形资源，如技术、知识、组织、社会关系等。创业者应当充分利用国家给予的政策（如扶持大学生创业的相关政策），利用自身的比较优势，围绕新创设企业这一目标，积极主动地多方沟通和协调，争取各种资源。

（三）财务资源的开发

财务资源是指企业所拥有的资本以及企业在筹集和使用资本的过程中所形成的独有

的不易被模仿的财务专用性资产。企业必须具有独特的财务管理体制、财务分析与决策工具、健全的财务关系网络以及拥有企业独特财务技能的财务人员。

（四）物质资源的开发

物质资源是人类社会生存和发展的基础，是人类社会经济活动用以依托的客观存在物。广义的物质资源是指行政组织所能运用的各种有形的物质要素的总和，包括维持机关内部运行及对外开展职能活动的各物质要素。企业必须广开渠道、开源节流、合理配置和使用各种资源。

（五）技术资源的开发

技术资源包括两个部分：一是与解决实际问题有关的软件方面的知识；二是为解决这些实际问题而使用的设备、工具等硬件方面的知识。技术是自然科学知识在生产过程中的应用，是直接的生产力，是改造客观世界的方法、手段。技术对社会经济发展最直接的表现就是生产工具的改进，不同时代生产力的标尺是不同的生产工具，主要是由科学技术来决定的。

新创设企业应当从项目设计、原料选择、工艺过程、技术进步等各个环节提高标准，不断研发，使得企业立于不败之地。

（六）组织资源的开发

组织资源是组织拥有的，或者可以直接控制和运用的各种要素，这些要素既是组织运行和发展所必需的，又是通过管理活动的配置整合，能够起到增值的作用，为组织及其成员带来利益的。

企业必须确立自己的组织运行模式，合理设置自身的运行机制，同时有效利用激励机制和约束机制，充分利用自有资源，精确整合与配置，力争为企业取得最大效益。

二、创造性地利用和整合有限资源

（一）依靠自有资源

自有资源也叫自有资本，学术界用“Bootstrapping”这一词描述，指在创业初期使用本身的资源，是这一过程中创业者利用资源的方法，主要指在缺乏资源的情况下，创业者分多个阶段投入资源并且在每个阶段或决策点投入最少的资源，所以也可以称为“步步为营”。

杰弗里·康沃尔总结了步步为营的9条理由：

（1）企业不可能获得来自银行家或投资者的资金。

（2）新创建企业所需外部资金来源受到限制。

（3）创业者推迟使用外部资金的要求。

（4）创业者对自己掌握企业全部所有权的愿望。

（5）使可承受风险最小化的一种方式。

（6）创造一个更高效的企业。

（7）使自己看起来“强大”以便争夺顾客。

（8）为创业者在企业中增加收入和财富。

（9）审慎控制和管理的价值观念。

（二）拼凑

拼凑（bricolage）是1967年由人类学家列维·施特劳斯提出，说明人对现实的理解是一个递进的过程，在已有的神话元素的基础上，不断替换其中的一些元素，形成新的认识。包含3层意思：一是通过加入一些新元素，实现有效组合，结构因此改变；二是新加入的东西往往是手边已有的东西，也许不是最好的，但是有技巧地组合在一起；三是创新行为，可能会带来意想不到的效果。创造性拼凑的3个关键元素是：手边已有的资源、整合资源用于新目的、将就使用。

1. 分类

（1）全面拼凑。创业者在物质资源、人力资源、技术资源、制度规范和顾客市场等诸多方面长期使用拼凑，在企业现金流步入稳定后依然使用拼凑。

（2）选择性拼凑。创业者在拼凑行为上有一定的选择性，避免全面拼凑的一种自我加强循环。

2. 拼凑策略

（1）突破习惯思维方式，如考虑进入其他行业。

（2）手边资源的再利用，如利用剩余的生产加工能力、无用的下脚料等。

（3）拼凑并非凑合将就，而是在一个并不十分完美的情况下积极行动，并随着事情的进展不断改进。

（4）资源整合，如与合作伙伴在产品品种、渠道上优势互补。

（5）不是所有的领域都在拼凑，如对新客户不采用拼凑策略，更利于建立纯粹的、稳定的商业关系。

3. 发挥资源的杠杆效应

资源的杠杆效应，就是以尽可能少的付出获取尽可能多的收获。

资源的杠杆效应就是识别一种没有被完全利用的资源，能看到一种资源怎样被运用于特殊的方面，说服那些拥有资源的人让渡使用权，这意味着创业者并不被他们当前控制的或支配的资源所限制，用大量创造性的方式，杠杆性地撬动资源。体现在以下几个方面：

（1）能比别人更加延长地使用资源。

（2）更充分地利用别人没有意识到的资源。

（3）利用他人或别人的资源来完成自己创业的目的。

（4）将一种资源补足另外一种资源，产生更高的复合价值。

（5）利用一种资源以获得其他资源。

（三）整合外部资源

整合外部资源，识别利益相关者及其利益，构建共赢机制，维持信任长期合作。

1. 整合外部资源的 4 项原则

原则一：尽可能多地搜寻出利益相关者。

原则二：识别利益相关者的利益所在，寻找共同利益。

原则三：共同利益的实现需要共赢的利益机制做保证，共赢多数情况下难以同时赢，更多的是先后赢，创业者需要设计出利益相关者感觉到赢而且是优先赢的机制。

原则四：沟通是创业者与利益相关者之间相互了解的重要手段，信任关系的建立有助于资源整合、降低风险、扩大收益。

2. 沟通在创业资源整合中的重要性

可用两个 70% 来概括沟通在创业资源整合中的重要性：

第一个 70%，是指创业者有 70% 的时间用在沟通上。如开会、谈判、协商、约见等。

第二个 70%，是指企业中 70% 的问题是由于沟通障碍引起的。

建立在商业基础上的友谊永远比建立在友谊基础上的商业更重要。

（四）创业资源整合的方式

1. 人脉资源整合

卡耐基提出专业知识在一个人成功的作用中只占 15%，其余的 85% 取决于人际关系。斯坦福研究中心的一份调查报告指出，一个人赚的钱，12.5% 来自知识，87.5% 来自关系。

人脉资源根据重要性程度可以分为：

（1）核心层人脉资源：老板、顶头上司、重要客户等。

（2）紧密层人脉资源：其他领导、一般下属、次重要客户、有影响的同学等。

（3）松散备用层人脉资源：公司未来可能的接班人选、一般客户、同学等。

人脉资源整合的要点：结构要合理，有长期投资性和关联性，兼顾事业与生活，重视心智方面的需要。

人脉资源整合的途径：参与社团活动，扩张人脉链条；参加培训，搭建人脉平台；了解人脉，满足需求；日积月累，细心呵护。

2. 信息资源整合

在信息爆炸时代，如何整合信息成为创业者的一大挑战。要努力了解和分析包括竞争对手、政府、行业、合作伙伴、客户等在内的周边环境的变化信息。

3. 技术资源整合

对于许多新创企业来说，最关键的创业核心竞争力是技术。技术在很大程度上决定了所需创业资本的大小、创业产品的市场竞争力和获利能力。技术资源的主要来源是人才资源，重视技术资源的整合也就是注重人才资源的整合。

4. 行业资源整合

了解和掌握某个行业的各种关系网，如业内竞争对手、供货商、经销商、客户、行业管理部门。创业的一个成功类型，就是做自己熟悉的行业，熟悉本行业企业运营、熟悉竞争对手。

5. 政府资源整合

掌握并充分整合创业的政府资源，努力享受政府的扶持政策，可以使创业少走许多弯路，达到事半功倍之效。政府的各种创业扶持政策主要包括财政扶持政策、融资政策、税收政策、科技政策、产业政策、中介服务政策、创业扶持政策、队伍经济技术合作与交流政策、政府采购政策、人才政策等。

三、创业资源开发的推进方法

根据资源基础理论，资源是企业发展的重要基础，是创业机会转变为创业实践必不可少的要素。新创企业只有获取了一定的资源，才会形成新的资源能力和竞争优势。创业的过程是不断地投入资源以连续提供产品和服务的过程。在这个过程中，创业者需要组织创业企业资源，包括确定、筹集和配置资源。不同的学者把资源整合分为不同的过程。P. West 和 J. Decastro（1999）认为，企业只有获取了一定的资源，才会形成新的资源能力或者竞争优势，企业要赢得市场就必须依靠这种区别于其他企业的资源优势。而这种资源利用涉及协调与拓展两方面的内容，这就是最初的资源整合过程。与以往研究不同的是，Brush、Greene 和 Hart（2001）对创业企业资源基础的构建进行了分析，他们把创业企业在资源整合过程中所面临的主要挑战归纳为集中资源、吸引资源、整合资源和转化资源4个部分。Simon、Hitt和Ireland（2007）从动态的角度研究了资源管理的过程，提出了资源管理的3大步骤，即构造资源组合（获取资源、集聚资源、剥离资源）、绑定资源形成能力（保持、改进、创造）和利用能力（移动、协调、配置）以形成优势。根据以上主要观点，国内学者马鸿佳、葛宝山把资源的整合过程分为4个阶段，即资源识别、资源获取、资源配置以及资源利用。

（一）资源识别

资源识别是指创业者根据自己所发现的创业机会和自己的愿景，在对现有资源进行评价的基础上确定资源需求和来源的过程，主要包括评价初始资源、细化资源需求和确定资源来源3个方面。Starr（1990）指出资源识别是创业企业实现资源整合的第一步，因为要实现既定目标，需要明确所需的资源。Dollinger（1985）认为创业过程是创业者如何获取和开发资源的过程，创业者能获得的资源特性在很大程度上决定了新企业的产出。Lichtenstein和Brush（2001）认为在新企业处于早期发展阶段时，识别、获取资源比开发、整合资源更加重要。Brush（2001）认为资源识别过程可以分为两步：一是明晰需要什么资源；二是在识别资源本身特性的基础上，对资源潜在的供应商进行识别。Brush和Hitt（2003）等少部分人研究了资源识别过程，他们区别了创业企业和成熟企业，认为在识别阶段需要对资源进行评价，形成资源清单。Vesper（1994）认为，经过这样的分类，就可以评价所需资源、当前资源与企业所面临的机会之间存在的差距。资源识别不仅仅包括识别所需资源的数量，也包括识别所需资源的质量以及使用顺序。

（二）资源获取

资源获取是指新企业确定了资源需求以后，利用自身的资源禀赋获取资源的过程，主要包括外购、吸引和积累3个方面。资源是新企业创建、成长和扩张的基础，新企业最终实现价值创造的必要条件就是占有和获得关键资源。资源的获取是创业活动中重要的一步，创业者（创业企业）对资源的获取可以为企业积累创立、发展所必需的资源库。J. Powers（2003）认为，由于大多数新创企业初始资源禀赋的不完整性，创业者应该取得资源供应商的信任，从而取得所需资源。在资源获取的过程中，创业者要根据其组合能力通过一定的技巧来实现创业资源的获取。现实中，创业企业在创业初期，由于自身条件的限制，与成熟企业相比，往往无法获得需要的资源，因此资源问题包括财务资源、人力资源、经营信息、社会支持，乃至创业必备的能力等成为制约企业发展的瓶颈。在这个过程中，创业者必须充分发挥创业网络在获取创业资源方面的作用，因为通过创业网络可以降低环境不确定性所带来的风险。

（三）资源配置

资源配置是指新企业对资源进行组合以构造或改变新企业能力的过程，主要包括稳定调整、丰富细化和开拓创造 3 个方面。新创企业最初获得的资源大多是分散的、未经系统化的，所以企业在经过资源的识别、获取后，需要把所需的资源进行配置，以形成赖以发展的资料库。

正如 Kliduff 和 Tsai（2003）指出的，“对获取的资源应该注重效用和价值，不能获取而不用，不然这种资源的价值和潜力便被埋没了”。Simon、Hitt 和 Ireland（2003）认为，资源整合过程受到环境不确定性的影响，新创企业对资源的配置直接影响到其核心能力的形成，资源的整合过程就是能力形成的过程。这些资源的整合过程，伴随着个体资源向组织资源的转化。Ireland 和 Webb（2004）认为，整合后形成的企业能力中，能够合适地发挥以开发机会和发展竞争优势的能力集合是最有效的。

（四）资源利用

资源利用主要指创业者协调各种关系，剥离无用的资源，整合有用的资源。企业通过整合内外部的各种资源，实现比市场更好的配置效率，使得资源被企业合理地利用。Baron（1998）认为，企业通过协调，能在资源之间形成一种合力。Slater 和 Narver（1995）提出资源利用是一个学习的过程，当企业拥有了符合满足顾客需求和当前竞争优势的能力时，创业导致的新机会才能为顾客创造价值。Hitt 等人（2001）发现，在企业拥有了独具优势的资源后，在人力资源的作用下，各种多样性资源被整合为一体，企业内部人和物的能力得到了改造，并且为企业带来了良好的业绩。市场复杂性和异质性为企业创造了大量的机会，使企业能够利用和发挥他们的独特能力为顾客创造价值是 Miller（2003）的观点。Simon 和 Hitt（2003）则提出资源利用的过程主要集中于对市场机会的利用。

第三节　融资与寻找融资渠道训练

一、学会对创业融资分析

（一）融资的概念

融资是指企业运用各种方式向金融机构或金融中介机构筹集资金的一种业务活动。

从广义上讲，融资就是货币资金的融通，是当事人通过各种方式到金融市场上筹措或贷放资金的行为。企业的发展离不开金融的支持，因此，企业需要全面地了解金融知识、金融机构和金融市场。

从狭义上讲，融资即一个企业资金筹建的行为与过程。也就是企业根据自身的生产经营状况、资金拥有状况以及企业未来经营发展的需要，通过科学的预测和决策，采用一定的方式，从一定的渠道向企业的投资者和债权人去筹集资金，组织资金的供应，以保证企业正常生产需要、经营管理活动需要的理财行为。

企业筹集资金的动机应该遵循一定的原则，通过一定的渠道和一定的方式去进行。企业筹集资金主要有 3 大目的：企业扩张、企业还债以及混合动机（扩张与还债混合的动机）。

（二）创业融资的分类

任何创业都是要成本的，就算是最少的启动资金，也要包含一些最基本的开支，如产品定金、店面租金等，更别说大一些的商业项目了。因此，对创业者来说，能否快速、高效地筹集到资金，是创业成功至关重要的因素。

按照期限来划分，创业融资可分为短期融资和长期融资。企业选择短期融资或长期融资主要取决于融资的用途和融资人的风险性偏好。

从资金用途上来看，如果融资是用于企业流动资产，则根据流动资产具有周期快、易于变现、经营中所需补充数额较小及占用时间短等特点，宜于选择各种短期融资方式，如商业信用贷款、短期贷款等；如果融资是用于长期投资或购置固定资产，则由于这类用途要求资金数额大、占用时间长，因而适宜选择各种长期融资方式，如长期贷款、企业内部积累、租赁融资、发行债券和股票等。

从风险性偏好角度来看，在融资期限决策时，可以有中庸型、激进型和稳健型 3 种类型。

中庸型融资是一种中等财务风险和资金成本的融资结构。在这种结构下，主权资本融资与负债融资的比重要根据资金的用途来确定，即用于长期资产的资金由主权资本融资和长期负债融资提供，同时，还应使主权资本融资与负债融资的比重保持在较为合理的水平上。

激进型融资是指企业用长期资金来满足部分永久性资产对资金的需求，余下的永久性资产和全部波动性资产都靠短期资金来融通。

稳健型融资是指企业用长期资金不但融通永久性资产，还融通一部分甚至全部波动性资产。

（三）初创企业的合作模式

常见的创业合作形式主要有以下 5 种模式：

1. 导师 + 弟子合作制

“导师 + 弟子合作制”通常是由某技术领域权威科学家带领学科弟子创办的企业，创业所依托的技术成果往往具有较高技术含量和明显的竞争优势，这种模式最大的优点是创业成功率居所有创业模式榜首。这一创业模式的决定条件是：导师通常为某技术领域的学科带头人，拥有一项或多项居行业领先水平的技术发明或科研成果；导师具备较强的创业激情和基本创业素质，并且具有一定的整合社会资源的能力；导师拥有一支在技术研究与开发方面实力较强的弟子队伍，并且在团队中具有绝对的权威。

“导师 + 弟子合作制”企业的优势，主要体现在技术研发可持续跟进以及人力资本配置成本较低等方面。由于中国教育思想具有“尊师如父”的文化传统，这种融入了可与亲情媲美的特殊恩情的合作关系，有效弥补了单纯依靠经济利益维系合作者关系的缺陷，提高了员工对企业的忠诚度。

“导师 + 弟子合作制”的风险主要在于，创业团队中从事科研开发的专业技术人员居多，从事企业管理、生产运营和产品营销的人员不多，后者稀缺人才的配置对市场依赖性较强。在一定程度上，企业运营的短板往往取决于职业经理人市场配置的难度，以及职业经理人个人素质的高低。

2. 个人 + 公司合作制

“个人 + 公司合作制”通常由技术持有人与可提供合作资金的企业联合创办。这种创业模式运营的企业成功率较高，仅次于“导师 + 弟子合作制”模式。这一创业模式的决定条件是：创业者必须拥有一项或多项市场成熟度较高、技术在同行业领先或独特的成果；具有一定的企业运营经验和社会经验，眼界开阔，拥有良好的创业心态与合作意识；能够驾驭社会资源，并且具备一定的应对企业可控与不可控危机的能力。

“个人 + 公司合作制”创业模式是资源配置市场化程度较高的一种方式，它的优势在于各要素能够依据企业成长需求相互取长补短，使要素资源整合与匹配趋于合理。在确保技术和产品过硬的条件下，如果双方能达成稳定的信任关系，参与合作的企业能够为技术持有人提供资金、企业管理、市场营销等资源，企业往往能够实现较好、较快地成长，这种创业模式的企业抗风险力也较强。

“个人 + 公司合作制”最大风险在于爆发信任危机。对于这类创业模式失败案例进行分析发现，冲突大多出现在企业做到一定规模之后，技术持有人或投资方一旦产生灭掉对方、独掌企业的想法，相互侵吞的内战便很难逆转，结果往往导致两败俱伤。

3. 个人 + 投资商合作制

“个人 + 投资商合作制”通常由技术持有人与民间资本拥有者共同创办。这种创业模式和运作机制在一定程度上类似于“个人 + 公司合作制”模式，差异在于前者投资方主要是各类所有制企业，后者投资方属于拥有资金的个人。这一创业模式的成功率受投资人个性因素影响较大，成功率一般低于“个人 + 公司合作制”模式。这一创业模式的决定条件是创业者必须是专业技术领域或企业管理领域的行家，有成熟的技术开发经验或企业运营经验；熟悉各种创业投资品种、金融工具与合作规律，拥有较广泛的人脉资源；具备良好的诚信品德及人际交往和沟通能力，以及应对风险的能力。

“个人 + 投资商合作制”的优势在于，能有效利用市场资源快速解决技术与资本短期对接，有助于推动市场资源自由匹配。由于它在所有创业模式中最注重投资回报周期与效率，因此对于能即时产生效益的技术和产品，它是一种较理想的模式。

“个人 + 投资商合作制”的风险不仅在于合作双方的信任程度以及投资者个性，还在于双方对于企业成长与盈利预期设计是否同步。通常情况下，技术持有人多看中技术难度，追求设计或产品完美；投资人却希望以最少成本、在最短时间换取最大收益。这种目标选择以及价值观的差异，是导致合作失败的重要原因。双方因为对企业发展预期存在差异，合作往往局限于短期项目，不大可能涉足长期投资。此外，这种由“技术 + 资金”主导的合作模式，不易解决企业在管理方面的缺陷，使企业运营效率大打折扣。

4. 同学合伙制

“同学合伙制”通常是由一帮志同道合的同学联合创办。这种创业模式的前提是创业团队中必须有人能提供或解决创业所需的启动资金，这种模式创业成功率较低。与具有较高成功率的“导师 + 弟子合作制”相比，这种模式下的创业企业最大困难在于创业团队缺乏能够凝聚人心的灵魂人物。选择这一创业模式的条件是：拥有一个志同道合、相互信任、具有较高创业激情的同学团队；这个团队的人员素质通常保持在比较接近的水平，并且是各有所长，能力互补；团队能为创业提供不同的资源，其中首要的是能够内部解决创业启动资金供应；必须拥有成熟的创业项目，建立规范的企业运营制度。

“同学合伙制”是大学生创业最有可能采用的模式，它的优势在于团队能够有效分担个人创业的压力，而且沟通成本较低，信任感较好，在企业初创未有盈利的情况下，还能够保持较好的合力与冲劲。更为重要的是，这一模式为大学生就业提供的岗位最多，可吸纳大学生就业的人数最多，能最大限度缓解大学生就业难给社会带来的压力。

“同学合伙制”的风险来自以同学友谊替代制度建设带来的弊端，合作者一旦情谊破裂，维系团队的纽带不复存在，确保企业有效运作的机制也将随之瓦解。选择这种创业模式的企业，普遍遇到的问题是公司运营不规范、股权结构不清晰等，企业做到一定规模后，在企业运营、决策，特别是利益分配等环节，创业团队容易产生分歧甚至冲突。此外，需要注意的是，这一组合下的创业团队，知识结构比较相似，缺乏互补性，也容易产生公共盲点。

提高“同学合伙制”创业模式成功率，首先需要治好企业硬伤，即在公司开办初期就要明晰股权，系统制定企业管理、生产、运营相关制度；管理团队的组合，也不能为同学所专享，还应向社会开放，吸纳其他具有互补性知识和能力的专业人士参与加盟。

5. 家族合伙制

“家族合伙制”通常由一个拥有技术或创意的人在家族全力支持下创办。这种模式成功的关键在于：家族必须拥有足够的资金支持创业企业的后续发展，并且能随时为创业者提供合适的家族成员参与企业管理和营销。选择这一创业模式的条件是：创业者必须拥有一个经济较为殷实的家族，并且愿意为创业提供必要的经费支持；创业者家族必须具有较强的凝聚力和资源调配能力，以及联合应对企业运营风险的能力；家族具有与企业运营相匹配的高素质人才，随着企业成长，能够随时充实到管理、生产、营销等关键和重要岗位。“家族合伙制”企业的优势在于创业者与创业支持者之间具有良好的信任关系和利益依存关系。在这种模式下，人力资源供给成本较低，企业凝聚力较强。

这种模式的风险同样来自家族。过分看重血缘联系，会使创业者对家族资金实力，以及家族成员中要有在管理、营销等方面有才能的人才较为依赖，而忽略向社会整合资源能力的培养。这种模式容易滋养“小富即安”思想，缺乏把企业进一步做强做大的动力。“家族合伙制”在现阶段不易成为大学生创业的主流模式。一般情况下，能够提供创业资金支持的家族大多创办有企业，与其再为家族成员创业投资，不如给他（她）合适的平台去磨炼，将其培养成为家族产业接班人。

5 种创业模式对应的优势、风险、成功概率，及其对应的所需具备的前提条件如表 5–1 所示。

表 5–1　5 种创业模式所需条件、优劣势分析与成功率比较

创业模式	所需条件	优势	风险提示	成功率
导师+弟子合伙制	导师为学科带头人，拥有一项或多项技术发明或成果；有创业激情和一定的整合社会资源能力；在师生关系中具有绝对的权威；弟子队伍技术研究与开发实力较强	企业人力资源成本较低，对企业忠诚度较高，后续技术研发支撑比较有力	管理人员对市场配置的依赖性较强，企业运营的短板往往取决于职业经理人个人素质的高低	最高

续表

创业模式	所需条件	优势	风险提示	成功率
个人+公司合伙制	创业者必须拥有一项或多项在同行业领先或独特的成果；具有一定的企业运营经验，有良好的创业心态与合作意识，具备一定的应对企业可控与不可控危机的能力	企业成熟度高，要素资源整合与匹配合理，企业成长性好，抗风险力较强	企业做到一定规模，技术持有人与投资方存在相互侵吞的隐患；投资方企业人事变更也可导致合作中断	较高
个人+投资商合伙制	创业者是专业技术或企业管理领域的行家，熟悉各种创业投资品种、金融工具与合作规律，有广泛的人脉资源；具备良好的诚信品德及人际交往、沟通能力，应对风险能力强	一定程度上能快速解决技术与资本短期对接，有助于市场资源自由匹配	不易解决企业先天管理缺陷，由于双方预期差异，合作局限于短期项目，不大可能涉足于长期投资	一般
同学合伙制	拥有一个志同道合、具有创业激情的团队；成员各有所长，能力互补；能够解决创业启动资金；有成熟的创业项目和规范的企业运营制度	沟通成本较低，信任感较好，在初创未有盈利期能保持较好的合力与冲劲，可安置大学生就业的人数最多	企业运营不规范、股权结构不清晰，企业到一定规模，决策、运营和利益分配矛盾可致企业毁灭	较低
家族合伙制	创业者家族经济殷实且愿意为创业者提供经费支持；家族具有较强的凝聚力、资源调配能力和抗风险力，可随时提供企业运营急需的高素质人才	信任感好，人力资源成本较低，企业凝聚力较强	向社会整合资源的能力较差，对家族资金实力，以及家族成员中要有在管理、营销等方面有才能的人	较低

二、创业所需资金的测算

资金如同企业的粮食，要保证企业每天有饭吃，不能饿肚子，就要制订周密的资金运作计划。在企业刚启动时，一定要做好 3 个月以上或到预测盈利期之前的资金准备。但开业后由于各种情况会发生变化，比如销售不畅、人员增加、费用增加等，因此要随时调整资金运作计划。资金并非越多越好，因为资金的占用需要成本，创业者要懂得一些必要的融资成本知识。

案例分享

一家餐饮店的开办资金预算

某中等城市一家近百平方米的餐厅需要聘请人员若干名，餐厅定位于大众消费，开一家这样的餐厅大概需要的资金预算如表 5–2 所示。

表 5-2　筹备资金财务报表

预算项目	钱都花在哪儿	投入类型	需要多少钱	这样省钱
房租	依照地区、地点以及市场形势不同，而且，还需要预留出多余半年的房租。另外，员工的住宿问题也需要考虑	年投入	（0.5~1）万元/月 × 12 =6万~12万元 总投入为9万~15万元	可一次性交齐一年半的房租，这样会有一些优惠在其中，最好找到开发商直接租房，而不是通过中介或者二手房东，会节省一定费用
办证	一般来说，具体的办证费用在3000~5000元，在办证周期内餐厅不能开业的预算也要算在其中	一次性投入（每年交管理费用）	1.5万元左右	办理各项手续之前，详细查询都需要出示哪些证明，并逐一准备齐全，而且避开双休日、节假日，还可以缩短工作周期。最好装修、办手续同时进行，这样可以减少无用成本的投资
装修	专业设计师的设计费用，施工队的装修费用，以及家具的简单购买都是需要在这一项目中考虑的	一次性投入	总投入为10万~50万元（依照规模而定）	通过朋友介绍比较熟悉的施工队伍，并规定每日工作时间来减少装修天数，观察自己餐厅附近是否有其他新装修的店面，可以搞一次“集采”行动，这样大家都会有所节省
人员	厨师、助手、前厅经理，采购人员的工资，福利（劳动保险），办理卫生证的费用，以及每月的酒水提成	月投入	厨师：（8000~15000）元 × 2 助手：500~1000元 前厅经理：4000元+酒水提成 财务人员：4000元 领班：2500元+酒水提成 服务员/采买：（800~1500）元+酒水提成 总投入：（28800~38000）元/月+酒水提成	可以招聘2~3名厨师学徒来餐厅实习，这样就可以将助手费用节省；也可以让厨师、前厅经理等重要职位的人员入股餐厅，不但可以节省成本，更可让他们对餐厅“视如已出”，在原料上能节省成本，在销售上增加收入
相关细节	水费、电费、天然气、电器的相关支出	水、电、天然气属于月投入，电器是一次性投入	水、电、天然气为3000~5000元/月（依照季节而定） 电器：2万~5万元 总投入：2.3万~5.5万元（第一次投入）	培养所有员工的环保意识，并结合环保日做一些活动，不但可以宣传环保，提高餐厅形象，还可以在无形中节约能源、降低开支。也可以去二手市场、网店，淘到质量、性能都不错的电器
亏损	当营业支出的收入为负数时，可启用这笔资金	不定期投入	5万左右	减少不必要的宴请开支，让收入进入一个良性循环
应急	突发状况	不定期投入	5万左右	程序化办公，将一些细节问题考虑在案。定期检查餐厅设施，随时维修细小问题，避免大维修工程的出现

（一）融资成本的概述

融资成本的实质是资金使用者支付给资金所有者的报酬。由于企业融资是一种市场交易行为，有交易就会有交易费用，资金使用者为了能够获得资金使用权，就必须支付相关的费用。如委托金融机构代理发行股票、债券而支付的注册费和代理费，向银行借款支付的手续费等。

因此，企业融资成本实际上包括两部分：融资费用和资金使用费。融资费用是企业在资金筹资过程中发生的各种费用；资金使用费是指企业因使用资金而向其提供者支付的报酬，如股票融资向股东支付的股息、红利，发行债券和借款支付的利息，借用资产支付的租金等。需要指出的是，上述融资成本的含义仅仅只是企业融资的财务成本，或称显性成本。除了财务成本外，企业融资还存在着机会成本或称隐性成本（见下文详述）。

（二）融资成本指标及相关成本分析

一般情况下，融资成本指标以融资成本率来表示：

融资成本率＝资金使用费 ÷（融资－融资费用）

这里的融资成本即是资金成本，是一般企业在融资过程中着重分析的对象。但从现代财务管理理念来看，这样的分析和评价不能完全满足现代理财的需要，我们应该从更深层次的意义上来考虑融资的几个其他相关成本。

首先是企业融资的机会成本。机会成本是经济学的一个重要概念，它是指把某种资源用于某种特定用途而放弃的其他各种用途中的最高收益。我们在分析企业融资成本时，机会成本是一个必须考虑的因素，特别是在分析企业自有资金的使用时，机会成本非常关键。因为，就企业内源融资来说，一般是“无偿”使用的，它无须实际对外支付融资成本（这里主要指财务成本）。但是，如果从社会各种投资或资本所取得平均收益的角度看，内源融资的留存收益也应于使用后取得相应的报酬，这和其他融资方式应该是没有区别的，所不同的只是内源融资不需对外支付，而其他融资方式必须对外支付以留存收益为代表的企业内源融资的融资成本应该是普通股的盈利率，只不过它没有融资费用而已。

其次是风险成本，企业融资的风险成本主要指破产成本和财务困境成本。企业债务融资的破产风险是企业融资的主要风险，与企业破产相关的企业价值损失就是破产成本，也就是企业融资的风险成本。财务困境成本包括法律、管理和咨询费用。其间接成本表现在因财务困境影响到企业经营能力，至少减少对企业产品需求，没有债权人许可不能做决策，增加了管理层花费的时间和精力等。

最后，企业融资还必须支付代理成本。资金的使用者和提供者之间会产生委托—代理关系，这就要求委托人为了约束代理人行为而必须进行监督和激励，如此产生的监督成本和约束成本便是所谓的代理成本。另外，资金的使用者还可能进行偏离委托人利益最大化的投资行为，从而产生整体的效率损失。

三、了解创业融资渠道

目前国内创业者的融资渠道较为单一，主要依靠银行等金融机构来实现，其实，创业融资，要多管齐下，千万别吊死在一棵树上，这样才能多多益善。

（一）银行贷款

银行贷款被誉为创业融资的“蓄水池”，由于银行财力雄厚，而且大多具有政府背景，因此在创业者中很有“群众基础”。从目前的情况看，银行贷款有以下 4 种：

（1）抵押贷款，指借款人向银行提供一定的财产作为信贷抵押的贷款方式。

（2）信用贷款，指银行仅凭对借款人资信的信任而发放的贷款，借款人无须向银行提供抵押物。

（3）担保贷款，指以担保人的信用为担保而发放的贷款。

（4）贴现贷款，指借款人在急需资金时，以未到期的票据向银行申请贴现而融通资金的贷款方式。

提醒创业者从申请银行贷款起，就要做好打“持久战”的准备，因为申请贷款并非与银行一家打交道，而是需要经过工商管理部门、税务部门、中介机构等一道道“门槛”。而且，手续烦琐，任何一个环节都不能出问题。

（二）风险投资

在许多人眼里，风险投资家手里都有一个神奇的“钱袋子”，从那个“钱袋子”掉出来的钱能让创业者坐上阿拉丁的“神毯”一飞冲天。但风险投资是一种高风险、高回报的投资，风险投资家以参股的形式进入创业企业，为降低风险，在实现增值目的后会退出投资，而不会永远与创业企业捆绑在一起。而且，风险投资比较青睐高科技创业企业。

风险投资家虽然关心创业者手中的技术，但他们更关注创业企业的盈利模式和创业者本人。因此，“等闲之辈”很难获得风险投资家的青睐，只有像张朝阳、邵易波、梁建章那样的创业“枭雄”，才有机会接近那些金光闪闪的“钱袋子”。

（三）民间资本

随着我国政府对民间投资的鼓励与引导，以及国民经济市场化程度的提高，民间资本正获得越来越大的发展空间，目前，我国民间投资不再局限于传统的制造业和服务业领域，而是向基础设施、科教文卫、金融保险等领域“全面开花”，对正在为“找钱”发愁的创业者来说，这无疑是“利好消息”。而且民间资本的投资操作程序较为简单，融资速度快，门槛也较低。

很多民间投资者在投资的时候总想控股，因此容易与创业者发生一些矛盾。为避免矛盾，双方应把所有问题摆在桌面上谈，并清清楚楚地用书面形式表达出来。此外，对创业者来说，对民间资本进行调研，是融资前的“必修课”。

美国花旗银行原亚太平洋区CEO夏保罗认为融资的次序很重要：“第一阶段一定是利用自有资金；第二阶段，找战略合作伙伴，打造一个共赢的团队；第三阶段才去找风险投资者，这个时候你要讲一个有吸引力的故事让其兴奋；第四阶段才到相对保守的商业银行去；第五阶段是到货币市场去发行债券。”夏保罗强调：“对照这5个阶段，不同的阶段找不同的融资者，次序不要搞错。”

知识拓展

创业资金的来源

1. 个人资金

个人资金主要来自创业者的自有资金、亲朋好友的资助和“企业天使”的投资。

创业者自有的资金是创业者个人拥有的资金，它来自创业者的个人储蓄或其他收入，甚至是创业者变卖个人资产而获得的资金。在创立企业时，创业者必须投入一部分个人资金作为权益资本，这不仅是由于创业初期需要启动资金，而且是基于企业所有者地位的象征和外部融资的基础，没有自有资金在企业之中很难获得外部投资者的信任。

亲朋好友的资助是新创企业的重要资金来源，有时甚至是唯一来源。由于新创企业高度的不确定性和规模小、无知名度、所需的资金数量不够大，所以很难吸引投资者和银行的资金。出于友谊、亲情，故而这类资金最易获得。但是，这类资金来源也潜伏着一些问题，如果是负债融资，则应注意尽早归还，以免影响双方关系，尤其在经营困难时，可能会因不能按期归还而使双方关系紧张。如果是权益融资，则可能会导致这些人对企业的干预，使企业具有家族企业的色彩，虽然增强了创业的力量，但也可能导致分歧、矛盾，甚至影响其他员工的积极性。无论是借款还是参股形式，双方都应签订相关协议，规定双方的权力与责任，以理智、规则代替感情和随意性。

“企业天使”的投资是指来自一些富人的投资，如律师、医生、企业家等高收入阶层。他们以个人或小团体形式将个人拥有的资金提供给新创企业。虽然他们的投资结构和回报期望各有不同，但通常都是以权益资本形式参与投资，并与创业者签订正式协议。“企业天使”与其他类型投资者的一个显著区别就是他们喜欢介入新创企业，除了为新创企业提供资金支持外，还提供给他们技能、思想和经验。因此，“企业天使”常常选择与自己的知识和技能相适应的新创企业，他们中许多人有过经营企业的经历，他们的建议往往具有很大价值。“企业天使”是新创企业早期权益资金的主要来源。

2. 银行贷款

商业银行是新创企业债务融资的主要渠道。新创企业可以用一定价值的资产作为抵押或担保向商业银行贷款，抵押的资产可以是企业资产，如厂房、设备等，也可以是个人资产，如住宅、有价证券等。贷款的资产基础通常是不动产、设备、存货和应收账款，在进行贷款决策时，银行要审查申请人的条件，包括贷款人的品质、还贷能力，贷款人注入企业的资金、行业和经济状况，可用于担保贷款的抵押品等。

贷款人的品质是其中最重要的，一个有不良信用记录或不道德行为的贷款人很难获得银行的信用和贷款。银行通过对企业过去财务报表的评价和对未来的预期，可以对企业未来的现金流做出预估，并以此来评价企业的还债能力。贷款人是否在新创企业注入资金是衡量其是否愿意努力办好企业、不滥用贷款资金的一个主要标准。由于行业和经济状况会影响企业的经营状况和未来收益，从而也会影响到企业的偿还能力。为此，在企业经营状况不景气和行业处于衰退期时，企业很难获得银行贷款。抵押品可以减少银行的风险，因此，抵押品的所有权和价值往往是银行要考虑的重要因素。

创业者在贷款时，银行除了要审查申请人的条件之外，创业者与银行信贷人员的关系也决定着能否得到贷款。这并非银行信贷人员可以把个人感情凌驾于对贷款进行细致分析的基础之上，而是源于个人关系对创业者的信任将促使银行信贷人员做出贷款的决定。为此，创业者在申请银行贷款时，如果没有熟人引见，不要贸然向不认识的信贷员申请贷款，临时抱佛脚是不受欢迎的，银行信贷员不是风险投资者，不要指望他对你的企业同样充满热情。创业者需要开拓更多的筹款渠道，有必要同时与几个银行的信贷人员进行接触，不同的商业银行的贷款政策不完全一样，有的敢冒一定风险，有的则相当保守。

3. 商业信用贷款

商业信用贷款就是企业相对于其供应商的应付账款，它是创业者一项主要的短期资金来源。如果创业企业以赊欠方式购买供应商的商品，约定的付款期限为30天，那么企业实际上是获得了一笔30天的短期贷款。许多创业者在没有其他形式的债务融资源可以提供的时候，可以考虑争取获得这种商业信用贷款。

4. 信用额度贷款

信用额度贷款是指以应收账款、存货或以这两种资产同时作担保抵押获得的信用贷款，其中使用最频繁的是应收账款贷款，也称为应收账款融资。这种形式的贷款，是银行以创业企业的应收账款作为抵押，按照其应收账款的数额来对企业发放贷款。一旦创业者不能按时归还应收账款贷款，银行将对应收账款拥有处置权。应收账款贷款是创业者在没有其他形式的债务融资可以提供时取得的贷款，而且随着销售额和应收账款的增长，这种贷款也随之增长。

5. 政府资助

尽管各国政府都已认识到新创企业对经济增长、工作创造、市场创新和经济效率等方面具有重要的促进作用，都表现出支持新创企业的倾向，但对新创企业支持的程度和方式却有差异。政府资助通常用于企业的初创阶段，此时投资资金最难获得，现金十分紧张。政府机构一般不是直接向新创企业投资，而是提供担保由商业银行向新创企业提供贷款。由于政府要承担责任，因此，这种贷款要由政府的有关机构进行审批。除了提供资金资助之外，政府可能还提供其他支持，如咨询服务和培训等。

6. 大公司支持

过去，一些大公司从长期合作的角度出发，只是在与新创企业合作时为了自身利益才为他们提供资金支持。而现在，更多的大公司凭借自己雄厚的资金实力来向有长期发展潜力的小企业投资，他们从长远利益考虑，往往选择潜力较大的投资机会。他们可能采取债权或股权的形式出资，这是投融资双方谈判的重点。由于涉及回报、风险和控制权问题，这些大公司往往要求创业者做出重大的承诺和保证投资的安全性。

7. 风险投资

风险投资是指职业金融家投入到新兴的、迅速发展的、有巨大竞争潜力的企业中的一种权益资本。风险投资也称为创业投资，在美国有许多快速发展的公司，如苹果公司、英特尔公司、联邦快递，都是风险投资成功的例子。在中国，新浪、搜狐等互联网企业也是凭借美国的风险投资迅速发展起来的信息产业。据统计，中国的风险投资公司累计已达到200多家。

8. 出售股票

当新创企业有机会迅速发展但没有其他合适的资金来源时，创业者可能会决定让更多的人加入进来，向更多的人融资而不是向个别人融资。出售股票就是向多数人融资的一种方式，它是一种权益融资。一般情况下，企业在出售股票前，有连续几年赢利的业绩记录。

出售股票有两种形式：一是私募发行；二是公开发行。私募发行也称为定向发行，不是随便可以购买，它是企业有选择性地向一些人出售，一般情况下是向企业的员工、熟人、地方团体成员、供应商、顾客等出售。定向发行受有关的证券法规约束较少，但是股份转让比较困难。公开发行是指向一般公众发行股票，这种出售方式可以筹集到大量的资金，满足企业对巨额资金的要求，使企业突破资金的限制，投资一些较大的项目，为企业带来长期的盈利。但公开发行成本较高，需要具备一些条件，必须按照有关的法律规范运作，透明度高，并且有可能使创业者失去对企业的决策权和控制权，甚至会导致公司被收购、创业者被迫离开企业的后果。因此，创业者需要在使企业快速成长和拥有与控制企业之间做一权衡。作为创业者，是希望拥有小企业的全部所有权还是拥有大企业的部分所有权，成为决定企业是否公开发行股票进行上市交易的重要决定因素。

第四节　创业融资的选择策略训练

一、影响创业投资决策的因素

资金是创业企业从事生产经营活动的“血液”，如何筹备企业所需资金是每个创业者首要考虑到的内容。每个企业在进行融资方式选择时，必须清楚了解影响企业融资决策的相关因素。

（一）内部因素

影响企业融资决策的内部因素主要包括企业的发展前景、盈利能力、经营和财务状况、行业竞争力、资本结构、控制权、企业规模、信誉等方面的因素。在市场机制作用下，内部因素是在不断变化着的，企业融资决策也应该随着这些内部因素的变化而做出灵活的调整，以适应企业在不同时期的融资需求变化。

（二）外部因素

企业融资决策的外部因素是指对企业融资决策的选择产生影响的外部客观环境，主要包括政治环境、经济环境和科技环境。政治环境是指政治的稳定有利于社会的安定与和谐，可以营造良好的生产氛围，促进创业企业健康平稳发展。经济环境是指创业企业受宏观经济环境因素的影响，在经济增长较快时，企业可以通过发放股票和债券的方式筹集资金，以分享经济发展成果；在经济发展较缓慢时，企业应适当缩小生产规模。科技环境是指科技进步可以提高创业企业的生产能力，增加企业收入。相对地，科技进步也可能导致创业企业的产品和技术贬值，影响企业收入。

二、创业融资决策的原则

（一）收益与风险相匹配原则

创业企业融资的目的是将所筹资金投入到企业运行中，最终获取经济收益，实现企业利润最大化。但是在取得收益的同时，企业也会承担相应的风险。创业企业的特点是规模小、抗风险能力低，一旦风险演变为最终的损失，必然会给企业带来巨大的不利影响。因此创业企业在融资时不能只顾眼前利益，应做到收益和风险相匹配。

（二）融资规模量力而行原则

创业企业在决策融资规模时应该非常谨慎，如果投资过多，可能会造成资金闲置浪费，增加融资成本，导致企业负债过多，增加运营风险，而如果企业融资不足，又会影响企业正常业务开展。因此，企业在进行融资决策时，主要根据企业对资金的需求、企业自身的实际条件以及融资的难易程度，量力而行来确定企业合理的融资规模。

（三）融资成本最低原则

在一个成熟的资本市场中，融资成本是决定企业融资与否以及采取何种融资方式的首要因素。不同的融资方式，融资成本悬殊。即便是使用个人融资，表面上看不用支付任何费用，但个人融资存在着进行其他投资选择、获取相应的收益机会，因而其机会成本就是使用成本。所以，创业者应根据自身对资金的需求量按成本最低原则选择融资方式。

（四）融资期限适宜原则

权益性融资一般没有固定的偿还日期，它是终生的投资，能满足企业长期的资金需求，投资者承担可能的收益减少及破产的风险。而债务性融资通常有一定的期限限制，到期后，需要还本付息。创业者可根据自身对资金期限的实际需求来选择融资类型，或者选择综合型的融资组合。

（五）保持企业控股权原则

个人融资是创业者自己的资金，所以对企业控制权没有影响。债务性融资由于债权人无权参与公司的管理决策，从而可保障股东对公司的控制权。相比之下，权益性融资尤其是股权融资将稀释公司股权，从而会引起公司控股权、控制权、收益分配权和资产所有权等权利的分散。创业者在选择融资方式时，应尽量避免丧失对企业的控制权。

三、创业融资技巧

创业融资技巧是创业者和投资者在谈判过程中必须掌握的技巧，它在很大程度上决定了创业行为能否成功，所以创业者必须在投资者提问时掌握以下技巧：

（一）正确运用优势创立企业

创业者仅仅拥有良好的创意是不够的，好的创意仅仅是企业成功的基石，还需要考虑其他方面的因素，如公司的财务管理、人力资源管理等方面是否也有竞争优势，这些都是投资者所感兴趣的，创业者必须予以考虑。

（二）保持创立企业在行业中的优势

创业者大多数是该行业的先入者，但先入者并不一定能保持长久的优势，如果你想向投资者阐述你能在行业中保持优势，如先入者能够有效地阻碍新进入者，那么它就是一种优势，这种优势应该得到充分应用。

（三）正确预测销售数量

创业者预测销售数量时通常会犯的两个错误是：第一，先估算整个市场容量，然后估算出企业将获得的市场份额，最后算出期望的销售额；第二，预先估算出每年销售额的增长幅度，以此为依据算出以后每年的销售额。正确的计算方法应为确定拥有的资源数量，进行市场调查，确定竞争对手的产量，最后根据客户的需求算出销售数量，根据供求关系确定商品的单价，最后确定销售额。

（四）全面了解竞争对手的情况

很多创业者为了强调企业的独特性和独占优势，故意在创业方案中忽略竞争对手，或者强调竞争对手很少或者很弱。事实上，任何行业都存在着竞争的情况。成功的竞争对手恰恰说明了产品的市场潜力，而且对于投资公司而言，强势同行的存在是其未来收购套现的潜在机会。

（五）注重市场分配与份额

创业企业多为新兴行业，由于其专业背景和工作经历，他们对技术的高、精、尖表现出极大的热情，但是投资者关注的却是技术或产品的盈利能力，所生产出来的产品必须符合市场需要。技术是企业存在的重要基础，是企业的核心竞争力。但创业者必须向投资者说明自己的技术或产品有极大的市场或极大的市场潜力，这样他们才会投资。很多有创意的产品没能获得推广是因为创业者没有充分考察市场的真正需求，没有选准目标市场或者做好市场推广工作。投资者是商人，他们进行投资不是因为创业者的产品很先进，而是因为这样的技术或产品可以为其盈利。

（六）谈判双方的博弈

创业者在企业进行融资时，都会非常看好自己的技术，期望不切实际的高价，但随着时间的推移，在企业资金吃紧，投资意向不确定的情况下，创业者的锐气就会被打消，最后接受现实的价格。相对于投资者而言，如果投资者看好该企业未来的发展趋势，那么一定会提高投资价格，使双方达成一致。所以创业者应该通过市场的需求了解自身技术或产品的价值，做到有据可依，切忌心浮气躁。

第五节　大学生贷款获得创业资金

一、什么是大学生贷款

大学生创业贷款，是银行等资金发放机构对各高校学生（大专生、本科生、研究生、博士生等）发放的无抵押、无担保的大学生信用贷款。为支持大学生创业，国家各级政府出台了许多优惠政策，涉及融资、开业、税收、创业培训、创业指导等诸多方面。

（一）程序更简化

凡高校毕业生毕业后两年内申请从事个体经营或申办私营企业的，可通过各级工商部门注册大厅“绿色通道”优先登记注册。其经营范围除国家明令禁止的行业和商品外，一律放开核准经营。对限制性、专项性经营项目，允许其边申请边补办专项审批手续。

对在科技园区、高新技术园区、经济技术开发区等经济特区申请设立个体、私营企业的，特事特办，除了涉及必须前置审批的项目外，试行“承诺登记制”。申请人提交登记申请书、验资报告等主要登记材料，可先予颁发营业执照，让其在 3 个月内按规定补齐相关材料。凡申请设立有限责任公司，以高校毕业生的人力资本、智力成果、工业产权、非专利技术等无形资产作为投资的，允许抵充 40% 的注册资本。

（二）减免各类费用

除国家限制的行业外，工商部门自批准其经营之日起 1 年内免收其个体工商户登记费（包括注册登记、变更登记、补照费）、个体工商户管理费和各种证书费。对参加个私协会的，免收其1年会员费。对高校毕业生申办高新技术企业（含有限责任公司）的，其注册资本最低限额为10万元，如资金确有困难，允许其分期到位；申请的名称可以“高新技术”“新技术”“高科技”作为行业予以核准。高校毕业生从事社区服务等活动的，经居委会报所在地工商行政管理机关备案后，1年内免予办理工商注册登记，免收各项工商管理费用。

二、大学生贷款应具备的条件

（1）大学生创业贷申请者年满18周岁，具有合法有效身份证明和贷款行所在地合法居住证明，有固定的住所或营业场所；

（2）大学生创业贷款申请者持有工商行政管理机关核发的营业执照及相关行业的经营许可证，从事正当的生产经营活动，有稳定的收入和还本付息的能力；

（3）大学生创业贷款申请者投资项目已有一定的自有资金；

（4）大学生创业贷款用途符合国家有关法律和银行信贷政策规定，不允许用于股本权益性投资；

（5）在银行开立结算账户，营业收入经过银行结算。

三、大学生贷款及税收的优惠政策

（一）金融贷款方面

（1）优先贷款支持、适当发放信用贷款。加大高校毕业生自主创业贷款支持力度，对于能提供有效资产抵（质）押或优质客户担保的，可由高校毕业生为借款主体，担保方可由其家庭或直系亲属家庭成员的稳定收入或有效资产提供相应的联合担保。对于资信良好、还款有保障的，金融机构优先给予信贷支持。对高校毕业生创业贷款，在风险可控的基础上适当发放信用贷款。

（2）简化贷款手续。通过简化贷款手续，在一定期限内周转使用合理确定授信贷款额度。

（3）利率优惠。对创业贷款给予一定的优惠利率扶持，视贷款风险度不同，在法定贷款利率基础上可适当下浮或少上浮。

事实上，大学生创业贷款难就难在无法提供有效资产作抵押或质押。已有多家银行开办了针对具有城镇常住户口或有效居留身份，年满18周岁自然人的个人创业贷款。

此类创业贷款要求个人采用存单质押贷款，或者房产抵押贷款以及担保贷款。

（二）税收缴纳方面

凡高校毕业生从事个体经营的，自工商部门批准其经营之日起 1 年内免交税务登记证工本费。新办的城镇劳动就业服务企业（国家限制的行业除外），当年安置待业人员（含已办理失业登记的高校毕业生，下同）超过企业从业人员总数 60% 的，经主管税务机关批准，可免纳所得税 3 年。劳动就业服务企业免税期满后，当年新安置待业人员占企业原从业人员总数 30% 以上的，经主管税务机关批准，可减半缴纳所得税 2 年。

（三）企业运营方面

（1）员工聘请和培训享受减免费优惠。对大学毕业生自主创办的企业，自工商部门批准其经营之日起 1 年内，可在政府人事、劳动保障行政部门所属的人才中介服务机构和公共职业介绍机构的网站免费查询人才、劳动力供求信息，免费发布招聘广告等；参加政府人事、劳动保障行政部门所属的人才中介服务机构和公共职业介绍机构举办的人才集市或人才、劳务交流活动给予适当减免交费；政府人事部门所属的人才中介服务机构免费为创办企业的员工提供一次培训。

（2）人事档案管理免 2 年费用。对自主创业的高校毕业生，政府人事行政部门所属的人才中介服务机构免费为其保管人事档案（包括代办社保、职称、档案工资等有关手续）两年。

（3）社会保险参保有单独渠道。高校毕业生从事自主创业的，可在各级社会保险经办机构设立的个人缴费窗口办理社会保险参保手续。

知识链接

我国部分地区大学生创业贷款相关政策

北京

从 2006 年 5 月起，除拥有北京《再就业优惠证》的人员外，持有北京户口的未就业大学毕业生想要从事个体经营或自主、合伙创办小企业自筹资金不足的，也可申请小额担保贷款。

2008 年，崇文区出台的新政策规定，崇文区的创业者可以得到最高 50 万元的贷款，且由区财政进行贴息。同时，新政策规定的贷款主体也有所增加。除失业、待业人员及创业大学生等，崇文区创业培训班的合格学员、创业者俱乐部成员以及区内已经开办企业的私营业主都可以申请该贷款。

上海

为了激发毕业生们的创业激情，上海专门设立了大学生创业“天使基金”。大学生创业“天使基金”最高30万元，大学生开办企业可获5万~30万元支持。

“天使基金”下设两种创业资助计划：“创业雏鹰计划”“创业雄鹰计划”。分别以债权与股权两种方式，对青年创业者提供资金上的帮助，并提供相应的后续支持与服务。

“创业雏鹰计划”是指基金会通过委托银行向创业企业发放小额信用贷款的资助方式。贷款期限为两年，本金的一半按月等额还款，另一半贷款期满后还款。对创业者及单个创业项目的资助额度不超过20万元人民币。

“创业雄鹰计划”是指由基金会与申请人等共同出资设立创业企业，并由待持机构持有创业企业股份的资助模式。“创业雄鹰计划”所资助项目需具有技术含量，或一定的商业模式创新。资助额度不超过50万元。创业团队自筹资金需高于基金资助金额。资助期（3年）内，基金所占公司的股权不参与分红，在资助期满后，将按照原价退出所占股权。

重庆

半年以上未就业，有固定户口的大学毕业生可在其户口所在地居委会登记，申请3000~4000元人民币的银行抵押和担保贷款；另外，为适应大中专生就业形势的变化，重庆市近两年先后推出了大学生自主创业小额贷款、对本地和外地生源平等开放就业资源及就业市场等措施，为大中专毕业生创造了更多的就业机会。

太原

太原市登记失业的高校毕业生，想自主创业的，可申请不超过5万元的小额担保贷款。各县（市、区）财政部门可委托指定担保机构，为其提供担保，小额担保贷款基金运行中出现缺口，由各县（市、区）负责补足。

福建

自主创业的高校毕业生可享受小额担保贷款和其他形式小额贷款贴息政策，贴息贷款额度最高5万元，由财政按中国人民银行公布的同期贷款基准利率上浮3个百分点以内给予全额贴息。同时依托团省委，设立大学生自主创业担保基金，为需要担保的异地创业高校毕业生提供担保服务。

青岛

青岛拨款1000万元，设立“青岛市高校毕业生创业扶持资金”，扶持高校毕业生自主创业。高校毕业生自主创业的可申请小额担保贷款，贷款额度最高不超过5万元。对从事微利项目的，由同级财政据实全额贴息；两人及以上团队创业的可放宽到20万元。

四川

（1）减免各类用度。除国家级的行业外，工商部分自批准其经营之日起1年内免收其个体工商户登记费（包含注册登记、变更登记、补照费）、个体工商户治理费和各种证书费。对参加个私协会的，免收其1年会员费。对高校毕业生申办高新技巧企业（含有限义务公司）的，其注册资本最低限额为10万元，如资金确有困难，答应其分期到位；申请的名称可以"高新技巧""新技巧""高科技"作为行业予以核准。高校毕业生从事社区服务等运动的，经居委会报所在地工商行政治理机关备案后，1年内免予办理工商注册登记，免收各项工商治理用度。

（2）程序更简化。凡高校毕业生毕业后两年内，申请从事个体经营或申办私营企业的，可通过各级工商部门注册大厅"绿色通道"优先登记注册。其经营范围除国家明令禁止的行业和商品外，一律放开核准经营。对特殊性、专项性经营项目应边申请边补办专项审批手续。对在科技园区、高新技巧园区、经济技巧开发区等经济特区申请设立个私企业的，特事特办，除了涉及必需前置审批的项目外，试行"承诺登记制"。申请人提交登记申请书、验资报告等重要登记材料，可先予颁发营业执照，让其在3个月内按规定补齐相关材料。凡申请设立有限责任公司，以高校毕业生的人力资本、智力成果、产业产权、非专利技巧等无形资产作为投资的，答应抵充40%的注册资本。

四、大学生贷款的行业限制

为引导大学生多渠道就业，尤其是鼓励自主创业和灵活就业，多地出台了《关于进一步做好普通高等学校毕业生就业工作的实施意见》。如山西省规定，大学生创业可以放宽一定的行业限制，比如，申办个体工商户、个人独资企业、合伙企业时，除法律法规另有规定外，将不受最低出资金额限制。另外，只要从事高科技、现代制造、现代服务业等行业、领域的投资与经营，还可将家庭住所、租借房、临时商业用房等作为创业经营场所。使用贷款资金从事的生产经营项目必须是符合国家产业政策和法律法规规定的小型微利企业、个体经营微利项目。国家限制的行业不享受此项贷款政策，包括：广告业、歌厅、卡拉OK歌舞厅、夜总会、音乐茶座、台球、高尔夫球、保龄球、游艺、桑拿、网吧、氧吧等。贷款资金不得用于有价证券、期货买卖及股本权益性投资。

五、大学生贷款的申请流程

（1）准备证件

证件包括：劳动保障部门核发的《就业失业登记证》、部队核发的军队退役人员证件、《高等院校学生毕业证》、失地证明、乡镇（街道）劳动保障站出具的返乡创业证明。

（2）提出申请

向本人创业所在地社区劳动保障服务中心或乡镇劳动保障站提出申请。

（3）填写表格

填写《促进就业小额担保贷款申请审批表》（一式两份）。

（4）通过初审

劳动保障机构进行初审，并将初审合格者向县级以上担保机构推荐。

（5）通过评审

担保机构审查贷款对象资格，评审其再就业项目，签署意见，并提供《促进就业小额担保贷款项目评审意见书》。

（6）办理贷款

申请者持以上资料到商业银行申请贷款。商业银行自收到贷款申请之日起，于10个工作日内完成贷款调查、审查手续，符合贷款条件的，及时发放贷款；不符合贷款条件的，及时反馈并说明原因。

六、大学生贷款需要哪些申请资料

（1）身份证明（一般为身份证）；

（2）在校学生需提供学生证、在校成绩单；

（3）已毕业学生需提供毕业证、学位证；

（4）常用存折或银行卡过去6个月对账清单；

（5）其他资信证明（若有）：奖学金证明、班干部证明、社团活动证明，各种荣誉证明、回报社会证书如献血、义务支教等。以及：大学生创业贷款申请者个人或家庭收入及财产状况等还款能力证明文件；大学生创业贷款申请者及配偶身份证件（包括居民身份证、户口簿或其他有效居住证原件）和婚姻状况证明；大学生创业贷款申请者担保材料；抵押品或质押品的权属凭证和清单，有权处分人同意抵（质）押的证明，银行认可的评估部门出具的抵（质）押物估价所告。大学生创业贷款申请者营业执照及相关行业的经营许可证，贷款用途中的相关协议、合同或其他资料；验资报告、公司章程及场地证明，向登记机关递交公司登记申请。

（6）大学生创业贷款申请材料（见表5-3）。

表 5-3 大学生创业贷款申请材料

序号	材料名称	份数	备注
1	《大学生创业资助（商业贷款贴息）申请表》	一式3份	另备电子文档
2	《大学生创业企业人员情况表》	1份	/
3	《大学生企业申请创业资助资金情况表》	1份	/
4	法人身份证、户口本或户籍证明、毕业证（学生证）	复印件各1份	/
5	企业营业执照、税务登记证、组织机构代码证	复印件各1份	/
6	会计师事务所出具的验资报告	复印件1份	/
7	贷款合同	复印件1份	/
8	公司章程	复印件1份	/
9	技术合作协议、专利证书、专利申请受理通知书等	复印件各1份	若无可不提交
10	相关的获奖证书等	复印件各1份	/
11	导师或风投、创投机构及相关企业推荐书等	复印件各1份	/

由于各地区大学生创业贷款相关政策的不同，因此申请条件也会有所差异，此仅为参考，申请人要根据所申请的贷款项目不同要求进行准备。

七、大学生贷款的偿还方式

贷款期限在一年（含一年）以内的个人创业贷款，实行到期一次还本付息，利随本清。贷款期限在一年以上的个人创业贷款，贷款本息偿还方式可采用等额本息还款法或等额本金还款法，也可按双方商定的其他方式偿还。相关优惠政策要看当地政府的规定。

创业贷款是指具有一定生产经营能力或已经从事生产经营活动的个人，因创业或再创业提出资金需求申请，经银行认可有效担保后而发放的一种专项贷款。符合条件的借款人，根据个人的资源状况和偿还能力，最高可获得单笔 50 万元的贷款支持；对创业有一定规模或成为再就业明星的，还可提出更高额度的贷款申请。创业贷款的期限一般为一年，最长不超过三年；为了支持下岗职工创业和大学生创业，创业贷款的利率可以按照人民银行规定的同档次利率下浮 20%，许多地区推出的下岗失业人员和大学生创业贷款还可以享受 60% 的政府贴息。

大学生创业贷款是国家给大学生提供的创业优惠措施，为支持大学生创业，国家各级政府出台了许多优惠政策，涉及融资、开业、税收、创业培训、创业指导等诸多方面。

第六节　大学生通过众筹获得创业资金

一、众筹的定义

是指用“团购＋预购”的形式，向网友募集项目资金的模式。众筹利用互联网和SNS（社会性网络服务）传播的特性，让小企业、艺术家或个人对公众展示他们的创意，争取大家的关注和支持，进而获得所需要的资金援助。

现代众筹指通过互联网方式发布筹款项目并募集资金。相对于传统的融资方式，众筹更为开放，能否获得资金也不再是以项目的商业价值作为唯一标准。只要是网友喜欢的项目，都可以通过众筹方式获得项目启动的第一笔资金，为更多小本经营或创作的人提供了无限的可能。

翻译自国外crowdfunding一词，即大众筹资或群众筹资，香港译作“群众集资”，台湾译作“群众募资”。由发起人、跟投人、平台构成。具有低门槛、多样性、依靠大众力量、注重创意的特征，是指一种向群众募资，以支持发起的个人或组织的行为。一般而言是透过网络上的平台连接起赞助者与提案者。群众募资被用来支持各种活动，包含灾害重建、民间集资、竞选活动、创业募资、艺术创作、自由软件、设计发明、科学研究以及公共专案等。Massolution研究报告指出，2013年全球总募集资金已达51亿美元，其中90%集中在欧美市场。世界银行报告更预测2025年总金额将突破960亿美元，亚洲占比将大幅提升。

二、众筹的特征

（一）低门槛

无论身份、地位、职业、年龄、性别，只要有想法、有创造能力都可以发起项目。

（二）多样性

众筹的方向具有多样性，在国内的众筹网站上的项目类别包括设计、科技、音乐、影视、食品、漫画、出版、游戏、摄影等。

（三）依靠大众力量

支持者通常是普通的草根民众，而非公司、企业或是风险投资人。

（四）注重创意

发起人必须先将自己的创意（设计图、成品、策划等）达到可展示的程度，才能通过平台的审核，而不单单是一个概念或者一个点子，要有可操作性。

三、众筹的主体构成

（一）项目发起人（筹资人）

项目是具有明确目标的、可以完成的且具有具体完成时间的非公益活动，如制作专辑、出版图书或生产某种电子产品。项目不以股权、债券、分红、利息等资金形式作为回报。项目发起人必须具备一定的条件（如国籍、年龄、银行账户、资质和学历等），拥有对项目 100% 的自主权，不受控制，完全自主。项目发起人要与中介机构（众筹平台）签订合约，明确双方的权利和义务。

项目发起人通常是需要解决资金问题的创意者或小微企业的创业者，但也有个别企业为了加强用户的交流和体验，在实现筹资目标的同时，强化众筹模式的市场调研、产品预售和宣传推广等延伸功能，以项目发起人的身份号召公众（潜在用户）介入产品的研发、试制和推广，以期获得更好的市场响应。

（二）公众（出资人）

公众（出资人）往往是数量庞大的线上线下用户，他们利用在线支付方式对自己感兴趣的创意项目进行小额投资，每个出资人都成了“天使投资人”。公众所投资的项目成功实现后，对于出资人的回报不是资金回报，而可能是一个产品样品，例如一块 Pebble 手表，也可能是一场演唱会的门票或是一张唱片。

出资人资助创意者的过程就是其消费资金前移的过程，这既提高了生产和销售等环节的效率，生产出原本依靠传统投融资模式而无法推出的新产品，也满足了出资人作为用户的小众化、细致化和个性化消费需求。

（三）中介机构（众筹平台）

中介机构是众筹平台的搭建者，又是项目发起人的监督者和辅导者，还是出资人的利益维护者。上述多重身份的特征决定了中介机构（众筹平台）的功能复杂、责任重大。

首先，众筹平台要拥有网络技术支持，根据相关法律法规，采用虚拟运作的方式，将项目发起人的创意和融资需求信息发布在虚拟空间里，实施这一步骤的前提是在项目上线之前进行细致的实名审核，并且确保项目内容完整、可执行和有价值，确定没有违反项目准则和要求。

其次，在项目筹资成功后要监督、辅导和把控项目的顺利展开。

最后，当项目无法执行时，众筹平台有责任和义务督促项目发起人退款给出资人。

四、众筹的规则

（1）筹资项目必须在发起人预设的时间内达到或超过目标金额才算成功。

（2）在设定天数内，达到或者超过目标金额，项目即成功，发起人可获得资金；筹资项目完成后，支持者将得到发起人预先承诺的回报，回报方式可以是实物，也可以是服务，如果项目筹资失败，那么已获资金全部退还支持者。

（3）创业融资的众筹不是捐款，支持者的所有支持一定要设有相应的回报。

五、众筹的发展

众筹最初是艰难奋斗的艺术家们为创作筹措资金的一个手段，现已演变成初创企业和个人为自己的项目争取资金的一个渠道。众筹网站使任何有创意的人都能够向几乎完全陌生的人筹集资金，消除了从传统投资者和机构融资的许多障碍。

众筹的兴起源于美国网站 kickstarter，该网站通过搭建网络平台面对公众筹资，让有创造力的人可能获得他们所需要的资金，以便使他们的梦想有可能实现。这种模式的兴起打破了传统的融资模式，每一位普通人都可以通过该种众筹模式获得从事某项创作或活动的资金，使得融资的来源者不再局限于风投等机构，而可以来源于大众。在欧美逐渐成熟并推广至亚洲、中南美洲、非洲等地区。

国内众筹与国外众筹最大的差别在支持者的保护措施上，国外项目成功了，马上会给项目发钱去执行。国内为了保护支持者，把它分成了两个阶段，会先付 50% 的资金去启动项目，项目完成后，确定支持者都已经收到回报，才会把剩下的钱交给发起人。截至 2014 年 7 月，国内有分属于股权众筹、奖励型众筹、捐赠性众筹等不同形式的平台数十家不等。

六、众筹社会评价

众筹对风投很有吸引力，因为它要求企业家展现自己公司的实力，以及它们对市场的价值。这意味着，只有强大的团队和创新的理念才能接受市场检验，获得风投公司及其他投资者的青睐。

（一）众筹不是非法集资

众筹模式从商业和资金流动的角度来看，其实是一种团购的形式，和非法集资有本质上的差别，所有的项目不能够以股权或是资金作为回报，项目发起人更不能向支持者许诺任何资金上的收益，必须是以实物、服务或者媒体内容等作为回报，对一个项目的支持属于购买行为，而不是投资行为。

（二）众筹成功的关键

（1）筹集天数恰到好处：众筹的筹集天数应该长到足以形成声势，又必须短到给未来的支持者带来信心。在国内外众筹网站上，筹资天数为 30 天的项目最容易成功。

（2）目标金额合乎情理：目标金额的设置需要将生产、制造、劳务、包装和物流运输成本考虑在内，然后结合本身的项目设置一个合乎情理的目标。

（3）支持者回报设置合理：对支持者的回报要尽可能地价值最大化，并与项目成品或者衍生品相配，而且应该有 3~5 项不同的回报形式供支持者选择。

（4）项目包装：有视频的项目比没有视频的项目多筹得 114% 的资金。而在国内的项目发起人，大多不具有包装项目能力。

（5）定期更新信息：定期进行信息更新，以便让支持者进一步参与项目，并鼓励他们向其他潜在支持者提及此项目。

（6）鸣谢支持者：给支持者发送电子邮件表示感谢或在筹资人的个人页面中公开答谢他们，会让支持者有被重视的感觉，增加参与的乐趣，这点也常常被国内发起人忽视。

七、与众筹相关的法律法规

2014 年 12 月 18 日：《股权众筹融资管理办法（试行）》（征求意见稿）。

2013 年 6 月 1 日：《中华人民共和国证券投资基金法》。

2013 年 3 月 15 日：《证券投资基金销售管理办法》。

2010 年 5 月 7 日：《国务院关于鼓励和引导民间投资健康发展的若干意见》。

2008 年 1 月 21 日：《关于证券投资基金宣传推介材料监管事项补充规定》。

八、众筹模式的划分

1. 按是否收费划分

分为免佣金模式和收取佣金模式。有些众筹网站为了吸引好的项目和投资人，采取免佣金模式。而部分仍坚持收取一定比例的佣金。

免佣金模式是众筹网站在创始初期，为更好地吸引高质量的项目而打造的一种营销模式。通过高质量的项目吸引高质量的投资者，形成一个良性的循环。

收佣金模式是指平台通过自身的品牌或者流量为项目服务，帮助项目尽快显示众筹的完成而收取一定的费用。

2. 按交易结构划分

分为“预售 + 团购”的产品或服务销售模式、股权融资模式两类。而对股东融资做进一步细分，可以看到有直接的股权投资模式，即直接推荐融资方与投资方达成股权投资协议，属于点对点模式。另外一种则是采取合投方式，由领投方设立有限合伙企业，投资人作为 LP，领投人做 GP。然后以有限合伙企业的形式投资股权，该模式表面看属于招募 LP，不过与传统的私募投资基金相比，其是先有项目后募集资金。

3. 按网站获利模式划分

分为收取一定的佣金，或者取得融资企业一定的股权，或者利用自己的管理地位获取一定的管理费和盈利收益。

众筹从某种意义而言，是一种 Web 3.0，它使社交网络与“多数人资助少数人”的募资方式交叉相遇，通过 P2P 或 P2B 平台的协议机制来使不同个体之间融资筹款成为可能。构建众筹商业模式要有项目发起人（筹资人）、公众（出资人）和中介机构（众筹平台）这三个有机组成部分。

九、众筹模式的运作流程

（1）项目发起人将项目策划发布，经审核后，通过视频短片、图片、文字介绍等形式在平台上发布创意项目，而出资人在发布中选择自己中意的项目。

（2）项目发起人在筹集资金时，设定筹资项目的目标金额以及筹款的截止时间，对项目感兴趣的出资人在目标期限内进行一定数量的资金支持。

（3）在项目到达截止时间时，如果成功达到目标金额，该项目融资即算成功，创意者将获得融资资金，支持者确认资助。如果未达到目标金额，在 All-or-Nothing 的筹资方式下该项目融资即算失败，将撤回创意者融资资金返还给支持者。在 Keep-it-All 的筹资方式下，创意者仍获得融资资金。

（4）项目发起人开始运行项目，出资人对项目进行监管并获得项目产品作为回报，对实物产品项目的融资，其回报即为产品，对购买股权进行的融资，其回报即为企业的股权。

实训项目一　众筹咖啡厅策划书

一、实训项目名称

商业计划书——众筹咖啡厅策划书。

二、实训项目任务

通过商业计划书的解读让学生了解商业计划书编写的内容和编写方法，能基本掌握计划书的编写。

三、实训项目内容

让学生根据下面众筹咖啡厅策划书的所有项目，编写一个旅游类创业项目商业计划书。

为了我们共同的爱好和梦想，为了一份爱的付出和赢得体验，为了创造一个和谐友爱的世界，为了给别人也给自己创造一个实现梦想的平台，我们将按照公开、公平、公正的游戏规则，制定“菜鸟式”咖啡馆创业合作众筹方案如下。

1. 经营定位

经营方式：边学习，边创业，边就业，边培训，边交流。

经营文化：产品展示与体验、项目交流与分享、资源整合与落地。具体讲就是创建“三个平台”。

一个文化平台：传统文化弟子规的传播与实践，文化艺术的交流、草根艺术的展示、培训讲座会展、沙龙聚会演出。内容涵盖读书、电影、音乐、摄影、电影、旅游、人文等各种类型，通过定期的活动塑造文化品牌，成为创业者文化交流的前沿阵地。我们策划的主题活动是未来商业领袖创业营销年度大赛。

一个创业平台：产品的体验与项目的发布，职场交流互助、高端求职招聘、创业指导策划、行业专题咨询，创投融资咨询。比如建立人事圈、策划圈、融资圈、财务圈或者英语圈等，如有企业有问题需要我们帮忙解决，可以为其专门开一个现场会，请专家和行业内人士现场提出对策。如有创业者需要资金、项目，需要找到志同道合的人，需要人脉，能力提升等，我们将为其专门开一个资源整合的交流会，协助其实现创意或项目落地。

一个社交平台：剩男剩女聚会、小资休闲交际、行业人脉拓展、人才资源整合。

2. 经营理念

“追逐梦想，顺便赚钱，合作共赢，兼顾公益”。

3. 咖啡厅功能（行业交流、交友、兴趣小组）

（1）行业交流 / 聚会；

（2）多认识一些志同道合的朋友；

（3）品尝风味美食；

（4）组织专业讲座、研讨会；

（5）咖啡厅是一个现实的社交网络平台，众多股东参与其中，可以互通各类资源和信息。

4. 参与咖啡厅的方式如下

（1）战略合作层面，采用易物交换的原理在平台进行战略合作。例如，对方给出价值 5000 元的资源或者产品，平台会用同样的价值产品给予交换，平台的产品有场地、教练技术课程、心理咨询的课程、弟子规文化园的课程、咖啡券等，整个平台的资源针对战略合作的企业：除了不占有平台的股份外，可以实现资源共享。

（2）股东层面，针对大学生，10000 元 / 股。目前属于第一轮招募，名额只有 100 股。为了给到股东最大的价值或者实现让股东 0 元投资的理念，所有的股东投资后，还有以下选择：1 万元——即 5000 元的咖啡券和 100 次专业技术课程。针对自由职业者或创业者，2 万元起步认购，即 2 万元 /2 股，第一轮只招募 100 人。即 2 万元——200 张专业技术课程和 1 万元的咖啡券。针对企业家或创业者 5 万元起步认购，即 5 万元 /5 股，第一轮只招募 30 个人，董事会成员必须 5 万元起步投资。即 5 万元——3 万元的咖啡券和 500 次专业技术课程。

5. 财务预测

初期费用：

包括用于会计核算、法律事务以及前期市场开发的费用，还有一些电话费及购置设备时产生的交通费之类的管理费用。估计需要 1 万元。

店面租金：

以 ×× 市区较繁华地段为例，300 平方米店面租金约为 35 万元 / 年。

装修费用：

装饰包括门面、厅面、厨房三个大的方面，按纯家装设计每平方米 1200 元计算，300 平方米大约需要 36 万元。

家具器皿：

300 平方米的店，大约有 200 平方米 30 个桌位。每个桌位坐 2~4 人不等。购置高档的碗筷、汤勺、盘碟等器皿 5 万套，购置 30 套桌椅，需要 3 万元。

设备投入：

包括厨房中的烹饪设备、储存设备，以及冷藏设备、运输设备、加工设备、洗涤设备、空调通风设备、安全和防火设备等。经估算后大致需要20万元。

运营费用：

包括营销费用、广告费用 、培训员工的费用及一些不可预见的准备金大约为前几项的10%。可能需要15套人员服装：可控制在3000元内。

劳动力成本：

由管理人员、服务人员及厨师的工资组成。需要配备店长1名，厨师3名，收银员2名，保安2名，服务员6名，采购员1名。（以下为月工资）店长 1×7500 元，厨师 3×4000 元，收银员 2×3000 元，服务员 6×3200 元，采购员 1×3200 元，保安 2×3000。

6. 咖啡厅采用公司化运营

公司结构如下：

（1）公司实行股份制，由董事会、监事会和职业经理人（即店长）构成。

（2）员工必须参股。股东如有意成为正式全职员工，需具备招聘启事上要求的条件（相等条件下优先）。

（3）董事会负责战略决策，经理负责日常管理和运营，董事会、店员不得兼任监事会成员。

（4）员工参股后离职的，可以保留股份，也可以转让他人。被动离职的店员不想保留股份的，由公司负责原价回购并转让新老股东。无法转让的，做消股处理。

股东会：公司最高权力机构为全体股东大会，股东会由全体股东组成，表决时按照股权数计算票数。股东大会有权选举董事会、否决董事会决议、改选董事会。

董事会：董事会成员将主要考虑入股数，参考股东资源确定。进行人事行政、网络推广、日常运营、技术监管等岗位分工（财务实行请会计师代管的办法），岗位权责及分工界线另行起草。店址签约之日起半个月内召开股东大会。董事会职责主要包括：①召集股东会，执行股东会决议并向股东会报告工作；②决定公司经营计划和投资方案；③决定公司内部管理机构设置；④批准公司基本管理制度；⑤听取店长的工作报告并做出决议；⑥制订公司年度财务预、决算方案和利润分配方案、弥补亏损方案；⑦对公司增加或减少注册资本、分立、合并、终止和清算等重大事项提出方案；⑧聘任或解聘公司店长、职员，并决定其奖惩。

董事会的职权也受到三个方面的限制：①董事会作为公司的法定代表，不得以公司名义从事与公司业务无关的活动；②董事会不得超出股东大会授予他们的权限范围行事；③股东大会的决议如果与董事会的决议发生冲突，应以股东大会的决议为准。

监事会：

监事会职责：①检查公司的业务、财务状况，查阅账簿和其他会计资料，并有权要求执行公司业务的董事和店长报告公司的业务情况；②对董事、店长执行公司职务和执行法规、公司章程的行为进行监督；③当董事和店长行为损害公司利益时，要求董事和店长予以纠正；④核对董事会拟提交股东大会的会计报告、营业报告和利润分配方案等财务资料，发现疑问可以以公司名义委托注册会计师、执行审计师帮助复审；⑤提议召开临时股东大会；⑥代表公司与董事交涉或对董事起诉；⑦公司章程规定的其他职权；⑧监事会主席或监事代表列席董事会会议；⑨监事不得兼任董事、店长及其他管理职务；⑩负责对公司重大事项及方案的检查、监督。

店长职责：①根据股东会提出的战略目标，制定公司战略，提出公司的业务规划，经营方针和经营形式，经股东会确定后组织实施。在股东会领导下实行店长负责制，对咖啡馆的日常经营、管理和维护负责。主持咖啡馆的日常经营管理工作，实现经营管理目标和发展目标。②主持咖啡馆基本团队建设，规范内部管理，拟订内部管理方案和基本管理制度。③制定咖啡馆具体规章，奖罚条例、工资奖金分配方案、经济责任挂钩办法并组织实施。④建立健全经营目标保证体系，定期主持召开例会，亲自处理咖啡馆内重大问题。⑤责成店员落实各项管理规定，每月进行一次安全环卫检查，发现问题督促及时整改并经常对职工进行素质教育及组织行业知识的培训。⑥重视人才培养，加强管理，对店员有聘任使用和处置罢免权，对员工工资标准制定和奖金有建议权。⑦向股东会提出企业的更新改造发展规划方案，预算外开支计划；处理公司重大突发事件；推进公司企业文化的建设工作。⑧列席董事会会议，向董事会汇报经营情况并提出合理化建议。

根据本公司实际，由发起人全职负责公司董事长兼总经理职责，工资每月 7500 元，在月收支平衡之前实行记账（第一次分红之日一并计发），之后按月发放。咖啡馆设店长、吧员（兼调酒、收银员）采购、保安等职务。股东做义工按小时领取优惠券。

股权设置如下。

募股规模：

总股数为 300 股，五边合作平台作为发起人占有 90 股即 30%，法人占有 30 股即 10%，募集股数 180 股 180 万元，最高 400 股 400 万元，最终股数从正式营业日确认。募集完成后，资金实行封闭式运作。经营正常的情况下不得进行增资扩股。如要扩大规模和影响，可通过开分店的方式实施。分店属独立法人。

参股限制：

（1）每股人民币 10000 元，每个股东最低持股数为 1 股，一股一票，单个股东最高持股数为 10 股，发起人可增至 20 股，并需与公司签署三方协议。

（2）股东可同时在分店参股，规则与此相同。

股权转让：

（1）股权只能转让，不能退股。如放弃股权，则该股权收益列入公益活动捐献。

（2）股权可以溢价转让，为保证新股东的“赢利”系数，每股转让溢价不得超过25%。应以股东、候选参股者、其他人员的顺序转让。

股权收益：

（1）在收回固定投资之前公司不进行股东分红。

（2）股东在本店消费享受6折（不记名认证、可转借）、董事及董事长享受5折优惠（限个人使用不能转借），不享受工资福利（优惠幅度可议）优惠，与普通客户的优惠活动不相抵。

（3）分红总额按纯利润的50%确定。

（4）分红按股份数平均分配。

（5）分红时间，从固定投资收回之日（具体计算方法由董事会起草方案，股东大会3/5以上人数通过）起，每半年进行一次。

（6）股东有申请分红的权利，也可由监事会代为提出，董事会决定后实施。

7. 众筹工作流程

（1）发布初步方案、宣传方案；

（2）微信群管理员初步统计意向人数和投资额度，不定期举行中小型碰头会；

（3）意向额度累计达到100万元左右时，开始统一收集资金，召开股东大会；

（4）选举董事会、监事会成员；

（5）选址、租房、餐厅拟名；

（6）工商注册、税务、卫生防疫、环保、消防、城管等；

（7）装修（与工商注册等同步进行）；

（8）采购桌椅、餐具、厨具等；

（9）招聘店长、厨师和服务员等；

（10）制定菜谱；

（11）开业。

四、实训项目评价

学生根据老师的要求尝试编写一个旅游类创业项目的商业计划书，学生分成四组，每组分别给其他组编写的商业计划书打分和现场评价，并提出修改建议。

五、实训项目链接

为什么要参与咖啡厅？如果你是大学生你参加的原因如下。

（1）模式：这个咖啡厅是众筹模式，就是很多人一起开咖啡馆，这个模式会教会大学生在学校里就有合作抱团的思想，我们要学会弱势群体抱团去做事，这样才能实现大家的梦想。

（2）人脉：如果一个咖啡厅有300个股东，这300个人就是一个圈子和资源，如果每个人会影响 10 个志同道合的人通过咖啡厅做事情。直接就是 3000 个人脉资源，按照 5000 元的投资算，花 5000 元请 300 或 3000 个志同道合的人一起喝咖啡交朋友，每个人都会愿意吗？

（3）就业或创业的层面，本平台刚启动就会三个模式同时进行，产品展示与体验、项目交流与分享、资源整合与落地，如果一个学生还没有毕业就参与了一个这样的资源整合的平台，对自己以后的就业、创业、资源整合都很有帮助。

（4）能力提升层面：我们这个平台本来就有青年领袖特训营，所有参与咖啡厅建设的学生或其他成员，都可以申请参加这样的训练营来提升自己的素质。

（5）赚钱层面：通过以上的资源整合，会有很多的第一手资源产品或者项目。所有的股东拥有平台所有的资源，让自己赚到钱，实现自己的梦想

如果你是自由职业、创业者或老板参与咖啡厅的原因如下：

（1）除了以上的原因外，还有以下几个理由。

（2）如果我们有优势的资源或者产品、项目，可以让我们节省更多的时间去做有结果的事情。

（3）花自己该花出去的公关成本，把自己的消费成本当作投资，喝自己的咖啡，做自己的事业。

（4）咖啡厅开业后，每天都会开设相关的项目发布会，对于企业招募代理商，会起到很好的作用。

（5）我们拥有更前端的招募代理模式，优势的平台或者企业，可以给我们更紧密的合作。

（6）咖啡厅会拥有自己的培训会场和行政办公室，边项目发布，边办公，边培训，不出咖啡厅就可以把所有的事情都解决了，这样解决了一些创业者没有办公室、没有资金的问题。

（资料来源：百度文库）

实训项目二　如何取得创业资金

一、实训项目名称

如何取得创业资金。

二、实训项目任务

学习下面内容，分析在确定创业项目后如何取得创业资金。

三、实训项目内容

填写下面表格，充分考虑创业资金有哪些获取渠道？如何通过这些渠道获取创业资金。

四、实训项目评价

同学们列出创业资金的渠道后，分组讨论这些渠道取得的可行性。

获取创业资金

一位刚大学毕业的大学生，有很好的计算机应用技能。在长时间地观察后，他发现许多学生都会在学校附近的网吧上网，但是由于网吧的数量有限，有些同学经常找不到机位，特别是在周末。这个大学生打算购买 50 台电脑，在学校附近开个网吧，让学生上网。但是由于是学生，他手头根本就没有资金，开网吧买电脑所需的资金对于他来说是个天文数字。

如果你是他，你会如何考虑下面几个有关资金获取的问题？

（1）网吧所需的 50 台电脑需要多少钱？

（2）能够从电脑销售商那里赊购电脑吗？

（3）从哪里可以获取创业资金？

（4）如果采取到银行贷款的方式，怎样才能够增加得到贷款的机会？

（5）考虑到其他相关的成本费用，大概需要为网吧筹集多少资金？

（6）为资金需求列一张较为详细的清单。

五、实训项目链接

创业者的资源开发

创业愿望是创业者需要开发的第一资源。大量研究表明，强烈的创业愿望几乎是成功创业的充分条件。只要创业者具有这一强劲的内驱力，那么他就会一次次地寻找商机，充满激情地去创业。创业愿望其实就是创业者“清理过的真实向往”与“清理过的真实现实”的交会处。

创业愿望是被唤起的初衷，隐藏于创业者心灵深处，是他最初的，最原始的，难以忘怀的心愿；创业愿望是被激发的渴望，是创业者一直想做的，但由于种种原因的限制，始终未能如愿的事业；创业愿望是被挖掘出的价值，它在创业生活中具有至高无上的地位，比做其他事业更有价值；创业愿望是理性的选择，是根据创业者真实的现实情况而清理过的初衷、渴望和价值，是创业者激情和理智的选择。

在很多情况下，是创业者的无形资源决定有形资源的开发和利用，即创业者创业愿望的强烈程度、创业动机与目的的不同和成功创业标准的水平，决定着创业者自身的哪些东西可以成为创业资源。能否将创业者身上的“一根草”变成创业的“法宝”，全在创业者如何将自己的资源优势开发和利用为创业资源。

作为一个创业者，首先要思考什么是你的创业资源；其次要考虑这些资源在怎样的运作下才能成为优秀的资源，要跳出传统的框框去思考。运用以上的理念，认真思考。这是一个重新组织自己创业资源的过程，要实事求是。

实训教程六　了解计划书基本结构和编写创业计划训练

实训目的：让学生认识创业计划书的作用，了解创业计划书的基本结构，懂得如何收集创业计划书的相关信息，掌握创业计划书的撰写方法与技巧。

实训方法：先学习创业计划书的结构、编写方法和技巧的知识，后通过实训练习创业计划书如何编写。

实训目标：

[知识目标] 1. 掌握创业计划的内容、基本结构和作用。

2. 掌握创业计划书的撰写方法。

[能力目标] 能够学会撰写创业计划书。

[实训目标] 能够选择一个创业项目，并顺利举行。

第一节　了解创业计划的基本结构

案例导入

一个始于创业计划书的成功行动

杨丽娜得了一个外号叫“中国移动”，因为她太忙了，销售、财务、税务、市场调研、产品把关，有关眼镜买卖的所有环节她都要过问，谁让她是公司的总经理呢。杨丽娜是毕业于天津工业大学的硕士研究生，她与天津科技大学的几个同学成立的公司，叫“上海平远眼镜有限公司”。除了眼镜批发配送外，公司还在天津科技大学的新校区开了第一家零售店，经营状况很好。

其实最早的想法只是为了参加挑战杯创业大赛，但经过市场调研、反复论证，他们被自己的创业计划书打动了：做眼镜中间商是完全可以实现的创业设想。于是，他们在上海成立了公司。

当初为了参加比赛构思创业项目，杨丽娜了解到了眼镜行业的不少特点和规则：这个行业市场巨大，且正处在高速成长期。中国有3亿多人戴眼镜，眼镜年需求量在1亿副以上；2003年，中国眼镜工业产值164亿元；当时预计5年后，其产值将突破400亿元。

创业团队在调研中还发现，就是这么一个非常普及的小产品，到目前还没有公认的品牌（除一些太阳镜外）。他们在同学中做了一个小调查，发现大家只知道近视眼镜的店面品牌，却几乎没有人能说出产品本身的品牌。

这个问卷结果更加坚定了他们的想法：建立自己的眼镜品牌。

半年后，他们的第一家店在天津科技大学的新校区开张纳客。20万元的资金是以合资形式注入的，选址在新校区也是他们动了一番脑筋后决定的。大学生是眼镜消费的主要人群，但是各种眼镜店已经把坐落在城市中的大学包围。而新校区一般都在市郊，眼镜市场尚且空白。

他们聘请了一位专业配镜师。开店一个多月后，同学们都认可这个店了，没有一个同学因为配得不好找上门来。公司开展的配送中间业务也打开了市场。目前甘肃、陕西、江苏、安徽都已经有“平远”的产品，连一向挑剔的零售商竟然都说：“你们的产品质量真好。”杨丽娜说这是严把进货关得来的。

2004年，公司的5个高管人员中，有3个是在校学生，另外2个也是当年夏天刚刚毕业的。说起创业的酸甜苦辣，杨丽娜说：“经常会有许多意想不到的事发生。”

做一个产品要有品牌，当初设计商标时，他们几个人设计了几百种组合方案，然后筛选出30多种，又请周围的同学挑或是拿着方案随机让同学们选，从中选出了4种视觉冲击力最强的。但当他们把这四种方案满怀信心地拿到一个商标注册咨询公司去时，没想到最被同学看好的“2.0”商标竟然首先被淘汰，因为眼镜商标不能有数字。

经过几轮挑选，最后他们的商标确定为“INOUS”，字面含义是“一诺”，标志是字母“O”中一个斜着的椭圆形，像一只眼睛在看着世界。这只小眼睛已经刻在了“平远”销售的每一副眼镜的镜腿上。

（资料来源：人民网，http://www.People.com.cn/GB/Jiaoyu/1054/2975572.html）

案例分析

请结合上面案例思考下列问题：

1. 创业计划书重要吗？

2. 创业计划书是如何发挥作用的？

一、创业计划的作用

著名投资家克雷那说过："如果你想踏踏实实地做一份工作的话，写一份创业计划，它能迫使你进行系统的思考。有些创意可能听起来很棒，但是当你把所有的细节和数据写下来的时候，它自己就崩溃了。"创业计划的作用体现在：

（1）明确创业的方向和目标。创业者将自己的创意以创业计划的形式表现出来，可以冷静地分析自己的创业理想是否切实可行，清醒地认识自己的创业机会，明确自己的方向和目标，进而规划创业蓝图。

（2）周密安排创业活动。制订创业计划，可以使创业者对产品开发、市场拓展、投资回报等一些重大的战略决策进行全面的思考，并在此基础上制订翔实清楚的营运计划，周密安排创业活动，为有效的日常管理提供科学依据。

（3）寻求外部资源的支持。完善的创业计划可以使他人了解创业项目及创业构想，有利于创业者寻求外部资源的支持。有利于创业者与供应商、经销商等中介机构进行沟通，取得他们的信任和支持，为企业的发展创造良好的外部环境，而且创业计划是创业者融资的基础，创业者可以借助创业计划去说服他人合资、入股，甚至可以募集一笔创业基金。

二、创业计划的内容

创业计划一般包括计划摘要、产品或服务、市场调查和分析、竞争策略、营销策略、生产运作、人员及组织结构和财务预测 8 个方面。

（一）计划摘要

计划摘要一般要包括以下内容：公司介绍、主要产品和业务范围、市场概貌、营销策略、销售计划、生产管理计划、管理者及其组织、财务计划和资金需求状况等。

计划摘要列在创业计划书的最前面，它是浓缩的创业计划的精华。计划摘要涵盖了计划的要点，以求一目了然，以便读者能在最短的时间内评审计划并做出判断。在介绍企业时，首先要说明创办新企业的思路、新思想的形成过程以及企业的目标和发展战略。还要介绍一下创业者自己的背景、经历、经验和特长等。创业者的素质对企业的成绩往往起关键性的作用，在这里，创业者应尽量突出自己的优点并表示自己强烈的进取精神，以给投资者留下一个好印象。

（二）产品或服务

通常，产品介绍应包括以下内容：产品介绍、产品的市场竞争力、产品的研究和开发过程、发展新产品的计划和成本分析、产品的市场前景预测、产品的品牌和专利。在进行投资项目评估时，投资人最关心的问题之一就是风险企业的产品、技术或服务能否以及在多大程度上解决现实生活中的问题，或者风险企业的产品（服务）能否帮助顾客节约开支，增加收入。因此，产品（服务）介绍是创业计划书中必不可少的一项内容。在产品（服务）介绍部分，企业家要对产品（服务）做出详细的说明，说明要准确，也要通俗易懂，让即使不是专业人员的投资者也能明白。通常产品介绍都要附上产品原型、照片或其他介绍。

（三）市场调查和分析

市场调查和分析这一部分计划应包括以下内容：市场状况、变化趋势及潜力、竞争厂商概览、本企业产品（服务）的市场定位、市场细分和特征、目标顾客和目标市场等。当企业要开发一种新产品（服务）或向新的市场扩展时，首先需要进行市场预测。如果预测的结果并不乐观，或者预测的可信度让人怀疑，那么投资者要承担更大的风险，这对多数风险投资家来说都是不可接受的。

市场预测首先要对需求进行预测：市场是否存在对这种产品的需求？需求程度是否可以给企业带来所期望的利益？新的市场规模有多大？需求发展的未来趋势及其状态如何？影响需求都有哪些因素？

其次，市场预测还要包括对市场竞争的情况以及企业所面对的竞争格局进行分析：市场中主要的竞争者有哪些？是否存在有利于本企业产品的市场空当？本企业预计的市场占有率是多少？本企业进入市场会引起竞争者怎样的反应，这些反应对企业会有什么影响等。

（四）竞争策略

竞争策略应包括以下内容：对现有和潜在的竞争者和替代产品进行分析、找到合作伙伴、扫清产品或服务进入市场的障碍、划出竞争空间、分析当前的角逐者、给出竞争方案和战胜对手的方法。应着重说明竞争者给本企业带来的风险以及本企业所采取的策略。

（五）营销策略

营销策略应包括以下内容：市场机构和营销渠道的选择、营销队伍管理、促销计划和广告策略、价格决策等。

营销是企业经营中最富挑战性的环节，影响营销策略的主要因素有：消费者的特点、产品的特性、企业自身的状况、市场环境方面的因素，而最终影响营销策略的则是营销和营销效益因素。

对创业企业来说，由于产品和企业的知名度低，很难进入其他企业已经稳定的销售渠道中去。因此，企业不得不暂时采取高成本低效益的营销战略，如上门推销、大打商品广告、向批发商和零售商让利，或交给任何愿意经销的企业销售。

（六）生产运作

生产运作计划应包括以下内容：产品制造和技术设备现状，原材料、工艺、人力等安排，新产品投产计划，技术提升和设备更新的要求，质量控制和质量改进计划等环节。在寻求资金的过程中，为了增大企业在投资前的评估价值，创业企业的生产制造计划应尽量更加详细、可靠。一般地，生产制造计划应明确以下问题：企业生产制造所需的厂房、设备情况如何？怎样保证新产品在进入规模生产时的稳定性和可靠性？谁是供应商？生产线的设计与产品组装是怎样的？还有供应商前置期和资源需求量，生产周期标准的制定以及生产作业计划的编制，物料需求计划及其保证措施，质量控制的方法以及相关的其他问题。

（七）人员及组织结构

人员及组织结构的计划应包括：对主要管理人员加以阐明、介绍他们所具有的能力、他们在本企业中的职务和责任、他们过去的详细经历及背景。应对公司结构做一简要介绍，包括：公司的组织结构图；各部门的功能与责任；各部门的负责人及主要成员；公司的薪资体系；公司的股东名单，包括认股权、比例和特权；公司的董事会成员；各位董事的背景资料。

企业管理的好坏，直接决定了企业经营风险的大小，而高素质的管理人员和良好的组织结构则是管理好企业的重要保证。因此，风险投资家会特别注重对管理队伍的评估。

企业的管理人员应该是互补型的，要有团队精神。一个企业必须要具备负责产品设计与开发、市场营销、生产作业管理、企业理财等方面的专门人才。

（八）财务预测

财务预测一般要包括以下内容：经营计划的条件假设、预计的资产负债表、预计的损益表、现金收支分析、资金的来源和使用等。可以这样说，一份经营计划概括地提出了在筹资过程中创业者需要做的事情。而财务规划是对经营计划的支持和说明。因此，一份好的财务规划对评估创业企业所需的资金数量，提高风险企业取得资金的可能性是十分关键的。如果财务规划准备得不好，会给投资者以及企业管理人员缺乏经验的印象，降低创业企业的评估价值，同时也会增加企业的经营风险。那么如何制订好财务规划呢？这首先要取决于创业企业的远景规划是为一个新市场创造一个新产品，还是进入一个财务信息较多的已有市场。

三、创业计划的基本结构

一份完整的创业计划书一般由标题、目录、正文和附录 4 部分支撑。

（一）标题

标题明确了创业项目名称，体现了企业的经营范围。标题一般在封面以醒目的字体专门标示出来，如《××创业计划书》。

（二）目录

目录是正文的索引。这里需要按照章节顺序逐一排列每章大标题、每节小标题以及章节对应的页码。下面是《淘宝书店创业计划书》目录的部分内容：

（三）正文

正文是创业计划书的主要内容，包括摘要、主体和结论 3 大部分。

1. 摘要

摘要既是创业计划书的引文，引起读者的阅读兴趣；又是创业计划书的总纲，提纲挈领，让读者对创业计划书的内容有一个整体的认知。因此，摘要是整份创业计划书的精华和要点，也是整份计划书的灵魂。它涵盖了整份计划书的要点，摘要的品质是投资者投资的关键。摘要是企业基本情况、企业竞争能力、企业市场地位、企业营销战略、企业管理策略、创业项目的投资前景以及风险预测等方面的综合概述。

摘要是对整个创业计划书做出的精华式的总结，所以通常在计划书的主体完成后撰写。一份出色的摘要需简短而精练，1~2 页纸即可。

2. 主体

主体是对摘要的具体展开。为了让读者一目了然，一般采取章节式、标题式逐一描述。这里集中了企业战略计划、运营计划、组织与管理计划和财务计划的方方面面。具体包括企业介绍、市场分析、产品（服务）介绍、组织结构介绍、前景预测、营销策略描述、生产计划展示、财务规划和风险分析。只要执笔者能够条分缕析，各章节的具体顺序可以自行调整。

3. 结论

结论是对整个创业计划内容的总结式概括，它和摘要首尾呼应，体现了文本的完整性。

（四）附录

附录是对主体部分的补充。受篇幅限制，不宜在主体部分过多描述的，或不能在一个层面详细展示的，或需要提供参考资料、数据的内容，一般放在附录部分，以供参考。

附录包括：①企业营业执照；②审计报告；③相关数据统计；④财务报表；⑤新产品鉴定；⑥商业信函、合同等；⑦相关荣誉证书等。

第二节　创业计划中的信息收集

案例导入

杰夫·海曼和他的创业计划书

1995 年，杰夫·海曼足足花了七八个月的时间才完成一份关于开发 Career Central 招聘网站的创业计划书。到他写完的时候，这份计划书足足有 152 页。当时和他同在硅谷的同事们都对这份计划书的完整、缜密赞不绝口，最后他也确实成功拿到了创业所需的 50 万美金启动资金。但是，每当回忆起这件事时，他总是忍不住要想，这么长的时间是否花得值得呢？

2011 年，海曼在芝加哥有了另一个创业灵感——以数据跟踪为特色的减肥中心 Retrofit。这一次，他没有花很多时间来写创业计划，而是用了 4 个月的时间来考察自己的想法，走访潜在消费者、分销商和肥胖问题专家，彻底了解相关市场。经过 100 多次访谈后，他写出了一份仅有两页纸的创业计划书。最后，他就靠这两页纸拿到了创业所需的 270 万美元启动资金。

（资料来源：创业邦，http://magazine.cyzone.cn/articles/201211/2740.html）

案例分析

请结合上面案例思考下列问题：

1. 创业计划书在于长短吗？

2. 第二份创业计划书说明了什么？

一、创业计划中的信息搜集

（一）市场信息

产品或服务的潜在市场信息对创业者尤为重要。为了判断市场规模，创业者需要明确地定义市场：目标顾客是男性还是女性、是企业还是消费者个人、是高收入人群还是低收入人群、是城市居民还是农村居民。目标市场的确定将会使新创企业的市场规模和市场目标比较容易确定。为了更准确地了解真实的市场信息，创业者往往要花费较多的精力去进行市场调查。

（二）运营信息

创业计划撰写过程中，可能需要的运营信息主要包括以下几类：①地点；②生产制造；③原材料；④设备；⑤劳动技能；⑥工厂或办公场所的大小；⑦其他相关的开支。

（三）财务信息

财务信息主要是想说服投资者因为所创企业将来会赢利而对该企业进行投资。主要的信息包括：①资金的需求和来源；②未来的销售情况；③资金的周转；④企业的投资收益率如何，投资回收期多长；⑤风险资本的退出。

（四）准备一份优秀的创业计划做参考

创业计划的写作有较大的难度，单纯看几本参考书并不能解决问题，最好找一份类似的已经成功的创业计划作为参考，然后按照提纲来写。当然，只能是借鉴，绝对不能照抄，因为每一家企业都应该有自己的特色。

知识拓展

您认为哪个是最具有创业“钱”景的行业？在思考创业行业时，最重要的是要捉住市场潮流脉搏，才能降低创业风险。统计结果显示，最具“钱”途的创业方向前五名依次是：平价概念、健康概念、个性化概念、教育概念与女性概念。其中最具赚钱潜力的行业前十名依次为：儿童文教、健康医疗、成人补教、健康食品、个性化商品、早餐店、瘦身美容、电子商务、休闲饮品与中式小吃。有心创业者不妨先行了解再行动，才能少走冤枉路。

平价概念——提供消费者物超所值的产品

以零售业发展来看，越是高度文明的国家，平价概念的发挥越极致，在美国、日本等国家，处处可见大型过季商品购物中心，日本的百元商店便因此创下了令人瞩目的业绩。另外，经济不景气，产业竞争日趋激烈，也是平价概念店盛行的原因之一。

不过整体看来，平价概念的创业业种、投资门槛以餐饮业较易进入。根据调查结果，现阶段最具赚钱潜力的行业，其中第六名的早餐店、第八名的电子商务、第九名的休闲饮品与第十名的中式小吃，都具有平价概念。

早餐店与休闲饮品投资不大，一般在数万元以内，净利可达二成五以上，半年可收回投资，具有本小利丰、回收快的优势，因此是许多人创业时的首选考虑。目前国内这两种业种市场上已经有加盟品牌数十个，加盟店几万家，因此现阶段以单店进入市场不太容易生存，不妨考虑以加盟的方式创业，因此挑选具有竞争力的总部格外重要。

另外对经营商的挑战是，要改变过去经营过路客的创业思维，现阶段要以培养熟客、创造顾客忠诚度为主，才能够永续经营。

健康概念——满足健康需求就是有钱赚

随着人民生活水平的提高，人们对于健康的概念也越来越重视，不再是因为生病才有医疗需求，预防医学的观念已能为大家接受，这可从数年前曾风靡一时的灵芝、芦荟等保健产品的热卖得到印证，现在市面上很多的健身俱乐部、养生餐厅等，就连饮用水及有机蔬菜水果也因为强调有益健康而热卖，因此，健康概念被列为最有“钱”途的创业方向第二名。

健康饮品单价高、毛利高，回收更快。根据专家所票选出的最具有潜力的赚钱行业，像第二名的健康医疗与第四名的健康食品，都是具有健康概念的创业方向，不过若以投资门槛来看，健康医疗包括药房、中药店或药妆店的投资门槛，都在十万到几十万元以上，毛利约三成五，回收期较长，适合资金足够者长期发展。目前这些行业已有品牌提供加盟创业，有心投入健康产业的创业者，可由总部辅导提升医药专业水平，降低开店技术门槛，并可压低进货价格，增加获利空间。

健康食品业可分成天然健康饮品与讲求养生、食疗的餐饮专卖店。后者开店成本较高，需要四五十万元；而健康饮品店的投资门槛则相对较低，开店成本约10万元，不仅较易入行，且若以都市区一级商圈为主力，平均客单价约在20元，毛利可高达六成，因此大约三个月就可以收回投资，是健康概念各业种、业态间赚钱速度较快的。

个性化概念——强调量身定做赢得族群认可

所谓个性化概念可分成两种：一种是商品个性化，主要是抓住时下年轻人多变、求新、个人意识强的特点，将自我意识形象化，为每位客户量身打造独一无二的个性化商品，如个性化吊饰、人像公仔、个性化印像等，满足消费者潜在的自恋情结，因而产生商机；另一种则是店铺个性化，由于国内许多零售服务业已进入完全竞争的阶段，因此现阶段开店的制胜关键，是让消费者产生认同感，要具有独特的店铺个性，如卖咖啡的星巴克、卖生活用品的无印良品、卖美容保健品的美体小铺等，就是具有店铺个性化的代表。

目前市场上的个性化商品很多，如大头贴、数字照片印章等，不过这类产品由于技术层次低，流行热潮退去后，不易再做创业变化，也容易使得商机退烧。此类商品也有高价位的，如琉璃等，但由于受市场限制，也不是每个人都消费得起的，商机有限。因此在个人创业上，要以周围生活商品切入，再量身定做属于个人化的创意商品，有较大的获利基础。如已开放加盟的阿雷西公仔，主要是透过材料变化，加上艺术创意设计，制造个性化商品，投资金额约在10万元，由于毛利可高达六至八成，最快在半年就能收回投资。

个性化商品发展的另一个商机，主要在于现阶段大型卖场为寻求商品差异化，对于具有特色的个性化商品趋之若鹜，因此，即使不具备财务背景，只要产品够特别，各卖场都非常欢迎进驻，以售卖德国熏香木偶的“木偶之心”为例，开店不到半年，各大卖场都纷纷邀请进驻。而进驻卖场的优点是，借由卖场的聚客力，可大大地提升营业额和知名度。

教育概念——子女教育与生涯教育有商机

随着双薪家庭的比例越来越大且收入越来越高，再加上望子成龙的心态，让父母在子女教育投资上毫不吝啬，因此造就了儿童文教市场的利好基础。同时上班族也因为失业率攀升，求职压力加大，为增强竞争力多积极培养第二专长，于是让成人教育业的商机浮现。

目前，国内北京、上海、广州、重庆等大城市，一些诸如国学、少年科技知识培养等专业儿童培训机构已经出现。调查表明，儿童文教业的投入金额不低，约在数十万元，不过由于其淡旺季的营收差异不大，净利在四成五左右，因此多半在两年内就可收回投资。而成人补教则可分成两个概念：一是上班族培养第二专长的补习班，如英语、计算机或创业补习班；二是因为周休两日后国人休闲时间增加，部分人会利用闲暇时间针对个人兴趣进修，如插花、跳舞等。前者目前商机较大，较适合开在办公商圈，专业水平高的师资是制胜关键，只要打出口碑，生意就会源源不断，大约也是两年内可以收回投资。

女性概念——捉住她的感觉赚钱不难

随着女性经济独立自主，消费力提高，很多产品纷纷以女性为目标市场。如专为女性推出的信用卡，就是着眼于女性的强大消费力。以往创业老板多为男性，但从近年加盟创业发展及加盟者的调查发现，男性与女性想创业的比例为一比一，因此女性创业意愿提高，也是女性概念店经营形态发酵的原因。

全方位的美丽产业有赚钱机会，买菜时可能会为了一毛钱计较的女性，为了让自己更加美丽，花钱却是毫不手软，尤其许多瘦身美容业者不断透过大众媒体的广告宣传攻势，激起女性爱美的天然欲望，也因此带动瘦身美容业的兴旺。随着饮食精致化，国内有瘦身减肥需求的人数不断攀升，根据调查，有高达七成以上的女性对自己的身材不满意，这是瘦身美容业有商机的原因。一般来说，投资成本约在10万元，但由于其毛利高，多半在一年半内可收回投资。目前瘦身美容业已不再局限于单纯的脸部、身体美化，为求在市场上立于不败之地，协助女性全方位的身心提升已是趋势。因此，除了高科技仪器与天然营养品的应用，结合SPA与美容讲座活动，是瘦身美容产业未来的经营重点。

（资料来源：http：//www.sino-manager.com/2009824_7879.html）

二、市场调查的内容和方法

所谓市场调查，就是对某一产品或服务的消费者，以及市场营运的各阶段进行调查，有目的地、系统地搜集、记录、分析及整合相关资料，了解市场的现状及其发展趋势，为市场预测和营销决策提供客观的、可靠的资料。

（一）市场和市场营销

市场是指需要产品和服务的顾客。这些顾客有购买愿望和购买能力，它们可能是企业，也可能是个人，包括现有的顾客和潜在的顾客。

市场营销是对产品的销售，其观念影响着企业的生产。产品导向观念过分强调生产效率和产品质量，忽视顾客的需求；推销导向观念强调推销，过分依赖销售队伍和广告促销来扩大销售量。虽然这两种观念在企业发展的一定阶段是适用的，但是很难适应市场的需求，难以满足顾客日益提高和不断变化的要求，因此很难保持持续的发展。

目前顾客导向观念强调了解并满足顾客的需求，才能获得持续的利润。顾客满意，可能对价格不太敏感，容易接受新产品，可以使企业销量增加、品牌得到认同。

了解市场就是要了解顾客，创业者可以通过顾客需求，将市场划分成不同类型的顾客，根据不同顾客需求来分析可能需要的产品；随后判断哪一类顾客对自己来说是具有潜在价值和吸引力的，以此完成目标顾客的选定。可以通过市场调查，如问卷调查、行业信息、抽样访问等方法，来判断企业构想是否可行，或进一步充实自己的企业构想。

了解市场，仅仅关注顾客是不够的，创业者还需要对竞争对手进行了解，这包括提供相同或类似产品或服务的企业。通过对竞争对手的了解，来分析竞争对手的运作方式、价格政策、服务、销售或生产方法，以进一步推动企业构想变成现实。

（二）制订市场营销计划

企业营销计划，是指在对企业市场营销环境进行调研分析的基础上，制定企业及各业务单位对营销目标以及实现这一目标所应采取的策略、措施和步骤的明确规定和详细说明。营销计划是企业的战术计划，营销战略对企业而言是“做正确的事”，而营销计划则是“正确地做事”。

在企业的实际经营过程中，营销计划往往碰到无法有效执行的情况，一种情况是营销战略不正确，营销计划只能是“雪上加霜”，加速企业的衰败；另一种情况则是营销计划无法贯彻落实，不能将营销战略转化为有效的战术。营销计划充分发挥作用的基础是正确的战略，一个完美的战略可以不必依靠完美的战术，而从另一个角度看，营销计划的正确执行可以创造完美的战术，而完美的战术则可以弥补战略的欠缺，还能在一定程度上转化为战略。

（三）企业销售预测

销售预测是指对未来特定时间内，全部产品或特定产品的销售数量与销售金额的估计。销售预测是在充分考虑未来各种影响因素的基础上，结合本企业的销售业绩，通过一定的分析方法提出切实可行的销售目标。无论企业的规模大小、销售人员的多少，销售预测影响到包括计划、预算和销售额确定在内的销售管理的各方面工作。

预测的方法一般有市场调研法、购买者期望法、模拟顾客综合判断法等。市场调研法就是通过对某种产品在市场上的供需情况变动的详细调查，了解各因素对该产品市场销售的影响状况，并据以推测该种产品市场销售量的一种分析方法。在这类方法下，其预测的基础是市场调查所取得的各种资料，然后根据产品销售的具体特点和调查所得资料情况，采用具体的预测方法进行预测。许多企业经常关注新顾客、老顾客和潜在顾客未来的购买意向情况。如果存在少数重要的顾客占据企业大部分销售量这种情况，那么购买者期望法是很实用的。这种预测方法是通过征询顾客或客户的潜在需求或未来购买商品计划的情况，了解顾客购买商品的活动、变化及特征等，然后在收集消费者意见的基础上分析市场变化，预测未来市场需求。

模拟顾客综合判断法，则是先请各位专家模拟各种类型的顾客，通过比较本企业和竞争对手的产品质量、售后服务和销售条件等做出购买决策，然后把这些“顾客”准备购买本企业产品的数量加以汇总，形成一个销售预测值。

（四）市场调查的方法

市场调查的方法多种多样，使用哪一种方法主要取决于调查的目的、调查的行业以及被调查对象的特点等。在公司创建初期的市场调查中，往往要综合应用多种调查方法。常用的市场调查方法大致有以下 5 种：

1. 二手资料收集法

二手资料收集法在创业者无法清楚地理解和表述问题所在时可以采用。有的时候，创业者提出了一个问题，但是经过一段时间的分析才发现，其实该问题并不是自己所想调查的核心问题。这时候，二手资料收集法或许能让消费者放弃错误的“问题”，转而研究真正的核心问题。

下面的例子就很好地说明了这一点：

美国一家著名的汽车生产厂家要在我国投资建立一家摩托车生产厂。刚开始，这家美国公司提出的需要进行市场调研的问题是：“我在哪里投资会更好一些？”并且把浙江萧山定为调研对象，继而进行了一番实地考察。但考察一段时间后，他们发现，投资地点的问题并非是自己所面对的核心问题，真正的核心问题是中国中央政府和地方政府的摩托车政策是什么，而这个问题，借助于二手资料收集法会更容易使问题得到解决。

在解决问题上，二手资料收集法会给创业者带来许多便利。那么，创业者如何运用二手资料收集法呢？

通常情况下，利用二手资料收集法的具体步骤是：

（1）确定调查目的，明确调查主题。进行二手资料收集首先应该确定研究的目的，根据调查主题来确定所需要的信息资料和资料来源，再安排合适的人选有针对性地进行资料查询，主题的确定非常重要，可以避免搜集与主题无关的资料。

（2）确定资料来源途径并着手进行收集。调查人员要根据调查主题，制订调查方案，确定从哪里获得二手资料，收集所需二手资料的顺序和方法，以及收集这些资料所需要的时间、精力、人员安排等。二手资料有企业内部和外部资料之分，收集的基本顺序是先内后外，从一般到具体。

（3）评估和筛选工作。其标准为：①所收集资料内容是否与调查目的相吻合。②二手资料是否可靠与可信。③二手资料的时效性。④出具分析报告。

2. 访问法

访问法是将所要调查的事项，以当面、电话或书面的形式向被调查者提出询问，以获得所需资料的调查方法。它是最常用的调查统计方法。

（1）个体访问法。个体访问法是指调查者面对面地向调查对象询问有关问题，调查对象的回答可当场记录的调查方法。这里的调查对象多是相互之间没有关联的个体。调查者可根据事先拟定的询问表（问卷）或调查提纲提问，也可采用自由交谈的方式进行。调查方式可采用走出去、请进来或召开座谈会的形式，进行一次或多次调查。

（2）分组访问法。分组访问法是指建立一个包括各部门人员的专门小组，面对面地向调查对象询问有关问题，调查过程中调查者相互配合的一种方法。如组织设计、工艺、情报、质量、设备和销售人员参加的用户访问小组。这种调查方法能取得全方位的资料，效果较好。

个体访问与分组访问的特点是直接面对调查对象，能当面听取意见并观察反应；能相互启发和较深入地了解情况，对问卷中不太清楚的问题可给予解释；可根据被调查者的态度灵活掌握，或进行详细调查，或进行一般性调查，或停止调查；资料的真实性较大，回收率高。

这两种调查方式也有其弊端，主要表现在两方面：首先是调查成本高，包括资金成本和人员成本；其次是调查质量取决于人员配置，容易因小失大。

（3）电话访问法。电话访问法是指调查者经充分准备后，用电话向调查对象询问并收集资料的一种方法。其优点是资料收集速度最快，成本最低；可按拟定的统一问卷询问，便于对资料进行统一处理。缺点是调查对象只限于有联系方式的用户，调查总体不够完整、调查程度不够深入，调查的质量与调查对象当时的心情和调查气氛有关。

（4）信函访问法。信函访问法是指将设计好的询问调查表、信函、订货单、征订单等通过邮局寄给被调查者，请其填好后寄回的方法。这种方法的优点是：调查范围广，凡邮政所达地区均可列入调查范围；被调查者可有充分的时间来回答；调查成本较低；调查资料较真实。缺点是得到的反馈数量要打折扣，回收时间较长；往往因调查对象不能全面配合而导致调查质量不高。

至于在具体调查中到底选用哪种方法，应根据调查问题的性质和要求，决定一种或多种方法结合使用。

3. 观察法

观察法是由指定的专门人员或使用仪器在现场从旁观察并记录调查对象行为的一种收集资料的方法，此法不直接向被调查者提出问题，而是直接观察事实或通过仪器进行记录。常用的观察法包括以下几种：

（1）现场观察法。现场观察法是指调查人员到现场直接观察被调查对象的调查方法。如调查人员想了解某种新产品性能对消费者的吸引力，就可到出售该商品的现场去观察并取得第一手资料。

（2）随机观察法。随机观察法是指按提前选定的抽样时间点记录现场状态的方法，如对某随机顾客购买某种商品的行为进行观察。

（3）迹象观察法。迹象观察法是指对调查现场、调查资料、调查对象留下的痕迹，如顾客在意见簿上的留言等。

4. 实验法

在一个相对较小的特定市场内，以商品经营的某个因素为基准，如商品质量、包装、设计、广告、价格、陈列等，通过实验的方法来测定顾客的反应，然后根据实验的结果，决定是否值得开发。

实验法通常采用以下两种方式：

（1）变动商品因素。在同一市场条件下，首先对正常经营情况下的各个因素进行测量，然后再测量变动某个商品因素（如价格、包装、广告等）后的情况，通过销售的效果来测定该商品因素对购买行为的影响。

（2）变动调查区域。如由于市场形势发生变化，商品购买力变化，以及价格、消费心理、季节变化等，都会不同程度地影响实验效果。如果在同一时间将不同区域的经营状况进行对比，则会大大提高实验效果。如把同一类商品采用某种特定的包装形式，分别在条件大致相同的两个公司进行试销，然后测量其结果，来了解这种包装对购买行为的影响。

5. 抽样调查法

抽样调查就是采取重点调查的方法，从全体调查对象中选取一部分具有代表性的顾客或商品因素进行调查，从而推断出需要调查的市场的整体状况。在市场调查中，这是一种最基本、最常用的方法。采用抽样调查的方法相对于普通调查法来说，具有科学、省时、省力、节省经费开支等优点，可以使调查者获得足够准确的市场调查资料。抽样调查可分为随机抽样和非随机抽样两种方法。

第三节　分析创业中的问题与困难

一、研讨创业构想

（一）什么是企业构思

企业构思是对未来企业的整体规划，既要能满足顾客需求，又要能创造利润。因此，在创业之前，创业者可以根据自己对市场、产品、客户的思考和判断，将各种企业构思先写下来。

同样是基于互联网技术运用的企业，亚马逊、阿里巴巴、腾讯QQ、中经网在客户、产品、模式以及满足需求的不同，造就了不同的企业。亚马逊创业时对客户的定位是看书、买书的人，通过网络销售图书，之后逐渐转变成网上超市，满足顾客足不出户就可买书或其他商品的需求。阿里巴巴的主要客户是批发商，通过网上交易平台的搭建，解决早期外贸型生产企业寻找客户难或寻找供应商难的问题，实现网上批发业务的完成。腾讯QQ是向广大腾讯网友提供网络虚拟产品，以QQ宠物和QQ秀为代表，满足网友交互性、娱乐性的心理需求。中经网，向商业人士提供数据服务、咨询或知识，以满足商业人士对商业信息的需求。

（二）形成企业构思

创业者可以先不去考虑是否实际、是否可行，只需要写下来即可。可以是一句话，也可以是一个词；可以是一个人去想，也可以和他人一起头脑“风暴”。这包括企业向什么样的顾客销售什么样的产品或服务，通过什么方式，满足什么要求。也可以采用结构性的头脑风暴法。结构性的头脑风暴法不是从一句话或一个词开始，而是从一个特定的产品开始，然后尽量想出所有相关的企业。相关的企业包括与销售产品相关的企业、与制造产品相关的企业、与其副产品相关的企业、与产品服务相关的企业等。

（三）评估企业构思

当创业者面前有众多的企业构想时，最终还是要将这些构想减少到最适合自己的构想。通过思考以下方面进行评估和筛选：

（1）顾客、竞争对手和合作伙伴。创业者需要询问自己，谁是这个企业的顾客，如何得知？顾客数量有多少？顾客的消费能力如何？为什么愿意购买？为什么愿意到这个企业购买？同地区有同类企业吗？规模多大？相比之下，自己的竞争力表现在哪里？有没有合作伙伴愿意加盟共建企业？或者有同类企业的经验？

（2）供给与需求。原材料的采购有没有渠道，价格如何？产品生产需要什么样的厂房、设备、员工？产品销售的途径、渠道是否通畅？提供的服务如何保证质量、体现特色？需要多少资金的投入？有什么样的筹资渠道？企业创办过程中需要哪些手续？从哪里获得这些信息？

（3）知识与经验。你对企业的产品和服务是否了解？你有哪些技能、知识和经验帮助你经营这个企业？你的个性和能力是否适合创办和经营这个企业？你的团队成员在企业创建中能起到怎样的作用？你能否想象自己用十年的时间来经营这个企业？当创业者思考了以上问题之后，应该可以剔除大部分的构想，剩下 3 个左右的构想了。现在可以通过现场调查、SWOT 分析的方式进行最后的评估选择。

（4）现场调查。创业者需要到拟创办企业的市场进行调研，对顾客、竞争对手、销售渠道、采购渠道进行一些信息搜集；通过调研，可以帮助创业者迈出创业的第一步，可以拉近理想和现实的差距，充分认识创办企业的风险，也为将来的创业做好一定的人脉准备。

（5）SWOT 分析。通过 SWOT 分析可以充分认识企业自身条件的优势 S（Strengths）、劣势 W（Weakness）及所处外部环境的机会 O（Opportunity）和威胁 T（Threats）。

二、分析创业可能遇到的问题和困难

创业计划像是一张行车图，而制定过程就像是绘地图，决定了自己在哪儿，要去哪儿，这样就可以开始计划路线。一张好的地图可以增加到达目的地的可能性。制订创业计划需要分析 3 个基本问题：创业现状、创业目标和创业手段。

（一）创业现状分析

1. 分析自己将要提供的产品或服务现状

如怎样在价格、质量等方面与别人竞争，产品或服务是否在某些方面区别于他人的产品或服务，这种差异怎样能够加强，产品或服务是否容易被模仿，能否辨别成功或不成功竞争者的模式等。

2. 分析顾客的需求

如能否辨别并正确地进入细分的市场，现在的顾客对自己的产品或服务是否满意，市场组合有什么优点和缺点，能否找到和现在的顾客群相似的更多顾客，是否在向一个利基市场出售产品或服务等。

3. 分析自己的优势与短处

如自己的目标是什么，自己的优势和短处是什么，公司的员工和设备怎么样，自己是否善于和领导交流，对公司发展至关重要的东西是什么等。

4. 分析市场的机会与威胁

如消费者的品位是否发生了变化，市场是否在成长，将来可能影响你的社会、法律、经济、政治和技术环境是否发生了变化，竞争者进入公司所在的行业是否容易，自己是否有新产品或新的服务项目的想法等。

（二）创业目标分析

1. 确定自己和公司的创业宗旨

创业者是想要一种生活方式还是想努力获取企业成长？这个问题无论对于创业者还是企业都非常重要。对于企业而言，创业宗旨就是企业追求的基本使命。星巴克公司的创始人舒尔茨有非常远大的个人志向，那就是建立一家庞大、知名而又利润丰厚的企业，来改变美国人开始一天新生活的方式。为此，他为公司确立了明确的使命：成立一家能把意大利咖啡吧文化带到美国的公司；供应最优质的咖啡；经营一个重视员工的组织。因此他并不将简单地在西雅图开几家咖啡店算创业的成功，而是要最终建立麦当劳式的连锁帝国。

2. 根据宗旨确立一些具体的目标

目标必须是定量的、有时间限制的，并且是可以实现的。它们可以作为有效的判断标准来评价创业者的表现。比如说，实现 10% 的利润增长，最小资本回报率为 15% 等。目标是路途上的里程碑，告诉创业者要到哪里去，并在已经到达目标时让创业者知道。

（三）创业手段分析

（1）制定实现创业目标需要的战略。战略就是描述“怎样做”。战略不是复杂的，只是联合起来的任务。制定战略需要不同的管理职能，如营销、运营、人事和财务等部门的合作。

（2）需要专门制订一个营销计划，构造一个一致的连贯的营销组合，以明确如何把产品或服务卖给不同的顾客。

（3）需要做一个财务预算以及利润、现金流量预测。看看要完成这个计划需要什么财物资源。需要吸引投资者吗？能够吸引投资者吗？如果不能，计划可能需要做出修改。

第四节 创业可行性方案编写技巧

案例导入

李强的创业计划

李强毕业于某院校，经过多年的业余研究，他在室内环境污染治理方面取得了重要突破，这项技术如果在实际生活中得到应用，前景将非常广阔。于是李强便辞去原来的工作，准备自己创业。但由于多年的积蓄都用在了室内环境污染治理的研究上，在东拼西凑注册了一家公司后，他已经无力再招聘员工、购买试验材料了。无奈之下，李强想到了风险投资基金，希望通过引入合作伙伴的方式解决困境。为此，他多次与一些风险投资机构或个人投资者接洽商谈，虽然李强反复强调他的技术多么先进、应用前景多好，并拍着胸脯保证投资他的公司回报绝对低不了，但总是难以令对方相信，投资人也总是对公司的前景缺乏信心。

这时，曾经在李强注册公司时帮助过他的一位做管理咨询的朋友一句话点醒了他："你的那些技术有几个投资者搞得懂？你连一份像样的创业计划书都没有，怎么让别人相信你？投资者凭什么相信你？"于是，在向相关专家请教咨询后，李强又查阅了大量的资料，然后静下心来，从公司的经营宗旨、战略目标出发，对公司的技术、产品、市场销售、资金需求、财务指标、投资收益和投资者的退出等方面进行了分析和论证。当然，在这个过程中，他还需要做一些市场方面的调查。一个月后就拿出了一份创业计划书初稿，经过几位相关专家的指点，又进行了修改和完善。凭着这份创业计划书，李强不久就与一家风险投资公司达成了投资协议，有了风险投资的支持，员工招聘问题也迎刃而解。

现在，李强的公司经营得红红火火，年销售利润已达到500万元。回想往事，李强感慨地说："创业计划书的编制与我搞的环境污染治理材料的要求差不多，绝不是随便写一篇文章的事。编制计划书的过程就是不断理清自己思路的过程，只有自己思路清楚了，才有可能让投资人、员工相信你。"

讨论：

1. 创业计划书对李强的创业成功起到了什么作用？

2. 一份完整的创业计划书包含哪些部分？

一、凝练创业计划的执行摘要

创业计划书的执行摘要是风险投资者阅读创业计划书时首先要看到的内容。如果说创业计划书是敲开风险投资公司大门的敲门砖、是通向融资的铺路石的话，那么摘要则可以被看作点燃风险投资者对你的投资意向的火种，是吸引风险投资者进一步阅读你的创业计划书全文的灯塔，它浓缩创业计划书之精华，反映创业计划书之全貌，是全部计划书的核心之所在。执行摘要包括对公司内部的基本情况、公司的能力以及局限性、公司的竞争对手、营销和财务战略、公司的管理队伍、项目实施后大致的投资回报前景等情况所做的简明而生动的概括。

（一）执行摘要应该包括的 9 个关键点

（1）项目独特性。首先概括公司的投资亮点，你应该用能够吸引注意力的话解释为什么你的项目、公司的创意是最棒的。通常，可以直接、简练地说你解决某个重大问题的方案或产品。句子应该直接明确，而不是抽象或者概念化。在第一段，创业者应提到一些使人印象深刻的名字，比如公司的知名顾问、已经合作过的大公司、有名的投资公司等。

（2）存在和要解决的问题。创业者需要清楚地描述当前的或者是将会出现的某个重大问题。通过解决问题来提高利润、降低成本、加快速度、扩张市场范围、消除低效率、提高效益等。

（3）对问题的解决方案。用简要的话来介绍公司的产品或服务，以及它解决了用户的什么问题。企业给客户提供什么产品或服务来解决这个问题，软件、硬件、服务或是综合的，用通俗的语言具体描述公司的产品或服务。

（4）面临的机会。通过描述公司行业、行业划分、巨大的市场规模、成长性和驱动因素以及美好前景，来展现自己的市场机会。创业者最好是能在一个环境良好并能有一定增长的市场中占有较大的份额，而不是在一个超大的成熟市场中占有过小的份额。

（5）企业的竞争优势。无论如何，你都有竞争对手，至少，你是在跟你的目标客户当前使用的产品或服务提供商在竞争，更常见的是你正面对一些直接竞争者。你自己必须明白你真正的竞争优势是什么，然后用正面的、积极的词语来描述公司的目标和竞争优势。

（6）企业的商业模式。用一两句话来清晰地描述公司的商业模式——怎么赚钱？你需要明确公司在产业链、价值链上的位置，合作伙伴是谁，他们为什么要跟你的公司合作，如果已经有收入了，有多少，如果没有，什么时候会有，等等。

（7）展示创业团队。通过展示创业者和核心管理团队的背景及“辉煌成就”，让投资者明白你的团队为什么有独特的资质获得成功。不要只是简单地把每个团队成员的简历攒在一起，而是应该解释每个团队成员的背景为何有利于公司发展，以及如何互补。

（8）预测财务回报。创业者给投资者最基本的承诺就是你将会给他们很多的回报。达到这个目标唯一的方式就是创业者要达到一定程度的财务成功，超过投资者的期望。用一个表格来展示公司的历史财务状况和未来的财务预测。如果是初创公司，历史财务部分可以省略，但3~5年的财务预测，要能满足投资者的投资回报预期才行。

另外，最好能匹配上收入的驱动因素，比如客户增长等，但财务预测如果太离谱，让投资者不相信的话，所有的工作就前功尽弃了。

（9）资金需求数额。这里应该说明公司发展达到下一个主要里程碑所需要的最小资金量，如果投资者愿意投资更多，你也可以要更多；如果你期望以后能进行下一轮融资，就应写清楚，并写清楚期望的下一轮融资数目。

（二）设计执行摘要应注意的内容

（1）摘要部分一定要放在最后完成。执行摘要融合了创业计划书的精华，在动笔写摘要之前，创业者要先完成整个创业计划书的主体部分，然后在反复阅读主体部分的基础上，提炼出整个计划书的精华，再开始动笔撰写摘要部分。

（2）撰写一定要精练，文笔生动。风格要开门见山、有吸引力，可以立即抓住重点。创业者要针对实际情况仔细思考每一点，如哪些是最重要的、哪些是需要强调的、哪些是无关痛痒的、哪些是不需要写细节的等。如果针对特殊情况要强调某一点时，也可以多写一点。总之，每一点用几个简单、清晰、明确的句子就可以，执行摘要一般是2页，最多3页。记住，投资者是没有时间去琢磨你的文章的。

（3）执行摘要要有针对性。在撰写摘要时，创业者要明确摘要的目标读者。不同的投资者有不同的兴趣和不同的背景，他们看创业计划书的侧重点不同。由于一项投资通常要由几个人或几个部门共同做决定，所以在撰写摘要之前先要对投资者进行一番调查研究，突出投资者最感兴趣的方面，对不同的投资者，要突出不同的方面。

（4）撰写完成之后，请周围的人检查过目，提出意见。重点了解他们的反馈，看他们能否马上被你的计划书所打动。如果不能，则需要重新考虑如何撰写，直到可以马上打动你身边的人为止。另外一定要自己先检查有无错别字等，切忌在文章中出现语法错误。自己检查完之后，再请别人检查一下，直到确切无误为止。若用英文撰写商业计划书，完成之后，可以用专业的软件检查一遍拼写和语法。记住，如果在文章中出现文字错误，你又怎么能证明你是一个作风严谨的企业家呢？千万不可因细小的失误而失去重要的机会。

一份执行摘要经过精心准备、仔细审阅并且定期进行更新，就可成为极具价值的管理工具。不断发展的公司面临许多日常决策，而执行摘要恰好能成为日常决策的指南。

二、把创业构想变成文字方案

创业计划书应该怎么写？什么样的才是优秀的创业计划书，才能吸引投资者的眼球？那些既不能给投资者以充分的信息也不能使投资者激动起来的创业计划书，其最终结果只能是被扔进垃圾箱里。为了确保创业计划书能“击中目标”，创业者应做到以下几点：

（一）关注产品

在创业计划书中，应提供所有与企业的产品或服务有关的细节，包括企业所实施的所有调查。这些问题包括：产品正处于什么样的发展阶段？它的独特性怎样？企业分销产品的方法是什么？谁会使用企业的产品，为什么？产品的生产成本是多少，售价是多少？企业发展新的现代化产品的计划是什么？把出资者拉到企业的产品或服务中来，这样出资者就会和创业者一样对产品有兴趣。在创业计划书中，企业家应尽量用简单的词语来描述每件事——商品及其属性的定义对企业家来说是非常明确的，但其他人却不一定清楚它们的含义。制订创业计划书的目的不仅是要出资者相信企业的产品会在世界上产生革命性的影响，同时也要使他们相信企业有证明它的论据。创业计划书对产品的阐述，要让出资者感到：“噢，这种产品是多么美妙、多么令人鼓舞啊！”

（二）敢于竞争

在创业计划书中，创业者应细致分析竞争对手的情况。竞争对手都是谁？他们的产品是如何工作的？竞争对手的产品与本企业的产品相比，有哪些相同点和不同点？竞争对手所采用的营销策略是什么？要明确每个竞争者的销售额、毛利润、收入以及市场份额，然后再讨论本企业相对于每个竞争者所具有的竞争优势，要向投资者展示，顾客偏爱本企业的原因是：本企业的产品质量好、送货迅速、定位适中、价格合适等。创业计划书要使它的读者相信，本企业不仅是行业中的有力竞争者，而且将来还会是确定行业标准的领先者。在创业计划书中，企业家还应阐明竞争者给本企业带来的风险以及本企业所采取的对策。

（三）了解市场

创业计划书要给投资者提供企业对目标市场的深入分析和理解。要细致分析经济、地理、职业以及心理等因素对消费者选择购买本企业产品这一行为的影响，以及各个因素所起的作用。创业计划书中还应包括一个主要的营销计划，计划中应列出本企业打算开展广告、促销以及公共关系活动的地区，明确每一项活动的预算和收益。创业计划书中还应简述一下企业的销售战略：企业是使用外面的销售代表还是使用内部职员？企业是使用转卖商、分销商还是特许商？企业将提供何种类型的销售培训？此外，创业计划书还应特别关注一下销售中的细节问题。

（四）表明行动的方针

企业的行动计划应该是无懈可击的。创业计划书中应该明确下列问题：企业如何把产品推向市场？如何设计生产线，如何组装产品？企业生产需要哪些原料？企业拥有哪些生产资源，还需要什么生产资源？生产和设备的成本是多少？企业是买设备还是租设备？解释与产品组装、储存以及发送有关的固定成本和变动成本的情况。

（五）展示你的管理队伍

把一个思想转化为一个成功的风险企业，其关键的因素就是要有一支强有力的管理队伍。这支队伍的成员必须有较高的专业技术知识、管理才能和多年工作经验，要给投资者这样一种感觉："看，这支队伍里都有谁！如果这个公司是一支足球队的话，他们就会一直杀入世界杯决赛！"管理者的职能就是计划、组织、控制和指导公司实现目标的行动。在创业计划书中，应首先描述一下整个管理队伍及其职责，然而再分别介绍每位管理人员的特殊才能、特点和造诣，细致描述每个管理者将对公司所做的贡献。创业计划书中还应明确管理目标以及组织机构图。

（六）出色的计划摘要

创业计划书中的计划摘要也十分重要。它必须能让读者有兴趣并渴望得到更多的信息，它将给读者留下长久的印象。计划摘要将是创业者所写的最后一部分内容，但却是出资者首先要看的内容，它将从计划中摘录出与筹集资金最相关的细节，包括对公司内部的基本情况、公司的能力以及局限性、公司的竞争对手、营销和财务战略、公司的管理队伍等情况的简明而生动的概括。如果公司是一本书，它就像是这本书的封面，做得好就可以把投资者吸引住。它会让风险投资家有这样的印象："这个公司将会成为行业中的巨人，我已等不及要去读计划的其余部分了。"

三、创业计划书的撰写和展示技巧

创业计划书不同部分有不同的编写技巧。

（一）封面

总体风格要简洁大方，线条要美观流畅，公司名称、负责人姓名、联系方式等文体要清晰易认。

（二）目录

明晰各章节标题及所对应的页码，通常不超过 3 页。

（三）摘要

作为计划书的浓缩版，摘要讲究以简洁的手法勾画出一幅诱人的图景以感染投资家。语意精益求精、语句清晰流畅、语言富有感染力，篇幅以 1~2 页为宜。

（四）企业概况

简单明了，概括即可。重点介绍该企业的与众不同之处。

（五）市场分析

包括市场需求现状、市场竞争现状、企业产品在市场中的地位预测。要以平实的语言进行说明。

（六）产品介绍

简明地讲清楚可提供的产品或服务即可，没有必要介绍太多的技术原理和内容；重点介绍产品或服务的市场化特点；附带产品原型、图片，以吸引读者，加深读者对产品的印象。

（七）组织结构

组织结构最好采用图表的形式，一目了然；对于创业团队的描述关键是叙述管理者的素质和能力；经验和经历也很重要，若起用新人则要说明理由。

（八）营销策略

需要把营销计划、宣传策略、价格决策和营销队伍几大要点先概括后具体地讲清楚。核心问题诸如市场竞争是否激烈、激烈到何种程度、当市场成长时市场占有率是上升还是下降、客户在哪里、怎样预算、应对策略如何等，缺一不可。

（九）生产计划

把设备现状与更新、质量控制与改进以及新产品投产计划讲明即可。

（十）财务规划

重点是提供未来 3 年的现金流量表、资产负债表以及损益表。

（十一）风险分析

风险在哪里？如何应对？资本如何积累？最好和最坏的设定是怎样的？将这些问题回答完毕，这一部分的编写就到位了。

（十二）附录

将管理层简历、销售手册、产品图纸、其他说明等需要补充的材料附加在此即可。

创业计划书的写作有一定的原则可依，有一定的技巧可讲，但并不意味着所有的创业计划书千篇一律。项目不同，用途不同，创业计划书的内容和结构也不同。有的创业计划书仅供内部参考，有的为了寻找合作伙伴，有的为了吸引风投，有的为了向投资人汇报。总之，创业计划书是个性的体现，并没有通用的模板。

尽管如此，成功的创业计划书还是有一些共同的特征的，即客观真实、有效可行、创新性强、讲求逻辑。

实训项目一　旅行社门店创业计划中的信息搜集

一、实训项目名称

旅行社门店创业计划中的信息搜集。

二、实训项目任务

能够运用所学知识，围绕旅行社门店创业项目开展创业计划中的信息搜集。

三、实训项目内容

以自愿的原则，将学生分为若干小组，每组 6~8 人，每个小组根据自己的旅行社门店创业项目开展创业计划中的信息搜集，并撰写分析报告。

四、实训项目要求

（1）创业计划中搜集的信息要内容全面，涵盖市场信息、运营信息、财务信息等方面。

（2）创业计划中的信息搜集方法要科学合理，搜集目的明确，搜集过程要有记录，搜集后要合理分析整理资料。

（3）创业计划中的信息搜集内容多、任务重。因此，要求实施小组分工完成，明确每个人的任务和要求，由组长统一协调，以免出现任务由某一人包办完成等问题。

五、实训项目评价

（1）书面成绩（60%）。各小组成员合作开展信息搜集调研，并完成调研分析报告，教师担任评委，根据内容进行打分。

（2）答辩成绩（40%）。各小组进行公开答辩，邀请3~5位专家作为评委，组织答辩。

实训项目二　旅游民宿创业中的SWOT分析

一、实训项目名称

旅游民宿创业中的SWOT分析。

二、实训项目任务

能够运用所学知识，围绕旅游民宿创业项目中的SWOT分析。

三、实训项目内容

以自愿的原则，将学生分为若干小组，每组6~8人，每个小组根据自己的旅游民宿创业项目中可能存在的问题和困难、机会，以及自身的优势和劣势进行分析，并撰写SWOT分析报告。

四、实训项目要求

（1）旅游民宿创业项目分析要内容全面，涵盖创业现状分析、创业目标和创业手段分析等方面。

（2）旅游民宿创业项目分析方法要科学合理，使用SWOT分析方法。

（3）要求实施小组分工完成，明确每人的任务和要求，由组长统一协调，以免出现任务由某一人包办完成等问题。

五、实训项目评价

（1）书面成绩（60%）。各小组成员合作开展SWOT分析，并完成SWOT分析报告，教师担任评委，根据内容进行打分。

（2）答辩成绩（40%）。各小组进行公开答辩，邀请3~5位专家作为评委，组织答辩。

实训项目三　撰写茶餐厅创业计划书

一、实训项目名称

撰写茶餐厅创业计划书。

二、实训项目任务

能够运用所学知识，围绕茶餐厅创业项目撰写详细的创业计划书。

三、实训项目内容

以自愿的原则，将学生分为若干小组，每组 6~8 人，每个小组根据自己的茶餐厅创业项目撰写创业计划书。

创业计划书的撰写要规范，内容全面，重点突出。

四、实训项目要求

1. 创业计划一般包括摘要、产品或服务、市场调查和分析、竞争策略、营销策略、生产运作、人员及组织结构、财务预测 8 个方面。

2. 创业计划要重点突出、注重实效。每一份创业计划都应有自己独特的个性，要突出每一个创业项目的独特优势及竞争力。

3. 创业计划内容多，涉及面广。因此，要求创业小组分工完成，但应由组长统一协调定稿，以免出现创业计划零散、不连贯、文风相异等问题。

五、实训项目评价

（1）书面成绩（60%）。各小组成员合作完成创业计划书，教师担任评委，根据内容进行打分。

（2）答辩成绩（40%）。各小组进行公开答辩，邀请 3~5 位专家作为评委，组织答辩。

实训教程七　如何选址、注册创办新企业训练

实训目的：让学生了解不同企业法律组织形式之间的区别、新企业注册的程序与步骤、新企业选址的影响因素及要点。认识新企业获得社会认同的必要性和基本方式，掌握新企业管理的基本原则、管理重点和行为策略。

实训方法：先学习创办实体店的选址、注册创办新企业的知识，后通过实训练习创办企业如何选址、如何注册新企业。

实训目标：

［知识目标］1. 了解新企业注册流程。

2. 了解新企业选址的策略。

3. 掌握新企业的管理方法。

［能力目标］能够学会新企业注册、选址的方法和渠道。

［实训目标］能够选择一个项目注册，并顺利进行。

第一节　企业形式与选址策略

案例导入

做有准备的创业者

顾峰在大学毕业后就自主创业，开办了自己的公司，成为“上海顾峰工业刀具有限公司”的创始人。由于起步阶段缺乏经验，最初的启动资金都被他用来购置设备了，致使企业周转发生了困难。同时，他新接手的订单需要重新购置另一种设备，而货款还有好多没有收回。一筹莫展之际，他找到了创业导师郑捷，并请郑总创办的上海捷联投资

咨询有限公司给他的公司做一个企业诊断。

创业导师首先看了他的会计报表，发现他的现金流很少，认为他目前首要任务是先回收应收账款，等银行账目上现金流动较为频繁时，可以申请小企业贷款，再购置设备。因为银行贷款就是要看你的现金流量是否很好，这是衡量一个企业还贷能力的主要指标。政府对大学生创业的扶持力度很大，创业前贷款、小企业贷款等都很优惠，而且还有免息的奖励政策。

顾峰采纳了导师的建议，一个月以后，果然收回了很多应收货款。后来经过咨询人员到他公司实地考察，发现他的财务管理尚欠规范，又给他提出了整改意见，并且耐心地给他讲解了“财务风险是企业失败的第一要素”的道理。顾峰又对企业财务制度进行了整改，一个月后，他通过了银行的审核，获得了30万元的小企业贷款。

这笔贷款不仅解决了资金周转问题，他还购置了急需的设备，接到了新的订单。一方面提高了企业的经营能力，另一方面也使企业管理更加规范化了。

第二年，他的资金情况不错，完全有能力按时还贷。但创业导师分析了他的情况之后，建议他借新还旧，以免再次造成资金的周转问题。顾峰很高兴地采纳了辅导老师的建议。

顾峰的公司在创业导师的辅导下，通过自身的不断努力，固定资产已经由开业时的50万元增加到了500万元，从业人员也从最初的10名，增加到了50名，产品遍及江浙沪的模具厂及汽配厂，也及时还清了贷款。

一、企业组织形式选择

依据财产组织形式和法律责任，国际上通常把企业分为3类，即公司企业、合伙企业和独资企业。但在现代高度发达的市场经济条件下，企业的组织形式日益多样化。

（一）个人独资企业

个人独资企业是指依法设立，由一个自然人投资，财产为投资者个人所有，投资人以其个人财产对企业债务承担无限责任的经营实体。

1. 设立个人独资企业应具备的条件

根据法律规定，设立个人独资企业应当具备5个条件：①投资人为一个自然人。法律、行政法规禁止从事营利性活动的人，不得作为投资人申请设立个人独资企业。②有合法的企业名称。③有投资人申报的出资。④有固定的生产经营场所和必要的生产经营条件。⑤有必要的从业人员。

2. 名称组成

企业名称由字号（或者商号）、行业或经营特点、组织形式等部分依次组成，同时应冠以企业所在地省（自治区、直辖市）或市（州）或县（市辖区）行政区划名称。

3. 设立登记程序

个人独资企业设立登记程序，如图 7–1 所示。

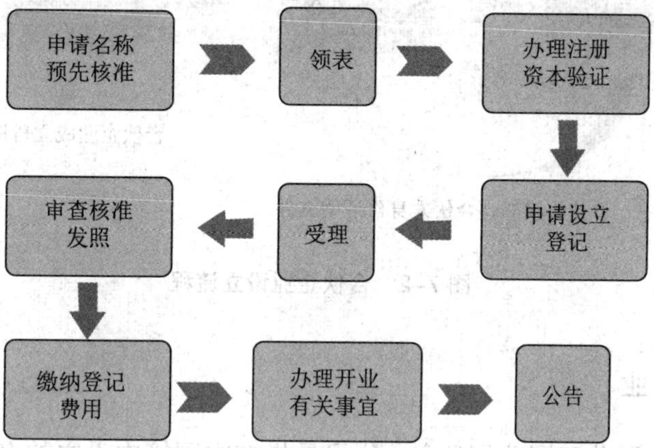

图 7–1 个人独资企业设立登记程序

（二）合伙企业

合伙企业是指依法设立的，由各合伙人订立合伙协议，合伙人共同出资、合伙经营、共享收益、共担风险，并对合伙企业债务承担无限连带责任的营利性组织。

1. 合伙企业设立条件

根据法律规定，设立合伙企业应当具备 5 个条件：①有两个以上的合伙人，且都是依法承担无限责任者；②有书面的合伙协议；③有各合伙人实际缴付的资本；④有合伙企业的名称；⑤有经营场所和从事合伙经营的必要条件。

法律、法规禁止从事营利性活动的人，不得成为合伙企业的合伙人，如国家公务员、机关、学校、医院、部队等机构的人员。合伙人可以用货币、实物、土地使用权、知识产权或者其他财产权利出资。对货币以外的出资需要评估作价的，可以由全体合伙人协商确定，也可以由全体合伙人委托法定评估机构进行评估。经全体合伙人协商一致，合伙人也可以用劳务出资，其评估办法由全体合伙人协商确定。

合伙协议是合伙成立的依据，也是合伙人权利和义务的依据，必须以书面形式订立，且经过全体合伙人签名、盖章方能生效。

2. 设立合伙企业的流程

合伙企业设立流程，如图 7–2 所示。

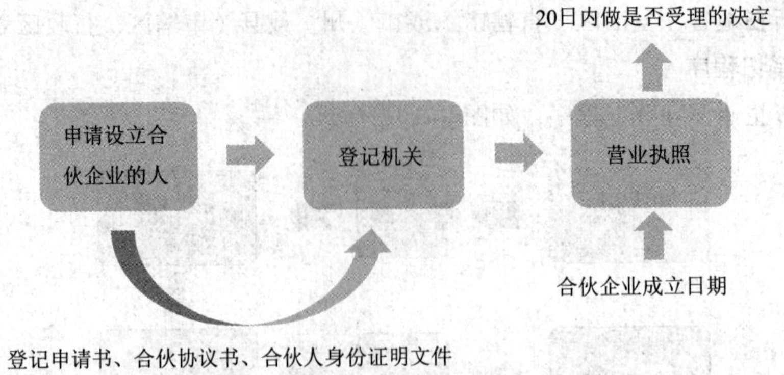

图 7-2　合伙企业设立流程

（三）公司企业

按照《中华人民共和国公司法》，公司是指在中国境内设立的有限责任公司和股份有限公司。二者都是企业法人。有限责任公司，是指股东以其出资额为限对公司承担责任，公司以其全部资产对公司的债务承担责任。股份有限责任公司，其全部资本分为等额股份，股东以其所持股份为限对公司承担责任，公司以其全部资产对公司的债务承担责任。公司股东作为出资者按投入公司的资本额享有资产收益、重大决策和选择管理者等权利。公司享有由股东投资形成的全部法人财产权，依法享有民事权利，承担民事责任。

1. 有限责任公司的设立条件

有限责任公司由 50 个以下的股东出资设立，设立时应当具备 5 个条件：①股东符合法定人数；②股东出资达到法定资本最低限额；③股东共同制定公司章程；④有公司名称，建立符合有限责任公司要求的组织机构；⑤有公司住所。

2. 股份有限公司的设立条件

股份有限公司可以采取发起设立和募集设立的方式。设立股份有限公司应当具备 6 个条件：①发起人符合法定人数；②发起人认购和募集的股本达到法定资本最低限额；③股份发行、筹办事项符合法律规定；④发起人制定公司章程，采用募集方式设立的经创立大会通过；⑤有公司名称和符合股份有限公司要求的组织机构；⑥有公司住所。

3. 有限责任公司和股份有限公司区别

有限责任公司和股份有限公司区别如表 7-1 所示：

表 7-1　有限责任公司和股份有限公司区别

项目	有限责任公司	股份有限公司
股东责任	股东以认缴的出资额对公司承担有限责任	股东以认购的股份对公司承担有限责任
资本构成	公司资本可以不分成均等股份（出资证明书），不发行股票	全部资本划分为等额股份（股票），可以发行股票
资金筹集	不能公开募股，不能发行股票	通过发行股票募集资本
股东人数	有最高人数限制（50人）	有最低人数限制（2人）
出资转让	严格限制	比较自由
财务	不必公开	财务公开
设立程序	简单	复杂

（四）股份合作制企业

股份合作制企业即实行股份合作制经营方式的企业。所谓股份合作制，是指在企业投资方式上采取股份制，即由若干不同的投资者以等额股份的方式共同投资；在股份构成上，以企业职工股为主，并兼而吸收有其他股份，如法人股、国家股等股份；企业分配方式实行按劳分配与按股分配相结合的企业经营方式。股份合作制企业的职工对企业债务承担有限责任。

《中华人民共和国公司法》未对股份合作制企业做出规定。目前各地股份合作制企业的依据多为有关方针政策、部门规章、地方法规。主要有 1990 年农业部发布的《农民股份合作制暂行规定》，1994 年农业部发布的《乡镇企业产权制度改革意见》，1997 年 6 月国家体改委发出的《关于发展城市股份合作制企业的指导意见》，2003 年 1 月最高人民法院公布的《关于审理与企业改制相关的民事纠纷案件若干问题的规定》。深圳、上海分别有指导企业股份合作制改革的条例和办法。股份合作制企业作为一种非常重要的企业形态，初步纳入法制轨道。

（五）个体工商户

为了指导、帮助城乡劳动者个体经济的发展，国家工商总局于 1987 年制定了《城乡个体工商户管理暂行条例》，允许有经营能力的城镇待业人员、农村村民以及国家政策允许的其他人员申请从事个体工商业经营。个体工商户可以在国家法律和政策允许的范围内，经营工业、手工业、建筑业、交通运输业、商业、饮食业、服务业、修理业及其他行业。可以个人经营，也可以家庭经营。个人经营的，以个人全部财产承担民事责任；家庭经营的，以家庭全部财产承担民事责任。个体工商户可以根据经营情况请一两个帮手；有技术的个体工商户可以带三五个学徒。

（六）非正规劳动组织

非正规劳动组织，是指将下岗、失业人员组织起来，帮助他们通过自己的劳动获得一定收入和社会保障的社会劳动组织。主要形式有两种：一种是由下岗、失业人员以自愿组合、自筹资金、自主经营、自负盈亏的形式组织起来，自己寻找经营服务项目并进入社区开展服务的劳动组织；另一种是由地方政府根据安置就业困难人员需要，帮助建立的非营利性社会劳动组织，如社区公益性劳动组织、培训实习和劳务输出的基地等。

不同的企业组织形式之间的区别及各自优缺点比较，如表 7–2、表 7–3 所示。

表 7–2　有限责任公司、合伙企业、个人独资企业的区别

项目	有限责任公司	合伙企业	个人独资企业
法律依据	公司法（自2014年3月1日起实施）	合伙企业法（自2007年6月1日起施行）	个人独资企业法（自2000年1月1日起施行）
法律基础	公司章程	合伙协议	无章程或协议
责任形式	有限责任	无限连带责任	无限责任
投资者	无特别要求，法人、自然人皆可	完全民事行为能力的自然人，法律、行政法规禁止从事营利性活动的人除外	完全民事行为能力的自然人，法律、行政法规禁止从事营利性活动的人除外
注册资本	在公司登记机关登记的全体股东认缴的出资额	协议约定	投资者申报
出资	法定：货币、实物、工业产权、非专利技术、土地使用权	约定：货币、实物、土地使用权、知识产权或者其他财产权利、劳务	投资者申报
出资评估	必须委托评估机构	可协商确定或评估	投资者决定
财产管理使用	公司机关	全体合伙人	投资者
出资转让	股东过半数同意	一致同意	可继承
经营主体	股东不一定参与经营	合伙人共同经营	投资者及其委托人
事务决定权	股东会	全体合伙人或遵从约定	投资者个人
事务执行	公司机关、一般股东无权代表	合伙人权利同等	投资者或其委托人
利亏分担	投资比例	约定，未约定则均分	投资者个人
解散程序	注销并公告	注销	注销
解散后义务	无	5年内承担责任	5年内承担责任
章程或协议生效条件	公司成立	合伙人签章	无
财产权性质	法人财产权	合伙人共同所有	投资者个人所有

表 7–3　个人独资企业、合伙企业、公司企业的优缺点比较

企业形式	优点	缺点
个人独资企业	企业设立、转让和解散等行为手续非常简单，仅需向登记机关登记即可 企业主独资经营，制约因素较少，经营方式灵活，能迅速应对市场变化；利润归企业主所有，不需要与其他人进行分享 在技术和经营方面易于保密，利于保护其在市场中的竞争地位；若企业因个人努力而使企业获得成功，则可以满足个人的成就感	当个人独资企业财产不足以清偿债务时，企业主将依法承担无限责任，必须以其个人的其他财产予以清偿，因此经营风险较大 一般来说，个人独资企业受信用限制不易从外部获得资金，如果企业主资本有限或者经营能力不强，则企业的经营规模难以扩大 一旦企业主发生意外事故或者犯罪、转行、破产，则个人独资企业也随之不复存在
合伙企业	由于出资人较多，扩大了资本来源和企业信用能力 由于合伙人具有不同的专长和经验，能够发挥团队作用，增强了企业的管理能力 资本实力和管理能力的提高，增强了企业扩大经营规模的可能性	在合伙企业存续期，如果某一个合伙人有意向合伙人以外的人转让其在合伙企业中的全部或部分财产时，必须经过其他合伙人的一致同意 当合伙企业以其财产清偿合伙企业债务时，其不足部分，由各合伙人用其在合伙企业出资以外的个人财产承担无限连接清偿责任 尽管合伙企业的资本来源以及信用能力比个人独资企业有所增加，但其融资能力仍然有限，不易充分满足企业进一步扩大生产规模的资本需要
公司企业	公司的股东只对公司承担有限责任，与个人的其他财产无关，因而股东还可以自由转让股票而转移风险 通过公开发行股票，提高了公司的社会声望，因而融资能力很强 公司具有独立存续时间，除非因经营不善导致破产或停业，不会因个别股东或高层管理人员的意外或离职而消失 与个人独资企业和合伙企业相比，公司的所有权与经营管理权分离，可以聘任专职的经理人员管理公司，因而管理水平高，能够适应竞争激烈的市场环境	公司设立的程序比较复杂，创办费用高；按照相关法律要求，股份有限公司需要定期披露经营信息，公开财务数据，容易造成商业机密的外泄 由于公司是从社会吸纳资金，为了保护利益相关者，政府对公司的限制较多，法律法规的要求也较为严格

二、新企业选址策略和技巧

创业选址是创业前期准备工作中的一项最艰巨的任务。不论创立何种类型的企业，地点的选择都是决定成败的一大要素，尤其是以市场为主的零售、餐饮等服务业，店面的选择更是成败的关键，店铺未开张，就先决定了成功与否。可以说，好的地址等于成功的一半。

（一）根据经营特点的不同，选择不同的场所

首先，公司选址要和自己的经营项目相符合。不同特点的项目都会有比较适合自己的经营地段或场所，这是选址的第一要旨，也是选址的大方向。如果这一原则性问题发

生错误，无论你如何努力都可能要面临失败的结果。如经营汽车配件及轮胎的企业大多会选在城市边缘或城乡接合处，主要是因为这种店铺占地面积较大，选择城市边缘或城乡接合处不仅租金便宜，而且利于停车、测试和修理等相关工作。如果选择在闹市区，不仅成本很高，而且连足够的停车位都没有。因此，根据经营特点的不同，选择合适的场所是选址的第一要诀。

（二）交通便捷，有足够的客流量

对于服务型的企业，一个值得重视的问题就是交通是否方便，是否有足够的客流量。因为大多数创业者选择的都是服务型行业，服务业最关心的就是客流量，并且是可以驻足的客流量。交通方便可以增强企业的竞争力，但关键还是要看有效客流量，有的地方乘车换车都很方便，就是远离商业区或居住区，人们没有时间或理由驻足，这样的地方就不适合作为服务性店铺的选址。

一般来说，人潮就是钱潮，在车水马龙、人气汇集的热闹地段开店，成功的概率就会提高，如咖啡厅、餐馆、休闲服饰店、各种专卖店和便利商店等，若是设在购物步行街、灯光夜市、休闲场所、大型综合商场和车站附近，就至少占了七分地利。因为川流不息的人潮就是利润的基础，有这么多的潜在顾客，只要销售的物品或提供的服务能满足消费者需求，就不怕没有好业绩。

（三）辐射半径内有足够的客户

辐射半径是指店面可以覆盖的服务区域范围，在这一区域内顾客上门的概率较大。如徒步 500 米以内，乘公交汽车两站地之内等。另外，辐射半径的大小也会受到店面经营形式、商品种类、规模大小、周边竞争情况以及交通便利程度等因素的影响。辐射半径内的顾客群对于新创企业特别重要，往往就是创业初期企业得以生存的衣食父母。如果在选址时没有注意到这一问题，就极可能导致初期经营的困难，并且还会影响到以后的发展。

（四）根据需要确定同业市场或综合市场

同业市场或综合市场各有优缺点，从本质上讲，并无绝对的好坏之分。一般来说，同业市场竞争激烈，但同行集聚提高了全行业的知名度，影响力强。同时也省去了初创企业的广告与推广费用。借助已有的同行市场，不仅可以为初创企业节省很多成本，而且还会使创业者尽快熟悉行业特点。如上海威海路是汽车配件一条街、北京马连道是茶叶一条街，虽然同业会竞争，但由于这种同业市场面对的客户是全市甚至更大的客户群，因此还是有利可图的。再比如，浙江义乌的小商品市场、温州的皮鞋市场这些同业市场，现在已经发展成为全国瞩目的市场。

综合市场尽管不会产生如此激烈的竞争，但由于知名度低，客户购买的随机性强，因此也未必是创业者的最佳选择。但是如果能在综合市场中采取市场弥隙策略，也不失为一个很好的选择。如现在很多大型商场中都有一家“码边铺”，为商场中购买裤子的客户提供码边服务，就是这一策略的体现。

（五）租金高低与发展前景

经营场地租金是最固定的营运成本之一，即使休息不营业，都照样得支出，尤其在目前这种房价飙升的状况下，租金往往是经营者的一大负担，不得不“计较”一番。一些货品流通迅速、体积小且不占空间的行业，如精品店、高级时装店、眼镜店等，负担得起高房租，可以设于高租金区；而家具店、旧货店等，因为需要较大的空间，最好设置在低租金区。

另外，如果公司或店面的业务发展前景看好，那么即使租金高一点也可以考虑，因为公司一旦选址确定，在经营状况看好的过程中，尽量不要考虑地址的变迁，除非现在的场地已经远远不能满足发展的需要。经营地址的变动对于上升期的企业可能不会影响太大，但对经营不景气的企业则可能是致命的打击。

创业选址是一个重要而烦琐的工作，创业者一定要认真而耐心地从长计议，如果只靠拍脑袋就做出决策，恐怕今后就要顿足捶胸了。

第二节　注册流程与相关法律

一、企业注册流程

工商登记注册是开办企业的第一个法定程序。依照程序进行工商登记注册，经营才是合法的，才能受到国家法律的保护。工商行政管理机关是公司登记的机关。根据企业的规模大小、规范化程度，初创企业可以分为个体工商户和私营企业两种，这两种初创企业在注册登记方面是不一样的。

1. 个体工商户登记

个体工商户简称个体户，是指生产资料归个人或家庭所有，以个人或家人的劳动为基础，劳动成果归个人或家庭占有和支配，在法律允许的范围内，依法经核准登记、从事工商业活动。个体工商户可以个体经营，也可以家庭经营。

（1）个体工商户办理登记注册程序。申请人到当地工商所咨询、领取申请表→提供须提交的登记材料→经专管员实地勘察→经所长审批→到内勤交纳相关费用→携带登记材料到相关部门办理相关登记。

（2）个体工商户登记需要提交的材料。

①提出并递交申请书。申请人（个人经营的，以经营者本人为申请人；家庭经营的，以家人主持经营者为申请人）向户籍所在地的工商行政管理所递交从事个体工商业的书面申请，申请书的内容包括申请人、从业人员的身份和经营目的、经营范围、方式等。

②进行字号名称预先核准。

③《个体工商户申请开业登记表》一式两份。

④所有从业人员（含经营者）身份证明及复印件，经营者一寸免冠照片两张。

⑤计划生育证明。凡参加经营的育龄妇女及从业人员年龄在16~49岁的要出具计划生育证明。

⑥经营场所证明。

2. 私营企业登记

私营企业是指由自然人投资设立或由自然人控股，以雇佣劳动为基础的营利性经济组织。私营企业有3种类型：①独资企业是指一个投资者经营的企业。独资企业投资者对企业债务负无限责任。②合伙企业是指两人以上按照协议投资、共同经营、共负盈亏的企业。合伙人对企业债务负连带无限责任。③有限责任公司是指股东以其出资额为限对公司承担责任，公司以其全部资产对公司的债务承担责任。在私营企业的3种类型中，只有有限责任公司可以依法取得法人资格，而私营独资企业和私营合伙企业都不符合企业法人条件，不能取得法人资格。

私营企业申请开业登记手续如下。

（1）到工商行政管理部门办理企业名称预先核准，申请企业名称预先核准，应提交下列文件：

①有限责任公司的全体股东或者股份有限公司的全体发起人签署的公司名称预先核准申请书。

②股东或者发起人的法人资格证明或者自然人的身份证明。

③企业登记机关要求提交的其他文件。

（2）到会计师事务所办理验资，经营者（委托人）委托验资机构验资须按规定办理委托手续填写委托书，并提交下列文件：

①企业名称预先核准通知书。

②企业章程。

③投资人的合法身份证明。

④公司地址证明。

⑤如果单位出资，须提供投资单位营业执照和资产负债表。

⑥各类资金到位证明。

这其中又包括两个证明：以货币出资的应提交银行进账单，以非货币出资的应提交由法定评估资格的单位出具的报告书和财产转移手续。

（3）到社会有关职能部门办理特殊行业许可证。私营企业的经营范围中属于法律、行政法规限制的项目在进行企业登记之前，必须依法经过批准作为企业登记的前置条件。如到卫生防疫站办理卫生许可证。需体检的企业员工到所在地区的卫生局的卫生防疫部门进行培训，以便办理个人健康合格证。

（4）到工商行政管理局申请开业登记，应提交下列文件、证件：

①申请书。申请书应写明申请人姓名、性别、年龄、文化程度、住址、申请从事的行业或经营范围、拟办私营企业种类、经营场地地址和名称、资金数额及来源等，合伙企业和有限责任公司还应包括所有合伙人或投资者的姓名、住址、出资额等。

②填写《私营企业申请开业登记注册书》《私营企业负责人履历表》《私营企业名称预先核准通知书》。

③申请人身份证明。合伙企业和有限责任公司还应提交其他合伙人或投资者的身份证明。

④营业场所证明。

⑤资金使用证明（验资报告）需由具有法定资格的验资机构出具。有限责任公司的注册资本的最低限额按照企业法人的规定执行。

⑥与雇佣者签订协议或雇工意向书。

⑦有限责任公司申请登记时，应提供公司章程。

⑧合伙企业申请登记时，应当提交所有合伙人的书面协议。

⑨其他有关文件的证明（如特殊行业许可证等）。

3. 企业代码与银行开户

（1）办理组织机构代码证。国务院决定在我国实行组织机构代码管理制度，根据《全国组织机构代码编制规则》（GB 11714—1997）强制性国家标准，对中华人民共和国境内的每一个机关、团体和企事业单位用唯一的始终不变的法定代码表示，组织机构代码已在银行、税务、统计、公安、外贸、海关等领域得到广泛应用。

办理组织机构代码证应提交以下材料：

①企业单位营业执照的原件及复印件。

②具有法人资格的单位提交法人代表身份证及复印件，不具备法人资格的单位提交

负责人身份证及复印件。

③经办人员身份证及复印件。

④申领组织机构代码证申报表。

⑤换证单位应将旧代码证正本、副本一并交回。

（2）银行开户。企业开立银行存款账户是与银行建立往来关系的基础，只有在银行开立账户，才能委托银行办理资产往来业务，所以私营企业、个体工商户申领营业执照后应立即到银行办理开户。

银行账户包括基本账户、一般账户、专用账户和临时账户等。

①基本账户。基本账户是企业办理日常转账、结算和现金收付的账户。企业工资、奖金等现金支票，只能通过基本账户办理。一个企业只能开设一个基本账户。

②一般账户。一般账户是指存款人在基本账户以外的银行借款、转存、与基本账户的存款人不在同一地点的附属非独立核算单位开立的账户。存款人可以通过本账户办理转账结算和现金缴存，但不能办理现金支取。

企业申请开立一般存款账户时，应填制开户申请书，提供相应的证明文件，递交盖有存款人印鉴的印鉴卡片，经银行审核同意后，即可开立账户。

③专用账户。专用账户是企业因特定用途需要开立的账户。根据需求，企业一般应开设纳税专用账户。开立纳税专用账户，应填写开户申请书，提供《税务登记证》及相关证件，递交盖有存款人印鉴的印鉴卡片，经银行同意后开立纳税账户。

创业者创办企业，除了需要办理注册登记、税务登记、开立银行账户外，必要时还需办理用工手续、供水申请以及用电申请手续等。

二、企业注册相关文件的编写

（1）公司董事长或执行董事签署的《公司设立登记申请书》。

（2）《企业（公司）申请登记委托书》领取，股东盖章或签字（自然人股东），应标明具体委托事项和被委托人的权限。

（3）公司章程。以实物、工业产权、非专利技术和土地使用权出资的，应当就实物、工业产权、非专利技术和土地使用权所有权转移的方式、期限在章程中做出明确的规定；有限责任公司章程由股东盖章或签字（自然人股东）。

（4）股东的法人资格证明或者自然人身份证明。股东为企业法人的提交营业执照副本复印件；股东为事业法人的提交事业法人登记证书复印件；股东人为社团法人的提交社团法人登记证复印件；股东是民办非企业的，提交民办非企业证书复印件；股东是自然人，提交身份证复印件。

（5）验资报告。

（6）董事、监事的任职文件。根据公司章程的规定和程序，提交股东会决议，由股东盖章或签字（自然人股东）。

（7）经理的任职文件。提交董事会的聘任决议，由董事签字。

（8）董事长或执行董事的任职证明。根据本公司章程的规定和程序，提交股东会决议或董事会决议等。股东会决议由股东盖章或签字（自然人股东），董事会决议由董事签字。

（9）公司董事、监事、经理身份证复印件。

（10）住所使用证明。自有房产提交产权证复印件；租赁房屋提交租赁协议原件或复印件以及出租方的产权证复印件；不能提供以上产权证复印件的，提交其他房屋产权使用证明复印件。

（11）《企业名称预先核准通知书》。

（12）法律、行政法规规定设立有限责任公司必须报经审批的，提交有关部门的批准文件。

（13）公司的经营范围中，属于法律、行政法规规定必须报经审批项目的，提交有关部门的批准文件，如营业执照。

（14）股东是外商投资企业的，公司的经营范围属于鼓励或允许外商投资的领域的，外商投资企业股东应提交：

①外商投资企业关于投资一致通过的董事会决议；

②外商投资企业的批准证书和营业执照复印件；

③法定验资机构出具的注册资本已经缴足的验资报告；

④外商投资企业经审计的资产负债表；

⑤外商投资企业缴纳所得税或减免所得税的证明；

⑥法律、行政法规及规章规定的其他材料。

（15）股东是外商投资企业的，公司的经营范围属于限制外商投资的领域的，除外商投资企业股东应提交上述规定提交材料外，公司还应提交省级以上外经贸主管部门的批准文件。

以上各项未注明提交复印件的一般均应提交原件；提交复印件的均需持原件到登记部门核对，不能提交原件的（身份证、计生证、许可证等除外），由原件持有方核对复印件并加盖公章或签名，并且署名与原件一致。

知识拓展

新企业登记需要提交的文件

（1）个人独资企业登记需要提交的文件。投资人申请设立登记，应当向登记机关提交下列文件：投资人签署的个人独资企业设立申请书；投资人身份证明；企业住所证明；工商行政管理局规定提交其他文件；从事法律、行政法规规定须报经有关部门审批的业务，应当提交有关部门的批准文件；委托代理人申请设立登记的，应提交投资人的委托书和代理人的身份证明或者资格证明。

（2）合伙企业登记需要提交的文件。设立合伙企业，应当由全体合伙人指定的代表或者共同委托的代理人向企业登记机关申请设立登记。申请设立合伙企业，应当向企业登记机关提交下列文件：全体合伙人签署的设立登记申请书；全体合伙人的身份证明；全体合伙人指定代表或者共同委托代理人的委托书；合伙协议；全体合伙人对各合伙人认缴或者实际缴付出资的确认书；主要经营场所证明；国务院工商行政管理部门规定提交的其他文件；法律、行政法规或者国务院规定设立合伙企业须经批准的，还应当提交有关批准文件。

（3）有限责任公司登记需要提交的文件（包括一人有限责任公司）。设立有限责任公司，应当由全体股东指定的代表或者共同委托的代理人向公司登记机关申请设立登记。申请设立有限责任公司，应当向公司登记机关提交下列文件：①公司法定代表人签署的设立登记申请书；②全体股东指定代表或者共同委托代理人的证明；③公司章程；④依法设立的验资机构出具的验资证明，法律、行政法规另有规定的除外；⑤股东首次出资是非货币财产的，应当在公司设立登记时提交已办理其财产权转移手续的证明文件；⑥股东的主体资格证明或者自然人身份证明；⑦载明公司董事、监事、经理的姓名、住所的文件以及有关委派、选举或者聘用的证明；⑧公司法定代表人任职文件和身份证明；⑨企业名称预先核准通知书；⑩公司住所证明；⑪国家工商行政管理总局规定要求提交的其他文件。外商投资的有限责任公司的股东首次出资额应当符合法律、行政法规的规定，其余部分应当自公司成立之日起2年内缴足，其中，投资公司可以在5年内缴足。

法律、行政法规或者国务院决定规定设立有限责任公司必须报经批准的，应当自批准之日起90日内向公司登记机关申请设立登记；逾期申请设立登记的，申请人应当报批准机关确认原批准文件的效力或者另行报批。

（4）股份有限公司登记需要提交的文件。设立股份有限公司，应当由董事会向公司登记机关申请设立登记。以募集方式设立股份有限公司的，应当于创立大会结束后30

日内向公司登记机关申请设立登记。申请设立股份有限公司，应当向公司登记机关提交下列文件：①公司法定代表人签署的设立登记申请书；②董事会指定代表或者共同委托代理人的证明；③公司章程；④依法设立的验资机构出具的验资证明；⑤发起人首次出资是非货币财产的，应当在公司设立登记时提交已办理其财产权转移手续的证明文件；⑥发起人的主体资格证明或者自然人身份证明；⑦载明公司董事、监事、经理姓名、住所的文件以及有关委派、选举或者聘用的证明；⑧公司法定代表人任职文件和身份证明；⑨企业名称预先核准通知书；⑩公司住所证明；⑪国家工商行政管理总局规定要求提交的其他文件。

以募集方式设立股份有限公司的，还应当提交创立大会的会议记录；以募集方式设立股份有限公司公开发行股票的，还应当提交国务院证券监督管理机构的核准文件。法律、行政法规或者国务院决定规定设立股份有限公司必须报经批准的，还应当提交有关批准文件。

（资料来源:《个人独资企业登记管理办法》第九条，2000;《中华人民共和国合伙企业登记管理办法》第十一条，2007;《中华人民共和国公司登记管理条例》第二十条、第二十一条，2014）。

三、注册企业必须考虑的法律与伦理问题

（一）创建新企业需要了解的十大法律法规

1.《中华人民共和国个人独资企业法》

1999年8月，《中华人民共和国个人独资企业法》（以下简称《个人独资企业法》）出台，这是我国继《公司法》《合伙企业法》之后制定的第三部涉及规范私营企业市场主体的法律，至此，我国关于私营经济的3种主要形式——独资企业、合伙企业和有限责任公司的主体法律已经基本完备。

《个人独资企业法》最引人注目之处，在第八条中明确规定，只要有必要的从业人员以及有出资、有合法的企业名称、有固定的生产场所等，就可以申请注册为个人独资企业。这就废除了原先不规范的按照雇用工人数来划分个人独资企业（雇工8人以上）和个体工商户（雇工7人以下）的规定。

此外，《个人独资企业法》还依据宪法明确规定，国家依法保护个人独资企业的财产和其他合法权益。在第三章规定，任何单位和个人不得以任何方式强制个人独资企业提供财力、物力、人力；个人独资企业有依法申请贷款、取得土地使用权的权利。这预示着中国的个人自主创业将有一个更为宽松的法律和政策环境。

2.《中华人民共和国合伙企业法》

为了促进我国创业投资的发展，新修订的《中华人民共和国合伙企业法》增加有限合伙，为风险投资扫清了法律的障碍，促进科技创新投入。新一轮的投资高峰将随之到来，对广大大学生创业者无疑是一个利好消息。有限合伙主要适用于风险投资，由具有良好投资意识的专业管理机构或个人作为普通合伙人，承担无限连带责任，负责企业的经营管理；作为资金投入者的有限合伙人享受合伙收益，对企业债务只承担有限责任。有限合伙因结合了避免双重纳税、出资人有限责任等诸多优点，受到投资创业者青睐。

3.《中华人民共和国公司法》

新《中华人民共和国公司法》(以下简称《公司法》) 的实施，为许多想创业的大学生增添了信心。有限责任公司不仅“牌亮”，而且有实质性内容在里面。以往创业者想一个人做生意，大多只能选择个体工商户的定位，一旦经营破产就会“兜着走”，个人承担无限责任；而今后个人申办公司后，只需要承担有限责任，就是说，只按你在公司出资的多少，对公司的债务承担有限责任。

股份有限公司采取发起设立方式设立的注册资本为在公司登记机关登记的全体发起人认购的股本总额在发起人认购的股份缴足前不得向他人募集股份。股份有限公司采取募集方式设立的注册资本为在公司登记机关登记的实收股本总额。法律行政法规以及国务院决定对股份有限公司注册资本实缴注册资本最低限额另有规定的从其规定。有限责任公司的注册资本为在公司登记机关登记的全体股东认缴的出资额。法律行政法规以及国务院决定对有限责任公司注册资本实缴注册资本最低限额另有规定的从其规定。以发起设立方式设立股份有限公司的发起人应当书面认足公司章程规定其认购的股份并按照公司章程规定缴纳出资以非货币财产出资的应当依法办理其财产权的转移手续。发起人不依照前款规定缴纳出资的应当按照发起人协议承担违约责任。发起人认足公司章程规定的出资后应当选举董事会和监事会由董事会向公司登记机关报送公司章程以及法律行政法规规定的其他文件申请设立登记。

新《公司法》除对公司注册资本最低限额有另行规定以外，取消了有限责任公司、一人有限责任公司，股份有限公司最低注册资本分别应达 3 万元、10 万元、500 万元的限制，不再限制公司设立时股东（发起人）的首次出资比例以及货币出资比例。

是前置审批的还要从其规定，如装饰装修业三级资质企业注册资本的最低限额要求是 50 万元，三级房地产开发企业注册资本的最低限额是 800 万元。

新《公司法》首先将注册资本实缴登记制改为认缴登记制，其次放宽注册资本登记条件，最后简化登记事项和登记文件。有限责任公司股东认缴出资额、公司实收资本不再作为登记事项，公司登记时不需要提交验资报告。

以上修订都降低了公司的市场准入门槛，为其创业提供了比较宽松的法律环境。

4.《中华人民共和国企业所得税法》

新《中华人民共和国企业所得税法》的实施将实质性、大幅度降低中国企业的所得税负担，这是大学生创业者的福音。对上市公司来说，部分企业的效益将因此而明显改观。具体来说体现在以下方面：

（1）合理薪金支出允许全额计入成本。此前，中国的企业被硬性规定了薪金税前抵扣的水平，使得企业不堪重负。新的税法规定，只要薪金是合理的，所有企业都可以全额计入成本。这一点，对于高新技术企业、发达地区企业、高薪酬企业（如金融企业）都是显著的利好。

（2）广告费计入成本的比例统一提高到收入的 15%，超过部分可以在以后年度抵扣。此前的硬性规定，企业广告不得超过销售收入的 3%，超过部分需要缴纳企业所得税。现在，允许的成本扣除额是 1.5 亿元，企业只需要对超出部分 0.5 亿元先缴纳所得税，以后年度再抵扣。这个做法，对于消费、家电、医药等行业是显著利好。对于广告经营企业，也是显著利好。对于小型创业型企业，早期广告投入比较高，现在的做法，也降低了税负。

（3）对股息红利等权益性收入免税，是持有金融投资资产的企业的福音。新税法规定，符合条件的居民企业之间投资所得的股息、红利等权益性收益，可以免所得税，其中特别指出，不包括持股不满一年的权益性收益。这样，有利于鼓励企业长期投资，持股时间超过一年的收益，可以免所得税。

5.《中华人民共和国民法通则》

《中华人民共和国民法通则》（以下简称《民法通则》）是民事主体进行民事行为的基本法律，其中的民事活动基本原则、民事法律行为制度、代理制度、诉讼时效制度、侵权责任制度应成为大学生创业的基本法律准备。

《民法通则》第二十六条至第三十五条以及第四十二条、第四十四条、第五十条对创业相关方面做出了规定，如对个体工商户、农村承包经营户以及个人合伙的界定。以下是涉及大学生创业的主要内容。

第三十四条：个人合伙的经营活动由合伙人共同决定，合伙人有执行或监督的权利。合伙人可以推举负责人。合伙负责人和其他人员的经营活动，由全体合伙人承担民事责任。

第三十五条：合伙的债务，由合伙人按照出资比例或者协议的约定，以各自的财产承担清偿责任。合伙人对合伙的债务承担连带责任，法律另有规定的除外。偿还合伙债务超过自己应当承担数额的合伙人，有权向其他合伙人追偿。

第四十二条：企业法人应当在核准登记的经营范围内从事经营。

第四十四条：企业法人分立、合并或有其他重要事项变更，应当向登记机关办理登记并公告。企业法人分立、合并，其权利和义务由变更后的法人享有和承担。

第五十条：有独立经费的机关从成立之日起，具有法人资格。具备法人条件的事业单位、社会团体，依法不需要办理法人登记的，从成立之日起，具有法人资格；依法需要办理法人登记的，经核准登记，取得法人资格。

6.《中华人民共和国专利法》

高科技企业的发展离不开自己拥有的核心知识产权。企业不仅应当鼓励创新，开发自己的著作权和专利权，建立自己的知识产权保护体系，同时不能侵犯别人的知识产权。经营者需要了解著作权、商标、域名、商号、专利、技术秘密等各自的保护方法。一是教育创业者尊重并避免侵犯他人的知识产权，要使用他人的专利或者商标必须事先取得权利人的同意或许可；二是教育创业者要学会保护自己的知识产权，这一点对于大学生创业者来说显得尤为重要。大学生创业者受过系统的高等教育，文化水平高，具有专业知识和专业技能，其精神产品或智力成果的产量要相对高于其他的创业者。三是企业顺利创建后，如何平稳发展就成了大学生创业者需要攻克的一大问题。

在当今社会，若企业想实现可持续发展，“创新”就必不可少。对于大学生创业者来说，可以通过自己发明并申请专利，对他人的专利产品进行改造以及购买来取得专利优势。在企业“创新”发展中，发明、实用新型和外观设计将占主导地位，这些“创新产品”不仅是企业的专利，也是企业的自主知识产权。如何维护企业的知识产权，如何保护专利权人的合法权益将成为大学生创业者创业的前期问题，《中华人民共和国专利法》对此进行了详细的规定及说明，对“专利申请、专利审查与批准、专利保护”等问题进行了相应的规定。

7.《中华人民共和国就业促进法》

对于大学生创业者而言，《中华人民共和国就业促进法》（以下简称《就业促进法》）不仅是一部促进大学生就业的法律，而且是一部促进就业与创业的综合性法律。创业者可以通过《就业促进法》对在职员工进行培训，进一步增强了劳动力实效，提高劳动者的就业能力，使劳动者通过培训进一步适应就业市场的需求，同时减少企业用人成本。大学生创业者还可以从《就业促进法》中学到各类企业管理办法，从而降低企业成本，提高企业效益，由管理的外行成为内行。

此外，由于大学生创业存在资金规模较小、筹措资金困难的特点，这些企业一般均为中小型企业。因此，《中小企业促进法》从资金支持、创业扶持、技术创新、市场开拓、社会服务等方面为促进中小企业的发展提供了法律上的支持和保障，无疑对大学生创业具有重要意义。

8.《中华人民共和国劳动合同法》

企业的发展壮大离不开对人才的需要，聘用员工涉及劳动法和社会保险问题，管理者需要了解劳动合同、试用期、服务期、商业秘密、竞业禁止、工伤、养老金、住房公积金、医疗保险、失业保险等诸多规定。2008 年 1 月 1 日正式实施的《中华人民共和国劳动合同法》，加重了用人单位的法律责任和违法成本，因此，大学生创业者应当对此高度关注。

9.《中华人民共和国担保法》

企业在经营、发展过程中，可能会因借贷或其他原因而向他人提供担保，或他人向自己提供担保。《中华人民共和国担保法》（以下简称《担保法》）规定了多种担保方式，包括人保、物保和钱保等方式，搞清楚它们之间的区别和利弊是企业正确进行担保的前提。

在大学生创业中，难免会遇到资金融通、商品流通等现实问题。在遇到此类问题时如何解决，对于涉世不深的创业者们来说，将成为一大问题。《担保法》详细地阐释了企业发展中所涉及的担保关系问题，创业者在企业发展中遇到的保障债权实现等问题将迎刃而解。从创业投资的实际操作来看，担保一般分为股权担保与信用担保。科技担保一般有国家成立的政策性（纯信用）担保基金、以营利为目的商业担保基金、互助式担保基金三种类型。科技担保基金的建立，就是为创业企业设置了一名符合法律要求的借款“保证人”，从而在制度上有效地填平了在银行和创业企业间的融资沟壑，以解决创业企业抵押物不足和保证人难觅的问题。

10.《中华人民共和国票据法》

企业运营中，必然会涉及汇票、本票和支票等票据的使用，票据是怎样分类的？我国《中华人民共和国票据法》规定的票据有哪几种？这些问题在企业使用票据时都会出现，作为企业的创建者，清晰地了解票据知识尤为重要。票据的签发、转让、承兑、保证等形成也显示了以金钱利益为内容的企业财产关系是否清晰分明。了解票据的种类、明确票据当事人之间的权利义务是大学生创业者在创办企业前的必修课。

（二）创建新企业时应注意的伦理问题

企业伦理是企业在处理企业内部员工之间，企业与社会、企业与顾客之间关系的行为规范的总和。企业伦理观念是美国于 20 世纪 70 年代提出的。自 20 世纪 70 年代起，美国、西欧、日本的一些先进的企业就已经在组织内部建立起严格的伦理制度和监管制度。

企业伦理的内容依据主题可以分为对内和对外两部分：内部伦理包括劳资伦理、工作伦理和经营伦理，外部伦理包括客户伦理、社会伦理和社会公益。

（1）企业与员工间的劳资伦理。劳资伦理包括劳资双方如何互信、劳资双方如何拥有和谐关系、伦理领导与管理、职业训练（员工素质的提升，包括职前训练与在职训练）。

（2）企业与客户间的客户伦理。客户伦理最主要是服务伦理，服务的特质包括：无形性（Intangibility）、不可分割性（Inseparability）、异质性（Heterogeneity）与易逝性

（Perishability）。客户伦理的核心精神包括：满足顾客的需求才是企业生存的基础。顾客是企业经营的主角，是企业存在的重要价值。

（3）企业与同业间的竞争伦理。竞争伦理主要是不削价竞争（恶性竞争）、不散播不实谣言（黑函、恶意中伤）、不恶性挖墙脚、不窃取商业机密。

（4）企业与股东间的股东伦理。企业最根本的责任是追求利润，因此，企业必须积极经营、谋求更多的利润，从而为股东创造更多的权益。清楚严格地划分企业的经营权和所有权，让专业经理人充分发挥才能，确保企业营运自由。

（5）企业与社会间的社会责任。企业与社会息息相关，企业无法脱离社会而独立运作。企业要取之于社会、用之于社会；重视社会公益，提升企业形象；谋求企业发展与环境保护间的平衡。

（6）企业与政府间的政商伦理。政府的政策需要企业界的配合与支持，金融是国家经济发展的重要产业之一，因而金融政策是政府施政的重点，企业不但要遵守政府相关的法规，更要响应与配合政府的金融政策。

四、新企业的社会认同

新企业为社会所做的贡献使他们赢得尊重。对新企业来说赢得社会认同来源于以下4个方面：

（一）遵纪守法，提高企业社会责任感

新企业在发展的最初阶段往往面临着如何建立起包括消费者、供应商和投资者在内的利益相关者对其产品、服务或商业模式乃至组织自身的理解和认识。能否取得外界的认可取决于由这种创业活动所引发的新的经济活动在多大程度上符合现有制度规范的要求或是建立新的制度规范，从而能够为利益相关者（如供应商、消费者以及员工等）、一般公众和社会整体制度所认可和接受。

在漫长的经营、成长过程中，企业要想做大、做强、做久，最终成为百年名店，不仅要遵纪守法，提高产品质量，还要进一步符合道德标准，主动承担社会责任，通过良好的行为表现获得社会各界的广泛认同。

（二）尽可能提供优良的工作环境和发展条件

提供优良的工作环境和发展条件是获得公众信任和美誉的基础，也是新企业赢得员工爱戴的根本。提供稳定的工作机会、完善的薪酬制度、劳动保障制度、系统的培训制度、广阔的发展平台以满足雇员的需要，即为雇员提供成长感、成就感和归属感，使雇

员的自我价值得到实现。如果新企业能够做到这些，必将能赢得员工和社会的认可。

（三）建立卓越的企业文化

企业文化所形成的智力、凝聚力、创造力是一种无形资产，从某种意义上来说，就是第一生产力。从本质上说，企业文化包括企业职工的价值观念、道德规范、思想意识和工作态度等；从外在表现上说，它包括企业的各种文化教育、技术培训、娱乐联谊活动等。好雇主的企业文化是植根于基层、贯彻到顶端的，企业主与雇员认同并执行同一标准，将企业理念贯穿于运营及企业生活的各个层面而不仅只流于表面形式。良好企业文化的熏陶对雇员的影响是全方位的，它将影响雇员的人生观和价值观，对其职业生涯所产生的积极影响不可估量。

（四）对公益事业和环境保护的重视

新企业加强对公益事业投入，在回馈社会的同时，更关注将对公益事业的投入与雇员的行为相结合，提供给员工多样化、积极向上的人生体验，从而使公益行为更有价值。

在捐助的环节，使员工亲自参与，并直接服务于捐助对象。这样的做法使被捐助者体验到的不仅是来自经济层面的支持，更重要的是关爱。而员工亲自参与公益活动，则使员工感受到超越个体体验的、与企业合而为一的责任感，因而这样的捐助更具人文价值。

此外，新企业社会责任感也表现在减少生产活动各个环节对环境可能造成的污染，降低能耗，节约资源，保护社区及其他公民的利益，缓解城市尤其是工业企业集中的城市经济发展与环境污染严重、人居环境恶化间的矛盾。

第三节　企业税务登记和变更

一、了解企业税务登记的概念和意义

依法纳税是每个公民和企业的责任，企业纳税是要事先向税务所登记才能实现的。

企业税务登记又称企业纳税登记，是指税务机关根据税法规定，对纳税人的生产、经营活动进行登记管理的一项法定制度，也是纳税人依法履行纳税义务的法定手续。企业税务登记是税务机关对纳税人实施税收管理的首要环节和基础工作，是征纳双方法律关系成立的依据和证明，也是纳税人必须依法履行的义务。

企业税务登记的意义在于：有利于税务机关了解纳税人的基本情况，掌握税源，加强征收与管理，防止漏管漏征，建立税务机关与纳税人之间正常的工作联系，强化税收政策和法规的宣传，增强纳税意识等。

二、企业税务登记的内容

企业税务登记内容包括设立（开业）税务登记、变更税务登记、停业复业登记、外出经营报验登记及注销税务登记等。

（一）设立企业税务登记

1. 办理设立企业税务登记的地点

从事生产、经营的纳税人，向生产、经营所在地税务机关办理税务登记。

2. 申报办理企业税务登记的时限要求

（1）从事生产、经营的纳税人领取工商营业执照（含临时工商营业执照）的，应当自领取工商营业执照之日起30日内申报办理税务登记；

（2）从事生产、经营的纳税人未办理工商营业执照，但经有关部门批准设立的，应当自有关部门批准设立之日起30日内申报办理税务登记。

3. 申报办理企业税务登记需提供的资料

（1）工商营业执照或其他核准执业证件；

（2）有关合同、章程、协议书；

（3）组织机构统一代码证书；

（4）法定代表人或负责人、业主的居民身份证、护照或者其他合法证件。

4. 企业税务登记证件的发放

已办理税务登记的扣缴义务人应当自扣缴义务发生之日起30日内，向税务登记地税务机关申报办理扣缴税款登记。税务机关在其税务登记证件上登记扣缴税款事项，不再发给扣缴税款登记证件。

（二）变更企业税务登记

纳税人已在工商行政管理机关办理变更登记的，应当自工商行政管理机关变更登记之日起30日内，向原税务登记机关申报办理变更税务登记。

（三）停业复业登记

1. 停业登记

实行定期定额征收方式的个体工商户需要停业的，应当在停业前向税务机关申报办理停业登记。纳税人的停业期限不得超过一年。纳税人在停业期间发生纳税义务的，应当按规定申报缴纳税款。

2. 复业登记

纳税人应当于恢复生产、经营之前，向税务机关申报办理复业登记。

（四）外出经营报验登记

（1）纳税人到外县（市）临时从事生产经营活动的，应当在外出生产经营以前，持税务登记证向主管税务机关申请开具《外出经营活动税收管理证明》（以下简称《外管证》）。

（2）税务机关按照一地一证的原则，核发《外管证》，《外管证》的有效期限一般为30日，最长不得超过180天。在同一地累计超过180天的，应当在营业地办理税务登记手续。

（3）纳税人应当在《外管证》有效期届满后10日内，持《外管证》回原税务登记地税务机关办理《外管证》缴销手续。

（五）注销企业税务登记

（1）纳税人应在向工商行政管理机关或者其他机关办理注销登记前，申报办理注销税务登记。

（2）按规定不需要在工商行政管理机关或者其他机关办理注册登记的，应当自有关机关批准或者宣告终止之日起15日内，申报办理注销税务登记。

三、企业税务登记期限

（1）从事生产、经营的纳税人应当自领取营业执照之日起30日内，向生产、经营地或者纳税义务发生地的主管税务机关申报办理税务登记，如实填写税务登记表，并按照税务机关的要求提供有关证件、资料。

（2）扣缴义务人应当自扣缴义务发生之日起30日内，向所在地的主管税务机关申报办理扣缴税款登记，领取扣缴税款登记证件；税务机关对已办理税务登记的扣缴义务人，可以只在其税务登记证件上登记扣缴税款事项，不再发给扣缴税款登记证件。

（3）纳税人税务登记内容发生变化的，应当自工商行政管理机关或者其他机关办理变更登记之日起30日内，持有关证件向原税务登记机关申报办理变更税务登记；纳税人税务登记内容发生变化，不需要到工商行政管理机关或者其他机关办理变更登记的，应当自发生变化之日起30日内，持有关证件向原税务登记机关申报办理变更税务登记。

（4）纳税人发生解散、破产、撤销以及其他情形，依法终止纳税义务的，应当在向工商行政管理机关或者其他机关办理注销登记前，持有关证件向原税务登记机关申报办理注销税务登记；按照规定不需要在工商行政管理机关或者其他机关办理注册登记的，应当自有关机关批准或者宣告终止之日起 15 日内，持有关证件向原税务登记机关申报办理注销税务登记。

（5）纳税人因住所、经营地点变动，涉及改变税务登记机关的，应当在向工商行政管理机关或者其他机关申请办理变更或者注销登记前或者住所、经营地点变动前，向原税务登记机关申报办理注销税务登记，并在 30 日内向迁达地税务机关申报办理税务登记。

（6）纳税人被工商行政管理机关吊销营业执照或者被其他机关予以撤销登记的，应当自营业执照被吊销或者被撤销登记之日起 15 日内，向原税务登记机关申报办理注销税务登记；纳税人在办理注销税务登记前，应当向税务机关结清应纳税款、滞纳金、罚款，缴销发票、税务登记证件和其他税务证件。

（7）从事生产、经营的纳税人外出经营，在同一地累计超过 180 天的，应当在营业地办理税务登记手续。

四、企业税务登记用途

除按照规定不需要发给税务登记证件的外，纳税人办理下列事项时，必须持税务登记证件：

（1）开立银行基本账户；

（2）申请减税、免税、退税；

（3）申请办理延期申报、延期缴纳税款；

（4）领购发票；

（5）申请开具外出经营活动税收管理证明；

（6）办理停业、歇业；

（7）其他有关税务事项。

知识拓展

企业税务登记相关管理规定

1. 国家税务局、地方税务局对同一纳税人的税务登记应当采用同一代码，信息共享，一般情况下从事工商行业者税务登记由国税办理，从事其他行业的税务登记由地税办理。

2. 税务机关对税务登记证件实行定期验证和换证制度。纳税人应当在规定的期限内持有关证件到主管税务机关办理验证或者换证手续。

3. 纳税人应当将税务登记证件正本在其生产、经营场所或者办公场所公开悬挂，接受税务机关检查。

4. 纳税人遗失税务登记证件的，应当在15日内书面报告主管税务机关，并登报声明作废。

5. 从事生产、经营的纳税人到外县（市）临时从事生产、经营活动的，应当持税务登记证副本和所在地税务机关填开的外出经营活动税收管理证明，向营业地税务机关报验登记，接受税务管理。

6. 从事生产、经营的纳税人外出经营，在同一地累计超过180天的，应当在营业地办理税务登记手续。

7. 纳税人按照国务院税务主管部门的规定使用税务登记证件，税务登记证件不得转借、涂改、损毁、买卖或者伪造。

五、企业税务登记的程序

办理企业税务登记的手续如下：

1. 提出申请办理税务登记的书面报告

申请人应先到主管税务机关或指定税务登记点，填报《申请税务登记报告书》。企业应该到国税局和地税局分别申请税务登记，分别申领《税务登记表》。

2. 如实填写《税务登记表》

携带全部有关证件或资料。这其中包括：①营业执照副本及复印件。②组织机构代码证书及复印件。③银行开户许可证复印件。④法定代表人（负责人）或业主、财务负责人居民身份证、护照或者其他证明身份的合法证件、复印件。⑤经营场所房屋产权证书复印件。⑥出租出借、承租承借房屋、土地合同复印件。⑦成立章程或协议书。⑧独立核算或非独立核算证明。⑨非独立核算单位须持上级独立核算单位的税务登记表及复印件。纳税人报送的原件，经税务机关查验后返回纳税人，复印件税务机关留存。

3. 开业税务登记的审批

税务机关审核纳税人提供的证件和资料是否符合税务登记管理办法的规定。

4. 税务登记证的发放

纳税人提交的证件和资料齐全且税务登记表的填写内容符合规定的，税务机关应及时发放税务登记证件。纳税人提交的证件和资料不齐全或税务登记表的填写内容不符合规定的，税务机关应当场通知其补证或重新填报。纳税人提交的证件和资料有疑点的，税务机关应进行实地调查，核实后予以发放税务登记证件。

第四节 大学生创业税收政策

案例导入

大学生创业税收优惠政策

2017 年 6 月 11 日晚 11 时，王凯的 QQ 头像仍然显示在线。王凯是太原师范学院即将毕业的一名大学生，大学 4 年里，他做过西餐厅奶茶西点销售员、联通促销员，也兼职卖过电视、衣服。有过市场经验的他，在大学二年级时，前往晋中市最大的广告公司实习，也是从那时起，王凯有了创业的想法。深思熟虑后，今年 2 月，他向朋友借了 5 万元，在学校旁边开了家服装店，王凯每月需缴纳 3000 元租金和 100 元水电费。“其实，起初我是没有信心的，周围很多同学都创业失败了，而且创业起步时，并不理想的经营让我有点儿想放弃。后来，学校老师告诉我，山西有很多针对毕业生创业的税收优惠政策，对我肯定会有帮助。比如只要有《就业创业证》，像我这种从事个体经营的毕业生，最高可以享受 9600 元的税收减扣，这可真是大大缓解了我的资金压力。”王凯说。原来，根据现行税法规定，毕业年度内高校毕业生在校期间可凭学生证向公共就业服务机构按规定申领《就业创业证》，或委托所在高校就业指导中心向公共就业服务机构按规定代为其申领《就业创业证》；如果离校，但仍在毕业年度仍然可直接向公共就业服务机构按规定申领《就业创业证》。

其中，毕业年度指毕业所在自然年，即 1 月 1 日至 12 月 31 日，必须进入毕业年度才可以享受优惠政策。持《就业创业证》从事个体经营的大学生，在 3 年内可按每户每年 9600 元为限额，依次扣减其当年实际应缴纳的增值税、城市维护建设税、教育费附加、地方教育附加和个人所得税。

（资料来源：新华网，http：//cx.xinhuanet.com/2017-07/14/c_136443530.htm）

近年来，国家相继出台各项文件，鼓励大学生自主创业，政府也出台了一系列的税收优惠政策来促进大学生的创业工作。

一、享受税收优惠政策的大学生创业类型

大学生创业享受税收优惠政策分两种：一种是大学生注册个体户经营从事个体户经营的；另一种是大学生注册公司经营小型微利企业的。

大学生是指在当年1月1日至12月31日毕业的在高等学历教育的普通高等学校、成人高等学校应届毕业的学生。

（一）注册个体户从事个体户经营

从2017年1月1日至2019年12月31日，对持《就业创业证》（注明“自主创业税收政策”或“毕业年度内自主创业税收政策”）的在毕业年度内的高校毕业生（高校毕业生是指实施高等学历教育的普通高等学校、成人高等学校应届毕业的学生）从事个体经营，在3年内按每户每年8000元为限额依次扣减其当年实际应缴纳的增值税、城市维护建设税、教育费附加、地方教育附加和个人所得税。[依据《财政部税务总局人力资源社会保障部关于继续实施支持和促进重点群体创业就业有关税收政策的通知》（财税〔2017〕49号）]

这个限额的标准，最高可上浮到20%，各个省市区的人民政府根据情况在这个限度内确定大学生创业税收优惠政策的限额，并要向税务局和财政部备案。如果纳税人的年度应缴税款小于这个限额扣减的，就以实际纳税的税款为限；如果是大于这个限度额的，那么就按这个标准限额为限。

（二）注册公司经营小型微利企业

自2017年1月1日至2019年12月31日，符合条件的小型微利企业，不管是采取查账征收方式还是核定征收的方式，如果年应纳税所得额低于50万元或以下的，就可以享受按50%计入应纳税所得额，按20%的税率缴纳企业所得税的政策。并且增值税小规模纳税人销售货物，提供加工、修理修配劳务月销售额不超过3万元或是季纳税9万元的，销售服务、无形资产月销售额不超过3万元或季纳税9万元的，自2016年5月1日起至2019年12月31日，可分别享受小微企业暂免征收增值税优惠政策。

案例分享

月营业额不超过3万元小微企业税收优惠多

今年24岁的翟一丁就读天津某大学，修读美术和设计专业，已经毕业1年了，今年4月，她跟6个伙伴在太原合伙开了一家培训机构，培训对象是5～12岁的小学生，培训内容是画画与鉴赏以及计算机软件操作。对此，韩海金说，小微企业税收优惠政策涉及多个税种、多个层面，主要包括增值税、印花税、教育费附加、地方教育附加、水利建设基金、文化事业建设费和残疾人就业保障金，以及降低企业所得税适用税率并减半征收企业所得税。其中，月销售额不超过3万元的缴纳义务人可以免征增值税、教育费附加、地方教育附加、水利建设基金和文化事业建设费；此外，金融机构与小型、微型企业签订的借款合同，免征印花税；符合条件的小型微利企业，其所得减按50%计入应纳税所得额，按20%的税率缴纳企业所得税；且自工商登记注册之日起3年内，对安排残疾人就业未达到规定比例、在职职工总数不超过20人的小微企业，免征残疾人就业保障金。

（资料来源：新华网，http：//cx.xinhuanet.com/2017-07/14/c_136443530.htm）

二、税收优惠政策申请程序

1. 在校期间申请

大学毕业生在校期间从事个体经营申请税收优惠政策的，凭学生证到公共就业服务机构申领《就业创业证》，或委托所在高校就业指导中心向公共就业服务机构代为其申领《就业创业证》。公共就业服务机构要在《就业创业证》上写明“毕业年度内自主创业税收政策”就可申请到税收优惠政策。

2. 离校后申请

大学毕业生离校后从事个体经营申请税收优惠政策的，凭毕业证向公共就业服务机构申领《就业创业证》。公共就业服务机构在《就业创业证》上写明“毕业年度内自主创业税收政策”即可申请到税收优惠政策。

三、税收优惠政策

（一）工本费减免

为切实减轻企业负担，自2011年2月1日起，在全国统一取消包括税务登记证工本费在内的31项涉企行政事业性收费。［依据财政部、国家发展改革委《关于取消部分涉企行政事业性收费的通知》（财综〔2011〕9号）］

知识拓展

自2015年9月1日起，广东省各类企业、农民专业合作社及其分支机构全面推行“三证合一”登记制度改革，实施“一照一码”登记模式，即商事主体办理设立登记时，不再发放商事主体的组织机构代码证、国税税务登记证、地税税务登记证，只发放记载统一社会信用代码的营业执照。“一照”即营业执照，“一码”即统一社会信用代码。

“一照一码”证照同时具有营业执照、组织机构代码证、税务登记证的相关功能。领取了“一照一码”各类企业纳税人，在办理需要出示税务登记证等相关业务时，均可以营业执照替代。注意，个体工商户、外国（地区）企业常驻代表机构暂不实施此项改革。

（二）企业所得税优惠

自2015年10月1日起，对年应纳税所得额低于30万元（含30万元）的小型微利企业，无论采取查账征收还是核定征收方式，均可以享受其所得减按50%计入应纳税所得额，按20%的税率缴纳企业所得税。小型微利企业，是指符合《中华人民共和国企业所得税法》（以下简称《企业所得税法》）及其实施条例规定的小型微利企业。[依据《国家税务总局关于贯彻落实进一步扩大小型微利企业减半征收企业所得税范围有关问题的公告》（国家税务总局〔2015〕61号）;《关于进一步扩大小型微利企业所得税优惠政策范围的通知》（财税〔2015〕99号）]

（三）印花税优惠

自2011年11月1日起，对金融机构与小型、微型企业签订的借款合同免征印花税。享受该印花税优惠规定中的小微企业的认定，是按照《工业和信息化部国家统计局国家发展和改革委员会财政部关于印发中小企业划型标准规定的通知》（工信部联企业〔2011〕300号）的有关规定执行。[依据《财政部国家税务总局关于金融机构与小型微型企业签订借款合同免征印花税的通知》（财税〔2011〕105号）;《财政部国家税务总局关于金融机构与小型微型企业签订借款合同免征印花税的通知》（财税〔2014〕78号）]

（四）政府性基金优惠

自2015年1月1日起，对按月纳税的月销售额或营业额不超过3万元（含3万元），以及按季纳税的季度销售额或营业额不超过9万元（含9万元）的缴纳义务人，免征教育费附加、地方教育附加、水利建设基金、文化事业建设费。[依据《财政部国家税务总局关于对小微企业免征有关政府性基金的通知》（财税〔2014〕122号）]

知识拓展

税收政策对特殊领域的优惠政策

按照《企业所得税法实施条例》规定，企业从事下列项目的所得，免征企业所得税：

蔬菜、谷物、薯类、油料、豆类、棉花、麻类、糖料、水果、坚果的种植；农作物新品种的选育；中药材的种植；林木的培育和种植；牲畜、家禽的饲养；林产品的采集；机作业和维修等农、林、牧、渔服务业项目；远洋捕捞；等等。

对个人或个体工商户从事种植业、养殖业、饲养业、捕捞业取得的所得暂不征收个人所得税。

直接用于农、林、牧、渔业生产用地，免征城镇土地使用税。纳税人承受荒山、荒沟、荒丘、荒滩土地使用权，用于农、林、牧、渔业生产的，免征契税。

创业初期，资金的缺乏是不少毕业生最为急迫的问题之一，税收优惠给予了一定的资金支持，真正起到了“解渴”的作用。

第五节　新企业生存管理方略

案例导入

迅雷公司的起步

2002 年，迅雷的创始人程浩和邹胜龙开始共同创业时，选择的项目是电子邮件的分布式存储系统。当时，电子邮箱开始收费，邮箱容量也越来越大。不过电子邮箱的存储市场并没有他们当初设想的那么大，两三个月后公司陷入困境，两个人商量转型。程浩发现，门户、邮箱、搜索、即时通信、下载中，其他的都有主流提供商，唯独下载没有，但对于大容量文件，如电影、网络游戏却有下载需求。于是，程浩和邹胜龙决定研发迅雷软件。迅雷软件采用基于网络原理的多资源超线程技术，下载速度奇快，但漏洞百出。为了产品能以最快的速度发布，程浩在研发过程中放弃了对产品各种细节的考究，只关注目标消费者最关心的特性。

为了让用户使用该软件，迅雷公司聘请专业营销人员每月花费两三万元进行市场推广，但使用者还是寥寥无几。2004 年年中，程浩通过朋友找到了金山软件公司的总裁雷军。此时，迅雷公司没有名气，雷军只是给了他一次测试的机会。测试显示，迅雷软件的下载速度是其他下载工具的 20 倍。于是，金山软件公司同意推荐其游戏用户使用迅雷软件免费下载热门游戏的客户端软件。在获得了金山软件公司的认同后，迅雷公司迅速和其他网络游戏厂商达成协议，新增用户量由每天不到 300 户增加到 1000 多户。半年多时间，迅雷公司拥有了 300 万名用户，95% 由网游合作伙伴带来。有了可观的用户群后，迅雷公司很快通过广告、软件捆绑、无线、按效果付费的竞价排名广告等渠道获得了收支平衡。随即，迅雷公司不断推出升级版本以修正软件漏洞。

案例分析

请结合上面案例思考下列问题：

1. 创业之初，企业最根本的目的是什么？迅雷公司是如何操作的？

2. 迅雷公司是如何在无法打开市场的情况下，短时间内迅速拥有300万名用户的？这对你有什么启发？

（资料来源：邓文达、邓朝晖、李一《大学生创新创业》）

一、新企业管理的特殊性

（一）初创期的新企业是以生存为目标的“生存管理”

初创期一般为企业开始注册及创立后的几年内，其时间的长短因其所处的产业不同而有所差别，一般来讲，短至6个月，长则五六年。在这一阶段，新创企业的主要目标应是：尽快实现盈亏平衡，解决企业基本的生存问题，企业面对的是生存的考验，许多企业在这一阶段“死亡”，因而这是新创企业最危险的一段时期。这一阶段的企业特征通常完全由创业者和几个关键的团队人员所掌握与控制，企业的生死存亡取决于他们的动机、能力和经验。

其进行的主要活动是进一步完善相关的新产品、新技术的规范，向市场推出产品；选择和确立一个适合本企业的管理制度；筹措组织生产、销售所需的资金，并千方百计地争取盈利；培育某一方面的竞争优势，如技术优势、进货渠道优势、与消费群体特别密切的联系优势等。

（二）发展期的新企业是以成长为导向的“成长管理”

这段时期一般为企业创立后的第3、5年，需要两三年甚至更长时间。产品进入市场并得到认可，生产和销售均呈现上升势头，产量提高导致生产成本下降。而市场对产品或服务的认可又能够促进销售，从而形成良性循环。管理逐渐系统化，随着企业规模的扩大和人员的增加，各个部门之间的分工越来越明确；企业的研究开发和技术创新能力不断增强，部分企业开始实施多元化战略。企业的产品和服务形成系列，并逐渐形成品牌，企业的声誉和品牌价值得到提升。这一阶段决定着企业今后的生存和发展走势。在这一阶段，新创企业的主要管理目标应是学习经营和管理，强化自己的核心竞争优势，建立长期稳定经营的成长基础。其进行的主要管理任务是选择合理稳定的经营方式；将组织结构相对固定化和制度化，规范日常经营管理工作，健全管理制度，建立内部正常的信息沟通渠道；培训员工，学习和积累技术、经营、管理知识和经验。

（三）新创企业管理具有较强的灵活性和创新能力

新企业管理决策具有很强的独立性，所受到的外界干预较少，可以有效地根据自身需要确定用人原则。较之成熟企业，微型企业能给员工提供更加自由的工作环境和更富弹性的工作时间，员工在新创企业中也更容易获得展示才能的空间，其个人价值也更容易得到企业的认可。

新创企业经营者之所以更富有创新精神，一方面是受经济与心理方面需求满足的驱动；另一方面是企业主利益与企业利益休戚相关，甚至融为一体。强烈的开拓意识和承担风险的勇气等促使企业家和企业积极创新，善于发现潜在的盈利机会并极力捕捉每一个盈利机会。不断创新使企业富有灵活性，为发现和捕捉盈利机会而接近顾客，并通过降低成本、精简组织机构等实实在在的措施扩大盈利。

知识拓展

每天都有一些企业诞生，一些企业倒闭，周而复始。一个企业的生存与发展，不仅有轨迹可查，而且有规律可循，任何两个企业的活动轨迹都不可能完全重合，但众多企业的活动轨迹却惊人地相似。管理是企业永恒的主题。管理是对企业的经营进行计划、组织、指挥、协调和控制等一系列活动的总称。

（四）新创企业管理面临较大的资源约束

1. 资金资源不足

相对于大企业，规模较小的新创企业在筹资方面要困难得多。许多国内外学者都已证实，资金短缺是新创企业所面临的首要经营难题。因此在自筹资金兴办企业的过程中，利用企业盈利滚动发展便成为新创企业的又一显著特征。自筹资金经营，使企业所有权比较集中，经营权也比较集中，从积极的方面看，这有助于培养和强化企业主的企业家精神。

2. 管理资源不足

由于新创企业的经营者集中了企业经营所必需的各种决策权力，以至于没有必要建立复杂的组织机构。同时，新创企业多处于创业初期，资金上的困难迫使新创企业保持简单的组织结构以压缩开支。新创企业管理资源不足、结构简单主要表现在：组织结构简单，决策权比较集中，所有权与经营权统一，决策权、指挥权与监督权划分不明确，通过非正式渠道沟通频繁等。

3. 人力资源不足

新企业受资金和规模的限制，硬件设施往往远远落后于成熟企业，相应的软件，诸如企业文化、企业管理理念和手段等也落后于成熟企业。企业职能部门的划分也比较粗糙，难以像成熟企业那样科学细致。过分依赖创业者本人是新创企业管理最明显的特点。对于大多数新创企业来说，企业的创业者往往也是企业资产的所有者。他们凭借对资产的所有权而集中了企业经营所必需的各种决策权力，使新创企业的竞争力状况在很大程度上几乎完全依赖于创业者本人。小企业间的竞争多表现为经营者个人间的竞争。企业经营者个人对小企业的成败起决定性作用。他们往往集责、权、利于一体，实现所有权与承担风险的统一，领导企业、决策自主与担负责任的统一，所有者经济上的存在与企业的存在之间的统一。

（五）受环境影响的程度大

新创企业大都针对外部环境中存在的某种机会而创业，以至于一旦出现机会，便会在短时间内涌现大量的企业；另外，由于新创企业拥有或所服务的顾客少、信息拥有量相对不足、企业规模实力弱等特点，因而难以了解整体环境变化，更谈不上驾驭环境变化。因此，小企业被动接受环境的影响，风险很大。

新创企业成长管理存在 5 大陷阱：

1. 领导陷阱

主要表现为：①创业者“狂妄自大”，以为我干好了这个企业，其他还有什么事干不成？良好的自我感觉往往导致决策草率和失误，以致把企业引向深渊。②创业者对企业的“母爱主义”，认为这个企业是我创办的，不管怎么授权和分工，还是得管东管西，从而干预其他人的工作，停留于“人治”阶段，不能过渡到“法治”阶段。③早衰，即老化，要么人员老化，要么产品老化，要么管理方式老化。创业阶段的个人权威式领导和企业家精神，是企业创业初期生存的必要条件。但是随着企业的发展壮大，企业生存的中心开始由产品和市场转向内部管理，尤其对创业者更明显。但是许多创业者仍坚持过去的做法，是因为创业初期的成功使他们错误地认为不管企业发展到什么时候都用同样的办法，这样就形成了“领导陷阱”。

2. 本位陷阱

在创业初期以及开始成长阶段，绝大部分企业由于资金、人才问题都会采取较高的集权式管理模式，一方面可以以专业化求效率；另一方面，可以在一定程度上调动员工的积极性并促进企业的进一步成长。但是这种形式并不适合大规模多元化的企业管理，这将会阻碍新创企业以后的多元化发展，于是产生了集权陷阱。

3. 失控陷阱

随着企业的成长，管理者将会采取分权形式扫除“集权”的障碍，但是分权组织的有效运行会逐渐壮大，致使各部门之间感到明显的不协调，沟通困难，严重者可能造成本企业内部竞争，各部门相互争夺客户，形成恶性循环。这就产生了“失控陷阱”。

4. 官僚陷阱

为了解决上述问题，决策者又不能回到集权形式上去，于是他们会制定各种条款来协调各部门之间的问题，但正所谓“上有政策下有对策”，各部门为了迎合上级的指示，千方百计地将自己的决策正确化、合理化，而这些所谓“正确”“合理”只是不触犯条款而已，并不是真的为企业全局着想。这样做的结果会使各部门之间以及上下级之间都产生不信任感，唯一能平衡各部门利益的只是一些死板的文字，于是产生官僚陷阱。

5. 未知陷阱

企业要跳过官僚主义的陷阱，需要在各个部门之间以及员工之间、上下级之间建立互助组织并形成互助文化。这时企业的重点已不再是物质上的，而是转变成精神上的。即通过互助活动激发人的自发性、创造性和奉献精神，使他们有种满足感和成就感。这样做会导致什么陷阱，目前还没有明确的答案，但是国际大公司仍表现出一些迹象，如“心灵饱和感”和“创造力缺乏感”等。

二、新企业成长的驱动因素

（一）企业家能力和精神驱动

1. 成功创业者的能力特征

（1）领导决策能力。从创业者本质来看，创业者首先是某团体的领导者和管理者。成功的创业者要依靠他人来协助实现自己的商业想法。成功的创业者还要为企业的发展导航把舵，面对各种机遇与风险，可以与员工商议，但是最终要自己做出决策，并承受决策带来的风险或成就。

创业者的领导力，首先表现在精于用人，而其领导风格可以是不拘一格的。生产诸要素中，人是最活跃的、起决定性作用的因素。创业者必须能够成功激励员工。身先士卒的示范非常有用，却不是最好的领导风格。以人为本的领导者能够充分激励员工的积极性，使其人尽其能、人尽其才。

（2）创新能力。创新是一种对未知世界、未知领域的探索性活动。创新是推动人类社会快速发展的动力，是人才脱颖而出的摇篮。创新的实质是通过科学研究、生产活动和管理实践，创造新的理念、产品或服务成果并转化为生产力，以促进社会经济的发展。不论是知识创新、技术创新还是管理创新，创新的主体是人，创新的成果都要靠人来完成。创新能力是创业人才的核心。

（3）组织能力。组织能力是创业者不可缺少的重要能力之一，组织在创建新的企业中显得十分重要，组织是创造价值的源泉。组织能力是指领导者为了组织的利益和实现组织制定的目标，运用一定方法和技巧，把来自不同地区、不同系统、不同职业、不同文化背景以及民族、性别、年龄等均不相同的人组织在一个团结向上的集体之中，使大家朝着一个共同方向和目标去努力、去奋斗的能力。

（4）管理能力。管理能力是每一个创业者必备的重要能力，要在工作中不断地培养、积累自己的组织管理能力。管理能力与组织能力有密不可分的联系，管理能力主要包括：激励的能力、控制情绪的能力、幽默的能力、演讲的能力、倾听的能力等。创业者不仅要善于激励团队，还要善于自我激励。

（5）公关能力。创业面临的是高度竞争的压力，成功与否的条件之一在于自身的公关能力。也就是说，本身的知识结构与公关能力是否符合社会的需求，而且是否有能力发现自身知识结构的优势与社会需求的结合点是关键因素。

大学生创业实践是培养大学生创新能力、创业能力等综合素质的重要途径，也是培养大学生创业者各项能力的有效途径。通过对大学生创业者的素质和能力特征的分析研究，大学生的创业教育将更加完善。

2. 企业家精神驱动

（1）树立创业自信。自信是创业成功的基石。美国著名心理学家马斯洛认为：事实上，绝大多数人一定有可能比现实中的自己更伟大一些，只是缺乏一种自信。自信就是对自己充满信心。

有志于创业的大学生，一定要注意培养自信心。自信心能赋予人主动积极的人生态度和进取精神，使人不依赖、不等待，信念坚定，顽强拼搏，直到成功。信念是生命的力量，是创业之本，是创业的原动力。要相信自己有能力、有条件去开创自己未来的事业，相信自己能够主宰自己的命运，成为创业的成功者。

创业极具挑战，极具风险，只有敢于冒风险，破除依赖心理和胆怯心理，勇敢地接受创业的挑战，才能做一个真正的创业者，这是当代大学生应有的精神品质和时代风貌。大学生不仅是知识的求知者，首先也是工作岗位的创造者。

（2）充满创业的激情和理念。传统的思维会阻止革新、创造，阻碍社会前进的步伐。生活在不同时代的人，无不打上这个时代的烙印，人们总会用已认同和掌握了的某种理论、观点和方法，即传统的思维定式，去看待和认识新现象、新事物和解决新问题。这种传统的思维定式在现实中往往是行不通的，也是非常危险的。这表现为传统的定式思维随着社会的发展逐渐过时，在新问题面前也就无能为力，对解决就业创业的现实问题毫无意义。一定要有激情和走向成功的理念，唯有如此，你才能感染自己和其他人。成功创业者的经验告诉我们，创业是一件残酷的事情。1% 的成功者是从 99% 的失败者身上跨过去的。最困难的时候往往是最需要坚持的时候。当所有的人都感到绝望了，恰恰需要执着的创业者去感染客户、感染员工、感染合作伙伴、感染所有人。

（二）市场扩张能力

企业成长是指在企业的核心意识指引下，不间断地积累企业发展的动能，推动企业从无到有、由小到大、循序渐进的有机发展过程。当新创企业顺利度过创业阶段并生存下来后，在外部市场竞争的压力和自身成长需要的双重作用下，通过扩张壮大，增强企业竞争力和提升企业价值，是企业持续健康成长的必然发展方向。

新企业面对相对成熟的市场，特别需要市场扩张的能力。市场扩张的本质是市场经营理念的扩张、市场运营机制的扩张、企业文化的扩张以及企业核心竞争力的扩张。它不仅包括有形市场，还包括无形资产的扩张。就市场而言，无形资产主要包括市场的品牌、经营技巧、管理知识体系、制度规则与运营能力等内容。实践证明，在日益成熟、竞争日益激烈的市场条件下，有形市场和资本的扩张对于提高企业的市场内在竞争力，其作用越来越难突出，市场扩张效率和附加值的产生越来越受限。相比较而言，无形资产的扩张则显得日益重要了。

新创企业要成功地实施扩张战略，需要在正确理解企业成长含义的基础上，根据自身成长的需要和企业外部环境的现实情况，明确企业扩张战略的目标定位。新创企业在扩张过程中要把“做长”（努力实现基业长青）和“做大”（企业规模不断扩张）以及“做强”（使企业更具生机和活力）结合起来。

在企业市场扩张实践中，成长型企业扩张规模和速度的具体确定，取决于企业自身的成长基础和条件，包括企业的管理能力、企业拥有的组织资源的种类和数量等。企业必须与自身的基础和条件相适应，并以此来决定企业扩张的规模和速度。在企业的管理能力方面，主要是企业识别新市场机会和开发后续产品的管理能力。

（三）企业创新是企业成长的核心驱动力

企业创新是指企业主动适应环境，把握机会，不断开发新产品和新技术，突破束缚，变革障碍，实现组织发展的过程。企业创新是企业创造力和顽强生命力的体现，但企业本身无法完成创新的过程，创新的最终实践者是个体。换言之，企业创新是通过卓有成效的人力资源管理活动，激发员工创新能力得以实现的。企业在创新过程中的作用是通过构建适当的机制、营造适当的环境，将创新的动力转移到企业员工的身上，由企业员工实现企业所期望的创新。企业创新是一种有组织的、系统的整体创新行为，个体创新是一种离散的、需要开发的创新行为。员工个体创新是企业创新的基础，但企业中员工的个体创新不能代替或等同于企业创新。企业本身需要创新，而不能单单只激发员工个体创新。

1. 企业创新的特点

（1）务实性企业创新始终坚持以市场为导向，使产业发展与科技活动紧密结合并较好地解决了科技与经济脱节的难题。企业创新始终以科技成果商品化、产业化为目标，追求经济效益最大化，他们在创新方式、创新成果方面体现出务实性，更注重实效性。

（2）先导性企业创新以高新技术及其产品的研制、开发、生产、销售和服务为核心，率先涉足新的领域，率先采用新的理念以及组织管理的方式，为其他企业树立榜样。

（3）灵活性不仅强调企业创新要能随市场的需求而及时做出反应，同时要求企业的组织结构要灵活和具有应变能力，管理机构简单，领导层精干，工作作风灵活简便。

（4）企业主作为一个企业的主要经营者和管理者，其思维方式与素质高低对该企业的经营管理活动有着重要影响。创新型企业创办者多数是科技人员出身，具有较高的素质和敢为人先的创新精神，并具有率领企业在国内外市场开拓进取的胆识和魄力。他们把创新看作企业生存的生命线并大胆实践。

2. 企业创新的内容

作为一个整体的创新行为，企业创新应该在不同的维度上开展，并结合成为一个有机系统。总体上说，企业创新包含 8 个维度。

（1）理念创新。没有创新的理论，也就没有创新的实践。从熊彼特 1912 年在其著作《经济发展理论》提出创新理论以来，世界各国的专家、学者、政府官员、企业家都从不同角度对创新理论与实践进行研究，提出了许多创新的见解。特别在世纪之交为迎接知识经济时代、信息社会的到来出现了一些新的理论，以指导创新。如管理科学的第五代管理、企业家经济、经济学的知识资本理论、信息学科的信息技术与网络经济等。彼得·德鲁克说："当今社会不是一场技术的革命，也不是一场软件、速度的革命，而是一场观念的革命。"社会主义市场经济体制的建立与完善，更需要企业根据变化了的形势转换观念，建立新观念，指导新实践。为此，在创新型企业，观念创新具有先导作用，企业的创新活动建立在观念创新的基础上。

（2）文化创新。企业文化是企业的灵魂和个性，包括企业存在理念、企业精神、价值观念、行为准则、道德规范和企业形象等。作为一种被群体所共有的精神系统，企业文化是提高企业创新能力的重要手段。企业文化以企业精神为核心，把企业成员的思想行为引导到企业确定的发展目标上来，它又通过企业所形成的价值观念、行为准则和道德规范等，以文字或社会心理方式对企业成员的思想、行为施加影响、控制，进而激发员工责任心和创造性，培养企业团队学习精神，提高企业整体效率。企业的各项创新靠企业文化来支撑、来维系。

（3）制度创新。制度创新是指在企业中建立适应社会主义市场经济的资源配置机制，使其面向市场，成为自主经营、自负盈亏、自我发展的微观经济主体。现代企业制度的核心就是产权明晰、政企分开、责任明确、管理科学。按照现代企业制度，在一个法人治理机构中，合理而有效的制约机制及其作用的发挥应有三个效果：一是企业决策的合理倾向；二是企业经营的合理行为；三是企业员工对利益的合理要求。

（4）管理创新。管理创新是统筹经营过程的综合性创新。管理创新包括企业的组织形式、管理机制、机构设置、规章制度等广泛的内容，它是企业实施创新战略的基础和保证。企业应该从组织结构及机制上创造环境，使创新战略能够顺利实施。企业应通过组织管理创新，促进科技与知识资源的优化配置，建立企业创新机制，提高创新能力。学习型组织和自我管理团队都是现在管理创新的一些典范。

（5）市场创新。市场创新是指从企业与市场的关系入手进行创新。有了新技术、新产品，如果市场开发不好，企业照样没有效益。市场是复杂多变的，企业必须不断适应市场需求，经常做市场调查，研究市场，捕捉市场机会，发现市场新的需求和变化，寻找企业最佳的市场定位，进一步开发产品。市场创新是将消费者的需求尤其是潜在需要视为新的市场空间。企业要到市场去寻找不满意与不满足，凡是消费者不满意、不满足的地方就存在需求。这种创新随着社会的发展，显得越来越重要，发展前景广阔，但难度大，有条件的企业应力求这种创新。

（6）技术创新。技术创新是指新工艺设想的提出和实施以及其他领域的技术在企业经营管理上的应用，一方面，企业要加强技术开发机构建设，增强企业的研究开发能力；另一方面，企业要加强与科研单位的合作，积极推进产、学、研结合，坚持企业自主研究开发和引进先进技术相结合，努力使企业成为技术开发的主体。技术创新也包括生产流程环节的创新，一般发生在产品创新之后。流程创新既可以体现工艺的先进性，又可体现投入与产出的合理性。

（7）产品创新。要使企业的产品和服务不断满足变化了的市场形势和消费者需求，就要不断推出新产品、改革老产品、优化服务，这是产品创新的要求。要开展产品创新研究，建立企业的技术核心，致力于自主知识产权的新产品开发与创新。在搞好产品创新的同时，还要开展产品包装装潢创新，实施名牌战略，发挥名牌效应，塑造服务名牌与顾客忠诚创新。

（8）组织创新。步入知识经济时代，面对全球网络化，资本、技术、智力的全球“流动”与扩散，出现了经营无国界、企业无国界的新形势，加以市场异变性增强，顾客购物的个性化和多样性，在一定程度上遏制了企业规模化和标准化的发展，促使企业不得不依靠项目创意、组织创新，从而催生了“虚拟企业”。同时，也出现了虚拟经营、虚拟管理。20 世纪 90 年代以来，企业之间各种各样的合作协议增长迅速，战略联盟构成了全球企业的一道风景线，知识联盟、策略联盟则是战略联盟的一种，企业要适应新形势，应对组织创新、虚拟企业、知识联盟、策略联盟和学习型企业有所了解。

三、新企业成长管理的技巧和策略

（一）企业追求成长的动因

企业追求成长，并不意味着企业总能选择成长的速度。企业的成长速度是企业的年度成长率。有时，企业会提前进入始料未及的高成长轨道。例如，当企业开发了一种满足广泛需求的新产品或服务，订单雪片似地飞来，企业必须做出迅速调整，否则就岌岌可危了。在另一些情况下，企业可能遭受出乎意料的竞争，这时候就必须通过规模成长来维持市场份额。

一般来说，企业试图通过成长来增加赢利和价值主要有 6 个方面的原因：追求规模经济，执行可扩展商业模式，市场领导，影响力、权力和生存能力，满足关键客户的需求增加，吸引并保留优秀员工的能力。

1. 追求规模经济

当增加产量能降低单位产品成本时，企业就获得了规模经济。这种现象产生于两个原因。

第一，如果企业能通过大量购买零部件来获得折扣，随着企业规模增加，就能带来单位产品变动成本的下降。变动成本是企业只要销售就引发的非固定成本。

第二，随着产量的增加，企业能在大规模产品中分摊固定成本。固定成本是企业与销售无关的成本。如公司每月必须支付 5 万元的写字楼租金，租金费用是固定的，无论企业每月生产 10 单位产品还是 100 单位产品，办公楼租金都不会变。

企业成长的其他原因是为了利用闲置劳动力或其他资源。如企业可能只需要 2.5 个销售人员就能覆盖整个销售区域，但企业通常不可能只雇用 2.5 个人（2 个全职人员和 1 个兼职人员），它往往雇用 3 个销售人员并扩大销售范围。

2. 执行可扩展商业模式

一些企业有成长动力，其原因在于它们拥有可扩展商业模式。可扩展商业模式是增值收入比当前收入交付更少成本的商业模式，因此利润率会随销售额增长而提高。最典型的实例是那些先期投入成本很高，但单位产品或服务变动成本很低的企业。有关可扩展商业模式的经典例子是计算机软件企业。软件开发成本高昂，但是将软件程序拷贝传递给消费者则相对便宜。微软等软件公司可能花费 1000 万美元开发一个软件程序，但相对研发成本来说，每单位的生产和销售费用非常低。因此，边际利润会随着销量增长而不断增加。这就是在互联网上销售可下载产品持久不衰的奥妙。出版商可能花 100 万美元出版图书，还要支付促销广告费用，但如果消费者可从网上下载图书，出版商的销售费用几乎为零，印刷、运输、仓储和零售的成本也因此而避免。

追求能有效运作的可扩展商业模式的前提在于，产品需求充足能持续驱动收入增加。事实上，很多宣称拥有可扩展商业模式的互联网企业从未产生过足够的产品收益来发挥“可扩展”效应，在很多情况下，其先期投入成本实在太高。如一家旨在开发在线电脑游戏销售的新企业拥有理论上的可扩展商业模式。企业的商业计划宣称，游戏研发成本将由低变动成本的销售额所冲销，并且随着游戏拷贝销售量增加，边际收益也随之增加。但是，成功的先决条件是消费者愿意购买游戏。

3. 市场领导

在某些产业或利基市场（也称小众市场）上的销量名列前茅的企业就是市场领导。许多企业努力达到市场领导地位，以实现生产的规模经济，成为领袖品牌。作为市场领袖，企业还能使用诸如“中国第一的财务软件生产厂商”等促销口号，毫无疑问，这有助于企业赢得消费者、吸引优秀雇员和商业伙伴。

近期的研究证实了市场领导在实现成长中的重要作用。在所研究的每个产业里，市场领袖的成长速度比产业增长速度更快。例如，在运动鞋产业，1987~1997 年，耐克公司每年 27% 的增长率远远高于 6%的产业增长率。

4. 影响力、权力和生存能力

通常情况下，产业内的大公司比小企业拥有更大的影响力和权力，它们制定产业标准、更接近主要客户和供应商、保持产业内威信等。此外，大企业常常出现经营失误，但却比小企业更容易存活。通用电气的前首席执行官杰克·韦尔奇认为：“规模给我们带来额外优势，我们的影响力和资源使我们更频繁地出击，使我们能够成长更快、体验更多，不像某些小企业，我们错过一次机会后还能再次成长。”

另外，企业的成长能力影响着企业存活。如企业规模不大时，它主要依赖创建者或少数雇员的努力和动机，很容易受他们的技能和兴趣的影响。一旦企业长大后，拥有更多员工并能提供更多产品和服务时，企业通常能获得其他动力支持，而不再依赖少数创业者或雇员的努力。

5. 满足关键客户的需求增加

有时，企业成长是为了满足关键客户的需求增加。例如，如果英特尔公司的一家主要电子企业客户大量购买其半导体晶片，并且该客户每年增长 20%，英特尔公司就不得不逐渐提升产能来满足该客户的需求增加，否则就要承担损失与该客户部分或全部业务的风险。

6. 吸引并保留优秀员工的能力

企业成长的最后一个理由是为了吸引和保留高素质的雇员。理所当然，高素质员工会留在那些能给他们提供晋升机会、高工资和承担更大责任的企业。成长是企业为员工创造晋升机会的主要机制。同时，留不住关键员工将会有损于企业的成长努力。高员工离职率可谓代价高昂，特别是在生物技术和电影制作等知识型产业中，企业的首要资产是员工的天赋、培训和经验。在知识含量较少的产业中，员工离职率可能不太重要，但也会使企业付出很大代价。基于对默克公司、惠普公司和《财富》杂志的数据估计，员工的平均离职成本是其工资的 1.5 倍。

（二）新企业实现快速成长的策略

企业能否实现快速成长，取决于多方面的因素，其中有内部因素也有外部因素，有成功的管理也有机遇。有学者经过长期的调查研究，将企业能够实现高成长的主要策略归纳为 7 个方面：

1. 善于在不确定领域识别并把握机会

机会是在变化中产生的。近些年来，快速成长企业出现的频率显然要比以往更高，究其原因，主要是经济转型和时代的变化。传统经济是制造业的时代，基础是零和博弈，你胜我输。新经济是双赢博弈，核心是探寻机会而不是避免风险。在新经济时代，变化快速而非渐变，其特征是收益增加、正反馈、规模经济性弱、进入障碍低，脑力和智力成为关键资产，真正短缺的资源是人的想象力和知识，而不是基本的原材料。

社会的发展与进步为企业家创业与发展创造了良好的环境。交易成本的降低、经济全球化的趋势、知识价值的提升、信息收集的方便性、新技术的应用导致一些产业的最小规模经济点下降，以及服务业等创业门槛低的产业日趋增多，等等。这些都会极大地激发企业家精神的发挥，人们渴望成为企业家，崇尚创业，他们采用全新创业模式，善于合作，广泛整合资源，追求快速成长。

2. 富于创新和变革

富于创新是企业家精神的本质。快速成长企业的创新首先表现为打破现状基础上的改进，认真观察那些快速成长企业，他们大多数并不是在向社会提供全新的产品和服务，而是通过经营理念、管理制度、营销策略等方面的创新实现了快速成长。

快速成长企业的经营者不会满足于已经取得的成绩，更不习惯于维持现状。企业持续的成长来源于持续的创新，而持续的创新来自于经营者不断地尝试变革，保持组织的活力，培育有助于组织创新的企业文化。

3. 注重整合外部资源追求外部成长

孙子曰："善用兵者，役不再籍，粮不三载；取用于国，因粮于敌，故军食可足也。……故智将务食于敌。食敌一钟，当吾二十钟；萁秆一石，当吾二十石。"孙子的上述作战思想已被广泛地运用于商战之中。中小企业的人力、财力、物力资源相对匮乏，注重借助别人（既包括竞争对手也包括合作者）的力量，发展壮大自身，便显得更加重要，这也是快速成长企业特别擅长的策略。

国外学者对欧洲快速成长的中小企业调查发现，快速成长企业大多愿意通过出售股份融资，他们改变所有权结构以便适应扩张；快速成长企业经常采取的一项非常重要的策略是通过建立分支机构实现成长。

加入商业联盟也能驱动企业成长。这包括合资企业、网络、公会、战略联盟、商业协会和连锁董事等。加入这些商业联盟形式能使企业可能获得合作伙伴资源，管理人才和知识能力，从而加速企业成长。

4. 注重人力资源管理

快速成长企业的一个共同成功要素是其强有力的人力资源管理。快速成长企业的经营者并不一定要受过高等教育，但他们要雇用一大批有能力的下属，他们通过构建结构合理、规模适中的团队，为企业成长面临的挑战做好准备。

通过对大量典型企业的研究表明，从表面看这些企业十分重视创新、市场预测及财务问题，但是通过企业快速成长的表象，发现一个惊人的事实，就是这些企业有着科学的人员管理计划，他们试图让员工对他们的工作与所服务的公司感到满意，并努力地、渐进地提高这种满意感。具体体现在以下几个方面：

（1）良好的工作环境包括有竞争力的工资收入、利润、良好的工作条件以及健康险等，因为小企业的员工需要承担企业破产的风险，企业有义务为员工解除后顾之忧。良好的工作环境还包括一些不十分明显的特征，如为员工提供明确、持续的指导，并为他们提供开展工作所必需的各种资源。近些年来，员工把公司可以提供的工作弹性也看作衡量工作条件的一项标准，如果公司不能很好地关心员工，作为回应，员工也就不会很好地为公司服务。

（2）成长的机会使员工感到安全，它的表现形式多种多样。对于不同的员工，成长机会代表着不同的事情，或者是晋升，或者是工作丰富化。但人们需要转变一个错误观念，即为员工提供稳定的工作和适度的退休金，员工就会感到安全。员工的安全感来自于他们在学校或工作中掌握的各种技术与能力，公司为员工提供的学习技术和能力的机会越多，就越能鼓励员工去学习，同时公司为员工提供的保证未来安全的帮助也就越大。

（3）员工有机会分享公司的成功。小企业所能提供的工资水平总是比不上大企业，更为不利的是，小企业有失败、兼并和被收购的倾向。事实上，小企业的员工是承担公司的一部分经营风险，一旦企业倒闭，他们的生活也就没了保证。所以，只有让员工分享企业的成功才是公平的办法。一些优秀的小企业采用利润分享计划，即让员工持股，并且可以根据需要随时兑换成现金，就是一种很好的让员工参与利润分享的办法。

5. 拥有比较固定的企业价值观

企业价值观是支持企业发展的灵魂，虽然是无形的，却渗透在企业发展的方方面面。大多数快速成长企业都有比较固定的企业价值观，用以支持企业的健康发展。对小企业而言，企业价值观一般是企业创建者自身价值取向的体现，这种取向直接影响着企业的发展。对成功企业的研究表明，在企业发展过程中，只有很少一部分企业根本改变了原有的价值取向，大部分企业的价值观变化甚微。企业价值观的固定性保证了企业发展的稳定性，也便于企业管理者与员工掌握企业发展过程中的关键点。快速成长企业的创建者非常热爱他们自己所从事的事业，他们审时度势，制定符合社会发展的价值观念，并倾注全部心血使企业的价值观延续下去。

6. 注重用成长的方式解决成长过程中出现的问题

每个企业在成长过程中都会遇到各种各样的障碍，有的企业在障碍面前止步不前，甚至衰败了；有的企业则将阻碍变成动力，适时变革，积极应对，实现了新的发展。通过对企业实际做法的考察发现，差别在于经营者应对障碍的方式方法不同：一般中小企业经营者采取的是被动的方式，用“救火式”的方法应对发生的各种问题，结果是“按下葫芦起来瓢”，问题反而更多、更复杂；企业家则采取了另外的方法，他们注重变革和创新，用成长的方式解决成长过程中出现的问题。

7. 突出以价值创新而非纯粹竞争力为特征的战略重心

快速成长企业与普通公司的区别在于其以价值创新而非纯粹竞争为特征的战略重心。大多数普通公司采用的是传统竞争战略，而成功的公司采用的是价值创新的竞争战略，两种战略的不同之处在于它们关注竞争的方面不同。传统竞争战略让企业在约定俗成的行业标准下与对手竞争并衡量自己的表现，全然不顾按照这些标准进行竞争的实际效果如何。相反，价值创新的竞争战略则使公司不受当前条件和行业标准的约束，勇于尝试突破那些条条框框的限制。快速成长企业的经营者清楚地知道他们该如何开展业务，这使得他们公司从众多公司中脱颖而出。从经营策略来看，重视创新、合作、质量、速度、品牌、服务和管理规范化等是促使中小企业快速成长的主要动力。快速成长的中小企业更重视战略，那些符合时代特点，对一般企业来讲有用的发展战略同样有助于中小企业的健康成长。

（三）企业生命周期管理

在成长与老化的共同作用下，每一个企业都存在着自身的生命周期。企业的生命周期是指企业从诞生到死亡的时间过程。人的寿命由于受到自然生理因素的限制是有限的；而企业组织却不受这些限制，因而从理论上说可以无限延长，但历史上长寿的企业却并不多见。世界上年龄最长的企业大约有 700 年，瑞士的劳力士公司和美国的杜邦公司年龄超过 200 岁，美国的通用汽车公司和西方电气公司也有 100 多岁。然而更多企业的生命周期却是很短的。据有关研究报告指出：在日本和欧洲，企业的平均生命周期为 12.5 年。在美国有 62%的企业平均生命周期不到 5 年，存活能超过 20 年的企业只占企业总数的 10%，只有 2% 的企业能活 50 年。英荷壳牌石油公司的一项调查表明，1970 年名列美国《财富》杂志前 500 强的大企业，其生命周期只有 40~50 年，到 1983 年它们中有 1/3 已经消失。根据我国经济学家们的研究，我国的企业寿命更短，大集团企业平均寿命在 7~8 年，一般的中小企业只有 3~4 年。因此从总体上说，世界上企业的平均生命周期都不长，企业组织整体上呈现出高死亡、短寿命的态势。

因此，认识和把握企业生命周期规律，采取积极措施应对企业衰亡的挑战，尤其把握好新创企业成长期管理，促使企业健康成长，争取成为“百年老店”，自然成为创业者的奋斗目标和创业实践的重要课题。

（四）企业生命周期理论

生命周期理论是经济学与管理学理论中最普遍的假设之一，描述了某种产品、技术、产业或事业都有一个从产生到消亡的周期，如同人的寿命一样，在其诞生之后，一般要经过培育期、成长期、成熟期和衰退期 4 个阶段。和产品一样，企业的创建与成长过程也存在生命周期规律。由于创业企业平均寿命短，如何做强、做久，成为许多创业者共同关心的问题。为此，企业生命周期的研究便成为实业界和学术界关注的热点问题。几十年来，各国学者结合企业实践提炼出许多企业生命周期模型，对企业成长所经历的阶段及各阶段的特点予以不同的划分和描述，其中由美国艾迪思咨询公司的创始人伊查克·艾迪思提出的企业生命周期理论在众多的企业生命周期模型中，阶段划分最为细致，最具代表性和影响力。

1. 企业生命周期

对企业生命周期的研究首先体现在企业成长阶段的划分上，就成长阶段的划分，最基础也是最常见的划分是将企业创立与发展过程划分为 4 个阶段，分别是培育期、成长期、成熟期和衰退期。

（1）培育期。处于培育期的企业称为初创企业，或者说是企业的初创阶段。初创企业的产生一般有两种情况：一是在获得一定的资金或技术之后，由个人或合伙或国家投资创建的新企业；二是由原有企业合并、接管其他企业而形成的新企业。在这一阶段，企业的生存能力还比较弱，市场占有率低、管理水平差、市场地位还不稳固，很容易受到已存在企业的威胁，风险较大。但初创阶段的企业较有活力，富有创业精神，由生存欲望所激发的奋斗精神、创新精神、大无畏精神成为这一时期企业成长的主要动力，是精神转化为物质的阶段。

在培育期，企业要解决的首要问题不是成长问题而是生存问题。只要能在市场上站住脚，能活下来，就能为将来迅速成长创造机会和希望。

（2）成长期。企业能经过培育期存活下来，一般会较快地转入成长期。这里的“成长”是狭义的、量化成长概念，指由小企业发展壮大为中型或大型企业的规模扩张状态。处于成长期的企业可以在比较短的时间内获得较高速的成长，规模经济开始产生作用，企业经济实力增强、市场占有率提高、员工人数增加、主业日益明显、抵御市场风浪的力量得以加强。

处于成长期的企业都是行业内比较引人注目的企业，通常也处于非常激烈的竞争环境中。因而虽进入成长期，但因经营战略方面的重大失误，断送企业前程的事例不在少数。成长期的企业依然不能掉以轻心，尤其是应该注意不能被众多令人耀眼的投资机会绕花了眼，犯了放弃主阵地、搞盲目多元化经营的战略冒进错误。

（3）成熟期。企业坚持度过了成长期，就会进入成长速度放缓，但利润率提高的收获季节，这一阶段的企业为成熟企业。现实中能进入成长期的企业不多，而能进入成熟期的企业就更是屈指可数了。绝大多数企业在成长过程中就销声匿迹、被无情地淘汰了。进入成熟期的企业一般是规模较大的企业，市场占有率也较高，竞争企业已经不太容易撼动其地位，因而不需要再做大量的投入，就可以获得比较好的收益。

成熟期后期的企业一般都开始考虑多元化经营问题。追求可持续成长的企业，会有效地利用成熟期回收的丰厚利润再投入到新的事业领域中去。但由于原有事业已经不可能期望有满意的成长空间，企业就必须到原有事业领域以外去寻找新的增长点。这一转变被称为企业脱成熟化或企业蜕变过程。

（4）衰退期。成熟期的企业如果不能成功地进行脱成熟化和蜕变的话，就会成为衰退企业（当然也有未成熟先衰的）。企业步入衰退期的原因很复杂，但以下几种主要原因普遍存在：①企业随某个关键人物（如创业者等）的离去而衰退；②随产品或服务市场（如电报业务）的消亡而衰退；③随技术的落后而衰退；④由于企业组织的自然老化而衰退，如患了大企业病的企业官僚主义横行、本位主义泛滥、创新精神缺失、应变能力下降等，总之是企业失去活力或生命力。

企业长寿或者持续成长的手段是“变革创新”。首先，企业可以通过不断的产品革新超越某一产品的寿命，使其持续成长。其次，企业可以通过技术的不断革新，突破某一技术的寿命周期而持续成长。再次，企业还可以通过事业的追求或转换，跨越特定事业的寿命周期获得持续成长。最后，企业还可以通过制度创新，不断为企业的可持续成长构建新的制度平台，为企业注入活力，使企业保持精神上的年轻。这一系列的革新过程，就是企业的“蜕变”过程。习惯上，企业界把成长过程中的重大革新阶段称为第二次创业、第三次创业。这使企业的成长过程出现一定的动荡期，或者说处于危机点。如果变革成功，企业就会进入一个新的成长期，但如果变革不成功，则进入衰退过程。

2. 企业成长三阶段模型

关于企业生命周期较系统的研究是由美国管理学家伊查克·艾迪思博士于 1989 年提出来的，称为企业生命周期理论。该理论主要从企业生命周期的各个阶段，分析了企业成长与老化的本质及特征。艾迪思把企业生命周期形象地比作人的成长与老化过程，认为企业的生命周期包括三个阶段九个时期。

（1）成长阶段：包括孕育期、婴儿期、学步期、青春期。

（2）成熟阶段：包括盛年期、稳定期。

（3）老化阶段：包括贵族期、官僚化早期、官僚期、死亡。

每个阶段的特点都非常鲜明。企业组织体系随着生命周期不断演变，将会展现出可以预测的行为模式，在迈向新生命阶段时，组织体系都将面临某种阵痛。此时，组织若能通过程序的制定以及有效的决策来攻克难关，促成转型的成功，则所面临的问题均属过渡性的正常现象。反之，如果组织只是一味地走老路，那么更多的异常问题将随之而来，而且一再重复，阻碍组织的发展能力。

四、新企业的风险控制和化解

（一）创业风险的含义与类型

创业风险是指企业在创业过程中存在的各种风险。由于创业环境的不确定性，创业机会与创业企业的复杂性，创业者、创业团队与创业投资者的能力和实力的有限性而导致创业活动结果的不确定性，就是创业风险。

（1）按创业风险产生的内容划分，创业可分为技术风险、市场风险、政治风险、管理风险、生产风险和经济风险。

①技术风险，是指由于技术方面的因素及其变化的不确定性而导致创业失败的可能性。

②市场风险，是指由于市场情况的不确定性导致创业者或创业企业损失的可能性。

③政治风险，是指由于战争、国际关系变化或有关国家政权更迭、政策改变而导致创业者或企业蒙受损失的可能性。

④管理风险，是指因创业企业管理不善产生的风险。

⑤生产风险，是指创业企业提供的产品或服务从小批试制到大批生产的风险。

⑥经济风险，是指由于宏观经济环境发生大幅度波动或调整而使创业者或创业投资者蒙受损失的风险。

（2）按创业的不同阶段划分，可将创业过程中的风险分为4个阶段：识别与评估机会风险、准备与撰写创业计划风险、确定并获取创业资源风险、新创企业管理风险。

①机会的识别与评估风险，指在机会的识别与评估过程中，由于各种主客观因素，如信息获取量不足，把握不准确或推理偏误等使创业一开始就面临方向错误的风险。另外，机会风险的存在，即由于创业而放弃了原有的职业所面临的机会成本风险，也是该阶段存在的风险之一。

②准备与撰写创业计划风险，指创业计划的准备与撰写过程带来的风险。创业计划往往是创业投资者决定是否投资的依据，因此创业计划是否合适将对具体的创业产生影响。创业计划制订过程中各种不确定性因素与制定者自身能力的限制，也会给创业活动带来风险。

③确定并获取资源风险，指由于存在资源缺口，无法获得所需的关键资源，或即使可获得，但获得的成本较高，从而给创业活动带来一定风险。

④新创企业管理风险，主要包括管理方式，企业文化的选取与创建，发展战略的制定、组织、技术、营销等各方面的管理中存在的风险。

（二）创业主要风险与防范

风险贯穿于整个创业过程，各个阶段的创业风险既有共同的特征，也有自身独有的特征。创业风险在各个阶段的表现形式也各不相同，所以应对和化解风险的方法和手段也不尽相同。有的类型的风险虽然始终存在，但是化解之道随着时间、环境的变化而需要对症下药。

创业前期是指在打算创业到创业初期的这个阶段。万事开头难。对于一个第一次创业的人来说，任何低估创业风险的举动都可能使创业计划和事业夭折在摇篮当中。以下风险要防范：

1. 临渊羡鱼

在今天的中国，盈利十几万元甚至几十万元的故事似乎到处都在上演。不过，对于那些没有大额资本当本钱的人来说，这一切似乎仍然是十分遥远的。

没有大额的资金当本钱就难以致富了吗？答案显然是否定的。没有资本，靠着好点子一样可以圆自己的创富梦。更何况一生下来就拥有财富的人毕竟是少数，与其临渊羡鱼，不如退而结网，放弃一夜致富这不切实际的幻想，脚踏实地地掘好人生第一桶金才是正道。事实上，即使是如今做大生意的老板，他们往往也是从小生意开始做起的。所以说，能不能拥有一个敏锐的商业头脑才是成败的关键。

要发展，就不能仅仅停留在仰慕别人的财富上。临渊羡鱼，不如退而结网。

2. 无米之炊

创业需要资源，这是常识。创业资源包括人才、资金、市场等。

错误估计市场使很多初创企业面临巨大的风险，如果一个企业的主打产品没有足够的市场，其失败几乎是必然的。

缺少资金也会使很多创业者遭受挫折，事实上，只有企业在经营到一定程度以后，才会有资金的回流。所以创业者必须充分估计到资金的需求量，而且一定要有相当的资金余地。努力降低创业成本。

但是风险也意味着机会，如浙商大都出身寒微，起初也是一穷二白，“无资金、无技术、无市场”，但最终“草根”成林。浙江是人均资源综合指数居全国倒数第三的“资源小省”，但现在却成了中国最大的“内资”（主要是民间资金）输出省份。市场上流传一句话：哪里有市场，哪里就有浙商。也有人说：哪里有浙商，哪里就有市场。这说明作为一个创业者不仅要善于追逐市场，而且要善于创造市场。

3. 匹夫之勇

创业如同其他经济活动一样，其本质是以最小的费用取得最大的效用。创业问题不仅涉及技术，还牵涉到天时、地利、人和等诸多因素。尤其是在变幻莫测的市场风云中，企业追逐经济效益就如同一场永无休止的战争。在日趋激烈的商战中，用心、斗智、出奇、弄巧以达到经济之目的日趋流行。现代的商人和企业家要有战将的谋略。任何一位出色的企业家都应当是通晓经济竞争技巧的智勇双全的人物。

创业不等于赌博，不是凭匹夫之勇可以成功的，是更精明的头脑和更可靠的方案，是更长远的眼光和更可行的方法。如果没有这些，创业只是一个玩笑和冒险。

如今的社会是人才化的社会、信息化的社会，体制趋于成熟，消费趋于理智。那种单纯凭借着自己的一技之长，加上胆大妄为就能成为百万富商的年代已经成为过去；光有一点经济实力和一个好的项目就能在业界独占鳌头的时代也已经成为历史。

4. 自暴自弃

卡尔·马克思曾经说过：“自暴自弃是一条永远腐蚀和啃噬着心灵的毒蛇，它吸走心灵的新鲜血液，并在其中注入厌世和绝望的毒汁。”可以说自暴自弃是创业成功的头号天敌。

其实大部分创业者在创业过程中都难免遇到大大小小的挫折，真正一帆风顺的创业者微乎其微。在失败和挫折面前，积极的态度还是消极的态度直接决定了创业者未来的命运。向挫折和失败投降的人，永远失去了成功的可能性；而乐观的态度对于一个创业者和企业来说是至关重要的，跌倒了，可以重新站起来。

5. 计划不明

机遇从来都是垂青有明确目标的人，同样的，失败之神也很少放过那些没有明确目标的人。创业的道路上充满着荆棘和艰辛，不能光凭满腔热情和雄心壮志，还需要明确的目标和实现这些目标的周详计划。

计划不明，意味着行动是盲目的。如果一个盲目的人成功了，那么只能说是歪打正着，是一种偶然的幸运，而绝不能作为成功的经验尊奉。计划是创业过程中指导性、方向性的东西，计划如果是错误的，或者是不明确的，尤其是关键的地方、关键的步骤不明确，那么失败几乎是不可避免的。

6. 仓促上阵

选择自主创业的人越来越多，但其中也有相当一部分人的创业行为未能成功。在创业的时候，一定要谨慎投资而不能仓促上阵。

7. 朝三暮四

进行创业，一定要坚持不懈，绝不可朝三暮四、见异思迁。如做大还是做强，这是每一个创业者都会遇到的两难问题。当你刚开始经商或者创业的时候，并不一定要做大，但是一定要做强，而做强就需要专心做一件事情，不要盲目地做一些看来似乎有发展的项目，从而分散精力，废弃主业，这样的结果往往是主业无法做强，做大也只是一个空壳子。在创业阶段，要使企业发展，要把生意做大，必须安心做好一件事情。每一个行业都有强劲的对手，都面临着严峻的竞争。如果不抓住自己的主业，盲目涉足一个自己不熟悉的领域，势必分散精力、资金，不但新的行业难有所建树，恐怕连自己的老本也都要赔光。

打算创业的人在开始时就应该耐得住寂寞，守得住目标。企业发展最重要的是企业自我定位的问题。在创业的道路上，往往有很多诱惑。当你遇到一项新的投资时，安心做自己的事情，才会把这件事情做好。如果放弃自己的事情，去做新项目的投资，搞不好就是失败。

8. 急功近利

每一个创业者都想做一个成功的人、优秀的人，只不过在众多诱惑之下，失去了忍耐的性子。成功是要讲究储备的，仓库里的东西越充足，成功的机会就越大，也才可能走得更远。人生的成功之路更像一场马拉松赛跑而不是百米冲刺，前 100 米领先者不一定就能成为全程的优秀者，甚至都一定能跑完全程。在这遥远的征途上，基础的积累将会起到决定性的作用。如果你自觉先天不足而又已然踏上征程，那就更要格外注意随时给自己补充营养。

9. 单打独斗

俗话说：“一个好汉三个帮。”在现代社会，人与人之间的联系是非常紧密的，一个创业者需要和客户打交道，和政府部门打交道，和合作伙伴打交道。孤家寡人是不可能取得创业上的成功的。

此外，创业的时候最好有良好的合作伙伴，一个人创业实在太难了。就算你无所不能，你也需要同伴们来集思广益，避免愚蠢的举动，以及在遇到挫折时互相鼓励。最重要的一点是，创业的过程中你可能遇到难以承受的低点。当你有多个创始伙伴时，彼此信念上的支撑就好比捆成了一捆的箭。每个人都暗暗给自己打气："我绝不能让我的朋友们失望。"这是一个人最强大的动力之一。而单一的创始人则缺少了这一动力。

10. 争权夺利

创业伙伴之间发生争斗事件比较普遍。但是如果创业者能够更加谨慎地选择他们的创业伙伴，那么大多数的争吵都可以避免。多数的争吵并不是因事而起，而是因人而起。也就是说，是早晚会发生的。而大多数因为争吵而一怒离开的创始人，可能从一开始就信心不足，只不过被掩饰起来了。不要掩饰你的疑虑。在公司成立前把问题解决掉要容易许多。所以，不要因为怕疏远你的同屋而拉他入伙；也不要因为某人有某种用得上的技能就一起开公司，而不管你喜不喜欢他。一个初创公司，最重要的因素就是人，所以不要在这上面有什么将就。

11. 固执己见

创业者要有自己的主见，但并不意味着固执己见。世事变化无穷，人的智力有限，不可能所有的事做得都正确。创业更像是从事科学研究，你更应该遵循自然规律而不是主观臆断。作为一个创业者，一旦发现别人是对的，错的是自己，就应该自我认错。

一般说来，创业者把创业构想变成现实，并使企业开始盈利或具备盈利前景的时候，我们可以说创业获得了成功。俗话说，创业容易守业难。创业成功以后，创业者和企业仍然面临着各种各样的风险，有的风险甚至会导致创业者功败垂成。

创业成功以后，不管创业者选择让渡所有权或经营权，或者继续发展和开拓事业，保留企业的所有者和经营者的双重身份，企业都要经历一个休整期，这是不可逾越的阶段，在这个阶段，许多风险会迎面扑来，如果不及时化解这些风险，就会直接影响到企业的继续生存和发展。

12. 心理失衡

做企业的人要保持一个良好的心态，因为思想决定行动。心态不对，行动就容易错误，最后毁人毁己。但是企业家要保持一个良好的心态不容易，尤其是涉及利益格局和利益分配的时候。中国有句古话"富不过三代"，但如今有不少靠创业致富的人，在短短几年里就失去了辛苦积累而来的财富。这究竟是什么原因呢?

据有关专家对这部分创业者失败原因的分析，其中有许多共同的地方，就是创业成功以后心理失衡。

（1）好高骛远。务实的态度是创业的基础，好大喜功、好高骛远者最后只能落得“竹篮打水一场空”。

（2）忘乎所以。比如禹作敏成功后派头十足，用封建帝王的那一套来“统治”大邱庄，俨然成了割据一方的诸侯，到最后甚至公然对抗国家司法机构。为商先为人。如果丢失了做人之本，也就失去了发展之本。

（3）坑蒙拐骗。曾有“中国大陆首富”之称的牟其中，最后因犯外汇诈骗罪而被判无期徒刑。此类事件并非偶然事件，然而，靠欺骗手段建起来的基业最后只能是“空中楼阁”。一分辛苦，一分成果。创业靠的就是实打实的苦干，而不是坑蒙拐骗、投机取巧。

（4）胆大妄为。赖昌星出道之初是搞运输的，也算是一名创业者，然而生意越做越大，他的胃口和胆子也越来越大，甚至到了胆大包天的地步，成为中国历史上最大一起走私案的直接策划与领导者。然而，天网恢恢，疏而不漏，后来东窗事发，赖昌星沦为抱头鼠窜的“通缉犯”，终被遣返回国，判无期徒刑。多行不义必自毙，小心驶得万年船。靠着贪念和贼胆致富，注定是此路不通。

13. 义气过剩

具有儒家传统的中国人向来都把“义”看得很重。所以义气就是甘于承担风险或牺牲自己利益的气概。历史上对于讲义气、杀富济贫等英雄行为，也给予了热情的赞扬。朋友间的友谊也是同讲义气紧密联系的。

但是，真正的友谊和义气有着本质的区别。作为哥们儿义气来讲，它是一种基于无知和盲从，情感无基础的冲动，是一种非理智的行为，创业者如果盲目讲义气，可能会给企业带来危机甚至灭顶之灾。

14. 坐享其成

有的创业者在创业成功以后，失去了创业初期的进取心和创新精神，骄傲自满，不思进取，没有进一步去巩固成果并去开拓新领域，或者采取一些消极、拙劣的手法维持现状。这主要表现在：

（1）故步自封。在创业者所处的原有行业，由于某些原因正处于没落之中，需要创业者去开拓陌生的、具有潜力的领域，但是由于投资者对于市场、渠道、消费者的情况所知不多，这就需要重新了解、学习和实践，才能把握好新的市场。如果创业者对新行业没有兴趣，就会在实际经营中产生消极因素，最终导致失败。

（2）照搬照抄。有些创业者，创业成功之后，一时找不到新的投资项目，于是他们跟从其他利润丰厚的企业，照搬照抄。但是他们所见所闻都是其他企业的表面现象，自己的内部管理和经营理念等深层次经营要素跟不上，所以别人成功了，自己却失败了。

（3）臆断前景。一般来说，进行创业，需要对行业、市场的前景进行预测和推算，但是很多的预测，是根据竞争对手的现状想当然来完成，没有科学的依据。

15. 挥霍浪费

在创业初期，大多数创业者都能注意控制成本，节约开支，艰苦奋斗。但是在创业获得初步成功以后，创业者手里掌握着越来越多的资金和资源，放松了过苦日子的意识，再加上管理上若出现混乱，虽然企业的业务在不断增长，可到头来利润却有所下降，关键就是不注意控制成本和费用。

16. 缺乏创新

创新包括产品创新、技术创新和制度创新。缺乏创新而只会模仿自己或别人过去成功的经验，是人类自古以来的弱点。

有的创业者急功近利，只顾追求市场和产量，不主动要求创新，管理工作流于形式，自然看不见创新成果。这种只顾眼前利益，“管理放松”的做法最终结果就是技术放松，技术创新能力慢慢衰竭，核心竞争力无法形成。

有的创业者的创新尚处于浅层次，在创新观念上还存在着“走老路稳当”的误区。在这样一种发展态势下，企业不可能开拓新的市场和取得超额利润，企业只有产出的高效率而没有增长的高效益。

17. 管理危机

成功管理的关键不在于排除所有的问题，而在于把注意力集中到企业当前阶段所存在的主要问题上，这样企业才能成长、成熟并壮大起来，去面对下一个阶段的到来。创业成功后，企业面临的主要管理问题是管理危机问题，具体表现为以下几点：

（1）创业者疲于奔命，顾此失彼。创业成功后，人员增多，业务繁忙，企业面临的问题越来越复杂。然而，创业者习惯于发号施令，事必躬亲，唱独角戏；员工也习惯于接受命令，对创业者有依赖心理，从而导致创业者日常事务过多，工作量剧增。不可避免的结果便是创业者感到力不从心，不堪重负，但又没有抓住重点。

（2）决策得不到有效执行，管理开始失控。创业成功后，企业开始有现金流入或者盈利，招聘、迁址、购置新设备、培训等，忙得不亦乐乎，于是管理费用急剧上升。企业经营的范围和地域也会扩大，管理开始变得复杂起来，问题也多了起来。幸好，创业者一如创业过程中那样果断，员工也依然贯彻执行决策，但是，创业者无法一一监督、评估决策的执行，企业也缺乏相应的机制与政策，因此，决策执行的效果大打折扣。

（3）企业利润状况徘徊不前。创业可能更多地源于创业者对市场机会的前瞻，企业所从事的业务具有独创性或具有某种竞争优势。创业成功后，会有许多跟进者进入市场，企业的优势会逐渐减弱，竞争压力增大，业绩增长率会随之下降。另外，企业越是成功，创业者越是感到志得意满，有时甚至觉得无所不能，扩大经营和多元化便在所难免。摊子太大和对新业务不甚了解，难免会出现失误，从而侵蚀企业的利润。

（4）老员工缺乏继续创新的动力。创业成功后，老员工容易陶醉于曾经取得的成功，喜欢向他人讲述传奇式的创业历程。创业者考虑的是企业的未来，而老员工考虑的是创业者应该如何奖赏、如何分配胜利成果，考虑的是如何在企业保持相应的权力与地位。老员工不愿继续艰辛地奋斗，安于现状，于是，小富即安的思想在企业蔓延，甚至会影响创业者本人。这样，企业很容易失去继续创新的动力。

（5）新老员工出现矛盾冲突。新员工会说“我原来那家企业如何如何”，老员工会说“我们原来怎样怎样”。对于新员工而言，什么事情都会让他困惑不解，一切都没有定规，规章制度束之高阁，薪酬制度是由不同的特例组成的大杂烩，企业行为就是创业者个性的写照。老员工讨论的是过去的“好时光”，说话办事都有一套他们自己的规矩。由于企业没有什么成文的政策，那些资历较深的员工就是企业的活档案，一旦他们离职，企业立刻就会陷入一片混乱。另外，创业者会记着这些曾经追随自己的老员工，因此，老员工在企业里有极高的权威，而新招聘的员工考虑的是如何发挥自己的能力、如何证明自我，于是，新员工成了挑战老员工的对立面。

（6）创业者的家庭压力开始增大。作为坚实的后盾，家人在创业者的创业过程中给予了无私的奉献，他们希望创业者能够取得成功。创业成功后，配偶希望创业者更多地关心家庭，儿女希望创业者能够尽到父母的责任，而创业者比以前更忙更累，无暇顾及家庭，家庭压力开始增大，尤其是有家庭的女性创业者。一位女企业家在周末会议上收到其丈夫三条短信息，“今天星期几”“女儿有一个月没有见着妈了”和“你知道回家吗”，无奈之下会议只能戛然而止。

如果说创业过程中企业是根据危机进行管理，那么创业成功后是管理造成了危机。创业者应该认真避免和解决创业成功后企业的管理危机问题。

随堂讨论

亲手酿美酒

2012年7月，李同学和王同学在北京地铁10号线旁的居民楼里开始尝试他们的“迪艾歪（DIY）果酒体验中心”，所有来体验过酿酒过程的朋友都说这是个创业的好项目，所以经过反复商量，两人决定注册公司，开办实体店。

找房：柳暗花明

要开店，首先就要找适合开店的房子，原来的体验中心在24层，面积只有60平方米，显然适应不了经营需求。由于双井紧靠地铁，王同学建议围绕双井地区找房源，“最好是那些经营不善的酒吧，这样可以减少一些装修费用”。

两个人骑着自行车找遍了双井地区，他们越来越觉得在这里开店不太现实。一天，李同学发现一栋沿街的居民楼地下室写着“招租”，李同学考察了一下感觉适合开店。“房子在二环以内，近300平方米，房东听说我们是大学生创业，非常支持，房租给了最低价。”房子很快就确定下来了，10月的最后一天签订了租赁合同，一年租金15万元。

装修：斤斤计较

11月是一个忙碌的月份，店面装修占用了李同学和王同学的大部分时间。由于不懂装修，两个人只好同时和多家装修公司谈装修报价，然后拿着一家的报价去跟另一家比较，尽可能地压价。两个人的分工很明确，王同学负责装修谈判，学法律的李同学负责审阅合同文本。天天签合同，天天砍价。这是王同学对自己状态的描述：“说了一天话，下巴都酸了，晚上回到家见到谁都不想说话。”

为了节约开支，王同学和李同学还跑到建材城了解墙漆、墙纸等材料的报价，尽可能做到心中有数。“我们设想的是公司一定在开始就建立良性的财务机制，采购时就要考虑经济压力，尽可能地少花钱，我们的目标是让公司至少生存一年，即使一分钱不赚也能生存一年。”

“装修就是一种缺憾美，价格虽然已经很低了，但如果喷墙漆、地漆之类的活儿自己做，还能省下不少钱。”对装修的花费，王同学还在“斤斤计较”。

办证：马不停蹄

申请营业执照是和装修同步进行的，这是李同学主要负责的工作。因为在考察项目阶段，就已经确定了项目的名字叫“迪艾歪”，所以，申请的公司名称也被确定为“迪艾歪商贸有限公司”。李同学先在网络搜索引擎中查询了是否有重名的公司，确定没有之后又到店面所辖地的工商局——西城区工商局申请登记。公司名称在10天后被批准登记，李同学又马不停蹄地办理营业执照。

在选择注册资金时，李同学选择了10万元，他表示：“因为装修还在进行，各种手续都需要花钱，这笔注册资金要被冻结15~20天，所以，我们反复商量，还是注册10万元资金比较合适。”

申请营业执照花了一个月时间。2012年12月19日，李同学和王同学一大早就赶到了工商局，领到了盼望已久的营业执照和公司印章。仔细端详着营业执照，王同学喜上眉梢，他举着公司的印章说：“这就是我们正规化的标志啊。”

拿到执照之后，李同学马上去中国工商银行给公司开了一个账户，“听说这个账户要经过央行的审批，然后我们就能够拿到公司正规的发票和支票了。”

开业：倍感欣慰

店面装修于2012年12月5日彻底完工，两个创业伙伴决定把开业日期定在2012年12月20日，因为他们已经开始考虑盈利的问题了，李同学告诉记者：“我们考虑公司必须在圣诞节之前把所有的东西解决，能够正式营业，圣诞节和元旦的时候应该能够吸引一些顾客消费。”

开业那天，很多朋友到场祝贺，甚至附近小区的居民也都来看热闹，来了150多人，而且现场就有人体验了酿酒过程。开业典礼非常成功，李同学倍感欣慰地表示：“我们终于把架子撑起来了，剩下的就是把公司推上良性的运营轨道了。”

讨论：

1. 在王同学和李同学的创业故事中，你认为哪些地方值得学习？

2. 你认为王同学和李同学在创业过程中有哪些不足？假如你是王同学或李同学，你会怎样做？

3. 假定自己运作一个创业项目，谈谈你的实施计划。

实训项目一　新创企业门店选址

一、实训项目名称

新创企业门店选址。

二、实训项目任务

通过此项目的实训，让学生了解新创企业门店选择的重要性，同时了解如何进行新创企业门店的地址选择。

三、实训项目内容与要求

1. 内容与要求

根据所学知识和收集的信息资料，以自愿的原则，将学生分为若干小组，每组6~8人，每个小组自定经营内容。

假定以小组为单位开设门店，根据不同经营内容，制订一份门店的选址方案。

方案中应涉及以下内容：

（1）多个选址策略的比较分析过程

____

____

（2）最终决策理由

____

____

（3）选址结果

____

____

2. 参考与提示

（1）根据门店的经营内容选址。例如，服装店、小超市要开在人流量大的地段；保健用品门店和老人服务中心，开在稍微偏僻、安静的地方等。

（2）选择自发形成某类市场的地段。

（3）选择有广告空间的店面。

（4）把店铺开在著名连锁店或强势品牌店的附近。因这些著名品牌店在选址前做过大量细致的市场调查，挨着它们开店，不仅可省去考察场地的时间和精力，还可以借助它们的品牌效应“拣”到顾客等。

四、实训项目评价

1. 各小组互相评判，并评出两个优胜小组。

2. 由教师给组方案打分，对优胜小组进行点评。

实训项目二　大学生创业公司注册

一、实训项目名称

大学生创业公司注册。

二、实训项目任务

通过项目实训，让学生了解创业公司的类型，了解创业注册的程序和相关政策法律。

三、实训项目内容

根据所学知识和收集的信息资料，以自愿的原则，将学生分为若干小组，每组 6~8 人，每个小组拟定创业公司类型。

假定以小组为单位注册公司，根据不同创业公司类型和经营范围，制定一份公司注册流程和企业登记（含工商登记、税务登记等）方案。

四、实训项目评价

1. 由注册小组进行集中汇报。

2. 各小组互相评判，并评出两个优胜小组。

3. 由教师给各组方案打分，对优胜小组进行点评。

实训教程八　网店及开办网店创业的训练

实训目的：让学生了解国内外创新创业的发展以及国家对创新创业的政策、教育等知识以便在学校期间能够有意识地培养自己关注网店的相关知识，训练自己开办网店的能力。

实训资料：解读一些文件和国内外网店创新创业的发展状况和概念。

教学目标：

[知识目标] 1. 了解网店的由来和网店的概念及特点、开店具备的条件。

2. 了解网店的发展现状和规模。

3. 掌握网店开设的平台建设、装修、注册等相关知识。

4. 掌握网店经营的相关步骤、注意环节、进货、服务等。

5. 了解开微店的防骗术和加盟知识。

[能力目标] 能够清晰地描述网店建设和发展、经营的相关知识。

[实训目标] 通过了解相关知识，开展实训掌握开店的所有过程。

第一节　了解网店的概念、特点及开店应具备的条件

案例导入

先创业再毕业

张依玲从高中时代就开始关注网络营销，对网络开店一直情有独钟，在大一那年，开始在淘宝网上开店。“当时因为没有货源，卖的都是一些零散的闲置。后来放寒假我的第一个店铺也因为断货无疾而终。”

尽管如此，但第一次开店使她认识了许多网上朋友。“大二开学后，我不想就此放弃拥有一间自己的店铺的梦想，还有我也不忍离开在淘宝上认识的这么多朋友，于是我开始找货源，因为是学生，我没有充足的资金进行大量批发，我就抱着试试看的心态和一些大的本地批发商沟通，希望能得到一些优惠，但大部分批发商或者大公司知道我是学生后都是不予理睬的态度。”

最后，她通过淘宝上的阿里巴巴链接，成功地找到了一家学校附近的水晶经销公司。对方是一家跨国企业，正希望能够提升自己的品牌价值，因此，当他们得知张依玲有在网上开水晶店并能带给他们网络宣传效应以后，立刻表示愿意支持。

接下来张依玲还是不急于马上下海，由于对水晶市场并不了解，她还要求对方能够给自己提供详细的资料以及周期性的培训计划，当一切都准备好之后，张依玲的小店才正式开张。现在张依玲每个月的纯收入大约在 1000 元，虽然不多，但却相当稳定。

案例分析：网上开店要循序渐进，一般开店的前 3 个月是适应网上开店和聚集人气的时候，这个时候要多学习好的卖家的经验，及时根据市场调整自己的经营，同时可以积累一些客户，这些客户都是你的朋友，也是最有缘的人，一定要服务好，老客户服务好是就不断给你介绍新客户。之后，网店的经营就会实现向良性发展。

（资料来源：豆丁网）

一、什么是网店

（一）网店的定义

网店顾名思义就是网上开的店铺，作为电子商务的一种形式，是一种能够让人们在浏览的同时进行实际购买，并且通过各种支付手段进行支付完成交易全过程的网站，目前网店大多数都是使用淘宝等第三方平台开启，自己制作电子商务站点则技术量较大，且前期投入巨大。网店相比传统的门店，具有方便快捷、交易迅速、不易压货、打理方便和形式多样等优点。网店大多数都是使用淘宝、易趣、拍拍、京东、购铺商城等大型网络贸易平台完成交易的。

（二）网店店主

网店店主，是在网上开店的店铺主人。网店不像实体店，需要一个用于经营的店铺，也不需要从一开始就招聘员工看守店铺，没有必须进行工商注册的法律规定，因此网店的经营成本较低，很适宜资金不足和经验不足的人员进入商业经营领域。绝大部分的店主在家里进行网店管理和操作，理论上可以实现 24 小时在线服务，把经营时间最大化，在方便客户的同时也为自己获得了更多的生意机会。据《走第三条道路——与你一起作自由职业者》披露，淘宝网是网店店主最集中的社区，注册用户数已超过 1.63 亿，中国网民中几乎 1/3 都是淘宝网的用户，平均每天有 3000 多万人登录在线，他们都在关注着淘宝卖家（网店店主）的商品和服务信息。

（三）网店的来源

说网店的起源，实际上我们就是在说电子商务的起源。尽管网店与电子商务是两个不同的概念，但网店属于电子商务的一种，正因为世界上出现了电子商务，网店才应运而生，如果没有了电子商务的支撑，网店也就不存在了。

网店是从一开始单一的网上展示产品演变而来变成一种不仅仅可以展示产品还可以让浏览者进行实际购买行为的网站。

二、大学生开网店应具备的条件

案例导入

“石头妹”开网店：致富道路越走越宽

“石头妹”翁艳丽谈起她开网店的初衷，还要源于一八五团红红火火的旅游业让她看到了商机。

翁艳丽说：“旅游季有的游客想再次购买的时候，我没有一个渠道，就有人提议我开个网店还能产生二次购买、三次购买，还有私人定制，别人不可能大老远地跑这么远的路来二次购买，所以我就想开个网店。”

她说：“旅游季的时候在景区销售了一个多月，主要的消费群体是爱好手工产品和个人定制这种类型的人，大概一天平均可以卖掉十几块，小石头就比较多一点，收入一天有 200 多元。”

对于今后依托团场旅游业销售手工制品、发展手工生产，翁艳丽有她独到的认识，她觉得自己一个人富了不是富，只有带领大家共同致富了才是真的富裕了。

（素材来源：百度文库）

案例分析：找出自己喜欢的生意去做，而不是看着别人做什么就做什么，盲目跟风。好多人往往因为盲目而失败，要开好店就得做好准备工作，熟悉行业才能把事情做好。

网店的创业零门槛吸引了很多人纷纷投入到网店市场中，也让很多人很容易就能拥有一家属于自己的网店，开网店是容易了，但是开了网店之后就会发现“理想是丰满的，现实是骨感的”。想让自己的网店在网络上立足和发展壮大并不是一件简单的事情，毫不夸张地说，这是一场持久战，你坚持得越久，就离成功越近。小卖家就更不容易了，很多小卖家都是自己打拼的，一个店铺靠一两个人来撑起，人员不充足，投入的资金也不多，这样能坚持下来并且获得成功就需要付出更多。

（一）开网店具备的素质条件

1. 坚持下去才能一路前行

很多事情都是需要长久地坚持才能成功的，开网店也是一样，如果你不能坚持，遇到挫折就退后、就妥协，这样只会让你不断地退后，最后被淘汰掉。网店小卖家如果选对了方向，坚持下去就一定能成功。小卖家开网店需要坚持的有很多，包括坚持诚信经营的原则、坚持切实为客户着想的理念、坚持做自己不随波逐流、坚持不妥协等。坚持所选择的，选择所坚持的，坚持是大学生在开网店的路上一路前行的无畏力量。

2. 要有极强的适应能力，懂得顺势而行

淘宝每年都在更新，每时每刻都在改变，而且这种改变是与网店经营息息相关的。所以对于小卖家来说，时刻去关注这些变化，及时去调整自己来适应这种变化，是至关重要的。小卖家要有极强的适应新变化的能力，顺势而行，广阔天地，才能大有作为。

3. 好的心态是做事的根本

开网店的过程中难免会遇到一些不如意的事情，比如没有订单、买家中差评等问题，这个时候如果只是一味地沮丧和抱怨，是于事无补的。必须要及时地调整自己，用良好的心态去面对和解决问题。订单这一刻没有不代表下一刻也没有，今天没有或许明天就会有，换个角度来想的话其实订单一直都在路上，我们只要努力地做到最好来迎接订单的到来就可以了。不能接受的就尽力去改变，尽了力也没能改变的，就坦然接受。

4. 不断地学习才能不断地进步

从开店之初的选货源、店铺装修、发布宝贝等，再到后面的网店优化、营销推广等，都需要在实践中不断地学习。学习既是一个付出和成长的过程也是一个收获的过程。不断地学习会使店铺在各方面都不断地提升和完善，对经营店铺才会越来越有经验。

5. 要勇于尝试新的事物

随着互联网的快速发展，网络上每天都有新的产品出现，开网店脱离不了网络，因此要勇于尝试新的事物，跟上互联网发展的步伐。像是现在很火的微博、微信、微淘、来往等一系列的新型营销方式和工具，都要多去尝试利用。多去尝试新的方法、方式，

才能一直走在前端不掉队。

大学生开网店过程中，应该具备以上 5 点素质，有了这些素质才能把网店更好地经营下去，才能一往无前。

（二）开网店具备的能力条件

创业是极具挑战性的社会活动，是对创业者自身智慧、能力、气魄、胆识的全方位考验。在网络上创业更是如此，拿在淘宝开网店来说，就比任何产业的竞争都要激烈得多，当然了，其中所隐藏的机会也比很多行业都多，空间无限巨大。因此一个人要想获得网络创业的成功，就必须具备一些必要的能力：

1. 充沛的精力

能坐在电脑前几个小时，大脑始终保持飞速旋转，要处理好买家的咨询、订单的整理。还要在闲暇时间逛论坛、发帖子、找客户，这些都需要你有充足的精力。

2. 坚韧的毅力

开店并不是开起来就能成功，也许开起来之后经营状况与想象中有较大差距，会遇到很多挫折。开店前要做好心理准备，失败的挫折自己是否能承受得起，是不是已经做好了接受打击的准备？万一失败了自己是否可以做到坦然面对？只有把各方面的困难都想到了、有了应对最差情况的心理准备，有一颗强大的内心，坚韧的毅力，这样才可以在遇到危机时坦然渡过难关，从而迎来生意的转机。如果一遇挫折就丧失信心，做任何事情都很难成功。

3. 对客户自始而终的热情亲切

不管是网上开店还是开实体店，想要赢利，想要有长久的利润，就必须有稳定的顾客群。

面对网上同类的商品那么多，顾客想到的是去你的网店，而并不一定是因为你的商品有什么优势，回头客很多去买的是你的真诚服务。

4. 对客户讲诚信

答应了买家的要求就一定要做到。经营时间长了之后会发现，一个成功的网店靠的不是推广，不是浏览量，而是回头客、忠实的顾客群。如果因为你答应卖给买家没做到，更或是欺骗买家，哪怕在你看来很小的事，将心比心，买家在其他店可以几乎同价买到的还会来你的店里买吗？而且还可能给自己的信用造成影响，所谓好事不出门，坏事传千里，千万不要因小失大。

5. 有管理能力

网上开店不是一件简单的事情，需要经营者处理的事情同样很多，从选择供货商、发布商品信息、宣传推广、配送发货到售后服务等方面，无不要求经营者亲自处理，因此，经营者应具备一定的管理能力，这样才可以使店铺正常运行。

6. 对店铺宝贝的准确定价和定位

网上开店，价格是一个很敏感的因素，是最大的竞争优势，顾客选择网上购物，最主要的原因就是网上商品价格方面的优势。这就要求经营者既能够进到物美价廉的商品，又能够将商品标出一个适宜的销售价格，这样才可以吸引顾客，在赚到合理利润的同时又保证网店的竞争力。

7. 懂得多渠道营销

经营者要通过多种网络推广方式让更多的顾客关注并进入自己的网店，这就是经常逛论坛发帖，在微博、QQ 空间等自己可以想到的推广渠道进行推广。

8. 独立思考的能力

具备了独立思考能力的创业者，才能在这个变化多端的市场分得清什么是机会，什么是陷阱。具备了此种能力，创业者就不会只是单纯地去模仿竞争对手，而是具有自己的特色。

（三）开网店的四点禁忌

现在很多大学生投入到网络商务中，自己做老板、开网店已经成为稀松平常的事情了，因为投入不是很多，有货源供应就可以开起来。

但是开网店也有很多禁忌。同时，网络毕竟是虚拟的，要开好网店一定要注意安全，遵守网络安全法规。

1. 做自己不熟悉的生意

对于小本创业者来说，都有一个原则那就是不做自己不熟悉的行业。对任何一个行业来说，都是内行人赚外行人的钱，因此你如果想要在这个行业赚钱的话，就必须要先变成内行人。在网上开店也是这样的，不要选择自己不熟悉的行业。

2. 贪大求全

相信许多大学生都有非常远大的抱负，大多都以开网店作为梦想起飞的地方，从而创建自己的电子商务王国。于是开网店后，什么都想卖，但是真正在网上最好的大店铺，都是比较专一的产品，最多不跨越三个产品的品种。大店这样，对于小店来说也是这样的，只有通过努力，才能获得成功。

3. 过早辞职

很多开网店的大学生一开张或者是有那么一点点的起色的时候，就把自己的工作给辞了，开始轰轰烈烈地做起网店来了。但是对于过早辞职的学生店主来说，这并不是明智的选择。我们在辞职专心做淘宝的时候，一定要问自己以下的几个问题：经营方向是否明确、货源是否稳定、网店的大部分功能是否明确等问题。

4. 把自己关在家中

不要以为开淘宝店就是每天在电脑前，这样是不对的，我们要经常出去走走，逛逛批发市场，看看最近流行什么。

上面的这四点开网店的禁忌，是需要每个想要从事开网店的创业者应当要注意的，当然，在开网店时，需要学习的创业技巧还有很多，而这些也都是需要每个大学生创业者去学习的。

大学生利用课余时间做，可支配时间多，无压力。建议前期多逛淘宝论坛、帮派等电商实操知识经验分享社区，多多了解别人是怎么做的，里面有各种阶段的卖家、买家在交流，大胆发表自己的想法以及提问，发展人脉和资源。一般来说，小钱可以赚到一些，做大很难。前期会有很长一段时间看不到效益甚至想放弃，得提高自己的学习和操作能力。

三、网店的优势、特点

（一）优势

1. 方便快捷

网店不用装修、采购等实体店铺必须要经过的过程，打开电脑点点鼠标就可以开个网店。

2. 交易迅速

买卖双方达成意向之后可以立刻付款交易，通过物流把货品送到买家的手中。

3. 不易压货

可以没有实体店铺，也不用注册公司，而仅仅开一个网络店铺，就可以把宝贝卖向全国，这也是网店吸引人的一个方面。

4. 打理方便

不需要请店员看店，不用跑老远上货、摆放货架，一切都是在网上进行，看到货品下架只需要点击一下鼠标就可以重新上货。

5. 形式多样

网店形式多种多样。无论卖什么都可以找到合适的形式，如果有比较充足的资金可以选择通用的网店程序进行搭建，也可以选择比较好的网店服务提供商进行注册然后交易。

6. 安全方便

线上交易不能提供实实在在的亲身体验，造成买家往往喜欢与自己更信任的商家交易。所以如果第一次交易顺利，买家回头率会更高。网店需要提供更多的信任体验机会。

7. 应用广泛

所有人都可以在网上买到称心如意的商品，只要可以上网，有网上银行卡，就可以在全国范围内随时购买，省去了不少路费。

8. 分销渠道

可以到分销网站进行分销，成为供货者的分销者，分销只需进行上架，然后就可以卖了，最主要的是找到好的供货商，可以教你如何做，得到便宜的采购价，高效地赚钱。

（二）特点

1. 投资少，回收快

一项针对中国中小企业的情况调查显示，个人在网下启动销售公司的平均费用至少5万元，而据易趣网礼品门类的负责人介绍，网上开店成本非常小。一般来说，筹办一家网上的商店投入很小，不用去办营业执照，不用去租门面，不用囤积货品，所需资金不超过1500元；网上商店比同等规模的地面商店“租金”要低得多，同时租金不会因为营业面积的增加而增加，投资者也不用为延长营业时间而增加额外的费用。

2. 基本不需要占压资金

传统商店的进货资金少则几千元，多则数万元，而网店则不需要压资金。只要卖家找到固定的供货商，在实际交易中不需存货，只需在供货商处拿到少量的样品，回家拍好图片放到网上，待有顾客下单时再去供货商处补货。这一优势使得网上店家不必把租金、货款等成本加到商品的单价中，网上商品的价格因而比传统店铺要低得多。

3. 24小时营业时间

网上商店延长了商店的营业时间，一天24小时、一年365天不停地运作，无须专人值班看店，都可照常营业。传统店铺的营业时间一般为8~12小时，遇上坏天气或者老板、店员有急事也不得不暂时休息。对于所有的商家来说，时间永远都是金钱。有些店主为了生意不受影响，往往吃住在店里，牺牲了不少的个人生活。网上商店则节省了人力方面的投资，不用雇用帮手，店主完全可以在享受生活的同时把自家的网上小店打理得井井有条；还避免了因为来不及照看店铺而带来的损失。同时，营业时间不受限制，消费者可以在任何时间登录、购物。交易时间上的全天性和全年性，使得交易成功的机会大大提高。

4. 销售规模不受地盘限制

传统商店有多大就只能摆放多少商品，生意大小常常被小店面积限制。而在网上，即便在地面上只有一个小商店，或者干脆就没有门面，开店的生意却可以照样做得很大。

5. 不受店面空间的限制

哪怕只是小网店，在网上却可以拥有百货大楼那么大的店面，只要投资者愿意，可以摆上成千上万种商品。目前国内最大的专业拍卖网站同时在线的商品要超过10万件——已超过一些大超市。

6. 不受地理位置影响

不管客户离网店有多远，在网上，客户一样可以很方便地找到店铺。这令消费群体突破了地域的限制，变得无限广阔了。网上商店所面向的是全国乃至全球的消费者，这个潜在市场是单个商店，甚至是大型商场都无法相提并论的。只要商品有特色，经营得法，网上商店每天将带来成千上万的客流量，大大增加销售收入。

7. 网店的功能丰富

如网上商店中的“夺宝奇兵”“发红包”、团购等促销功能，让独立网店的店主可以举办各种形式的促销活动，更加有效地增强客户对店铺的喜爱度和提高回头率。在迅速聚集人气的同时，又降低了发生价格战的可能性。而网上商店中的内置短信网关，支持手机短信群发功能，可以将新上线的产品迅速告知客户。

8. 品牌的树立

建设网站，首页需要一个漂亮的域名，这样方便记忆和传播。拥有独立网店，宣传的是自己的域名，将商家和客户聚集在自己的平台上，在自己付出努力的同时，也为自己的网店赚取流量和知名度。另外，可以设计自己的特色页面、支付接口、购物车等，让自己的店铺看上去更加专业、职业，增强客户的认同感和归属感。

9. 更易于推广

拥有更加易记的独立域名、空间、特色页面和功能，网店就更加容易推广了，而推广的结果都完全归自己的独立网店所有。而且，系统中的搜索引擎优化已经做得很好，更加有利于网店及其中的商品页面被搜索引擎所收录，从而被更多的潜在客户搜索到。

第二节　知晓目前网店的发展前景

一、网店目前发展现状

（一）网店数量的发展规模

根据阿里巴巴公布的数据显示，截至2012年上半年，中国的网商数量已经超过了8300万家，满足了全国超过2.14亿人的网购需求。并且电子商务还在发展，每年的交易额还在上涨。

调查发现，网店创业就业总体上仍处于起步阶段。近八成网店为自我经营，二成多直接带动就业。其中，29.9% 的网店为店主自营创业就业，即网店没有雇员；21.3% 的网店属于店主创业并带动他人就业，即网店除了自己干以外，还雇用其他人作为员工；48.8% 的网店店主属于网络兼职，即店主在经营网店的同时，还有其他工作，并且也没有雇用其他人。47.2% 的店主在开店前的身份是在职人员，19% 是失业人员，17.8% 是大学生。

2013 年，国务院在促进高校毕业生就业的文件中明确提出，要支持高校毕业生通过网络创业带动就业。此次调查显示，网店目前急需的人才主要有：电子商务人员、美工人员、销售人员、设计人员、售后服务人员等。由此可以看出，大学生在网络创业就业领域将有较大发展空间。报告显示，网店最多的省市集中在东部沿海，其中广东省的网店数量全国第一，占全国网店总数的 20.32%，而浙江的网店数量紧随其后，占到了全国网店总数的 11.97%。在西部省市中，四川人显得对开网店情有独钟，网店数量在西部省市中遥遥领先，占到了全国网店总数的 3.82%，比排名第二的甘肃省高了 1.63 个百分比，而大部分西部省市的网店数量占全国总数的百分比都不足 1%，远远落后于东部地区，显示东西部地区的电子商务发展水平仍有较大差距。

（二）从事网店工作的人员规模

据中国互联网信息中心发布的《第 16 次中国互联网络发展状况统计报告》分析，我国目前网上购物的人数达到 2000 万人，通过网上支付购物款的比例近 50%。开网店的人群中，大学生和女性店主成网店店主主力。

究竟有多少人直接通过网上开店而实现就业？

调查数据显示，全国网店创业就业总人数约为 962.47 万人。在这些网店中，个人网店占 96.3%，带动网络创业就业人数达 600 万人。

从区域上看，广东省、浙江省、江苏省的大学生创业人数包揽了全国前三名。南京工业大学是南京地区创业学生最多的大学，有 558 位同学在淘宝上经营着自己的小店。平均来看，南京大学生每月在支付宝账户能“收入”191 元。

综合分析发现，有 90% 的网店店主都居住在城镇，占到了绝对多数。而在网店店主中，男性开网店的比例略高，占 54.2%，这一数据出乎不少人的意料之外。从年龄来看，网店主以 1981~1994 年期间出生的人群为主，占到了网店店主总体人群的 80% 以上，而在这些网店店主中，有 90% 以上的人群受过高中及以上的教育，有 60% 的人受过大专以上教育。

江苏大学生月均网上支出 608 元，居全国第九；90 后大学生热衷网络创业，江苏大学生开网店位列全国三强，南京工业大学成为南京“大学生创业集中营”。

其中，各大高校都不乏一些“商业鬼才”，通过网上创业，每月入账金额在几十万元甚至更高的上百万元。

（三）网店发展存在的问题

1. 员工无社会保险

人力资源和社会保障部、中国就业促进会完成对网店直接就业状况首次摸底调查。此次调查的数据显示，962.47 万人通过网店直接就业，网店缺工总量约为 110 万人，网店吸纳就业的潜力不小。平均每个网店用工为 2.55 人，同时 75.6% 的个人网店员工没有参加任何社会保险。

调查发现，社会保障在这一领域存在较大的空白。个人网店店主中有四成以上没有参加任何社会保险。“不了解”“社会保险费用太高”“外地户口”是个人网店店主未参加社会保险的主要原因。企业网店受雇员工有五成以上没有参加任何社会保险。

调查还发现，虽然 87.1% 的网店经过了电子商务平台认证，但经过工商登记注册取得营业执照的仅有 4.9%，经过当地人力资源和社会保障部门认定的仅有 1.2%。这意味着，绝大多数网店是处于现行企业管理体系之外的。多数网店对“工商注册”“统一纳税”等来自政府的管理态度不积极，但普遍希望政府能够帮助解决社会保障的问题。

2. 缺工规模大

网店中表示目前缺工的比例约为 14%。其中，个人网店中表示目前缺工的占 13.1%，企业网店中表示目前缺工的占 48.3%。从缺工规模看，在缺工网店中，平均每个网店缺工 2.3 人，经估算目前网店缺工总量约为 110 万人。30.7% 的网店未来一年有招工计划。其中，个人网店中，未来一年有招工计划的网店占 29.4%；企业网店中，未来一年有招工计划的网店占 71.4%。从计划招工规模看，在计划招工网店中，平均每个网店计划招工 3 人。

3. 雇用员工工资低

网店雇用员工的工资水平也比较低。调查显示，个人网店员工的月平均工资为 2115 元，比企业网店低 26.3%，从分布看，主要集中在 1000~5000 元，其中，2000~3000 元的占 35.1%，1000~2000 元的占 23.4%，3000~5000 元的占 23.4%，1000 元以下的占 14.4%，5000 元以上的不足 4%。

4. 店主与雇用员工间无劳动合同

大多数网店没有与员工签订劳动合同。在接受调查的个人网店中，88.5% 的网店没有与员工签订劳动合同或雇用合同，只有 11.5% 的网店员工签订了劳动合同或雇用合同。企业网店中，57.1% 的企业网店与雇用员工签订了劳动合同或雇用合同，签订率明显高于个人网店。

二、网店发展前景

（一）网店发展趋势

电子商务行业的发展近些年在国内可谓是如日中天，特别是淘宝从2003年发展到现在，一路顺风顺水，风头正劲，很多人都通过开网店实现了自己的老板梦想，而且发展得越来越好，特别是首先涉足开网店行业的那批人，店铺等级上去了，赚钱自然不在话下。

网络技术的发展促进了电子商务的进步，使网上购物成为一种可能。由于网上购物具有不受时间限制、选择范围广、商品种类多、价格便宜、方便快捷等显著特点，因此受到大众的喜爱和推崇。网上购物的兴趣带来了巨大的网络商机。人们纷纷加入到网上开店的行列中。梦想成为成功的网上淘金客。但想要经营好网店，不仅需要经营者的一腔热情，而且需要熟悉开网店的基础流程，掌握科学的管理方法，懂得有效的营销技巧。只有做好充分的准备，了解开网店的各种知识，才能让自己的网店从众多的网店中脱颖而出，赢得顾客和市场。最终走向成功。

因此，很多人在问现在开网店晚不晚？答案当然是不晚，开网店永远是不晚的，因为国内的网购市场太大了，每天都有上万人加入“网购一族”，市场发展潜力是巨大的。新手卖家在开网店的时候也有自身的优势，加上淘宝现在也在积极扶植中小卖家，也给网购市场带来了一线生机。

据了解，淘宝网大部分钻石级的卖家还在维持着家庭作坊式的运作模式，多是小夫妻或三两好友共同经营。级别达到皇冠以上的网店掌柜拥有少则几十人多则上百人的团队，从客服、包装、装修、拍照、商品上架到采购等各个流程环节都有专门的人员负责，分配得井井有条，其实，就是一家正常运营的公司，已经远不是人们脑海中的一个人一台电脑的概念了。

有的网店用超低价跑量赚取顾客好评，有的聘请专业模特做图片展示，有的花大价钱装修网店店面，有的还请人策划炒作提高信誉度……目的都是为了在浩如烟海的网店中脱颖而出。

目前中国电子商务从业者进入一个全新的商业文明，一切不可急躁，那么对于淘宝等C2C网上商店来说，未来的发展究竟有哪几个趋势呢？

趋势一：独立网店

当然这是对于混迹于淘宝多年的网店来说的，当商品交易量及网店级别达到一定程度的时候，相信很多店主都在思考要如何打造出自己品牌的问题，网上销售就像实体店面一样，不可能永远只是一个杂货铺，在风云变幻的网络世界，及时树立自己的网络品牌形象很有必要。

而且自己开设独立网店可以依靠搜索引擎获得更高的流量，便于运行自己独特的管理、仓储、物流等方面的模式，其实，这种网店模式已经有淘宝金皇冠卖家在实施，很多网店系统也随之开发出来，运用得最多的恐怕是国内的 shopex、ecshop 这类网店程序了，现在很多网站已经在提供免费的模板下载，美工的设计就很注重品牌的效应。

趋势二：入驻淘宝商城

淘宝商城整合数千家品牌商、生产商，为商家和消费者之间提供一站式解决方案。提供 100% 品质保证的商品，7 天无理由退货的售后服务，以及购物积分返现等优质服务。区别于淘宝网的是由商家企业作为卖家，所以有绝对的品质保证。

但是加入淘宝商城现在是收费的方式，收取保证金，如果出现纠纷，淘宝会先行赔付。如果作为中小卖家，你的产品有绝对的货源优势，那么加入淘宝商城是未来不错的发展趋势，因为在这里你可以享受到正规商家的待遇，有利于树立良好的形象，毕竟大多数买家看重的是产品的质量和服务。以后你也有成为大卖家的机会。

趋势三：线上线下双管齐下

很多中小卖家一开始就以零售的方式尝试网上创业，正是因为有了淘宝这样的平台所以成就了很多人的梦想，但是传统的实体店面也有它得天独厚的经营模式，当网店有了一定的规模，供货商、物流、仓储也都已成型，此时选好地段，做实体店面也是一种发展模式，这需要看你的个人喜好了，也可以网店为辅，实体为主，毕竟如果位置选得好，客源上还是很稳定的，再加上网店的销售，个人卖家可以这样做也是做到了双管齐下，这也是一种网店的发展趋势。

（二）网店发展缺口

随着电子商务的普及，网店逐渐走进了人们的生活，在百度上输入“网店”一词，可以找到相关网页约 22100000 个项（截至 2017 年 12 月）。随着电子商务的普及，网店已经为越来越多的人所熟知，购物只需“点点鼠标”就可以轻松实现，学生族、上班族可以利用网店赚取“外快”，更有能人利用网店实现“眼球经济”，赚取了自己的第一桶金。毫无疑问，网店俨然已经成为互联网时代的又一个新的盈利点，而随着信息时代的发展，它所带来的影响也将越来越广泛和深远。

1. 交易安全和售后服务得不到保障

随着网店迅速发展，也暴露出越来越多的问题。因此，要致力于建立一个和谐健康的电子商务交易环境，就需要解决一些问题。据有关调查显示：对于网购，交易安全和售后服务是目前消费者最关心的两大问题，这已经成为制约网店发展的瓶颈。当电子商务发展到一定程度后，就需要网店卖家改变过去的经营策略，依靠规模优势和成本控制让利消费者，这样既保证了低价优势，又使网店得到了发展。实名制实施之后，如果出现网络购物的纠纷，更容易找到责任主体，这对于要求赔偿和加强监管都是十分有利的。

2. 急需复合型人才和前瞻型人才

网店的规模化发展，引发了电子商务的潮流，这使人们开始认识到：进入电子商务发展期的企业，急需复合型人才和前瞻型人才。因此，企业在对电子商务人才定位时，应着眼于策划、经营、管理、网络营销、市场分析等方面的综合能力，并非仅仅是电子商务单方面技术的人才。它需要贯穿于电子商务的各个环节和各个阶段所需要的各类专业人才，他们不但要精通各自本专业的知识，更需要了解并熟悉电子技术的运行规律和规则，对网络市场有敏锐的洞察力。因此，企业急需培养一批具有审视信息的穿透力、善于沟通的亲和力、搏击市场的拓展力、多向思维的说服力的高端电子商务人才，只有这样才能够跟上电子商务发展的步伐。

3. 缺乏专业的网店托管服务

专业的网店托管公司是由实践经验丰富的专业人士组合成的团队，团队成员必须包括网络技术实力、专业服务经验、项目管理、市场营销、品牌公关类人才，为卖家实施服务的店小二都是经过专业训练的专业级服务管家，相对于个人开店的业主，无论网络技术的应用、活动策划及推广实施都更加有经验。

专业的网店托管公司备有专业的运营团队，专业的团队熟悉并懂得淘宝运营操作规则，能帮助新店迅速健康地成长，帮助有一定基础的店铺稳健地发展。托管店铺后，专业的团队会在最短的时间内分析市场，根据店铺产品的优势进行定位，然后进行全网推广。专业的团队还能够在最短的时间内了解店铺产品，会在短时间内出具详细的操作方案。不是任何店铺都适合做托管服务的。如果没有好的货源，没有一定的资金支持，是不适合做网店托管的。开网店关键的是三点：货源、资金、专业的操作和管理。货源是开店的根本，没有好的货源，后面再怎么做工作都是没用的。资金是支持做好网店的保障，现在开店已经不像以前那么容易了，没有一定的资金投入，做宣传和推广，是很难做起来的。专业的操作和管理是做好网店的最直接因素，有好的货源，有一定的资金，但是不会操作和管理，或做得不专业、不到位也是不行的，只能是赔了钱，还做不到点上。所以说还是要有专业的操作和管理才行。网店托管服务可以解决专业的操作和管理问题，但是其他问题还是需要网店卖家解决的。慎重选择提供网店托管服务的公司。目前开网店的趋势越来越火，提供网店服务的公司也越来越多，就产生了服务质量参差不齐的情况。所以网店卖家在选择做网店托管服务的时候一定要认准有一定资质的、专业的、口碑良好的公司，否则就有被骗的可能。

针对目前网店卖家在经营过程中遇到的问题，可以成立专门为网店卖家服务的业务外包公司，为其提供“店铺综合托管的业务”。无论个人中小卖家，还是淘宝商城卖家、品牌商家，只要卖家将店铺委托给网店外包服务公司，不需要卖家自身再投入大量的资金和精力，这样就能快速、低成本地帮卖家把店铺推广经营起来。

网店托管服务有什么优势可以让众多企业与网店主趋之如鹜？随着电子商务高速发展，网店卖方市场竞争越来越激烈，作为卖家没有专业的运营操作和管理、有效的推广和营销将很难和先前开店做大的卖家竞争。很多卖家认为只要在网上注册开店，上架商品，等有生意来就可以了，这样的运营时代已经不复存在。小卖家特别是新卖家前期必须做大量的基础工作，投入大量的广告、营销宣传，做好日常管理和操作才能一步步吸引买家的眼球，这一过程需要充足人力、物力、财力做支持。小卖家把店铺委托给托管公司后，不需要自己再每天管理宝贝，调整产品的上下架时间，优化搜索关键词，调整装修店铺，及时回复客服咨询等这些琐碎工作，也不需要支付日常开销和客服工资，托管合作公司会做全面的日常操作和管理，制订策划详细的推广运营方案，快速而低成本扩大店铺曝光率，提高店铺转化率。专业的网店托管服务不仅为卖家节约了时间成本，还节省了管理成本和费用成本。

第三节　如何开建网店

案例导入

淘宝创业路上，失败与成功并存

张媛1991年出生，2011年收了一台二手电脑才开始淘宝之路。当时淘宝形势好，加上运气也好，第一个月就赚了1万元，当时上班工资才2400元左右，一下子颠覆了生活，理想由原来的赚点工资，变成成为行业优秀店铺。但是，张媛的短板和优势这时候都出现了，先说短板，由于之前没有接触过淘宝，一切都是闭门造车，生意的好坏，是运气和小聪明决定的，对店铺的发展和走向完全没有计划，也没有能力去计划。这样的结果往往是让自己昙花一现。

再说优势，当初张媛卖的产品很偏门，对手只有几家，他们也都比较保守，所以才出现第一个月就接到大单。张媛的优势是时机很好。这种情况就让她很纠结，到底是要去大的淘宝店里去工作，学经验，还是要守着自己的店铺。出去工作，肯定耽误生意。不去学，只有自己盲目努力。结果选择了自学核算，期望生意多赚点钱，也可以多多试错。为了品类全，商品品种从10种变成了100种，库存也从200元变成了40000元，为了拿货方便，买了一辆摩托车（以前都是坐公交车）。为了美化图片，买了单反，自学 Ps，换了电脑。为了流量，投了广告，交了学费。

两年时间，这种产品，网上越来越多，价格也没有了优势，生意越来越差。渐渐地有些想试试新产品了。直到 2014 年年初，大坑终于来了，由于有了大量库存，房间不够用，搬了更大的房子，有了新邻居，两位新邻居都是天猫店主，这让张媛坐不住了。2013 年天猫确实是势头强劲！就此开始计划注册天猫店，想着借势赚一笔。当时手上流动资金有 5 万元左右，淘宝店铺可以贷款，贷到 10 万元左右，加上一点积蓄，刚好够天猫的启动资金。没想到的是淘宝天猫同样是网上卖东西，却是完全不同的情况（再次输给自己没经验）。

第一步，注册公司，这个花了 2000 元找会计代办，然后交一年的代理记账费用 3600 元，总计 5600 元。

第二步，注册商标，找的代办，1800 元。一个月后收到了受理通知书。

第三步，准备天猫押金 10 万元，服务费 6 万元，总计 16 万元。

第四步，申请店铺，交钱就 OK 了。

店铺是 6 月申请下来的，新店铺新产品，工作量巨大，就要招标配员工了，美工 1 名（月薪 5000 元），运营 1 名（月薪 6000 元），客服 1 名（月薪 3000 元），仓库 200 平（年租金 2.4 万元），等等。整体算下来每天消耗 1400 元左右，这一切都是没有预料到的。为了赚钱梦，拼了，到处开始借钱贷款，只为了店铺能早日盈利，先后借到了 20 万元来周转。早上给员工布置工作，自己也还是一个新手。采购、拍照、打包发货、晚班客服，都是张媛的工作。张媛做着最初级的工作，却有着全国最牛的对手，张媛还天真地幻想着能用自己的小技巧活下来。每天累得半死，日营业额一直在 2500~3000 元徘徊，（日 4000 元营业额为保本）。压力山大，错误一个接一个，计划全都不能达到盈利。就这样一次次计划，一次次失败。

（资料来源：甩手网）

分析：首先，网店经营是一个汇集物流、营销、财务等多方面知识为一体的综合管理过程，组建一个核心的团队，必不可少，如此才能达到人才优势互补、资源共享的目的。其次，更优质的服务。当经营上了轨道之后，人员便决定服务的优质性，在商品买卖过程中店主便是为消费者提供服务，网店的服务包括物流服务、咨询服务、售后服务。只有把这三个服务做到优做得深，才能够长时间得到消费者的好评和满意。有时候微笑服务是解决纠纷最好的策略，在消费者之间形成良好的口碑。最后，形成网店品牌，打造个人品牌是一件艰难的事情，但是在两千好评之后，需要考虑的便是如何经营自己的门面名称以及版面优化的问题，确保上架的都是优质商品，如此形成的消费者口碑，永远都是店铺的金字招牌。

一、选择网站和平台的实训

当今时代人们的日常生活是离不开网络的，所以很多人看到了未来更加广阔的市场前景之后，便都选择了投入到网络创业的怀抱当中去，开一家网店进行创业，开网店无非就三宝：商品、营销、价格好！同时选好电商平台是非常重要的环节。

（一）如何选择电商平台

目前当下比较流行的电商平台有：淘宝、天猫、京东、亚马逊等。这些电商平台可能都是平时耳熟能详的，尤其是淘宝几乎每一个人都知道。这些大型的电子商务平台确实给商家带来一些非常好的销售渠道。可是这种大型的电商平台竞争非常激烈，而且广告投入的费用也非常高。像整个淘宝里的商家估计有上千万，在这么多的商家里很难脱颖而出，如果想销量提升的话，只能做大额的广告投入了。所以，对于一些新手来说，像这种非常成熟大型的电子商务平台可能是一把双刃剑，如果你操作好的话，也许会有一点回报，稍有不慎的话可能所有的付出都会竹篮打水一场空。建议如果前期没有足够的资金或者经验，入驻大平台的话需要谨慎。

其实，不管在什么电商平台上卖东西，淘宝也好、京东也好，只是给我们的商品多一个新的销售渠道。每一个新的渠道对于我们来说可能都是一个新的机遇，只要你对电子商务感兴趣其实都是可以去尝试一下的，每一个平台都有自己的优势，看你怎么去选择。关键看你的交易方式是什么？如果你主要是 B2B 的方式，建议你到阿里巴巴网站注册，这是目前全国最大的 B2B 交易平台，也是当今最著名的贸易批发网站。如果你主要是 B2C 的交易方式，那就到淘宝网吧，淘宝网主要是个人零售网店。

（二）了解 B2B 和 B2C

1. B2B

B2B（Business To Business），是指一个市场领域的一种，是企业对企业之间的营销关系。电子商务是现代 B2B marketing 的一种主要的表现形式。它将企业内部网，通过 B2B 网站与客户紧密结合起来，通过网络的快速反应，为客户提供更好的服务，从而促进企业的业务发展。

中国目前比较出名的 B2B 网站有：

（1）阿里巴巴：马云带领的阿里巴巴，国内消费品行业第一，工业品行业第二。连续五年被评为全球最大 B2B 网站。

（2）中国商业网：蓝树荣创建的中国制造网上批发市场、中国电子商务传媒是基于中国政府为中国制造网络推广、进出口贸易打造的 B2B 电子商务网站和中国电子商务研究中心，旨在更好地帮助中国企业网站建设、网页设计、网站推广。

（3）环球资源：以小礼品和电子产品为优势，是目前亚洲知名的电子商务平台，成立40周年，植根中国大陆达28年，环球资源在外贸方面的表现非常抢眼，主要通过杂志、网站、展会连接亚洲供应商与全球买家。

（4）中国海商网：陈则立带领的海商网是中国首创精准营销理念并且第一个将W.B.S.技术和W.B.O.理念完美结合的综合电子商务平台，海商网的服务亮点有：①符合国际买家的细分化关键词推荐及优化。②生成Google地图Sitemap。③详细访问统计报告。④生成SEO行销网站。

（5）慧聪网：郭凡生带领的全行业电子商务网站，是目前国内行业资讯最全、最大的行业门户平台，以行业专业性和整合行业上下游产业链著称；是线上、线下做得都比较成功的中国领先B2B电子商务平台。中国工业品行业第一，消费品行业第二，目前整体市场份额仅次于阿里巴巴，国内有"南阿里，北慧聪"的说法。

（6）TOXUE外贸网：TOXUE始终认为，只有关注每一个外贸人在思想与知识上的提高，才是中国外贸得以持续蓬勃发展的真正动力所在。从庞杂的信息到核心意义的总结，正确、有效的经验的继承和思想的升华，是TOXUE人始终坚持和努力的方向。

（7）商机网：结合线上、线下为中小型企业全方位解决内贸方案。以创新和效果而得名。

（8）万国商业网：1999年在香港成立，是大中华区第一个B2B网上电子交易平台，也是全球B2B电子商务的创立者和先行者之一。在长达12年多的发展历程中，万国商业网始终以不断创新的经营理念和前瞻性的全球视野准确把握世界电子商务的发展趋势，全力打造出了一个在产品内容、服务机制等方面都走在行业前端的全球性、专业化网上商贸平台。

（9）全球五金网：全球五金网注重思想创新、广泛合作、客户参与和资源整合，本着"把一家一家客户服务好"的理念，致力于"让中国每一家五金企业都开展电子商务"的远大目标，努力打造新一代行业电子商务门户网站。

（10）百纳网：以"生意在百纳，学习在百纳，交流在百纳，成功在百纳"为使命，致力于建立采购商和供应商之间的互动信息交流平台。

（11）中国网库：王海波带领的中国最大的基于产业链结构、致力于零售服务前端的B2B电子商务研发、推广及应用的网络机构。

（12）中国供应商：国家首次推荐的B2B平台，政府采购及全球市场覆盖率广，真正的权威平台。

（13）一达通：进出口服务行业的领军者，第一个研发基于互联网在线进出口服务管理系统的公司，致力于服务中小型出口外贸企业，一达通全程外贸电子商务平台既有传统的B2B功能又有进出口服务功能，提供真正意义上的一站式服务。

（14）中国制造交易网：中国制造业综合性、专业性电子商务平台。

（15）中国制造网：全球采购网，它的信息平台和优质商业服务更为中国对内对外贸易的发展提供了支持。

（16）114国际贸易网：全行业综合性、专业性电子商务平台。

（17）铭万网：中国B2B联盟是由铭万公司发起成立，汇集全国各行业近千家最优秀行业网站而组成的联盟。中国B2B联盟的宗旨是“联合起来，服务企业”。

以阿里巴巴、一达通、慧聪、百纳为代表的几大综合B2B平台门户，再加上风头强劲的以中国化工网为代表的多个行业细分的B2B平台共同构筑了目前中国的B2B电子商务市场格局，占据了中国B2B电子商务的绝大部分市场。

2. B2C

B2C是英文Business-to-Consumer（商家对客户）的缩写，而其中文简称为“商对客”。“商对客”是电子商务的一种模式，也就是通常说的商业零售，直接面向消费者销售产品和服务。这种形式的电子商务一般以网络零售业为主，主要借助于互联网开展在线销售活动。B2C即企业通过互联网为消费者提供一个新型的购物环境——网上商店，消费者通过网络在网上购物、在网上支付。由于这种模式节省了客户和企业的时间和空间，大大提高了交易效率，特别对于工作忙碌的上班族，这种模式可以为其节省宝贵的时间。B2C电子商务的付款方式是货到付款与网上支付相结合，而大多数企业的配送选择物流外包方式以节约运营成本。随着用户消费习惯的改变以及优秀企业示范效应的促进，网上购物的用户不断增长。

这种形式的电子商务一般以网络零售业为主，主要借助于互联网开展在线销售活动。[如：淘宝网、麦艾迪、京东商城、卓越亚马逊、凡客诚品、天天团购网（时尚优品）、中国巨蛋、她秀网、实惠商城、红孩子商城、斯翰宾尼男装、当当网、购物中国、第九大道等都是B2C网络平台]

网站类型综合商城，如同传统商城一样。它有庞大的购物群体，有稳定的网站平台、有完备的支付体系、有诚信安全体系（尽管目前仍然有很多不足），促进了卖家进驻卖东西，买家进去买东西。而线上的商城，在人气足够、产品丰富、物流便捷的情况下，其成本优势、24小时的不夜城、无区域限制、更丰富的产品等优势，体现着网上综合商城即将获得交易市场的一个角色。这种商城在线下是以区域来划分的，每个大的都市总有三五个大的商城。百货商店、商店，谓之店，说明卖家只有一个；而百货，即是满足日常消费需求的丰富产品线。这种商店有自有仓库，会库存系列产品，以备更快的物流配送和客户服务。这种店甚至会有自己的品牌。垂直商店，这种商城的产品存在着更多的相似性，要么都是满足于某一人群的，要么是满足于某种需要。

二、网上注册开店的步骤

网店一般分为两类：第一类是实物店铺（衣服、首饰、化妆品、鞋包、数码产品、零食等），第二类是虚拟店铺（话费、QQ 业务、游戏点卡、软件、网络服务等）。

开网店（以淘宝店铺为例）的一般步骤：

①带本人身份证原件，最好也有身份证复印件；②到附近的银行开一张银行储蓄卡，推荐国有银行，即工农中建四行；③开卡前填写一张申请表，银行有填好的样板，你可以参照样板填写；④到柜台跟工作人员说，你要在网上卖东西，需要另外再开通网上银行服务；⑤设置相关密码，银行卡和网上银行服务开通成功，记牢相关的密码；⑥登录支付宝官网，注册新用户，按提示填写本人相关真实资料，注册完成；⑦再次登录支付宝，在我的账户页面申请实名认证，按提示填写本人相关真实资料，认证申请提交成功，正常情况下等待 1~2 个工作日便会认证成功；⑧登录淘宝官网，注册新用户，按提示填写本人相关真实资料，注册完成；⑨淘宝必须绑定支付宝，在淘宝上随意购买一样物品，便会提示绑定支付宝，你按提示输入你已经实名认证的支付宝账户，绑定成功；⑩你现在不仅可以在网上购物了，另外在淘宝通过店考试，你就可以免费开店啦！不管卖什么，首先得积累信誉，开店在没有任何信誉度和经验的情况下将店铺一步步壮大起来是非常困难的，不管开什么店，都需要一定的信誉度别人才敢买你的产品，否则别人一看你的信誉度这么低，直接连你的产品都不看一眼，更别说让人家买了。网店的信誉度就是衡量你销售和利润的指标，这就是为什么网店每隔几天总要封一些不诚信和违规的店铺，而且这当中由于不正当行为刷信誉而被封店铺的占据多数。

简单地说就是，首先要去银行开通网上银行，开通之后按照下面的步骤申请：

第一步：注册淘宝会员。

第二步：申请支付宝实名认证。

第三步：宝贝（商品）发布及开店。

如果通过了淘宝支付宝实名认证，那么恭喜你，你可以开店了、发布宝贝了。

淘宝规定通过支付宝实名认证的会员必须要发布 10 件商品并保持在线销售的状态就可以免费获取一个店铺。

三、网上如何装修店铺

（一）装修工具

网店装修需要掌握的技能和知识以及软件工具有如下几种：Photoshop 图片处理工

具、Fireworks 等图形处理软件和 Dreamweaver 等网页制作软件。

Dreamweaver 编辑器：是个原本由 Macromedia 公司所开发的著名网站开发工具。它使用所见即所得的接口，亦有 HTML 编辑的功能。2005 年前 Dreamweaver 只有 Mac 和 Windows 系统的版本。2005 年 4 月 18 日 Macromedia 被 Adobe 收购后，Adobe 也开始开发 Linux 版本的 Dreamweaver 了。Dreamweaver 自 MX 版本开始，使用了 Opera 的排版引擎"Presto"作为网页预览。

Fireworks 编辑器：是 Macromedia 公司发布的一款专为网络图形设计的图形编辑软件，它大大简化了网络图形设计的工作难度，无论是专业设计家还是业余爱好者，使用 Fireworks 不仅可以轻松地制作出十分动感的 GIF 动画，还可以轻易地完成大图切割、动态按钮、动态翻转图等，因此，对于辅助网页编辑来说，Fireworks 是最大的功臣。借助于 Macromedia Fireworks 8，可以在直观、可定制的环境中创建和优化用于网页的图像并进行精确控制。Fireworks 业界领先的优化工具可帮助在最佳图像品质和最小压缩大小之间达到平衡。它与 Macromedia Dreamweaver 和 Macromedia Flash 共同构成的集成工作流程可以让你创建并优化图像，同时又能避免由于进行 Roundtrip 编辑而丢失信息或浪费时间。利用可视化工具，无须学习代码即可创建具有专业品质的网页图形和动画，如变换图像和弹出菜单等。

（二）网店装修宝典攻略

网店装修的意义就好比是实体店的店面设计给人的氛围，重要性是不言而喻的。可以根据自己网店销售产品的风格因人而异，如何装修也是见仁见智的事情。如果其他因素一样的情况下，个性而又和所售产品风格相匹配的店面装修才是好的网店装修。

（1）普通店铺是否请人装要看店主自己的具体情况。个人很小的普通店铺没有必要寻找网店装修外包，因为发挥的空间小，如果会简单地做点图，那么一开始自己装饰一下就 OK 了，不必花费这笔银子。

（2）旺铺的装修如果是新手没有基础的话没必要去自己做，好比你开实体店也不可能自己做装修一样，你不可能开一个店学完木工、电工、漆工所有的活吧，所以交给专业的团队做比较好，不用占用你太多精力。

（3）装修者一定要找一个能看得见外观的模板，几个模板都能见到是什么色调，是怎样组合的，选之前想好自己今后要用上哪些功能，最好看一下别人做得好的旺铺的装修，一个好的旺铺装修可以为你的产品增色不少。千万不要找那种见不到的模板，因为那种装修效果你事前无法控制。

（4）决定装修前一定要和对方充分沟通，对方的团队一定要是懂得平面设计的人，因为装修团队有些仅仅是有几个模板，会一点网页设计，但是平面设计的水准实在不敢恭维，最后装出来的效果根本无法达到你的要求，而他却累得不行。因为没有平面设计水准的装修队充其量是一些网络技术人员，是根本没有设计创意可言的，对于卖感性商品的人来说这样的队伍是没法用的。他们根本无法理解你的装修创意，只会用技术语言，好比和一群化学工作者谈美学，语言是不通的。

（三）网店装修细节

店铺最关键的展示区是两个：店铺首页和商品展示页面。其他的展示区还有很多，比如个人空间、信用区、店铺介绍区等。

1. 店铺首页

旺铺可以自由发挥，可以内置网页程序代码，可以到网店装修之家去看看，充分利用首页空间，达到美化店铺，对产品、对店铺背景进行宣传的目的。

2. 宝贝分类

针对淘宝产品宝贝分类那一模块的地方进行装修装饰，根据不同的设计和布局以及素材的搭配，达到预想的效果，从而达到正规店铺页面标准，让人感觉到更加美观大方！

3. 宝贝说明、页面添加、新参考资料

这部分也非常关键，因为客户知道店铺，基本都是先看商品说明页面而进入店铺的，而商品的销售也是关键看这个页面，是否做得美观、舒适、可信，讲解是否清楚等。一般来讲为了使它更漂亮，掌柜们也是使用浑身解数，比如用漂亮的商品描述模板，给商品拍很多细节照片，比如把商品图加工得很美，比如花钱租用专业相册保证图片显示速度等，这些都需要巨大的工作量，可想而知它的重要性。旺铺商品说明页上边都有店铺的招牌，左边有分类栏，让人家感觉是店铺的一部分，更能吸引客户在店铺里流连。普通店铺相对简单很多，没有什么发挥余地，也没有办法推荐自己的商品。

4. 店铺活动

营造促销氛围，渲染店铺特色，如促销活动的公告、新款上线预告、主推款式海报，大促时可以考虑加入关联营销。

5. 模特图 + 文案

展示上身效果，激发购买冲动。清晰的大图（全身），呈现正面、背面和侧面的上身效果（每张图片都增加不同信息含量来表现款式），若有多个颜色，以主推颜色为主，其他颜色辅以少量展示，版面宽度一致（可以采用拼贴），减少无意义留白。

6. 产品图 + 推荐理由

展示商品全貌，产品正面、背面清晰图，根据衣服本身的特点选择挂拍或平铺，运用可视化的图标描述厚薄、修身性、衣长材质等产品相关信息。详情参考旺铺的商品展示方式。

7. 细节图

近距离展示商品亮点、展示清晰的细节（近距离拍摄），呈现面料、内衬、颜色、扣子/拉链、走线和特色装饰等，细节特别是领子、袖子、腰身和下摆等部位，如有色差需要说明，如有促销活动或者节假日，加入文案设计，需要注意网店商品文案描写的注意事项。

8. 尺码描述

帮助用户自助选择合适的尺码，模特信息告知身材参数，加入试穿感受，试穿感受最好能写清楚试穿人的身高体重、三围以及平时经常穿的号码。

9. 相关推荐及店铺其他说明

搭配单品、系列款式的推荐，物流、退换货和导购信息（如运用流程图和图标描述退换货），其他店铺信息的言简意赅的文字信息（如体现专业性的厂房、精美的包装），请参考淘品金牌卖家如何制作，根据自身修改即可。

（四）装修网店的好处

网店装修是一个外观上的审美，是吸引人眼球的第一感，客户会通过装修第一时间了解店铺的讯息，一般的网店装修可起到美观的作用。

网店的店铺装修与实体店的装修是一个意思，都是让店铺变得更美，更吸引人。甚至对于网店来讲，一个好的店铺设计至关重要，因为客户只能从网上的文字和图片来了解店铺、了解产品，所以做得好能增加用户的信任感，甚至还能对自己店铺品牌的树立起到关键作用。

“普通店铺”结构很固定，只能做一点装饰，功能性不强。而“旺铺”自由度非常大，功能也很强，关键就看你自己的创意和技术了。一般来说，自己会做平面设计，会编网页程序的，自己来设计，或者为了让店铺更专业漂亮，请专业人员来设计，有的加入声音装修，去“魅力造音”录制自己的有声店铺宣传，等等。一般，店铺装修是最让掌柜们头疼的事情，是不是专业店铺，看装修就能分辨。

四、如何运营网店

（一）三个了解

1. 了解自己

开网店先了解一下自己能卖什么，对什么商品了解，在卖商品过程中，不能仅仅靠打广告，我们去淘宝买个衣服，还问问洗完掉色不、能不能热水洗等。做微商也不例外，比如卖美容产品更是要对产品有了解，对日常美容知识了解，不是说非得给顾客讲解，而是你要通过文字描述给顾客。

2. 了解市场

市场上都在卖什么，顾客都喜欢什么，切记不要跟风，就和那些卖面膜的一样，第一个吃螃蟹的人是吃的胖胖的，后面的碰了一鼻子灰，比如做微商要卖应季商品，不要搞清仓，看清仓就不来朋友圈、微博了，直接去淘宝多好。为什么是应季商品，只有新东西才有人去分享。既然微商是在占用顾客碎片时间去销售，就不要搞些陈芝麻烂谷子的事情。

3. 了解商品

卖什么商品前，自己先对商品有个了解，不要自己都没有看到过商品就去开卖，首先一点，你都不知道你的商品什么样，质量好不好，你怎么去介绍，怎么去形容，凭想象吗？说对了没关系，说错了呢！自己花费大把时间去解说一番，最后做的都是无用功。

（二）六个步骤

1. 组成优秀的团队

做好任何一个项目，都需要一个非常好的团队。无论是企业还是网店的经营，都需要一个团队来合作运营很多事情。拥有一个出色的团队，分工明确、相互信任、互帮互助是非常重要的。一个好的团队，应该具备善待下属的领袖、运营策划的高手以及优质的售后客服三大要素。

2. 注重客户服务，打造良好的信誉

有的网店打出“无条件包退包换承担快递费”的旗号，因为他们知道只有优质的服务才会吸引更多的客人，让客人买得放心、买得安心是最能让买家欣喜并认同的。当然这一点要做到还是需要非常大的魄力的，因为很多时候一来一回的快递费用并不少。如果觉得自己没办法承担这么大的风险，也可以选择不包快递费。但是无论怎样，服务是一定要跟上的，很多客户在意服务多过商品本身。

3. 认真、快乐对待每个评价

公示买家的评价，对于每个评价，都要非常耐心、幽默地予以回评。其实，很多买家在购买商品前，为了辨别商品的好坏就会看一下信用评价。

4. 建立客户“圈子”

重视“留住老顾客、拉住新顾客”的概念。建立自己的QQ群、论坛。让买家在自己的群里、论坛里发表各种各样的言论。当然这一举动还有一个好处，当有新品发布的时候，就可以广为人知。同时让买家朋友们获得相互结识的机会、成为朋友，而且女性消费是有跟随性的，也就是一个买了说好，其他人会跟风购买。对商品进行各类讨论，大家可以对各类衣服的搭配一起进行钻研，店主和买家都能学到很多受益匪浅的知识。

5. 开展互动性促销活动

适当地开展促销活动，拿出一部分利润来回馈用户，事实上也是给自己注入更多的生命力。有人说购物是会上瘾的，这绝不夸张，当顾客习惯性地光顾你的店，你的客户队伍将无限扩大，销量也将与日俱增。而这些活动的优惠也好、赠品也好都显得微不足道了。

当然，活动一定要做到互动，而不是自己唱独角戏。至于如何实现，就要靠策划高手了。

6. 将细节执行到底

在每件发货包裹里，准备一张“售后保障单”，上面设置退货、换货的填写框，还有原因栏等，自己也预留一份发货的记录单，以便将来核实。一句话，细节决定成败。

另外，撰写开店日记也是十分有必要的，让买家朋友了解自己的成长历程。同时也能将自己的经营理念在不知不觉中灌输给买家。对自己，也是一种鞭策和勉励。

（三）需注意的环节

最好是找网下不容易买到的东西拿来卖（例如：特别的工艺品、限量版的宝贝、名牌服装、电子产品等），选择别人不容易找到的特色商品，是一个好的开始，保证商品的质优价廉才能留住客户。

1. 货品上架，价格定位

在网上销售，没有店租金的压力，没有工商税务的烦恼，我们主要是能有好的货源。价格要比网下便宜，多参考别人的价格，能便宜尽量多便宜点，产品选好了，那就一定要弄上一份详细的产品说明。一份好的说明，体现了卖家对买家的尊重，对自己产品的尊重。

2. 开张纳客，诚信为本

网上做生意，必须重视信用，只有良好的信誉，才能赢得更多的稳定客户，千万要珍惜自己的信用，做生意同做人一样，唯有诚信，才能立足。

五、如何扩展网店市场

（一）有效简洁的几种推广方法

（1）搜索引擎推广：Google、Yahoo、百度一搜、3721、搜狐 、网易、中华网、21世纪、中搜。

（2）注册店铺网店联盟可以更好地扩大推广范围。

（3）网络广告：banner 广告、弹出广告、广告交换、垃圾邮件。

（4）群发信息：利用群发软件发布网店信息。

（5）QQ 广告：在 QQ 上做广告或者个人签名放上自己网店的信息。

（6）MSN 广告：在 MSN 上设置和网店有关的个性签名。

（7）论坛灌水：在论坛或者留言板上发布自己的信息。

（8）将网店提交到专业导航站，网店导航。

（9）将网店提交到行业站点和专业目录。

（10）文章宣传：在文章中提到网店或者以网络营销成功案例的形式介绍。中国网络营销策划第一人王通先生在文章中多次提到好店铺和找网店，让广大网民对这两个网站有了重新认识。

（11）新闻发布会：通过开新闻发布会，让更多的记者和媒体报道自己的网店。阿里卖家是这方面的佼佼者。

（12）路牌灯箱广告：在树立企业形象和展示自身实力的同时，对网店宣传也起到了一定的作用。

（13）名片宣传。

（14）网店做得好，可以在电视上宣传，做广告。

（15）举行现场促销，配合一些文艺节目进行宣传。

（二）优化渠道

（1）商品的关键词很重要。比如“包邮”“促销”“新款”“时尚”“可爱”“韩版”等。研究大众的搜索习惯，还要根据季节和不同节日来变换关键词。

（2）上架的时间和巧用橱窗推荐。上架的时间是很重要的，因为上架的时间决定产品排列的先后顺序。离落架时间越短，产品的排列顺序越前。最好选 7 天上一次的，每天的 11~14 点、17~21 点时间段是最好的上架时间，因为这个时间是淘宝网购人流量最多的时间。

（3）论坛营销。在论坛发帖前首先要装备一下自己，在“我的淘宝”下选择左下角，个人空间里面的修改资料，把里面的个人头像、个人签名图和个人签名都放上店铺相关的信息。去相关的论坛写一些行业帖子，可以发一些产品的销售帖子，注意一定不要满世界地说你地产品如何好。可以理性地帮客户分析产品的优势，然后介绍产品到底好在哪里，这样让客户买你的东西不会受骗，即使不了解你产品的客户也会了解然后去购买。

（4）利用淘宝的一切资源。在阿里妈妈搜索相关的网站，就可以挂产品广告了。利用好你的阿里旺旺，多做群发广告，每天白领下班和休息的时间多发广告消息，交易很大一部分都是从里面带来的。当然不能单纯地发广告，多和别人交流参与大家的话题，别人自然对你有兴趣。

（5）利用好 QQ。这个是比较好的宣传渠道，最主要的是你加入购物 QQ 群，那才是买家要去的地方，QQ 群是没限制的。

（6）利用好友情链接。先到愿意交换链接的朋友那里做完所有的友情链接位置。但也有些技巧，比如我卖的是服装，一般找那些卖饰品的或者是卖鞋的朋友那里来友情链接，这样做机会更大些。

（7）利用网站相册。这个是无声的推广。你在许多网站建立相册，相册里图片的下方 ps 上自己的店铺名称地址，当人们每次搜索到你的图片时，你的店铺也许就曝光一次。你的店铺曝光次数越多，你店铺的名字就越深入人心。

每一个品牌或是企业的发展，都是需要宣传推广的，在网上推广是非常好的选择。现在，把握自己可以利用的商机，才能够顺利地开启自己的创业道路。在开网店的时候，我们一定要很好地推广它，这是非常重要的。

（三）拓展渠道

自己的独立网店，可以进行多方面、全渠道的网络市场的拓展，通过 366EC 商城系统服务商定制代理商、分销商等平台功能，建立更多下游企业，丰富网络渠道，扩大销售范围，能产生更好的收益。

1. 让百度、Google 搜到你

所谓“酒香也怕巷子深”，怎样才能让更多的人知道你的店铺呢？其中将自己的店铺网址提交给各大搜索引擎是比较快的一个通道。下面提供一些知名搜索引擎的提交地址：

百度：http：//www.baidu.com/search/url_submit.html

Google：http：//www.google.com/intl/zh-CN/add_url.html

TOM：http：//search.tom.com/tools/weblog/log.ph

2. 到论坛发帖——这是许多人惯用的方法

但是淘宝论坛基本是卖家的论坛，看来看去都是卖家在看你的帖子，很少有买家看到的——想一下你在开店之前上过几次论坛？这不会给你带来什么客流量。我们最好能选择一个买家经常光顾的论坛去发帖，导购类型的网站是我们的首选。这些地方可以给我们带来很多潜在的客户。如中国 105 水晶导购网（http：//www.dh105.cn）就是水晶卖家宣传的好去处。

3. 去回答网友的提问也是一个不错的方法

百度的“知道”、雅虎的“知识堂”、QQ 搜搜的“问问”，上面都有很多网友的提问，回答的同时也就在宣传自己，赠人玫瑰手有余香嘛！

（四）知名网店平台介绍

1. 淘宝网

淘宝网是阿里巴巴集团旗下购物网站，由马云创立于 2003 年 5 月，是面向中国大陆、港澳台、马来西亚等地消费者的 C2C 购物网站（B2C 模式网站天猫已从淘宝拆出）。随着规模扩大和用户增加，淘宝已从单一的 C2C 网络集市变成了包括 C2C、团购、分销、拍卖等多种电子商务模式在内的综合性零售商圈，成为世界范围的电子商务交易平台之一。

截至 2013 年，淘宝网拥有近 5 亿的注册用户数，每天有超过 6000 万的固定访客，同时每天的在线商品数已经超过了 8 亿件，平均每分钟售出 4.8 万件商品。截至 2011 年年底，淘宝网单日交易额峰值达到 43.8 亿元，创造 270.8 万直接且充分的就业机会。

2. 天猫商城

天猫（Tmall），又称为淘宝商城、天猫商城，由淘宝网分离而成，为阿里巴巴集团的子公司之一。天猫商城属于 B2C 模式，其整合数千家品牌商、生产商，为商家和消费者之间提供一站式解决方案，提供 7 天无理由退货的售后服务，以及购物积分返现等服务。

2012 年 1 月 11 日，淘宝商城正式宣布更名为“天猫”；3 月 29 日天猫发布全新 Logo 形象；11 月 11 日，天猫宣称 13 小时卖 100 亿元，创世界纪录。2014 年 2 月 19 日，天猫国际上线，为国内消费者直供海外原装进口商品。2015 年“双 11”交易额超 1 亿元。2016 年“双 11”交易额达 1207 亿元。

自 2008 年 4 月 10 日建立淘宝商城以来，众多品牌包括 kappa、Levi’s、Esprit、Jackjones、乐扣乐扣、苏泊尔、联想、惠普、迪士尼、优衣库等在天猫开设的官方旗舰店，受到了消费者的热烈欢迎。天猫已经拥有 4 亿多买家，5 万多家商户，7 万多个品牌。

3. 京东商城

京东（JD.com）是中国一家自营式 B2C 购物网站，创始人刘强东担任京东集团 CEO。旗下设有京东商城、京东金融、拍拍网、京东智能、O2O 及海外事业部。2013 年正式获得虚拟运营商牌照。2014 年 5 月，在美国纳斯达克证券交易所正式挂牌上市（股票代码：JD）。

京东是中国最大的综合网络零售商，是中国电子商务领域最受消费者欢迎和最具有影响力的电子商务网站之一，在线销售家电、数码通信、电脑、家居百货、服装服饰、母婴、图书、食品、在线旅游等 12 大类数万个品牌百万种优质商品。京东在 2012 年的中国自营 B2C 市场占据 49% 的份额，凭借全供应链的优势继续扩大在中国电子商务市场的领先优势。京东已经建立华北、华东、华南、西南、华中、东北六大物流中心，同时在全国超过 360 座城市建立核心城市配送站。

京东以“产品、价格、服务”为核心，致力于为消费者提供质优的商品、优惠的价格，同时领先行业推出“211 限时达”“售后 100 分”“全国上门取件”“先行赔付”等多项专业服务。京东通过不断优化的服务引领网络零售市场，率先为中国电子商务行业树立了诚信经营的标杆。

2016 年 6 月与沃尔玛达成深度战略合作，1 号店并入京东。2017 年 1 月 4 日，中国银联宣布京东金融旗下支付公司正式成为银联收单成员机构。2017 年 4 月 25 日，京东集团宣布正式组建京东物流子集团。2017 年 8 月 3 日，2017 年“中国互联网企业 100 强”榜单发布，京东排名第四位。

4. 亚马逊

亚马逊公司（Amazon），是美国最大的一家网络电子商务公司，位于华盛顿州的西雅图。是网络上最早开始经营电子商务的公司之一，亚马逊成立于 1995 年，一开始只经营网络的书籍销售业务，现在则扩及了范围相当广的其他产品，已成为全球商品品种最多的网上零售商和全球第二大互联网企业，在公司名下，也包括了 AlexaInternet、a9、lab126 和互联网电影数据库（Internet Movie Database，IMDB）等子公司。2017 年 2 月，Brand Finance 发布 2017 年度全球 500 强品牌榜单，亚马逊排名第三。

亚马逊在线出售大量商品。其直接销售模式其实与大多数其他大型网上零售商没有什么不同，只是其所售商品的种类非常之多，有美容产品、服装、珠宝、美食、体育用品、宠物用品、书籍、CD、DVD、电脑、家具、玩具、园艺用品和床上用品等。简言之，您几乎可以在这里买到所有商品。使亚马逊成为电子商务巨头的秘密在于细节。亚马逊除了提供品种齐全的商品外，还尽可能为顾客提供个性化的购物体验。

5. 苏宁易购

苏宁易购，是苏宁云商集团股份有限公司旗下新一代 B2C 网上购物平台，现已覆盖传统家电、3C 电器、日用百货等品类，总部位于江苏省南京市。

2009 年 8 月 18 日，苏宁电器与 IBM 共同开发的第四期苏宁电器网上商城网站上线试运营，并将之改名为苏宁易购。2010 年 2 月 1 日正式上线运营。2015 年 8 月 17 日苏宁易购正式入驻天猫，2017 年 5 月，2017 世界级中国互联网品牌榜单发布，苏宁易购位列第 19。

苏宁品牌信誉度高，在虚拟经济中品牌信誉非常重要。苏宁除与平面媒体合作外，在与网络媒体合作方面也有相当多的资源，20 年积累了丰富的促销经验和专业的人才储备。苏宁 B2C 共享苏宁强大的采购平台，在集团范围内整合电器和非电器产品的优势。超强的供应链管理水平可满足苏宁 B2C 消费者货源需求。苏宁的 CDC、RDC 等可支持苏宁 B2C 全中国范围的商品配送，为方便消费者提货，苏宁 B2C 在全国范围内设有 300 余家门店作为 3C 类商品的自提点，为充分发挥苏宁实体店的优势，苏宁 B2C 所销售商品的售后服务实现了本地化。

（五）网店的战略定位分析

1. 3C 定位

（1）顾客（consumer）：你的网店的客户群是哪些？他们有什么特征、特点？客户群的需求是什么？他们的消费趋势又如何？消费能力怎么样？你对顾客的充分分析对你以后制定有针对性的促销和政策是有坚实的基础的。其实这是在解决顾客需要什么的问题。

（2）自己 / 公司（company）：个人（公司）的未来目标是什么？同时我有什么样的资源，这些资源对我的帮助在哪里？能不能寻找到更加有利的其他优势？自己（公司）所经营的项目的特征是什么、行业特点又如何？自己（公司）的产品的成本是否有优势？分析出自己（公司）的长短处来，至少让自己心中有数。

（3）竞争（competition）：淘宝涉及各行各业，竞争激烈。要想胜出需要分析竞争对手，首先要知道对手是谁，寻找到与自己相近的竞品（或者行业的前几名），分析研究对手，对比分析出自己的优劣长短出来，同时要分析出行业发展状况，知道自己与对手的优劣势，更要明白在行业中所处的竞争位置。在分析完这些问题之后，制定适合的营销策略，并细分任务制定可行的、有利的战术配合完成整个战略。当然还存在着节奏的掌握，也就是说，战术的利用方法、力度、时间、策略等都要结合竞争对手和行业的变化，之后才能够真正取得好的效果。

2.4P 定位

4P 是营销学中的一个很重要的名词，简单来说就是产品、价格、渠道、促销。随着营销学和商业运动的蓬勃发展，4P 逐渐延伸发展成 6P、4C 等更加宽广和符合现代商业的多角度名词，但是 4P 还是商业行为中的最基本的东西，对于电子商务来说也是一样。

（1）产品（product）：货源的重要性就不需要再赘述了，产品不给力很可能一切都是无用功，质量是一个店铺的基石。当然我们所说的产品不仅仅只是说的质量，还包括产品的效用、外观、式样、品牌、包装和规格，也包括服务和保证等因素。由于电子商务的特殊性，有几个因素可能会更加重要，比如服务、包装等。

（2）价格（price）：在很多人的心目中可能理解的就是网购就是价格便宜，确实很多来网购的朋友都是奔着便宜来的。然而营销学 4P 中的价格一般理解的是性价比，它包含基本的价格和折扣价格。而在电子商务中基本价格每天都在接受着不断新加入的卖家低价的考验，同样的折扣促销也是在网店中随时随地地出现，怎么样让自己的产品既有利润又能畅销，真是一个大学问，由此可见正确定位自己产品的价格是每一个淘宝卖家必须好好思考的课题。

（3）渠道（place）：在 4P 中渠道主要指的是营销网络和流通渠道，而电子商务有所不同，可以分成进货渠道和物流配送，网店卖家进货渠道大部分可以分成从厂家拿货、从批发市场拿货、网上分销；对于物流配送其中的悲欢离合的故事真是举不胜举了！

（4）促销（promotion）：在4P中这个词的内涵很多，包括人员的促销、广告、宣传折扣等。为了销量网店卖家大部分是三天一大促销两天一小促销的，然而有吸引力和有实际效果的却很少，所以促销该怎么做、活动该怎么进行，这都是我们必须好好思考的，对店铺好好分析，针对不同的阶段不同的定位做不同的促销，这很关键。

六、如何组织货源

近些年来，电子商户的崛起掀起阵阵巨浪，电子商户领头羊阿里巴巴旗下淘宝网站，好似唾手可得的蛋糕，人们前赴后继；成了被数以万计卖家赖以生存甚至发家致富的市场。于是很多人都不甘落后，决定投入电子商户的汪洋中试一试水，这其中有白领、有学生以及家庭主妇，有兼职、有全职，为自己赚取生活费抑或赚取零花钱。大家都明白，要开个网店并不难，关键是怎么找到稳定可靠的货源。

货源可以分为两大块：一块是线下货源，另一块则是线上货源。

（一）线下货源

线下货源也是地方货源就是我们看得见摸得着的实体宝贝，淘宝店主想要拿到实体货源这就要求自身所在的地域存在着比较大型及强势的货源批发市场，如义乌批发市场、广州服饰批发市场等，这样才能作为网店依托，提供稳定的货源。当然网店店主亦可找厂家合作，建立较为稳定的合作关系，直接拿到价格低廉的货品。

拿到实体货源令我们比较放心的好处就是，东西是我们看得见摸得着，质量真真实实摆在我们面前的，不用担心看不到货品因为质量问题而带来的困扰，还可以货比三家。如果你的杀价能力不错，还能进行一轮讨价还价，说不定还能拿到你满意的价格。而实体货源的缺点就是可能会产生库存积压风险，当然除非你能和商家协商按你的网店订单数来供货，但你拿到的商品价格可能会有所上浮。还有一点就是，实体拿货你就得自己联系快递，自己进行发货工作，这相对来说比较浪费时间，也可能会造成一定不便。还有值得注意的一点，你要确保商家提供售后，如退货换货等。总而言之，实体货源想要稳定可靠还要物美价廉需要店长结合周边的情况再下一番功夫才行。

（二）线上货源

或许会有人困扰，自己没有强大的货源市场作为依托，那是不是就找不到可靠稳定的货源了呢？这当然是否定的，互联网高速发展使得很多货源网站如雨后春笋般冒出来。有很多网站是可以提供可靠货源的，如阿里妈妈、麦麦亿货源网站等。网店店主可以根据自己的需求在网站上拿到可靠的货源。线上货源也颇有优势，现在很多货源网站都支持一件代发，你完全可以根据订单到货源网站下单，货源网站会根据你提供的订单地址为你发货，这给很多卖家提供了相当方便的服务。而且，很多货源网站都做得相当完善，他们会为卖家提供相应的网店管理、网店推广等培训服务，帮助一些新手卖家提供各种网店知识和解决疑难杂症等。当然虚拟货源最大的缺点就是看不到实物，卖家不免对产品质量有些疑问，所以选择好的货源网站是很关键的。虽然看不到实物，货源网站都会提供货品数据包，数据包一般都包含商品的属性、价格和介绍等图片信息，卖家只需要上传数据、改动价格就可以轻松搞定，这样就可以免去卖家亲自给商品拍照、组织商品信息等繁杂的工作。

选择货源的时候需要注意货源网站是否正规、是否有网站备案信息、货源是否稳定充足、货源更新是否及时、售后是否有保障、发货速度是否达到你的要求、有没有附加服务等。以上问题如果可取，能和货源网站建立良好的合作关系，有一个强大的供货支持能给很多卖家带来极大的方便。

（三）如何才能找到价格低廉的货源

1. 充当市场猎手

密切关注市场变化，充分利用商品打折找到价格低廉的货源。就拿网上销售非常火的名牌衣物来说，卖家们常常在换季时或特卖场里淘到款式品质上乘的品牌服饰，再转手在网上卖掉，利用地域或时空差价获得足够的利润。

2. 关注外贸产品

如果有熟识的外贸厂商，可以直接从工厂拿货。在外贸订单剩余产品中有不少好东西，这部分商品大多只有 1~3 件，款式常常是第二年或现在最流行的，而价格只有商场的 4~7 折，很有市场。

3. 买入品牌积压库存

有些品牌商的库存积压很多，一些商家干脆把库存全部卖给专职网络销售卖家。如果你有足够的砍价本领，能以低廉的价格把他们手中的库存买下来，定能获得丰厚的利润。

4. 拿到国外打折商品

国外的世界一线品牌在换季或节日前夕，价格非常便宜。如果卖家在国外有亲戚或朋友，可请他们帮忙，拿到诱人的折扣在网上销售，即使售价是传统商场的 4~7 折，也还有 10%~40% 的利润空间。

5. 批发商品

一定要多跑地区性的批发市场，河北的白沟，北京的西直门、秀水街、红桥，上海的襄阳路、城隍庙，不但可以熟悉行情，还可以拿到很便宜的批发价格。

找到货源后，可先进少量的货试卖一下，如销量好再考虑增大进货量。在网上，有些卖家和供货商关系很好，往往是商品卖出后才去进货，这样既不会占资金又不会造成商品的积压。

总之，不管是通过何种渠道寻找货源，低廉的价格是关键因素。找到了物美价廉的产品，你的网店就有了成功的基础。

第四节　网店的售前、售中、售后服务

一、售前服务

首先，网店销售和其他销售一样必须把客户当上帝，尽力满足客户要求，不能嫌麻烦。认真介绍好每一款产品，思维要根据不同的客户而改变，学会变通，突出卖点，不啰唆不烦琐，面对顾客提问，不要过于着急回答，想清楚再答复。尽量针对不同的人以不同的方式回答，总体原则是，简单通俗，除非是专业的问题。

（一）售前客服的职能与要求

售前客服，是网店的形象，是和客户直接交流的重要角色，首要的工作就是要做好消费者购物的引导工作，做到“不放过每个进店的客户”，并且尽可能提高客户进店购物的客单价，提高全店的转化率。客服的具体要求如下：①仔细，有耐心，有责任感。②打字速度快，有亲和力。③善于言谈和表达自己，和客户能够迅速地聊起来，观察能力强，敏感度高。④熟悉掌握产品各项属性。⑤主动性强，主动推荐，挖掘客户需求。

（二）售前客服的每日工作流程

（1）进入后台，查看前一日的所有订单，看是否有异常订单（含申请退款的订单）

（2）查看工作台的留言，有客户留言的话，不管对方是否在线，一定要及时回复，以便客户上线后可以看到，客户留言的问题要及时解决。

（3）售后问题做好简单记录，并发给售后服务做好存档记录，以便后期查询。

（4）客户拍下商品之后，12 小时之内没有付款的，应该及时和客户联系，适当地催单。

（三）售前工作注意事项和必做内容

（1）售前客服在工作期间，必须细心，有耐心，自己工作的阿里旺旺必须设置自动回复（没有客户进来的情况下，暂时离开位置，需要将旺旺挂起）响应率和态度都要做好，只要是前来咨询的客户（广告的阿里旺旺除外），都必须加阿里旺旺好友，并进行营销、备注，以便做后期潜在客户的营销。

（2）在接待客户的时候，不得擅自将自己的客户转给其他人，以免给客户造成不良的印象。

（3）和客户聊天的过程中，要保持良好的心态，面带微笑，把客户视为自己的朋友，不同的客户，采用不同的聊天方式去沟通，引导客户下单，有机会再向客户推荐其他热销，或者是关联的产品，耐心回答客户的问题。

（4）商品在下单之后，一定要和客户核对一下收货的信息是否准确无误，在客户比较好沟通的情况下，并且有强烈欲望要去关注店铺的活动信息的，可以推荐客户关注店铺的微博，或者是微信平台。

（5）未及时回复或未成交顾客，应主动与买家交流，争取再次营销机会，对于不在线买家，技巧性留言促成第二次营销。

（6）合理运用旺旺表情，有的时候一个表情可以抵一句话，了解顾客需求，有针对性地进行营销介绍，投其所好，不要与顾客纠缠一个问题，不要过多解释，学会引导，售前过程中不得过多牵扯售后问题。

（7）如果遇到发货物品被安检部门没收的情况，应该首先跟快递公司协商，并确认责任人让快递公司赔偿损失。然后再跟客户联系，协商事情的处理方法（退款、换货、赠礼品）。

二、售中服务

（一）注重美观

1. 图片要清晰，描述要详细

网上出售商品，买家是无法看到实物的，所以需要拍出清晰漂亮的商品照片，还要有详细的商品描述，这样才能对买家有更大的吸引力。如果商品照片不够清晰，描述也很简单，是很难得到买家青睐的。

2. 网店里的商品种类尽可能齐全，更新迅速

把新货挂到网页明显位置，但是不要为了增加数量而不顾及质量。不要因为生意不好

而放弃上货，如果网店里的商品总是几张老面孔，带给不了别人新鲜感，买家会看烦的。

（二）强调诚信

1. 重视网店的“信用度”评价

商品网上成交时，达成交易后，买卖双方都有义务为对方做信用评价，高信用度对于网店的经营至关重要，所有买家都会以信用度来选择是否买你的商品。

2. 诚信第一

在网络上经营，最主要的就是诚信。在网上，每个卖家都有一个关于诚信的记录，买家都可以看到卖家以前的销售状况以及别的买家对卖家的评价。网上记录了任何一个卖家的诚信记录，不诚信的人很难在网络上经营下去，诚信卖家的商品价格高些都有人要。

（三）注重销售策略

1. 先要增加人气

可以考虑设定一元拍或低价出售的方式达成交易，只要店铺有比较多的成交记录，有不错的好评，就会有更多的买家信任店主，来网店买东西。一元起拍能在短时间内聚集人气。但是要做好这件东西一元卖出的准备。开展一元拍的同时，最好能配合做一些广告，让大家都知道店铺的“优惠”政策。一元拍的目的，是通过这件东西，吸引买家顺便看店铺其他商品。

2. 采用有效的促销策略

定期有折扣，或者赠送。给予回头客一定的折扣，或者是购物满多少元，可以有礼物赠送、可以有折扣、可以免邮费等。配合活动，换上新的签名档，介绍活动，还要去其他地方发布这个“促销消息”，充分利用好每一个资源，来宣传网店。

3. 额外赠送小礼品

为了增加店铺的良好评价，可以事前不让买家知道，当他收到你寄出的货品和礼物时一定会很开心，礼物不在于是否贵重，而是一份心意。不论买家以后还会不会继续购物，把他当作朋友，真心面对，定会有好的回报。

（四）友善对待评价

1. 安心对待拍下不买的买家

在网上开店总会遇到拍下不买的买家，这是很正常的。作为卖家要保持一份平和的心态。这样才能面对以后更激烈的网上店铺的竞争。

2. 平心对待差评

有时因为自己或其他原因，可能会在自己的信用记录里出现差评的现象，你要安心面对，采取相应的补救措施，或者在网上说明真实的情况。同时争取用更多的好评来获取买家的正面印象。

三、售后服务

网店售后也是非常重要的一项工作。怎样才能让买家减少不必要的问题，减少客服的工作量。告知买家如果产品出现质量问题、如果快递有问题都该怎么处理等，这些必须要做好，特别是中差评，直接影响到店铺信誉，一定要处理妥当、完善，服务要好。

售后是一种态度，售后工作其实是很琐碎繁杂的，需要有强大的抗压能力和平和的心态，遵循“短、平、快”的原则去处理。

（一）“短”小精悍，双方共赢

就是尽可能在最短的时间用最有效的方式解决问题，协商一致。例如，一家网店是以针织衫为强项，针织的衣服，偶尔会出现漏针的现象，其实这类问题买家一般都能自己处理，但新衣服买来有点问题，总归心里不太舒服。店主首先定位要清晰，这确实是质量问题，退换都是可以的，来回运费店主出，这样买家心里也会马上变得舒服一些，然后沟通这并不是一个大问题，退换双方都会比较费时费力，其实自己也可以解决或拿到附近的毛织店处理一下，不管是哪种处理方式，店主都会做出适当的补偿，这个时候绝大多数买家都会开始权衡可行性，然后跟你讨论补偿的事宜。这样我们省了用在退换货上的时间和精力，买家也得到了实质上的优惠，双方都是赢家。

（二）“平”和应对，最忌争执

是指售后需要随时保持一种平和的心态去处理问题，买家有问题需要处理，不管是有理还是无理，首先店主要能把控好自己的情绪并对买家有一个良性的感染力，最忌跟买家针锋相对。比如有个买家找到卖家，说是三个月前买的鞋子帮面破损了，希望卖家能给个说法。经过深入沟通，发现宝宝其实穿着上存在问题，有宝宝的妈妈都知道，如果宝宝爱玩扭扭车的话，鞋子是最容易磨损的，因为这个是需要小孩子用脚的力量往前推行的。买家其实也知道是这个问题造成的，但是她不愿意接受这种结果，认为这样不耐磨损是质量的问题而不是穿着的问题，当买家存在这种心理时是没办法跟她讲道理的，她心里不痛快，希望从卖家这里得到精神上的安慰或物质上的补偿，如果没得到想要的东西，她会一直不断地纠缠，作为售后，不可能不理会她，后来卖家痛快地给她退了全款，买家表示满意，然后重新下单买了十几样东西，表面上看，卖家是吃亏了，其实还是赚了，这个买家会一直关注着这个店且忠于这个店的。

（三）“快”处理，不拖拉

主要表现在效率上，买家有问题找来，最好能当时就解决掉，不拖拉。一般是直接问买家，“亲你希望怎么处理比较好”，或是如果买家问如何解决时，最好一一列出解决方案，退换或补偿多少，然后再问买家愿意接受哪种方式。这样直奔主题，双方都不浪费时间。有时有些买家遇到的问题并不是很大，比如穿了觉得不好看，没有想象中那么厚，这时候，他们也并不来找碴儿、想要你的补偿，他们可能单纯只是想要倾诉一下心里的感受，这时你在语言方面一定要注意分寸，表现得亲切一些，多使用旺旺的各种让人愉快的表情。

（四）联络感情搞好关系

对于曾经购买过你的商品的顾客，你可以定期进行回访，比如在发货后不久就询问顾客是否收到，在一个月后询问顾客是否满意，在两个月后询问是否有建议，或者有没有其他需要的商品……让顾客感受到你的重视，还可以培养他们的消费习惯。一旦习惯了在你这儿买东西，一个义务的宣传员就有了。

第五节　开微店的注意事项与防骗术实训

一、微店网上进货六大注意事项

网上进货不比批发市场进货，因为网络毕竟存在着一定的虚拟性，所以选择商家时一定要谨慎小心，选择比较可靠的商家进行交易。在阿里巴巴网进货还比较有保障，有些自建网上批发主页的商家则要多加留意。

1. 注意批发商提供的地址

一般来说，批发商会有一个固定的地址，如果是个人供应商的话，那进价可能就要贵一些了。所以网上还是以公司的批发商居多。而他们都会有一个固定的地址。可以在百度或其他搜索网站搜索一下，这样可以找到更多信息，仔细看看有没有漏洞，如是否和供应商提供的公司名称相符等。

2. 注意网站的营业资质

一般的骗子网站都没有营业执照，可以要求他们出示营业执照等证明。不过需要注意的是，一些比较高明的骗子网站也会用图片处理软件伪造一份营业执照，在观察营业执照时需要仔细辨认，查看是否有涂改痕迹；而正规的注册公司网站则会主动出示他们的营业执照，可以去各地的工商部门官方网页查询，也可以打电话去当地的工商部门查询。

3. 注意批发商的电话号码

通过电话号码可以发现很多问题，首先，直接拨打批发商所在城市的114，去查一下这个号码的归属；其次，可以去网上搜索这个电话号码，这样也能得到一些信息，如这个电话对应的公司名称、公司地址等。

4. 注意批发商提供的网址

如果供应商有自己的销售网站，那就要仔细看看了，可以多研究店铺里面的商品，然后向供应商提问题，通过询问，应该也可以了解一二，如果连提出来的问题都没有办法好好回答的话，那么，其真实性就很值得怀疑了，但是也有很多骗子训练有素，能够流利回答各种问题，所以问问题的时候一定要问得细，是骗子总是会有漏洞的。

5. 注意批发商提供的汇款途径

如果从网络进货的话，就一定会存在汇款等问题。用什么方式汇款，也是可以查到很多疑点的。一般来说，实体公司进行网络批发的时候，提供的是公司账号，而不是个人账号。另外，多和供应商谈，有的供应商也是同意通过支付宝汇款的。还有一种办法，就是选择快递公司的货到付款服务。

6. 注意商家是否支持上门看货

如果不能支持上门看货，就要先考虑一下这个商家是不是骗子公司了。当然有些公司由于代理数量比较多，可能会对上门看货提出一定的要求，如有的公司会要求必须一次性批发50件并预交定金之后才支持上门看货，这是为了防止无聊的骚扰，以及同行来打探情报，因此这样的要求也是可以理解的。所以在是否支持上门看货这一点上，还需要大家更加仔细地辨别、分析，不能一概而论。

二、进货小常识

网店进货是一门学问，如进货的数量、质量、品种如何确定，什么时候补货及如何确定补货的数量，作为店主都应该了解。在进货时需要掌握以下的方法和技巧，才能获取较大的利润。

1. 对店铺的经营了如指掌

店主要想将进货工作切实抓好，就要对店铺的经营洞悉分明，只有这样才能采购到顾客喜欢的商品。这就需要店主尽量在短时间内积累大量的店铺经营经验，从而增加对所购商品的判断能力。

2. 货比三家

为了使进货价格最合理，可以向多家供货商咨询，并从中挑选出各方面都适合自己的店铺销售的商品来。

3. 勤进快销

勤进快销是加快资金周转、避免商品积压的先决条件，也是促进网店经营发展的必要措施。店铺经营需投入较少的资金，经营种类齐全的商品，从而加速商品周转，将生意做活。当然，也不是进货越勤越好，需要考虑网店的条件及商品的特点、货源状态、进货方式等多种因素。

4. 积累丰富的商品知识

一些店主在进货时通常会一味杀价，而对于其他交易条件从不考虑。这样一来，就十分容易陷入别人的圈套。倘若供货商知道进货者有这种习惯，一定会有所准备地提高价格，来等待进货人砍价。因此，店主在进货时应该洞悉市场动向，丰富商品知识，了解商品成本，这样才不至于被欺骗。

5. 按不同商品的供求规律进货

对于供求平衡、货源正常的商品，少销少进，多销多进。对于货源时断时续，供不应求的商品，根据市场需求来开辟货源，随时了解供货情况，随时进货。对于采取了促销措施，仍然销量不大的商品，应当少进甚至不进。

6. 注意季节性

新手往往不知道服装进货时间一般会比市场提前 2~3 个月，在炎炎夏季时，批发市场的商家们已经在忙着准备秋衫了。如果不明白这个道理，还在大张旗鼓地进夏季尾货，还在为占了商家换季而处理的便宜货得意时，乐的可是批发商，而你进的货也可能会因换季打折而卖不了好价钱，或需求少影响到销售不理想的。所以，要看准季节时机慎重进货。

7. 进货的数量

进货数量包括多个方面，如进货总额、商品种类数量等。确定进货金额有个比较简单的方法，即把整个店铺的单月经营成本总额除以利润率，得出的数据就是每月要进货的金额。

进货商品种类第一次应该尽可能多，因为需要给顾客多种选择的机会。当对顾客有了一定了解时，就可以锁定一定种类的产品了，因为资金总是有限的，只有把资金集中投入到有限的种类中，才可能单个产品进货量大，要求批发商给予更低的价格。

三、开微店初次去批发市场进货需要注意的事项

新手第一次去批发市场进货，可能会因为不熟悉市场规则而出现各种问题，如使劲砍价、进货过多，甚至不小心被偷掉钱包等。其实，最好的方法是先去批发市场逛上两

三次，了解其商品分布、交通路线、货运情况以及目标商品的大致价格后，再带钱款去进货，这样就能做到心中有数、不慌不忙了。当然，去批发市场还是有很多地方要注意的。

1. 钱货要当面清点，避免遭受损失

这里所说的清点有两层含义：一是钱款方面，要注意别收到假币，数额也别弄错；二是货品方面要细致检查数量、颜色、尺码和款型，当面检查当面调，免去来回换货之苦。但对于质量，则不用逐一检查，进行简单抽查即可，因为一般有质量问题均可调换，而且当场逐一检查质量，既费时间又麻烦（要拆包装、检查后再封包装），还会引起批发商的反感，得不偿失。

2. 砍价不要太猛，否则会适得其反

因为批发市场主要针对的是批发客户，第一次进货一般量不大，所以砍价力度要适中，不要太狠；否则店家一般都不会太愿意跟这样的买家合作。还有，货比三家并不是以买到低价货为目的，更重要的是要发掘优质供应商，这是以后合作中关键的一环。

3. 不要提过分的要求

进货时，不要对批发商提出退换滞销产品这类过分的要求，货物滞销的风险批发商一般来说是不会为进货人承担的。假如批发商做下了这样的承诺，倒是要好好考虑一下他是不是在骗人，或者当前这批货是否有问题，以至于批发商乱下承诺，急于出手。

4. 买好的货物，千万要不离左右

批发市场龙蛇混杂，什么样的人都有，隐藏着很多一般人无从察觉的陷阱。在批发市场，有些人专做偷拿别人货品，然后低价转卖的勾当。如果有人进店挑选时间较长而疏于看管货物，有可能转身货物就被偷走。所以，始终要记着货物不离左右，随时注意周围情况，最好是两三人一起去，专人负责看守货物较好。

5. 不要失去主张而完全被批发商意见所左右

有的新手去拿货时，因为一点也不了解和熟悉市场行情，所以看到别人拿什么就拿什么，批发商说什么好就按批发商的意见赶快掏钱，这样完全没有自我主张的进货态度往往造成货品混乱、不易搭配，更无从谈个人风格，所以去之前一定要分析好经营方向，到了批发市场不要轻易改变进货种类。

6. 第一次进货不要进太多，避免压货

对于初次进货，新手往往有些茫然，不知道拿多少和拿些什么合适，好像觉得这也行那也行；而有的人一旦开拿又往往收不住手，回家又发现拿货太多，这些都要注意。

7. 对中意的店铺，要留下对方的联络方式

每次去批发市场，遇到比较满意的货物就与供应商交换名片，方便下次再联系，这是因为某些批发市场太大，下次不一定能找到该批发商，有了名片就不存在这个问题了。另外，有了对方名片之后，商品有什么问题可随时联系对方；在熟悉后，还可以和批发商联系，请对方托运货物，避免自己来回奔波，当然搬运费、邮费之类的也要事先谈好，以免产生纠葛。

8. 考虑好运输问题

在批发市场里，一般货物的运输都是通过汽车或者铁路，而且都是买家自己处理，如果进货少，可以用蛇皮袋直接带走。电瓶车是不错的运输工具，适合补货、进新货时，从批发市场带回小批量的货，经常进货的店主不妨考虑购买一辆。

四、微店加盟防骗术

案例导入

大学生加盟奶茶品牌店日销 250 杯

张强大学毕业后，先后换了几家单位，不安于现状的他总觉得不满足，于是选择辞职创业。选择什么创业项目呢？他颇费了一番脑筋，年轻人追求时尚、舍得花钱，他决定将客户锁定在以大学生为代表的年轻人群体上；但是大学生处于求学阶段，承担不起高消费，基于这些考虑，他最终选择做时尚饮品店项目，并将店址选择在了大学临街店铺。

他选择了台湾奶茶品牌，并拿下了烟台（及下属县级市）的代理权，全部采用台湾总部配送原料，茶叶煮茶，不含任何添加剂，口味纯正，这就相较于本地的一些饮品有了自己的品牌优势。在销售的过程中，经过调查确定了以 700 毫升大杯为主推产品。

2016 年开业以后，很快得到了客户的认可，工作日销售 250 杯左右，每日营业额在 1500 元左右，除去材料、人工、房租、水电等成本，纯利润在 300 元左右，周末则更多。现下大学里很时髦的一句话“走，请你喝水”。所谓的喝水，就是喝奶茶等饮品，且消费者喜欢拿在手中边喝边逛街，这本身就是非常好的宣传方式，所以不需要另外进行广告宣传，这无形中为张强省下了一笔可观的宣传经费。开业至今，小店一直经营得顺风顺水。

（资料来源：315 货源网）

案例分析：创业加盟开店要找出自己喜欢的生意去做，而不是看着别人做什么就做什么，盲目跟风。不仅仅是开奶茶店，任何投资项目之前，好多人往往因为盲目而失败，要开好店就得做好准备工作，熟悉行业才能把事情做好。

加盟骗子公司的七大运作套路：

1. 花钱买公司造资历

有的通过中介花钱买一家已注册但没经营的公司，通过股份转让、变更企业名称、增加经营范围等方式转成自己的公司，这样做的目的是看起来公司经营时间长，更有欺骗性。

2. 合同严密拖垮受骗者

找精通法律的律师帮他们拟定严密合同，以规避责任。那些发觉上当后的加盟受骗者想讨回损失或为损失讨个说法，很容易被拖垮。管理部门单单从法律条文上也奈何不得他们，因为双方都签字，从合同欺诈上很难认定。

3. 重金包装形象迷惑人

花上百万乃至数百万把办公场所装饰得富丽堂皇，看上去“高大上”，挂上一些励志名言，在宣传单上印上二三流明星代言，达到欺世盗名目的。

4. 虚假宣传“钓鱼”圈钱

骗子公司通过做虚假宣传广告，把产品说得天花乱坠，以吸引投资者加盟。其实，这些专事招商加盟骗钱的公司，对其骗局都有精心的策划，并且时时调整策略应对变化的市场，加盟招商行动套得的利润，远远高于投入成本。

5. 固定回答模式来套钱

任何项目都配有夸张的宣传，比如“投资三五万、年入上百万”“没有风险的赚钱项目”等。如果有投资加盟商提出疑问，一般都有一套严密的回答模式和处理技巧。业务经理搞不定时，就会请出“总经理”，而“总经理”则信口雌黄乱做承诺，目的就是先把你的加盟金套进来。

6. 参观探访让人雾里看花

投资人无论是到总部参观，还是到生产车间、样板店实地探访，他们采用人盯人战术，所有的参观、考察都是在其完全掌控之中的。其实，这些样板店、生产线都是为加盟者专门设置的，几个回合下来，投资者多半已被迷魂汤灌得差不多，晕晕乎乎赶快签合同交钱加盟。

天上不会掉馅饼，只会掉陷阱。面对“钱景”诱人的加盟，投资者一定要小心！

实训项目一　安心经营，才有回报

一、实训项目名称

安心经营，才有回报。

二、实训项目任务

通过对案例分析学会开网店，一定要善于做分析总结，分析自己店铺的优势和劣势，货源的问题是否能解决，销售的环节是否做好了，而不仅仅是死死盯着流量这个问题。

三、实训项目内容

邱伟是1993年出生的一个农村小伙，和电商结缘要从刚上大学那会儿说起，他2012年上的大学，学的是计算机软件技术。

做电商真的有那么赚钱吗？正是因为出于这样的疑问，我一头扎进了电商这个行业中，自己一个人从什么都不懂到开了淘宝店，从不懂上架宝贝到学会了如何优化标题详情，再从不懂美工到了学会了网店装修。我开淘宝店是从虚拟充值以及代理虚拟充值软件开始的，只为了快速提高店铺信誉等级，做到两钻后，我就寻思着转型做女装，因为这世界上的人都说：女人和小孩的钱最好赚。然后我就做起了女装类目了，货源做的是天猫代销，当时转型之路并不顺利，那些卖虚拟充值得来的信誉在实物上根本没用，于是我做起校友圈的生意，打着同校学生的名号请同学帮忙购买和刷单，这真的起到了作用，做起了4款销量非常可观的款。因为是代销，发货基本从上家那边发，我处理的主要是旺旺和售后。但是，代销不是工厂拿货价，上家从你这里赚取的利润你绝对想不到。于是，我把做得不错的款拿到服装市场找同款，服装市场基本都是工厂拿货价，有属于自己的服装厂，这样的话除了成本价，能赚取的利润比较多，而且利润自己可以调控。也就这样，我的淘宝店算真正开始盈利了，从月入几千元到几万元。在2014年的时候，我在学校附近租了房子，作为仓库备了一些货，也当作自己的卧室和简单的办公室，请了个人兼职打包发货，旺旺的话是请了同学帮忙。2014年，可以说是我巅峰的一年，也是膨胀的一年，赚了点钱的我，学会了肆意挥霍，心思也很少放在淘宝店上，很少去管理运营，旺旺也外包了，每天都只是晚上登录后台去看看一天有多少单而已。

这让我的店铺留下了隐患，在2015年开春之际，也正值服装淡季之时，少了活动、直通车引流以及没有维护老客户的我，店铺逐渐进入了冬眠期，每天UV渐渐少去，这让我很无助也很焦灼，同学们都建议我开直通车引流，毕竟店铺没到要倒闭的状态，生意还是有，只是少了。

（资料来源：派代网）

四、项目分析

网上开店并不是万能的，网店有千千万万，真正实现赢利，取得成功的只是少数，对于网上开店，要摒弃一些不切实际的想法，安心经营，自有回报。很多网店小卖家经常抱怨没有流量，没有销售额，其实是因为他们可能对于线上的市场环境不太了解，认为做网店其实就把宝贝拍照后放上架就可以了，根本没有想到如何去进行运营推广，坐等生意上门是不可行的。但有另外一种小卖家是经过了网店知识的熏陶，便自以为什么都懂，老子天下第一，可以创业做一番大事了。结果在现实面前还是碰了大钉子，输得一塌糊涂。一定要善于做分析总结，分析自己店铺的优势和劣势在哪里，货源的问题是否能解决，销售的环节是否做好了，而不仅仅是死死盯着流量这个问题。只有每个环节都能很好地衔接起来，运转流畅了，店铺才能慢慢走向成功。

五、实训项目评价

学生通过研学案例并结合前面所学知识互相评价、教师对学生进行评价。

六、项目知识链接

细节决定成败——网上开店三十五个细节

1. 对于商品描述是否做到完整具体、一目了然？（产地、质地、规格尺寸、颜色款型、使用方法、保修说明等）

2. 对于商品图片是否做到清晰明朗、细节入胜。（商品正面、反面、内部、外部、关键局部等）

3. 店里关键显眼位置是否有你的联系方式及关键信息？（QQ、手机号、邮箱、发货方式、银行账号等重要信息说明）

4. 你会忽视“看客”而只重视“买客”吗？

5. 与顾客交谈是否不卑不亢、自然大方面带微笑？（恰当运用即时通信软件表情）并运用基本的礼貌用语？

6. 是否站在顾客角度，以顾客的消费需求为原则诚心诚意为其推荐介绍？

7. 不能为尽快成交，不实事求是而违心夸耀、信口承诺甚至避开“瑕疵”强拉强买、死缠烂打。

8. 为避免发货错误和今后可能的矛盾纠纷隐患，成交后是否做到当面再次确认买家所购货物的有关信息呢？（名称、款式、大小、件数、颜色等）

9. 为避免发货错误和可能存在隐患，是否询问过顾客的收货地址、人名及电话是否更换呢？

10. 为避免出现快递倒贴运费问题，有没有注意快递超重和成交之前和顾客及时沟通？

11. 为避免快递送件无法及时联系到收件人时引起纠纷，有没有注意事先询问和了解顾客收货地址是否有站点可以到达？

12. 有没有“丑话说在前头”的勇气和可能承受交易流失的风险，事先告知有的顾客因存在派送地偏远，需顾客去快递站点上门收货的事实。

13. 你会对所有的顾客都“一视同仁”？而不因顾客购买数额的多少或顾客没用网上支付方式及时付款而“厚此薄彼”另眼相待吗？

14. 有没有以肯定的语气和坚定的信心对顾客承诺和保障自己的货品“包退包换”？

15. 为避免日后纠纷，有没有记得提醒买家，当着快递员面先检查再签收或打印收货说明贴于包裹件上？

16. 你会觉得小问题不是问题，只要不是很严重，抱着顾客也许看不出来的想法而以次充好、以此代彼呢？

17. 如果你是卖服装的，你会在发货前为顾客剪去线头并熨烫整齐吗？

18. 对于自动拍下并付款的顾客你会先联系说明（确认拍买物品、确认发货地址、说明到货时间等）再行发货吗？

19. 为避免顾客抱怨，有没有做到不拖延时间而迅速发货？

20. 为使顾客满意你的服务，有没有不管货品价格多少一样做到包装仔细、牢固可靠？

21. 在可能的情况下有没有想到为顾客额外送上一份小礼物，给顾客多一分惊喜和快乐？

22. 你是否会将误收的一元或两元主动夹寄在包裹中退还给顾客呢？

23. 发货完有没有记得在电脑上及时确认发货、及时上传快递单号？

24. 顾客收到货后有没有主动询问其对货品的满意度及其他意见？

25. 当完全因顾客选择判断有误购买，却向你提出质疑和表达不满情绪时，你是用豁达和理解的态度先承认是自己工作失误造成顾客的遗憾，还是据理力争地反驳、言辞轻蔑地埋怨甚至懒得废话不予理会？

26. 有没有在顾客收到货后，面对好不容易卖出去的货品却被告知不喜欢或尺寸不适要求退货时却欣然应允，毫无怨言？

27. 在重要的节假日里有没有记得给顾客送去真诚的祝福和问候？

28. 有没有对已成交的顾客情况了如指掌？（在备注信息里记下该顾客特质，如性格活泼、爽快、喜用表情、稍胖165高、评价付款及时、少语、喜淑女装扮、教师、爱讲价、评价不及时等）下次交谈对答如流。

29. 在你空闲的时候，你愿意把顾客当成朋友，去耐心倾听顾客的家长里短、抱怨叹息吗？

30. 当顾客变成卖家需要你的帮助时，你愿意一如既往地热情相助和祝福吗？

31. 你会在即时通信软件分类里，记录一类只寥寥数语或未成交的“潜在客户”吗？并简单记下他们的购买需求吗？如：找真皮大包或看中店中红色腰包但嫌带短等情况？

32. 你不会漏掉一个顾客留言（包括宝贝留言、店铺留言、即时通信软件留言、

E-mail 留言等）而认真耐心地回复解答吗?

33. 为不让顾客认为你服务不周或态度怠慢，你会在你不在电脑旁边时注意使用“自动回复”功能吗?

34. 你会接受顾客对你的为人、货品或经营方面的批评建议后虚心改善，而不是嗤之以鼻、恼羞成怒吗?

35. 你会在自己定制的顾客累计购物达到 VIP 会员标准且不知情的情况下，主动为其打折优惠吗?

实训项目二　脚踏实地，循序渐进

一、实训项目名称

脚踏实地，循序渐进。

二、实训项目任务

训练大学生在开网店时要正确地自我定位，依靠政策，寻找货源，经营网店。

三、实训项目内容

结合本章所学内容分析案例。

湖北黄石理工学院毕业的彭同学，偶然的机会下得知淘宝网。起初收益虽不太多，但是已经感觉到做老板的滋味，便开始全身心投入，所有的经营项目转到利润高的服装行业。一开始，彭同学遇到货源问题，没有找到合适的进货渠道，只能够代理别人的品牌，还是一个二级代理，利润当然就被分薄了。解决这个问题是他寻找到了合适厂家，直接拿货，提高了盈利收入。后来得之虎门聚集了大量的服装厂和服装品牌，并建立了大学生的创业基地。他觉得入驻，可以得到不错的优惠政策。在得到稳定货源的同时，他考虑到了终端消费者的需求，调整了零销价位，针对不同档次的销售量与利润率进行比较，决定了以 200~400 元这个范围的时尚服饰作为主营商品。就这样，他精心打造了属于自己的淘宝网店“LILI 美衣殿堂”，生意开始红火，已成了拥有四颗钻的成功卖家，交易好评达到 2000 条以上。彭同学的创业月均盈利为 5 万元。在店中，即便是淡季，每天也有数十件零售订单。彭同学分享其经验：网店经营与传统实体店有所不同，必须熟悉网络推广方式和推广技巧，熟悉网店操作要领，树立网店的信誉度，脚踏实地，循序渐进。

（资料来源：百度文库）

四、实训项目评价

将学生分成两组，各组进行分析并派代表发言，对方小组评价发言小组。

五、项目分析

1. 创业之前做好自我定位。彭同学在开店之初很快就意识到他的定位便是利润较高的服装市场，然后随着实践和总结，一边不断寻找稳定货源，一边寻找自身在网店市场中的核心竞争力。立足于一个利润高的定位，是彭同学成功的关键。部分大学生创业的起始定位是自我兴趣物品，这同样是可以的，但需要注意的是，兴趣是否可转换为经济收益，如果未能适应市场或者满足消费者需求，这个自我定位的风险指数略高，对于刚刚开始创业，心理承受能力较为薄弱之时，只会麻木自我，定位错误，导致网店倒闭收场。同时定位目标需要明确，尽量避免行业跨度大，造成网店的杂货经营。

2. 依靠政策扶持。彭同学利用自身大学生的优势，巧妙避开缺乏资金的困境，借助了国家政策。政策上指明，大学生网店创业属于特殊的合法身份，能够享受优惠政策，同时新闻媒介和高校都应该给予政策的宣传工作，这便成就了彭同学较为突出之处。

3. 以市场为导向，制定经营策略。能够在彭同学的案例中轻易看出，网店经营的策略是由确定货源、产品定位、价格策略三个部分组成。在经营稳定的情况下，彭同学便马上开始反思，正对销售和利润做出了价格策略的调整，考虑进货成本与经营风险的问题，以中档价位为主，形成一个适中的价位作为主营。在这个价位上，消费者买得起。网店中通常以质优价廉的产品为宜。这就需要创业者对目标市场群体需求的把握。

参考文献

［1］赵新军，李晓青，钟莹，等．创新思维与技法［M］．北京：中国科学技术出版社，2014.

［2］胡飞雪．创新思维训练与方法［M］．北京：机械工业出版社，2009.

［3］曹莲霞，赖光宝，孙桂秋，等．创新思维与创新技法新编［M］．北京：中国经济出版社，2010.

［4］创新创业编委会．创新创业能力训练［M］．北京：中国书籍出版社，2014.

［5］路瑞红，金胜勇．论移植法在图书馆学研究中的应用［J］．图书馆，2014（3）.

［6］徐俊，陆宇峰，彭建喜.CMMI 模型决策分析与决定过程域实施方法研究［J］．软件导刊，2010（11）.

［7］谭迪鳌，张天如．创造性思维训练［J］．现代特殊教育·优才教育版，1998（6）.

［8］晓平．希望点列举：快速走向发明殿堂［J］．发明与创新（综合科技），2010（8）.

［9］梁人．老调新弹（一）希望点列举法［J］．发明与革新，1995（5）.

［10］滕发祥．一种成熟的创新技法——列举法［J］．重庆职业技术学院学报，2004（4）.

［11］迪一．列特性玩改造［J］．发明与创新（小学生），2016（9）.

［12］李琛．孕育无限创意的联想法［J］．发明与创新，2008（12）.

［13］黄华梁，彭文生．创新思维与创造性技法［M］．北京：高等教育出版社，2007.

［14］李敏主．机械设计与应用［M］．北京：机械工业出版社，2010.

［15］李立斌．机械创新设计基础［M］．湖南：国防科技大学出版社，2002.

［16］吴贵生．正向创新与逆向创新［N］．中国企业报，2013（3）.

［17］刘道玉．创造性思维大纲［M］．武汉：湖北教育出版社，2002.

［18］茹存光．广告设计的创意思维［J］．科技咨询导报，2007（1）.

［19］张抒．图形创意训练方法之纸的联想［J］．中国美术教育，2007（5）.

［20］张勇．广告创意训练教程［M］．北京：高等教育出版社，2004.

[21] 范汉成，涂志初．第三届"东十西"大学生广告双年展作品集[G]．合肥：安徽美术出版社，2010.

[22] 朱永明．从创意思维训练到视觉语言的研究[J]．南京艺术学院学报，2005(2).

[23] 周培玲．创意是训练出来的[J]．互联网周刊，2006(11).

[24] 尚华．图形创意教学中的逆向思维[J]．美术学报，2007(3).

[25] 张丽．高职院校的校园文化建设创新研究[D]．太原：中北大学，2014.

[26] 徐公芳．校园文化助力创新创业[N]．中国建设报，2016.

[27] 许莹．基于校企合作的高校师资队伍建设[J]．教育职业，2015(8).

[28] 陈爱玲．创新潜能开发实用教程[M]．北京：化学工业出版社，2013.

[29] 中华人民共和国教育部高等教育司．高等学校创业教育经验汇编[M]．北京：高等教育出版社，2011.

[30] 张晖怀．新编大学生就业与创业指导[M]．北京：高等教育出版社，2011.

[31] 侯慧君，等．中国大学创业教育蓝皮书：大学生创业教育实践研究[M]．北京：经济科学出版社，2011.

[32] 王冬，王友明．创新思维与创业指导[M]．上海：上海交通大学出版社，2015.

[33] 王华．产教融合背景下企业专家进课堂的保障机制研究[J]．劳动保障世界，2017(12).

[34] 张凌．企业专家进课堂教学项目实践探索[J]．中国新通，2017(6).

[35] 崔清宇．"工欲善其事，必先利其器"——谈校企合作共建师资队伍[J]．科技信息，2011(12).

[36] 邓开豪．校企共建师资人才队伍模式探索与实践[J]．大众科技，2015(11).

[37] 李霞．浅析新媒体资源在大学英语教学中的应用[J]．新闻知识，2012(1).

[38] 詹姆斯·韦伯·扬．创意的生成[M]．祝士伟，译．北京：中国人民大学出版社，2014.

[39] 丁继安，翁士增，李晓英．大学生创业实践[M]．杭州：浙江大学出版社，2011.

[40] 史蒂夫·布兰克，鲍勃·多夫．创业者手册：教你如何构建伟大的企业[M]．新华都商学院，译．北京：机械工业出版社，2013.

[41] 王洪才．大学创新教学：缘起·现状·趋向[J]．四川师范大学学报（社会科学版），2017(11).

[42] 王洪才．论大学传统教学与大学创新教学[J]．苏州大学学报（教育科学版），2017(4).

［43］郝佳．旅游管理专业导游人才培养的实践教学研究［D］．大连：辽宁师范大学，2015.

［44］杨慧．基于协同创新理念的旅游管理专业立体化实践教学体系研究［D］．沈阳：沈阳师范大学，2013.

［45］王雅菊．谈高职院校职业技能大赛在教学改革中的引领作用［J］．天津职业院校联合学报，2017（11）.

［46］吴连香．基于技能大赛的职业学校教学改革研究［D］．长沙：湖南师范大学，2011.

［47］王磊，祝木伟．大学生创业策划教程［M］．杭州：浙江大学出版社，2014.

［48］梅强．创业基础［M］．北京：清华大学出版社，2012.

［49］李家华．创业基础［M］．北京：北京师范大学出版社，2013.

［50］方法林等．大学生创新理论与实践［M］．北京：中国旅游出版社，2017.

［51］孙爱民等．大学生创业基础［M］．上海：上海交通大学出版社，2016.

责任编辑：谯　洁
责任印制：冯冬青
封面设计：中文天地

图书在版编目（CIP）数据

大学生创新创业实训教程 / 方法林主编 .— 北京：中国旅游出版社，2018.8（2024.7 重印）

全国旅游高等院校精品课程系列教材　“十三五”江苏省高等学校重点教材

ISBN 978-7-5032-5996-8

Ⅰ . ①大… Ⅱ . ①方… Ⅲ . ①大学生－创业－高等学校－教材 Ⅳ . ① G647.38

中国版本图书馆 CIP 数据核字 (2018) 第 056056 号

“十三五”江苏省
高等学校重点教材
（编号：2017-2-035）

全国旅游高等院校
精品课程系列教材

书　　名：大学生创新创业实训教程

作　　者：方法林主编
　　　　　孙爱民　朱丽副主编
出版发行：中国旅游出版社
　　　　　（北京静安东里6号　邮编：100028）
　　　　　http://www.cttp.net.cn　E-mail:cttp@mct.gov.cn
　　　　　营销中心电话：010-57377103，010-57377106
　　　　　读者服务部电话：010-57377107
排　　版：北京旅教文化传播有限公司
经　　销：全国各地新华书店
印　　刷：北京明恒达印务有限公司
版　　次：2018年8月第1版　2024年7月第3次印刷
开　　本：787毫米 × 1092毫米　1/16
印　　张：24.5
字　　数：497千字
定　　价：42.00元
ISBN　978-7-5032-5996-8